THÉOPHILE GAUTIER

HISTOIRE
DE
L'ART DRAMATIQUE
EN FRANCE
DEPUIS VINGT-CINQ ANS

(2ᵉ série)

PARIS
ÉDITION HETZEL
LIBRAIRIE MAGNIN, BLANCHARD ET COMPAGNIE
59, rue Saint-Jacques

1859

HISTOIRE
DE
L'ART DRAMATIQUE

ÉDITION INTERDITE POUR L'ÉTRANGER

DROIT DE TRADUCTION ET DE REPRODUCTION RÉSERVÉ

BRUXELLES. — TYP. DE Vᵉ J. VAN BUGGENHOUDT
Rue de Schaerbeek, 12

I

JANVIER 1840. — Vaudeville : *la Première Ride*. — Sens mythique de la pièce. — Italiens : *Inès de Castro*, opéra du maestro Persiani. — Théâtre-Français : *l'École du Monde*, par M***. — Qu'est-ce que le monde ? — Le monde réel et celui de la comédie. — Les poëtes et les grands seigneurs. — Opéra : *le Drapier*, paroles de M. Scribe, musique de M. Halévy. — L'Opéra et le réalisme. — La nouvelle partition de M. Halévy. — Mademoiselle Nau, Massol, Levasseur. — Gymnase : *les Enfants de troupe*, par MM. Bayard et de Biéville. — Klein et Bouffé. — Porte-Saint-Martin : *le Tremblement de terre de la Martinique*, par MM. Ch. Lafont et Ch. Desnoyers. — Un public allumé. — Humble requête à MM. de l'Académie. — Ambigu : *l'Ouvrier*, par M. Frédéric Soulié. — Boutin. — Gaieté : autre *Tremblement*. — Madame Gautier.

6 janvier 1840.

VAUDEVILLE. *La Première Ride*. — Il n'y a rien de plus terrible que la première ride, si ce n'est la seconde ; rien n'est plus sinistre que la première de ces fleurs de cimetière que l'on nomme cheveux blancs, si ce n'est un épi tout entier de ces mêmes fleurs. — Hélas ! quelle affreuse découverte, lorsqu'on s'aperçoit que l'on a *trente ans de moins*, et non trente de plus, comme le dit si spirituellement M. Alphonse Karr ! quelle misère irréparable que cet imperceptible pli que personne n'a vu, excepté vous, un lendemain de bal, un jour où le miroir était plus cruellement véridique qu'à l'ordinaire! Ce petit sillon est le premier coup de pioche de la mort sur l'édifice encore intact de votre beauté; il s'agrandira et se creusera de façon à pouvoir servir de fosse aux illusions et aux amours. C'est dans cette ride, dans cette rayure presque invisible de l'ongle du temps, madame, que sera enterrée la plus belle portion de votre vie.—A dater de ce jour, vous devenez une héroïne de M. de Balzac; vous lui appartenez corps et âme; vous n'avez plus qu'à faire tendre votre chambre couleur grenat ou solitaire, et à vous poser en princesse parisienne; vous allez devenir l'idole des lycéens et des novices; vous serez encore belle pendant dix ans pour tout le monde; mais, à part vous, vous saurez que vous avez la marque fatale, ineffaçable; vous ne vous sentirez plus jeune, et sous le rouge, et sous les fleurs, et sous la gaze, et sous les diamants, vous verrez toujours l'abominable ride, quoiqu'elle soit plus légère que l'égratignure d'un stylet sur une cuirasse de Milan; vous ne verrez qu'elle, vous ne tiendrez compte ni de votre sourire étincelant et rouge comme une poignée de perles, qui auraient le cœur d'une rose pour écrin, ni vos yeux, soleils de jais sur un ciel de cristal, qui nagent encore dans le fluide bleu de la jeunesse, ni vos belles épaules polies comme un marbre grec, ni vos bras ronds et potelés, ni vos belles mains royales, envie des jeunes filles, ni votre petit pied étroit et cambré, ni toutes les richesses et toutes les poésies de votre corsage; vous n'aurez que cette pensée à la tête et au cœur, au cœur surtout, car votre amant ne vous aimera plus s'il découvre ce fatal secret; vous serez abandonnée, délaissée, trahie, oubliée comme le bouquet d'hier et le parfum qui s'évapore; vous perdrez la superbe insolence de la jeunesse; vous ne serez plus sûre de vous-même, et vous commencerez à être polie avec votre femme de chambre.—Heureusement, s'il faut en croire l'allégorie et l'iconologie, l'Amour véritable a un bandeau sur les yeux.

Le sens mythique de la pièce du Vaudeville nous paraît être que les femmes de trente-cinq ans, susceptibles de première ou de seconde ride, doivent être d'une douceur angélique... Cette maxime est neuve, mais elle n'est pas consolante;—elle nous rappelle le mot d'un de nos amis qui n'était pas très-beau : « Mon Dieu! est-ce ennuyeux d'être laid ! il faut avoir un tas de qualités morales insupportables, être poli, complaisant, faire danser les demoiselles qui ont le nez rouge, et le tout, pour qu'on dise de vous : « C'est un bien bon enfant ; mais... il est affreux ! »

ITALIENS. *Inès de Castro*. — *Inès de Castro* est un sujet éminemment poétique qui ne pouvait manquer d'attirer l'attention des écrivains et des peintres : la tragédie de Lamotte, le roman de madame de Genlis, les tableaux de M. de Forbin et de M. Saint-Èvre montrent une préoccupation de cette donnée, qui n'a cependant jamais été complétement réussie.

L'*Inès de Castro* de M. Persiani peut se ranger au nombre des tentatives malheureuses ; c'est de la musique italienne de second ordre, et l'on sait ce que cela veut dire : une suite d'airs et de cantilènes, sans le moindre rapport avec la situation, un canevas à fioritures et à points d'orgue, une orchestration diffuse et sans caractère, quelque chose qui ressemble fort à la poésie des mauvais improvisateurs.

La musique italienne ne peut être faite que de génie ; — la facilité des formules, les habitudes de mécanisme ouvrent un trop large champ à la médiocrité. Il est si aisé de parler sans rien dire en italien, que ce n'est qu'avec un génie supérieur que l'on peut échapper à cette banalité énervante ; il faut être Rossini, ou l'on risque diablement d'être Coppola.

Le maëstro Persiani nous semble n'avoir guère fait d'efforts pour sortir de cette musique de pacotille que l'on bâcle en trois semaines pour les impressarii sur le libretto de quelque pauvre diable d'auteur payé quatre écus ; et, assurément, exécutée par d'autres chanteurs que MM. Rubini, Lablache et madame Persiani, qui font paraître toute musique délicieuse, la partition d'*Inès de Castro* n'aurait pas obtenu le moindre succès.

14 janvier.

THÉATRE-FRANÇAIS. *L'École du Monde*. — Il est heureux que ce ne soit pas l'un de nous, un homme de lettres, un journaliste ou un poëte, qui ait fait cette comédie intitulée *l'École du Monde*, que l'on a jouée l'autre soir au Théâtre-Français, devant une des plus brillantes assemblées qui se soit jamais réunie pour entendre une œuvre de l'esprit humain ; nous nous en réjouissons sincèrement.—Toutes les fois que l'un de nous a essayé de peindre ce que l'on est convenu d'appeler le monde, on l'a accusé, comme Poinsinet, l'auteur du *Cercle*, d'avoir écouté aux portes et regardé par le trou des serrures. On lui a dit qu'il n'allait pas dans le monde ; qu'il ne connaissait que des actrices, des femmes perdues, des peintres qui font de mauvaises charges, et des vaudevillistes grands joueurs de domino. On a trouvé étrange et insolent qu'un pauvre diable, médiocrement cravaté, plus fier de ses mains que de ses gants, et changeant à peine deux fois de pantalon par jour, se permît de mettre dans la bouche des élégants et des duchesses son esprit, son style et ses passions, et on l'a renvoyé au plus vite à son estaminet ou à sa mansarde.

Voici enfin qu'il se présente un homme qui est, certes, un homme du monde ; il est jeune, élégant, parfaitement reçu, bien au courant de tout, spirituel, du moins ses amis le disent, et l'on en doit croire les amis, ces grands calomniateurs ; si celui-ci ne connaît pas le monde, il faut renoncer à poursuivre cette insaisissable chimère, et admettre, une bonne fois pour toutes, que le monde n'existe pas ; ce qui nous paraît un parti assez sage.

En effet, le monde est comme l'horizon, un pur mirage ; c'est un cercle dont le centre est partout et la circonférence nulle part. Qu'est-ce que le monde ? où est-il ? comment est-il fait ? où commence-t-il ? où finit-il ? — Nous voici une douzaine dans ce salon : celui-là qui s'appuie à la cheminée est un diplomate, celui-ci qui regarde cette magnifique aquarelle est un poëte, ce monsieur assis dans cette bergère Louis XV remplit les fonctions de capitaliste, ce jeune homme pâle qui tourmente les touches du clavier est tout bonnement un grand musicien, et celui qui l'écoute un feuilletoniste ; cet autre là-bas se mêle d'être un peu vicomte ; près de la table, des femmes feuillettent les albums, les journaux de modes, ou s'occupent de quelque broderie. Entrer dans ce salon, saluer les femmes, causer politique ou littérature avec les hommes, boire une ou deux tasses de thé, est-ce aller dans le monde ? Non, vous répondront les amateurs du turf et du sport, les gens de chevaux, de courses au clocher, de combats de boxeurs et autres barbaries d'importation anglaise, les gentilshommes de l'écurie et du Jockey-Club ; — cependant, le salon que nous avons décrit tout à l'heure se croit consciencieusement le seul salon de l'univers. Il en est ainsi de tous les salons ; chacun d'eux forme un microcosme complet qui ne veut rien reconnaître en dehors de lui.

Autrefois, c'était tout simple, les grands seigneurs, les femmes présentées à la cour et qui montaient dans les carrosses du roi, la noblesse pauvre ou riche, mais qui pouvait faire ses preuves et avait les entrées à Versailles, formaient naturellement un monde à part, un véritable grand monde, où les petites gens et tous ceux qui n'étaient pas nés ne pénétraient que difficilement. Aujourd'hui, tout cela n'existe plus ; un homme qui a fait ses études et qui possède un habit noir et une paire de gants blancs, suprême élégance de l'époque, est l'égal de qui que ce soit, peut aller et va partout.

Nous sommes fâché de le dire, mais *l'École du Monde*, malgré toutes les facilités d'être vrai que sa position donnait à l'auteur, n'offre pas plus de réalité dans ses peintures que les élucubrations les plus fantastiques des romanciers et des auteurs ordinaires. Nous aurions très-aisément pardonné à M*** l'ignorance de la scène, le peu d'habitude de la charpente dramatique et autres défauts excusables chez quelqu'un qui ne fait pas profession de littérature ; mais nous aurions cru que, sous le rapport des mœurs, des usages, des convenances sociales, l'auteur fashionable aurait mérité des éloges sans restriction. Il n'en a pas été ainsi.

Nous allons faire de notre mieux l'analyse de cette pièce intéressante, sinon par elle-même, du moins par le rang de l'auteur et la curiosité qu'elle avait excitée dans un certain monde.

Le général de Sérigny a de grandes obligations à M. de Cormon, ancien négociant ruiné. — M. de Cormon a une jolie fille nommée Émilie ; le général, qui est fort riche, veut marier son fils Charles avec mademoiselle Émilie ; ce sera une manière délicate de relever la fortune de M. de Cormon et de lui prouver sa reconnaissance ; mais un certain d'Ampré, le Lovelace de la pièce, tourne autour de la jeune fille sur la pointe de ses bottes vernies, et, faute d'occupation supérieure, ne dédaignerait pas de la déshonorer. Au lieu de s'en faire aimer, ce qui eût été fort simple pour un homme de haut lieu, jeune, riche, élégant et séducteur de profession, il s'amuse à lui tendre toutes sortes de petits piéges infâmes, qui sont plutôt d'un sycophante et d'un coupe-jarret que d'un homme du monde; il confie délicatement à ce benêt de M. Charles, comme on l'appelle tout le long de la pièce, d'une façon assez inconvenante, qu'il aime depuis longtemps Émilie et qu'il en est aimé. Il lui recommande de garder le plus profond secret sur cette confidence. Vous pensez bien que M. Charles ne veut plus épouser Émilie, qu'il adore cependant; le vieux général ne craint pas, malgré ses cinquante-six ans, de prendre la place de son fils, et mademoiselle de Cormon devient madame de Sérigny. — O monsieur Charles, il faut que vous soyez réellement bien stupide pour laisser monsieur votre père, un digne homme, qui pourrait avoir des cheveux blancs, prendre une femme que vous ne trouvez pas digne de vous; est-ce ainsi que vous entendez l'honneur et le respect filial?

Un an s'est passé; nous ne sommes plus au Val, chez M. de Cormon, mais à Paris, dans l'hôtel du général; un formidable escadron de fauteuils, de canapés, de bergères de lampas, à pieds de biche et dorés, dans le goût rococo le plus pur, montrent que nous sommes à l'acte des conversations! Ces terribles apprêts jettent dans l'âme des critiques prévoyants de formidables appréhensions; jamais l'on n'avait vu tant de fauteuils sur un théâtre. Les visites commencent à affluer: voici M. de Miremont, fat de second ordre, et l'illustre d'Ampré; puis enfin la cheville ouvrière de la pièce, la grande coquette, la Célimène (pardon, Célimène!), la duchesse, — c'est ainsi qu'elle est désignée, sans autre dénomination dans la liste des personnages — la duchesse par excellence!

Nous avouons que jamais nous n'avons été plus surpris. Eh quoi! c'est là une duchesse, cet idéal de toutes les jeunes imaginations? les duchesses parlent ainsi? les duchesses ont de semblables manières? Nous ne nous en serions jamais douté. Il est vrai que nous ne sommes pas homme du monde; avec notre simplicité de manant littéraire, nous n'aurions jamais osé mettre dans une bouche aristocratique des cancans supportables tout au plus dans la loge du concierge (style de la pièce: nous avions cru jusqu'ici qu'il n'y avait que les portiers eux-mêmes qui s'appelassent concierges). Mademoiselle Plessy, habillée avec une élégance suspecte, ressemble à une *duchesse de la rue du Helder* à s'y méprendre. Il est vrai que toute la faute n'est pas de son côté. La duchesse vient pour confesser madame de Sérigny ; elle ne peut pas concevoir qu'elle n'ait pas d'amant ; elle juge sans doute d'après elle, l'honnête personne : la vertu lui paraît tout à fait ignoble et gothique ; elle tourmente de toutes les manières cette pauvre jeune femme, et veut à toute force en faire la complice de ses coupables intrigues ; comme elle ne peut rien faire avouer à *son amie* par l'excellente raison que celle-ci n'a rien à dire, elle ne trouve rien de mieux à faire que de l'accuser d'avoir du penchant pour M. Charles de Sérigny, ou d'*aimer dans son intérieur*, pour nous servir de ses expressions textuelles ; elle répète cette abominable calomnie à qui veut l'entendre. Et c'est là une femme du monde ! une duchesse ! Quoi ! sans motif, de gaieté de cœur, accuser d'un crime abominable une honnête femme qui ne fait de mal à personne, qui ne demande qu'à être jeune et jolie dans un coin de son salon, à causer et à rire avec toute l'insouciance de ses vingt ans ; venir lui demander si cela lui fait quelque chose que l'on épouse M. Charles, le fils de son mari ! Il est possible que les duchesses se fassent entre elles de ces questions-là ; mais nous aimons à croire que M*** les a calomniées. Pour être duchesse, on n'en est pas moins femme. Nous mentionnerons en passant une scène imitée du *Misanthrope ;* il n'y manque que la rime, le style et l'esprit,—peu de chose en vérité.

Dans l'autre acte, qui est le troisième, il y a un feu roulant de déclarations ; tous les lions lèvent à la fois leur griffe gantée de blanc sur la pauvre victime : « Aimez-moi, ou je vous déshonore, » voilà à peu près le fond de leur rhétorique ; ils l'obsèdent, l'inquiètent, la tourmentent, lui font des menaces énigmatiques et se montrent si grossiers, si insupportables, qu'il faut réellement que madame de Sérigny ait la douceur d'un agneau de six mois pour ne pas faire jeter tous ces petits messieurs à la porte par ses valets ou son mari ; au lieu de cela, la pauvre Émilie, intriguée au dernier point, a la funeste idée d'écrire à ce misérable d'Ampré pour lui demander un entretien explicatif. « Va, dit-elle, à son domestique, porte cette lettre à M. d'Ampré, et qu'elle lui parvienne en *quelque lieu que ce soit.* »

M. d'Ampré est en soirée chez une marquise, horrible duègne, avec un turban séculaire, que madame Desmousseaux représente au naturel ; il y a concert chez la marquise : les Italiens y viennent chanter ; la duchesse s'y trouve. Le domestique, trop consciencieux, paraît avec la lettre sur un plat d'argent, comme Hérodiade portant la tête de saint Jean-Baptiste. La vieille marquise et la jeune duchesse demandent à d'Ampré d'où lui vient cette lettre (question incroyable et que personne n'a jamais faite). Le misérable fat se rengorge avec des airs sournoisement prétentieux, et se laisse arracher le fatal billet par les deux harpies, qui le lisent et le font passer de main en main.

La lettre voyage si bien, que, lorsque madame de Sérigny entre dans le salon, personne ne la salue, et qu'on s'éloigne d'elle comme d'une pestiférée ; le scandale est si grand, que le bruit en vient jusqu'aux oreilles du mari ; il s'approche de d'Ampré et lui dit qu'il ira reprendre cette lettre chez lui.

A l'autre acte, c'est-à-dire au dernier, nous sommes chez d'Ampré. — Au lieu de M. de Sérigny, le général, nous voyons arriver M. Charles, le capitaine des chasseurs d'Afrique, puis madame de Sérigny elle-même, qui veut empêcher le duel. — Du fond du cabinet où d'Ampré le fait entrer, M. Charles entend la naïve justification d'Émilie ; il voit qu'elle n'a jamais aimé d'Ampré, et que la confidence de ce dernier n'était qu'une calomnie. Sur ces entrefaites, paraît M. de Miremont, témoin de d'Ampré, qui, outre-passant les pouvoirs qui lui ont été donnés, a fait à M. le général de Sérigny les plus formelles excuses au nom de son adversaire ; l'affaire est arrangée, le général arrive et se réconcilie avec le Lovelace : il n'y a plus qu'à plumer les canards. L'innocence d'Émilie reluit plus clair que le jour, et, pour laisser à cette fâcheuse affaire le temps de s'assoupir, son mari la mène au Val, à la campagne de M. de Cormon. — Charles tire à part M. d'Ampré et lui dit : « A Vincennes, demain ! un duel *à mort !* » Comme s'il y avait des duels à vie ! Cet imbécile de Charles aurait dû commencer par là, et, dès le premier acte, passer son épée à travers le corps de ce venimeux M. d'Ampré : cela eût été plus sain et plus abréviatif.

La morale de cette trop longue fable nous paraît être qu'il ne faut pas écrire légèrement un billet à un homme du monde, et surtout se garder de le lui faire porter *en quelque lieu que ce soit ;* voilà tout ce que nous avons compris. — Nous avons entendu dire que cette pièce s'appelait d'abord *la Coquette sans le savoir.* — Nous n'avons pas démêlé la moindre nuance de coquetterie dans le caractère de madame de Sérigny avec ou sans conscience. — Elle nous a plutôt fait l'effet d'une provinciale embarrassée et timide qui ne sait pas fermer sa porte aux fâcheux et leur faire dire par ses domestiques : « Je n'y suis pas. »

Le trait de mœurs le plus profondément observé, c'est le changement perpétuel de pantalons : ventre de biche, gris de souris effrayée, noisette, bleu-Flore, blanc de perle, vert d'eau, toutes les nuances y passent. D'Ampré, surtout, en fait un abus prodigieux. D'où nous tirons cette conséquence extrêmement logique que le *monde* est un endroit où l'on change plus souvent de pantalons qu'ailleurs.

Voilà donc la pièce d'un homme du monde! Assurément, aucun de nous ne l'aurait faite plus mauvaise; il est plus aisé d'avoir de beaux chevaux, des équipages splendides, des toilettes somptueuses, d'être un lion qu'un auteur comique. Cela n'est pas donné au meilleur gentilhomme d'être poëte quand il veut; un poëte deviendrait plutôt gentilhomme au besoin. Il est vrai, les poëtes ont souvent des gilets ridicules, des bottes grimaçantes, un chapeau effondré et bossué par l'inspiration; comme le rêveur de la fable de Schiller, ils sont arrivés trop tard au partage de la terre; pendant que l'on faisait les parts, ils étaient occupés à contempler l'auguste face de Jupiter et ce sourcil qui entraîne le monde en se fronçant; mais, s'ils n'ont pas la terre, ils ont le ciel; ils feraient, nous en convenons, une figure très-maussade au Bois ou dans une loge d'avant-scène; mais, quand ils ont au poing leur plume d'or, ils effacent tous les dandys possibles. A chacun sa besogne : que l'élégant soit élégant, que le poëte soit poëte; c'est déjà une assez belle science que de dépenser noblement une grande fortune, et de réaliser ce que les autres rêvent. — Soyez beaux, soyez magnifiques, soyez jeunes, spirituels, faites l'amour; nous ferons des vers; tout n'en ira que mieux. — Que diable! vous avez vingt chevaux dans votre écurie, dans des stalles de bois des îles, des anglais, des arabes, des barbes, des pur-sang, des demi-sang ; laissez-nous Pégase, notre pauvre rosse allégorique, qui va mal à la selle et traînerait fort médiocrement un tilbury.

Et puis, s'il faut vous le dire, illustres gentilshommes, lions à tous crins, très-précieux fashionables, il vous manque une chose pour être poëtes. Vous avez tout. La poésie est un désir, une aspiration à des sphères supérieures ; la sphère supérieure, vous y êtes. Le désir, vous l'éteignez avant qu'il s'allume ; une femme n'est plus pour vous qu'une partie d'échecs à gagner ; une espèce de pari vis-à-vis de vous-mêmes. Vous avez pour cela tout votre loisir, toute votre adresse, toute votre fortune. Vous jouez à coup sûr. Pour être des poëtes, il faut avoir beaucoup souffert et vous n'avez pas souffert. Le mal passe sous vos pieds et ne vous atteint pas ; il n'y a d'autre malheur pour vous que de mourir, de recevoir un coup de fleuret dans la figure ou de faire une comédie en cinq actes et en prose.

De grâce, laissez-nous la littérature pour nous consoler de n'être pas grands seigneurs !

Les acteurs ont joué assez médiocrement. Mademoiselle Anaïs a montré beaucoup de grâce et de gentillesse dans le rôle d'Émilie, et mademoiselle Plessy a été incisive et mordante dans celui de la duchesse de Sarrans. Toutes deux ont mérité en partie les applaudissements qu'on leur adressait.

On avait un extrême désir de bien accueillir la pièce, et les trois premiers actes se sont passés tranquillement ; mais l'on a sifflé assez aigrement aux deux derniers. Le public était choqué de ces mœurs exceptionnelles qui rappellent *les Liaisons dangereuses*, moins l'insolence dépravée et la grâce venimeuse, moins le vernis et les belles manières.

Opéra. *Le Drapier.* — Le drapier nous paraît un être fort peu lyrique, et nous ne concevons guère qu'on ait été le prendre pour en faire le sujet d'un opéra. — Nous ne désespérons pas de voir un jour *le Fabricant de bougies diaphanes* ou *le Marchand de bas de filoselle* figurer sur l'affiche de l'Académie royale de Musique.

L'Opéra est le seul refuge de la poésie et de la fantaisie ; — c'est l'unique endroit où le vers soit encore reçu, le dernier asile des dieux, des sylphides, des nymphes, des princes et des princesses tragiques ; la grossière réalité n'y est pas admise ; c'est un petit monde éblouissant d'or et de lumière, où l'on marche sur les nuages aussi facilement que sur la terre ; où, du sein de cristal des flots, s'élèvent en chantant de blondes naïades aux yeux verts, avec des coraux dans les cheveux ; les charmantes superstitions de la féerie y sont acceptées comme des articles de foi ; les anges montent et descendent ; les tombeaux, ouvrant leurs formidables mâchoires, laissent échapper des ombres plaintives ; les paradis s'épanouissent dans les frises comme de gigantesques fleurs d'azur ; les enfers flamboient sinistrement dans le deuxième dessous ; jamais l'abominable habit moderne n'y a paru ; là, rien d'actuel, rien de véritable ; on est dans un monde enchanté. La parole est un chant ; les pas sont des pirouettes ; la soie, le velours, l'or et l'argent étincellent de toutes parts : — lors même que les oreilles ne jouissent pas, les yeux sont amusés ; une soirée de l'Opéra vous délasse de la vie réelle, et vous console de la quantité d'affreux bourgeois en paletots que vous êtes obligés de voir dans la journée.

De ce noble spectacle, on veut faire un second Opéra-Comique, quelque chose qui n'a de nom dans aucune langue. On y montre l'échoppe d'un vendeur de drap, un comptoir, des pratiques qui viennent se faire couper deux aunes d'étoffe. Joli spectacle, en vérité !

M. Scribe, nature antipoétique par excellence, est l'auteur du *Drapier* ; il n'y a guère que lui qui ait assez de puissance pour faire jouer une pareille pièce sur un théâtre comme l'Opéra. — Nous sommes étonné qu'on ait été chercher, pour la fourniture des livrets, un homme très-spirituel d'ailleurs, mais qui ne s'est jamais douté, tout académicien qu'il est, des lois les plus simples de la versification française. — *Le Drapier* offre en ce genre les négligences les plus honteuses et les plus coupables. — De pareils vers seraient refusés chez le plus encroûté confiseur de la rue des Lombards ; les fautes de français y fourmillent ; le rhythme et la quantité y sont outragés à chaque ligne ; les répétitions de mots les plus choquantes viennent alourdir les phrases ; le verbe *je t'aime*, accompagné de la rime *suprême* ou *moi-même*, se reproduit vingt-sept fois dans trois actes ; ce qui dépasse toutes les bornes. — Nous plaignons de tout notre cœur les musiciens obligés de broder de la musique sur de semblables paroles; on ne peut rien tracer de délicat et de fin sur un canevas si grossier. — On appelle cela faire des libretti à l'italienne; mais les paroles italiennes, pour vides et banales qu'elles soient, offrent des facilités au chant, sont bien coupées, bien rhythmées, harmonieuses et quelquefois poétiques; et, d'ailleurs, les vers français ne supportent pas la médiocrité comme les vers italiens, toujours soutenus par la mélodie naturelle de la langue. — Nous insistons beaucoup sur le livret, car nous ne croyons pas que l'on puisse faire de belle musique sur un ramas de mots sans aucun sens et sans aucune harmonie, et dans les paroles nous voyons un grand sujet d'excuse pour M. Halévy, compositeur savant et distingué, qui a produit deux chefs-d'œuvre de genre différent, *la Juive* et *l'Éclair*. — Il a fait ce qu'il a pu et lutté de son mieux contre son poëme; il n'a pas été toujours vainqueur : l'on ne peut voler avec un boulet au pied. — La preuve de ce que nous disons est qu'un des meilleurs passages de la partition de M. Halévy se trouve coïncider avec un des morceaux les moins médiocres du poëme :

> Je ne verrai pas le déclin
> De ce jour dont j'ai vu l'aurore.

Il y avait là une espèce de sentiment, de mélancolie poétique et tendre passablement exprimé; aussi M. Halévy a-t-il trouvé une mélodie charmante; l'air de Mario, *Qui donne sa vie pour un instant*, est agréable et d'un bon effet scénique, quoique manquant un peu d'originalité; il l'a, du reste, chanté avec beaucoup de charme.

Mademoiselle Nau, qui fait le rôle de Jeanne Bazu (quel nom, grand Dieu!), a chanté avec le goût et la pureté qui lui sont habituels; elle a fait beaucoup de progrès comme actrice; elle a plus de vivacité, plus de chaleur; elle ne s'emprisonne plus comme autrefois dans une timidité de pensionnaire, le succès l'enhardit; elle s'abandonne davantage à sa grâce naturelle; sa voix prend de l'ampleur et bientôt elle occupera au premier rang une place que personne ne peut lui disputer actuellement à l'Opéra. — Massol a été assez comique dans le rôle de Gautier; quant à Levasseur, il joue un peu trop en Cassandre, maître Bazu, échevin et drapier de Chartres. — La dernière décoration représentant la cathédrale, quoique d'un ton tirant un peu sur le jaune d'œuf, est d'un bel effet, clair et lumineux ; les autres décors ne sont que suffisants.

20 janvier.

GYMNASE. *Les Enfants de troupe.* — L'orchestre joue une espèce de charivari militaire entremêlé de fifres, de tambours et de trompettes. Cette musique, *non civile*, vous prépare l'esprit pour ce qui va suivre, ou plutôt ce qui ne va pas suivre : vous croyez, lecteur débonnaire, que le rideau va se lever sur un intérieur de caserne? Pas du tout; vous voyez l'intérieur de l'atelier d'une modiste — couturière — lingère, nous n'avons pas trop distingué lequel, où travaillent trois ou quatre jeunes filles ; elles achèvent le trousseau de mariage de la fille du colonel...

Comment diable s'appelle le colonel? Nous l'avons oublié; il y a huit jours de cela, et qui peut répondre de se rappeler le nom d'un colonel du Gymnase après huit jours ? Baptisons-le pour notre commodité, le colonel Tisserant, d'autant plus que c'est Tisserant qui le représente.

Cette pauvre demoiselle, qui est fort jolie et fort riche, doit épouser un affreux petit capitaine à cheveux rouges, homme sec, froid, méchant, égoïste, et qui en veut à toute la création de la couleur de sa chevelure. Le nom de celui-là, nous le savons très-bien : il s'appelle Sérullas, ou, si vous aimez mieux, par une plaisanterie à l'ail répétée plusieurs fois le long de la pièce, le capitaine Cervelat. Être madame Cervelat; c'est dur! aussi la jeune fille se livre-t-elle à des mélancolies très-bien fondées ! — Telle est sa position au commencement de la pièce... — Ajoutons, pour vous faire entrevoir tout de suite comment cette position changera, qu'elle a distingué un jeune sous-lieutenant dont les cheveux sont d'un noir irréprochable, que ce jeune sous-lieutenant l'aime sans avoir jamais osé le lui dire, et laissons entrer en trois morceaux dans la boutique de Lodoïska, la couturière, le tambour-major Flamberge, son ami de cœur. Ce tambour-major, représenté par Klein, a été pour nous toute la pièce.

Vous connaissez Klein, vous savez comme il est grand, long, mince, efflanqué; eh bien, figurez-vous qu'il est deux fois plus grand, plus long, plus mince, plus efflanqué que de coutume : cela n'en finit pas, et il y en a pour une heure à le regarder des pieds à la tête. — Son gigantesque colback, surmonté d'un plumet colossal, entouré d'une gerbe de panaches tricolores, atteindrait facilement au balcon d'un premier étage au-dessus de l'entre-sol ; sa canne servirait d'échelle métrique ; — il a au moins sept pieds de haut (vieux style); il est impossible d'être plus vrai, plus intime et plus nature : c'est le tambour-major pris sur le fait.

Et puis comme il est admirablement grimé ! comme sa moustache enveloppe et cache sa bouche avec le chic du vieux grognard, que Charlet seul a su bien rendre ! comme ses petits yeux gris, à demi éveillés, papillotent sous l'ombre de ses sourcils et de son bonnet à poil ! comme son vieux nez, couleur de guigne, trahit éloquemment les coups de soleil de l'Égypte et les engelures de la Russie ! Ce nez est tout un poëme : que de choses dans ces grandes rides que l'on pourrait prendre pour des balafres et qui en sont peut-être ! La lenteur silencieuse des mouvements, la nonchalance endormie de la tournure, le rhythme et le dandinement involontaires de la marche, l'air innocemment mystérieux du troupier en bonne fortune, tout a été merveilleusement rendu par Klein, qui nous a rappelé plus d'une fois, surtout lorsqu'il parle de l'empereur, la délicieuse histoire du tambour Legrand, si merveilleusement racontée par Henri Heine dans ses *Reiseibilder*.

Nous savons que les applaudissements et les feuilletons seront pour Bouffé, qui joue l'*enfant de troupe* avec cette voix qui mord sur les nerfs et fait irrésistiblement couler les larmes ; mais, si la vérité est le but que doit atteindre le comédien, Klein s'en est rapproché davantage; Bouffé est trop gamin dans son rôle de Trime, c'est plutôt un enfant de Paris qu'un enfant de troupe ; il y a dans la vie militaire un côté d'abnégation, de résignation passive à la volonté supérieure, un côté sérieux et fatal, à part toutes les plaisanteries de la caserne et la pétulance du corps de garde. Ce n'est pas un métier très-gai de tuer les autres ou d'être tué par eux ; et les plus jeunes militaires ont quelque chose de posé et de ferme que n'ont pas les autres jeunes gens; nous l'aurions souhaité moins alerte, moins sémillant, moins prompt à prendre la parole, mieux discipliné enfin. Un soldat du genre de Trime ne sortirait jamais de la salle de police et serait fusillé au bout d'un mois. C'est parce que Bouffé est un grand comédien, que nous lui faisons apercevoir cette nuance : avec quelques intonations plus humbles, quelques gestes plus contraints, il serait parfait. Sous le rapport de l'entraînement et de la sensibilité, il n'est guère possible d'aller au delà.

Mademoiselle Nathalie a joué avec beaucoup de grâce le rôle de la fille du colonel. En somme, la réussite des *Enfants de troupe* a été complète. Le Gymnase a peut-être retrouvé là un autre *Gamin de Paris.* — Auteurs : MM. Bayard et de Biéville.

PORTE-SAINT-MARTIN. *Le Tremblement de terre de la Martinique.* — Un drame en cinq actes qui a pour dénoûment un tremblement de terre, voilà une grande faute, une grande maladresse. Comment diable voulez-vous qu'on s'intéresse à monsieur un tel et à mademoiselle une telle quand on sait que l'on va voir un spectacle inouï, une des plus formidables catastrophes de la nature ? Cela nous est pardieu bien égal que M. Dominique le mulâtre aime la fille blanche de M. de Beaumont, et que la mulâtresse Flora en soit jalouse ! Ne voilà-t-il pas un bel événement qu'une bague pleine de poison qui doit faire mourir un M. Delaroche, officier de marine ! Qu'est-ce que cela nous fait que l'on empoisonne des gens qui vont tout à l'heure être écrasés par la chute des édifices ou engloutis dans les crevasses du sol? Une bague de poison dans un tremblement de terre, c'est du luxe ; à toute cette intrigue d'amour est mêlée la révolte de noirs obligée : ce qui suppose de la part de l'administration une dépense extraordinaire de cirage et de bas de laine.

Le public était visiblement impatienté du drame de MM. Lafont et Desnoyers, qu'il eût trouvé très-suffisant et même supérieur à ce que l'on joue habituellement sur le boulevard ; mais, comme à la représentation de Van Amburg, où l'on criait : « Les lions ! les lions ! » on eût volontiers crié : « Le tremblement de terre ! le tremblement de terre ! Vous nous jouerez ensuite votre mélodrame, si vous voulez. » Certainement, mademoiselle Théodorine est fort jolie avec sa robe rayée, son madras de créole, ses beaux bras nus et ses colliers de graines d'Amérique, et toute sa folle toilette de mulâtresse ; madame Édelin est une blanche très-agréable, et Mélingue rugit de son mieux, et Raucourt représente le marin Lambert d'une manière remarquable; mais, comme le coq de la Fable, le moindre grain de mil, la moindre secousse ferait bien mieux notre affaire.

On entend les marteaux des machinistes; les toiles des premières décorations sont tout à fait rapprochées de la rampe, ce qui fait supposer que le dernier tableau doit être de la plus intéressante complication; roulez bien vite cette forêt plus ou moins vierge avec ses palmiers et ses lianes; montrez-nous tout de suite le tremblement; nous ne sommes sortis de bons appartements bien chauds, de nos bons fauteuils à la Voltaire, de nos pantoufles fourrées, que pour sentir le théâtre osciller sous nos pieds, et le plancher de la scène s'agiter comme une mer; si seulement la salle pouvait s'écrouler en réalité; s'il y avait quelqu'un d'écrasé sous les décombres; si madame Cabot pouvait disparaître à jamais par cette trappe entr'ouverte! Quel regret de n'être pas là, si vingt ou trente figurants étaient engloutis! si mademoiselle Théodorine avait la tête fendue par un portant de coulisse! Manquer une si belle chance, un si beau sujet de récit, voilà qui serait malheureux!

Enfin, voilà un incendie de feux de Bengale; les coulisses ont remué, le parquet a tremblé, quelques colonnes ont fléchi. « Avez-vous vu, madame? — Non, je n'ai rien vu. Je lorgnais madame de L..., qui a vraiment une coiffure extravagante. — Bon! voilà que la toile tombe; ce n'est que cela. — Rassurez-vous, il y a encore un acte. »

Il est onze heures et demie. Oh! cher tremblement, viens nous secouer de notre torpeur, ou nous allons nous endormir.

Enfin, nous sommes au tremblement définitif. Les colonnes chancellent, les chapiteaux et les architraves tombent par larges morceaux, les murailles se crevassent, les planchers s'effondrent, les clochers disparaissent, et l'on verse, du haut des frises, des boisseaux de poussière pour figurer les tourbillons de la tempête.

Les noirs, armés de torches et de couteaux, sautillent à travers les décombres comme une fourmilière de démons; ils veulent s'emparer de l'arsenal; mais un énorme quartier de roc écrase Dominique, leur chef, au moment où ils vont pénétrer dans l'intérieur du bâtiment.

Si vous voulez avoir une idée exacte de cette décoration, donnez un coup de poing dans un de ces jeux d'architecture composés de morceaux de bois numérotés dont on fait cadeau aux enfants! Rien ne représente mieux la dernière décoration du *Tremblement de terre de la Martinique;* les jeux de patience et les casse-tête chinois y ressemblent aussi beaucoup, et nous plaignons bien sincèrement les machinistes obligés de remettre sur pied toutes ces ruines.

Quand toutes les maisons sont tombées, on aperçoit une échappée de ciel du fond duquel rayonne un arc-en-ciel patriotique et tricolore, et un vaisseau qui se balance sur une mer assez médiocrement imitée. — Ce vaisseau est celui du prince de Joinville, qui vient secourir les malheureux *trembleurs de terre;* qu'on nous pardonne l'expression, mais nous ne connaissons pas de terme pour rendre autrement notre idée: il y a les naufragés, les incendiés, les inondés, les grêlés, les gelés, mais il n'y a pas de mot pour dire l'état des gens qui ont subi un tremblement de terre. Peut-être *tremblés* serait-il d'une formation plus régulière que trembleurs : nous laissons l'Académie juge de ce différend.

27 janvier.

AMBIGU. *L'Ouvrier.* — Nous donnons à la pièce de M. Frédéric Soulié l'attestation en bonne forme qu'elle est née viable, bien constituée, et vivra de longues représentations. Sans doute, nous aimerions mieux voir M. Frédéric Soulié, qui est un poëte, se livrer à des travaux plus littéraires et ne pas abandonner la muse tragique pour la furie du mélodrame; nous voudrions qu'il ne sacrifiât pas, comme il le fait, le style, l'exécution, le dessin du détail à la charpente et à l'intérêt scéniques; mais nous devons dire que, si ces défauts peuvent jamais être excusables, c'est assurément dans un théâtre et pour un public comme celui de l'Ambigu-Comique. Le succès a été franc, de bon aloi; le bout du fil sympathique était évidemment accroché, et les bobines tournaient avec une grande rapidité.

Boudin a joué le rôle de l'ouvrier en perfection ; depuis Frédérick, on n'a rien vu de mieux : ce n'est pas le voleur idéalisé, le Charles Moor, le Robert Macaire qui se drape noblement dans son haillon; ce n'est pas le génie du crime et la grâce de la scélératesse comme dans *l'Auberge des Adrets ;* c'est le vice bas, misérable, étriqué, ignoble, le vice parisien. Comme vérité, il n'est guère possible d'aller au delà : le chapeau est miraculeux, le pantalon est plein de génie, et la redingote, qui a dû nécessiter huit jours de recherches au Temple dans les plus affreuses arrière-boutiques, ne peut avoir appartenu qu'à un coquin fieffé ; elle a gardé les plis du crime et de l'infamie. — Boutin n'a pas donné à son rôle cet étrange attrait que Frédérick sait imprimer aux brigands et qui fait de tous les auditeurs des complices de Robert Macaire ; mais il a rendu sans charge, sans exagération, un caractère d'une réalité suffisante ; il s'est montré acteur de premier ordre.

GAIETÉ. *Le Tremblement de terre de la Martinique.* — Un tremblement, deux tremblements ; quand cela finira-t-il ? Nous espérons que ce sera le dernier : le tremblement de la Gaieté est préférable à celui de la Porte-Saint-Martin : au moins, la catastrophe y est amenée par l'événement qui donne son titre à la pièce. Il y a aussi un noir ; mais c'est un bon noir, il est blanc en dedans, au lieu que celui de la Porte-Saint-Martin est noir partout : ce brave nègre, qui mériterait assurément le prix Montyon, fait retrouver à une jeune fille fort intéressante une mère non moins intéressante, qui pourrissait dans un souterrain depuis dix ans ; il amène la punition du traître et fait triompher l'innocence. Cette cheville d'ébène est la cheville ouvrière de la pièce : c'est lui qui fait tout. — A la fin, la terre tremble et, en faisant ébouler les édifices, révèle l'existence du cachot où la mère et la fille se trouvaient enfermées toutes les deux par un raffinement de méchanceté diabolique. Madame Gautier, qui est, certes, une actrice de talent et qui mérite d'être la sœur de Bouffé, a rempli le personnage de la mère avec beaucoup de conscience. Il est à regretter que ce rôle ne soit qu'un râle d'un bout à l'autre ; l'acteur qui fait le nègre Daniel a eu de fort bons moments, mais le jus de réglisse dont il était peint nous a empêché de le reconnaître.

La décoration de la fin est assez belle ; le changement de couleur des eaux de la mer est surtout fort bien rendu ; le ciel a de beaux tons orageux, les maisons s'écroulent bien ; enfin, il ne manque à ce tremblement de terre qu'une toute petite chose, — de trembler. — Mais il faut bien se prêter un peu à l'illusion : un machiniste ne fait pas osciller aussi aisément le plancher d'un théâtre que le bon Dieu remue une planète.

II

FÉVRIER 1840. — Opéra : représentation au bénéfice de mademoiselle Fanny Elssler. — *Le Bourgeois-gentilhomme* transformé en vaudeville à tiroirs. — Ballet rococo. — *La Smolenska*. — Duprez italianisé. — Mademoiselle Pauline Garcia. — *Nina, ou la Folle par amour*. — Palais-Royal : *la Famille du fumiste,* par MM. Duvert, Varner et Lauzanne. — L'habit et le bourgeron. — Leménil, Achard. — Variétés : *le Chevalier de Saint-Georges,* par MM Mélesville et Roger de Beauvoir. — Lafont, Lepeintre aîné, mademoiselle Eugénie Sauvage. — *La Fille du régiment*, paroles de MM. Bayard et de Saint-Georges, musique de M. Donizetti. — Mademoiselle Borghèse. — Théâtre-Français : *la Calomnie*, comédie de M. Scribe. — La critique désarmée par le rire du public. — Un peu de grammaire, s'il vous plaît !

3 février.

OPÉRA. *Bénéfice de mademoiselle Fanny Elssler.* — Nous pourrions dire que le théâtre semblait une immense corbeille de fleurs, que le parterre était émaillé de femmes, et faire cinq ou six phrases fort jolies sur la brillante composition de la salle ; mais, dans ce siècle positif, la meilleure manière d'être éloquent, c'est d'être éloquent par chiffres, et nous nous bornerons à dire que la recette dépassait vingt-deux mille francs.

La composition du spectacle justifiait bien un tel empressement : Duprez, Tamburini, mesdames Dorus-Gras, Pauline Garcia, Persiani, pour le chant; mesdemoiselles Fanny et Thérèse Elssler, Nathalie Fitzjames, Maywood, Forster, Barrez, Mabile et Petipa pour la danse ; il y avait de quoi exciter la curiosité la plus endormie, — sans parler de MM. les comédiens ordinaires du roi, qui ont été très-extraordinaires.

Le Bourgeois gentilhomme de Molière, cette admirable parade aristophanique, servait de cadre aux divertissements. Nous avouons que nous aurions préféré un autre cadre ; les airs de musique et les pas de ballet intercalés jurent avec la couleur générale de la pièce, qu'ils rendent démesurément longue et dont ils coupent le sens par de trop grands intervalles; et puis n'est-ce pas manquer de respect à Molière que de considérer un de ses chefs-d'œuvre comme un vaudeville à tiroirs où l'on fait entrer tout ce que l'on veut? est-ce ainsi que nous honorons nos grands hommes? Puisque nous en sommes à parler de profanation, disons en passant à MM. de la Comédie-Française, qu'il est difficile d'être plus insolemment mauvais et de jouer l'œuvre d'un maître avec une plus coupable négligence. Un laisser aller pareil ne serait pas toléré dans un théâtre forain, et il faut toute la longanimité aristocratique d'un public de représentation à bénéfice pour supporter de pareilles choses.

Madame Dorus, qui représentait dans cette soirée l'école française, a chanté, à la leçon de musique, l'air du *Serment*, avec cette pureté de méthode, ce fini d'exécution et cette hardiesse de fioritures, qui la placent parmi les reines du chant.

Pendant le repas donné à Dorimène, la belle marquise dont les beaux yeux le font mourir d'amour, par le bourgeois gentilhomme, madame Persiani et Tamburini ont dit avec une rare perfection le duo de *Mathilde de Sabran*.

Madame Persiani avait une singulière toilette dont elle paraissait enchantée avec toute la naïveté du mauvais goût italien en fait de parure. C'était une robe de tulle noir, brodée de pois et de bouquets de couleurs diverses, qui faisaient l'effet des nonpareilles et des petits bonbons à devise que l'on enfonce dans les gâteaux de Savoie que l'on veut rendre plus solennels pour une fête de famille.

Quant à Tamburini, il se prélassait majestueusement dans ce magnifique habit de troubadour que vous savez.

Le mot de Dorimène: « Je n'ai jamais si bien entendu chanter que cela, » était d'un à-propos des plus heureux, et toute la salle l'a confirmé par des applaudissements.

La cérémonie finale, la réception du mamamouchi, n'a assurément jamais été plus splendide: nègres, icoglans, derviches coiffés de turbans illuminés, rien n'y manquait, et nous doutons que le grand roi lui-même l'ait vu représenter avec autant de luxe. — Dans cette réception étaient enchâssés, sans beaucoup de souci de la vraisemblance, une danse rococote, exécutée jadis par le fameux Dupré et l'illustre mademoiselle Anne Cupis de Camargo, l'Elssler de ce temps; à qui M. Arouet de Voltaire, gentilhomme de la chambre du roi, ne dédaigna pas d'adresser un madrigal assez détestable; le pas de châle, par mesdemoiselles Fanny et Thérèse Elssler, et *la Smolenska*, par mademoiselle Fanny toute seule, qui fera courir tout Paris.

Le pas tiré du ballet de *Manon Lescaut* est tout ce que l'on peut imaginer de plus trumeau, de plus Watteau, de plus Pompadour; c'est un dessus de cheminée en action, un éventail vivant : Lancret, Lépicié, Boucher, n'ont rien fait de mieux : figurez-vous ce bon et spirituel Barrez en costume de pèlerin partant pour Cythère, avec une houlette, une musette, tout l'attirail d'un berger du Lignon, et tenant à la main, comme dame Jacinthe du jeu de cartes, un bouquet qu'il n'ose attacher au corset de sa bergère, jeune personne fort intéressante, avec une jupe à paniers, des papillons de porcelaine, des échelles de rubans, un œil de poudre sur son hérisson; et des assassines au coin de la bouche.

Il avance, il recule, il témoigne sa flamme par des entrechats prodigieux, il tend son bouquet en roulant les yeux et en poussant de grands soupirs, mais rien n'y fait; Philis est cruelle comme une tigresse d'Hyrcanie, elle laisse le beau Tircis se livrer à ses *gargouillades* et à ses *ballons*. Heureusement, l'Amour, le dieu Cupidon lui-même, vient à son secours, — en culotte de soie rose avec une jarretière de diamants, un tonnelet à passequilles, un carquois doré, et un petit chapeau à trois cornes, tel qu'on le voit dans les biscuits et les porcelaines coloriées de l'époque; il tire mignonnement de sa trousse une flèche fort aiguë et perce d'outre en outre le cœur de la bergerette, qui permet alors à l'amoureux Tircis d'attacher la fleur à son corsage et de lui dérober un baiser.

Cette scène est rendue par Barrez avec infiniment d'esprit et un excellent sentiment de comédie. Mademoiselle Forster est une charmante bergère, que Watteau eût volontiers prise pour modèle. Mademoiselle Albertine est un petit Amour fort mutin et fort mousquetaire.

Le pas de châle, par les deux sœurs, étoiles jumelles de la danse, a ce mérite rare pour un pas de châle d'être original et neuf : c'est une suite de poses, d'enlacements, de draperies, soit volantes, soit en transparent, d'une grâce ravissante ; il est impossible de rien voir de plus noble, de plus gracieux et de mieux fait. Mademoiselle Fanny et mademoiselle Thérèse ont beaucoup de talent chacune de leur côté ; mais, quand elles sont ensemble, elles en ont le double ; elles arrivent à une justesse, à une précision pour ainsi dire fraternelles que personne autre ne pourrait atteindre. Des applaudissements également partagés ont fait voir aux deux sœurs combien le public aimait à les voir réunies.

Au pas de châle a succédé *la Smolenska; la Smolenska* est une espèce de mazourka, de cracovienne, pleine d'originalité et de grâce. Mademoiselle Fanny Elssler excelle dans ces pas, d'un rhythme vif et sautillant, mélange de volupté et de désinvolture cavalière ; elle a dansé celui-ci en perfection : toute la salle, enthousiasmée, a crié bis, et des tonnerres d'applaudissements ont éclaté de toutes parts ; une épaisse pluie de fleurs a inondé l'avant-scène de ses flots odorants ; — le costume était d'une coquetterie bohémienne, on ne saurait plus piquante ; un collier de velours avec des bracelets et jambières pareilles y donnait un caractère hardi et sauvage très-bien en harmonie avec le genre de la danse. — Ainsi arrangée, mademoiselle Elssler était encore plus jolie que d'habitude, ce qui est beaucoup dire.

Ensuite, Duprez s'italianisant pour cette fois, a joué avec mademoiselle Pauline Garcia, le dernier acte d'*Otello;* son chant, large et simple, sa belle prononciation et sa profonde accentuation dramatique, lui ont fait, sans désavantage, soutenir le parallèle avec le souvenir présent à toutes les mémoires du miraculeux Rubini. Jamais peut-être mademoiselle Garcia n'a dit la romance du *Saule* avec une plus déchirante expression de mélancolie ; sa voix vibrait dans les pleurs, allanguie de pressentiments sinistres, et tout émue d'une tristesse prophétique. Peut-être n'a-t-on pas applaudi comme ils le méritaient, ces deux grands artistes ; il est vrai que la salle renfermait encore plus de dilettanti chorégraphiques que de dilettanti musicaux.

Le ballet de *Nina, ou la Folle par amour* a dû beaucoup attendrir nos parents. La sentimentalité niaise de ces époques reculées s'y épanouit dans toute sa fleur. Le militaire y brille de tous ses agréments et il y triomphe avec une célérité inconnue au pékin ; ce pauvre ballet, aussi fané que les décorations devant lesquelles on l'a représenté, n'avait rien de nouveau pour personne que l'admirable talent de mademoiselle Fanny Elssler, qui s'est élevée à une grande hauteur tragique dans le rôle de Nina. De la folle d'opéra-comique, elle a fait une folle shakspearienne, une digne sœur d'Ophelia, une blanche et svelte apparition dont les yeux vivent seuls, illuminés d'une ardeur fiévreuse, dans une face de marbre blanc pâle comme une statue grecque vue au clair de lune. A la fin du ballet, quand elle voit que son amant n'est pas mort ainsi qu'elle l'avait cru, les irradiations phosphorescentes d'une joie sublime lui baignent la figure de vagues lumineuses et lui font comme une auréole ; il est difficile de mieux rendre l'enivrement d'un bonheur inespéré et l'explosion d'un cœur qui déborde. Comme pantomime, mademoiselle Elssler est sans rivale.

Il a dû y avoir cette nuit-là, une insurrection de portiers, car la représentation n'a fini que le lendemain, c'est-à-dire à une heure un quart. — Les choses avaient été faites consciencieusement. Il y avait bien pour vingt-deux mille francs de plaisir.

10 février.

PALAIS-ROYAL. *La Famille du Fumiste.* — Le μῦθος τέλει de cette pièce nous montre la supériorité des fumistes sur les fashionables ; c'est tout à fait la même idée que celle de *l'Ouvrier*, de l'Ambigu. MM. Duvert, Varner et Lauzanne auraient fait preuve de leur esprit habituel en laissant cela au boulevard ; que diable ! il ne faut pas toujours sacrifier systématiquement l'habit noir au bourgeron bleu, les gants blancs aux mains calleuses ; cette flatterie devient de mauvais goût, et les courtisans de la populace sont tout aussi serviles que les autres ; autrefois, il y avait les nobles et les manants ; maintenant, il y a les gens qui se lavent et ceux qui ne se lavent pas ; il est sans doute très-indépendant d'avoir les ongles noirs et de mépriser la grammaire, mais nous croyons que cela ne donne pas toutes les qualités, et l'on a vu des gens propres qui avaient bon cœur.

Que cela ne nous empêche pas de donner à Leménil les éloges qu'il mérite. Il s'est montré grand comédien dans le rôle d'un fumiste en retraite; il a un accent de nature, un tremblement sénile et une voix humide de larmes dans les moments pathétiques, qui dépassent les proportions d'un acteur de vaudeville. — Achard a joué avec cet entrain turbulent, cette volubilité de moulin à vent qui le caractérisent; on dirait qu'il s'est donné pour tâche de débiter le plus de paroles possible dans un temps donné.

17 février.

Variétés. *Le Chevalier de Saint-Georges.* — *Le Chevalier de Saint-Georges* a déjà paru sous forme de roman en quatre volumes in-8°. Pour souverain éloge, nous dirons que nous l'avons lu d'un bout à l'autre; phénomène qui se représente rarement, dans cette époque d'ardélionisme où l'on n'a pas même le temps de lire ses propres œuvres.

> Ce mulâtre poudré, dont l'étrange figure
>   N'effraya pas nos grand'mamans,
> Ferme en plus d'un assaut, et du jeu de l'escrime
>   Passant à celui du boudoir,
> A la danse, au patin, au tir, homme sublime,
>   Qu'on nomme le don Juan noir,

est certainement une des plus heureuses et des plus originales figures dramatiques qui puissent s'offrir à la fantaisie d'un poëte; M. Roger de Beauvoir a, du reste, l'instinct excellent pour ces sortes de trouvailles : c'est lui qui, dans *l'Écolier de Cluny*, a traité le premier le sujet de la *Tour de Nesle*, le plus grand succès dramatique de ce temps-ci; — et nous sommes ravi de le voir enfin aborder le théâtre, que les hommes de loisir et de poésie abandonnent à l'activité inquiète des fabricants de pièces, nous ne savons trop pourquoi, car le journal et le théâtre sont, maintenant, les deux seuls milieux où l'on puisse communiquer avec la foule. — La pièce a réussi comme le roman.

Lafont a bien joué son rôle de mulâtre; Lepeintre aîné n'a pas démenti sa vieille réputation, et mademoiselle Eugénie Sauvage a été ce qu'elle est toujours, c'est-à-dire une actrice fine et distinguée.

Les costumes étaient très-brillants et très-riches. — A propos de costumes, remarquons un changement qui s'est opéré dans la mode des théâtres. On fait maintenant des pièces à costumes comme autrefois l'on faisait des pièces à décorations. On mettra bientôt sur l'affiche : *Drame ou comédie en huit costumes,* au lieu de : *Pièce en huit tableaux.* Il faudrait l'un et l'autre.

OPÉRA-COMIQUE. *La Fille du régiment.* — Nous sommes au temps de l'Empire, dans le Tyrol. Le rideau se lève ; des femmes sont en prière, à droite de la scène, sur le premier plan. Au fond du théâtre, des Tyroliens le mousquet au point, guettent l'arrivée de l'armée française et se préparent à lui faire une bonne réception. Mais les Français n'arrivent pas encore ; la crainte que nous avions de voir se changer en champ de bataille la scène toujours si pacifique de l'Opéra-Comique devient une crainte inutile ; les montagnards remettent leur courage à une autre fois, et, au lieu de nous faire entendre une musique composée de fusils et de canons, ils disent une prière d'actions de grâces composée de voix et d'instruments. Cela fait, Tyroliens et Tyroliennes se retirent et vont probablement

> Célébrer en ce jour
> Le travail, l'hymen et l'amour.

La scène restée libre, surviennent Sulpice, sergent, et Marie, vivandière du 21ᵉ régiment. L'héroïne de la pièce, Marie, jeune fille résultat mystérieux d'un entretien fortuit entre un capitaine français et une marquise tyrolienne, a été trouvée sur le champ de bataille par le 21ᵉ, qui l'a adoptée en masse. De cette adoption, et par des conventions ultérieures, il résulte qu'un enfant a trois mille pères, et que trois mille pères n'ont qu'un seul enfant. Sulpice, en sa qualité d'ancien, fait des reproches à Marie sur sa tristesse et sa distraction. La vivandière lui confie alors qu'elle aime un beau Tyrolien à qui elle doit la vie. Le vieux sergent se fâche, rappelle à la jeune fille qu'elle a juré n'épouser jamais que le 21ᵉ de ligne, et la suppliée de renoncer à l'étranger. Cependant notre amoureux Tyrolien ayant appris quel obstacle s'oppose à son mariage avec Marie, le détruit en s'engageant. Le régiment s'assemble, la vivandière est accordée au nouveau conscrit à l'unanimité ; mais la marquise, ayant reconnu sa fille, la réclame en qualité de tante, et, malgré les pleurs de Marie, elle la sépare de son régiment et de son amant.

Au second acte, la marquise a préparé pour sa fille un mariage avec un duc chambellan. Marie, dominée par ses souvenirs, résiste et se désole; enfin, après nombre d'hésitations, la marquise renonce à ses projets ambitieux, et consent à laisser marier les deux amants. L'amour a donné de l'ambition au jeune Tyrolien, qui est devenu lieutenant pendant l'entr'acte.

MM. Bayard et de Saint-Georges ont traité ce sujet, qui n'était peut-être pas bien neuf, avec tout le talent et l'esprit auquel ils nous ont habitués depuis longtemps. Des mots heureux, quelques scènes intéressantes et habilement combinées pour le musicien, assurent un long succès à *la Fille du régiment*.

Sur ce libretto, M. Donizetti a écrit une musique facile et spirituelle, comme celle de ces autres partitions que vous connaissez tous et qui lui ont valu de si beaux succès. Le maestro, avec une souplesse de talent fort remarquable, a su plier son imagination à toutes les exigences de la scène de l'Opéra-Comique; et, si l'on trouve quelques hésitations, fort rares d'ailleurs, dans la pièce nouvelle de M. Donizetti, elles sont amplement rachetées par la finesse des détails, la verve de quelques-unes des mélodies et la facilité de l'instrumentation.

M. Donizetti est capable de payer en belle et bonne musique l'hospitalité cordiale que la France lui offre sur tous ses théâtres, subventionnés ou non.

L'exécution de l'ouvrage a été satisfaisante. Mademoiselle Borghèse, dès son premier début, a prouvé qu'elle était pour l'Opéra-Comique une excellente acquisition. Cette jeune cantatrice, qui avait su se faire applaudir *con fanatismo* sur les théâtres d'Italie, est vive, agaçante; son jeu a de la finesse et de l'esprit. Comme cantatrice, mademoiselle Borghèse possède un talent incontestable, et sa voix de soprano, manquant peut-être d'un peu de timbre dans le médium, mais forte et vibrante dans les notes aiguës, peut se prêter avec facilité à tous les caprices de la vocalisation.

Théatre-Français. *La Calomnie.* — Nous sommes dans un grand embarras pour rendre compte de cette pièce : elle a très-certainement été écoutée d'un bout à l'autre avec intérêt par le public ; les applaudissements ont été nombreux et de bon aloi ; — l'auteur est un homme d'esprit ; il faut bien que cela soit puisque tout le monde le dit depuis quinze ans ; il doit avoir l'habitude du théâtre car il a déjà fait plus de pièces que Lope de Vega ; les comédiens de la rue Richelieu, quelque mauvais qu'ils soient, jouent encore mieux que les autres. Eh bien, malgré toutes ces circonstances atténuantes, nous sommes forcé d'avouer que *la Calomnie* nous a prodigieusement ennuyé et que nous n'y avons pas trouvé le plus petit mot pour rire. Tout le monde autour de nous s'exclamait : « Voilà qui est charmant ! comme cela est vrai ! quel tour spirituel ! l'ingénieuse situation ! mais c'est le vrai portrait de madame une telle ! » Nous nous sentions très-malheureux de ne pas jouir de toutes ces belles choses, car il n'est rien de plus triste que d'assister à un plaisir que l'on ne partage pas. Cela tenait peut-être à ce que nous ne connaissions pas madame une telle et que, par conséquent, nous ne pouvions juger de la vérité du portrait. — Cette situation est des plus douloureuses, parce que, d'une part, elle vous force à convenir vis-à-vis de vous-même que vous êtes un être obtus, essentiellement stupide et ne comprenant pas le fin des choses, ce qui est d'une bien grande humilité, et, de l'autre, à vous mettre en opposition avec toute une salle, ce qui est d'une bien grande présomption.

Pour nous, l'ouvrage de M. Scribe n'est qu'un long proverbe dont voici le mot : « Il ne faut pas se fier aux apparences. » — La maxime n'est pas neuve, mais elle est consolante, comme dirait Odry-Bilboquet. — Il fallait que la donnée fût traitée en drame, car il n'y a certainement rien de comique dans une calomnie qui déshonore une jeune fille, et provoque des multitudes de duels, — duels à l'état d'intention, hâtons-nous d'ajouter, mais qui prouvent une violence de scène déplacée dans la comédie. Cependant, le public, pour qui les pièces sont faites, a bien voulu accepter le sujet de cette manière, et a beaucoup ri. On n'a jamais tort de s'amuser.

Nous désirerions dans une œuvre dramatique, d'abord et avant toute chose, du style, de la grammaire du moins, si l'on ne peut obtenir le style, car sans style rien n'existe en littérature ; le style, c'est le dessin, c'est la valeur de chaque ligne en elle-même, c'est la première condition, le *sine quâ non*, et le style de M. Scribe ne va pas au delà de la conversation la plus lâchée. — Puisque M. Scribe est de l'Académie française, nous avons le droit de le traiter en philologue et non en vaudevilliste. Nous exigerions ensuite l'étude des caractères, le développement des passions, et, outre tout cela, la fantaisie et le caprice de l'auteur; car le poëte ne doit jamais être absent de son œuvre et il faut que la pensée se fasse jour à travers les événements. — Voilà ce que nous voudrions au théâtre, sinon à l'état de réalisation, car nous savons mieux que personne que l'on ne fait pas des chefs-d'œuvre tous les jours, du moins à l'état d'essai. Comme, par métier, nous sommes condamné à voir indistinctement tout ce qui se représente, en notre qualité d'échanson et de dégustateur du public, l'absence complète de tout art et de toute littérature au théâtre nous frappe plus vivement que personne, et ce regret se fait sentir plus poignant à chaque représentation qui nous appelle à la Comédie-Française. La Comédie-Française n'est pas un théâtre fondé pour gagner de l'argent; c'est un théâtre d'étude, une espèce de chaire de poésie dramatique, un cours de beau langage pour les esprits sérieux, que les *landerirette* et les *larifla* du vaudeville ne peuvent satisfaire; on ne devrait pas recevoir de pièces en prose ou du moins très-rarement et dans des cas exceptionnels, celui d'un chef-d'œuvre, par exemple.

M. Scribe, homme de goût, d'esprit et de savoir-faire, n'est pas à sa place au Théâtre-Français; il n'a pas l'haleine assez longue pour souffler cinq actes d'un seul jet. Cinq vaudevilles sans couplets à la queue les uns des autres ne font pas une comédie. Le Gymnase avec ses proportions de bonbonnière est le lieu naturel de M. Scribe. Là, ses rapides esquisses, négligemment lavées de tons d'aquarelle, sont éclairées de leur vrai jour; de près, la facilité de main avec laquelle les scènes sont traitées peut amuser et intéresser; à quelques pas de distance, tout se perd, on n'aperçoit plus qu'un cadre mal meublé, une composition vide, des apparences sans contour et sans réalité; *la Calomnie*, traitée dans la manière sentimentale et larmoyante du Gymnase, et dans la proportion de deux actes, eût été assurément beaucoup plus supportable.

Que M. Scribe occupe le Gymnase, les Variétés, le Vaudeville, le

Palais-Royal et l'Opéra-Comique, rien de mieux : — il est incontestablement le premier vaudevilliste de l'époque; mais qu'il laisse aux poëtes lyriques et aux poëtes dramatiques l'Opéra et le Théâtre-Français : l'Opéra, parce qu'il ignore complétement le mécanisme du vers et les lois de la prosodie; le Théâtre-Français, parce qu'il est entièrement dépourvu de style, condition indispensable pour un théâtre littéraire.

III

MARS 1840. — *Le Zingaro*, paroles de M. T. Sauvage, musique de M. Fontana. — Perrot. — Portrait en pied. — Madame Carlotta Grisi. — Opéra-Comique : *Carline*, paroles de MM. de Leuven et Brunswick, musique de M. Ambroise Thomas. — Madame Henri Potier. — Cirque-Olympique : *la Ferme de Montmirail*, par MM. Ferdinand Laloue et Labrousse. — L'envers de la gloire. — Porte-Saint-Martin : *Vautrin*, drame de M. de Balzac. — Interdiction de la pièce. — Sa prétendue immoralité. — Scapin et Robert Macaire. — Frédérick Lemaître. — Opéra : rentrée de mademoiselle Falcon. — Théâtre-Français : *Chatterton*, par M. Alfred de Vigny. — Madame Dorval. — Renaissance : *la Fille du Cid*, par M. Casimir Delavigne. — Le talent et le génie. — Guyon, mademoiselle Émilie Guyon.

2 mars.

RENAISSANCE. *Le Zingaro.* — *Perrot et madame Carlotta Grisi.* — Enfin, voilà un succès! Le public s'en est mêlé; le public a battu des mains, a trépigné et jeté des bouquets lui-même, toutes choses dont, ordinairement, il laisse le soin à l'administration, en grand seigneur qu'il est. Les paroles de M. Sauvage et la musique de M. Fontana n'y étaient pour rien; les jambes de Perrot ont tout fait. Mais quelles jambes!

Perrot n'est pas beau, il est même extrêmement laid; jusqu'à la ceinture, il a un physique de ténor, c'est tout dire; mais, à partir de là, il est charmant. Il n'est guère dans les mœurs modernes de s'occuper de la perfection des formes d'un homme; cependant, nous ne pouvons passer sous silence les jambes de Perrot. — Figurez-vous que nous parlons de quelque statue du mime Bathylle ou du comédien Pâris retrouvée tout récemment dans une fouille des jardins de Néron ou d'Herculanum. Les attaches du pied et du genou sont d'une finesse extrême, et corrigent ce que les rondeurs du contour pourraient avoir de trop féminin ; c'est à la fois doux et fort, élégant et souple ; les jambes du jeune homme pantalonné de rouge, qui casse sur son genou la baguette symbolique dans le tableau de Raphaël représentant *le Mariage de la Vierge*, sont tout à fait dans ce caractère. Ajoutons que Perrot, costumé par Gavarni, n'avait en aucune manière cet air fade et douceâtre qui rend les danseurs si généralement insupportables ; il n'avait pas encore dansé, que son succès était déjà certain ; à voir l'agilité moelleuse, le rhythme parfait, la souplesse du mouvement de la pantomime, il n'était pas difficile de reconnaître Perrot l'aérien, Perrot le sylphe, la Taglioni mâle ! Aussi, au grand pas du divertissement, les bravos ont-ils éclaté comme un tonnerre !

Ce pas est charmant, l'intention en est fort jolie, et, contre l'ordinaire des pas, il signifie quelque chose. Le Cassandre de la pièce veut forcer Gianina, sa pupille, à danser devant le seigneur ; mais, comme il a préalablement mis sous clef l'amoureux de la petite, elle se prête de très-mauvaise grâce à ce désir. Tout à coup, sa tête se relève, son œil se ranime, sa bouche étincelle, ses pas deviennent plus vifs ; elle a entendu dans le lointain babiller des castagnettes. Les castagnettes se rapprochent : c'est Perrot le zingaro qui a sauté par la fenêtre, et qui arrive sur la pointe de son pied mignon, pour prendre part aux jeux du village (style d'opéra-comique) ; et alors commence un des plus charmants pas de deux que l'on puisse voir. Perrot y déploie une grâce, une pureté, une légèreté parfaites : c'est de la mélodie visible, et, si l'on peut parler ainsi, ses jambes chantent très-harmonieusement pour les yeux.

Ces éloges sont d'autant moins suspects de notre part, que nous n'aimons pas le moins du monde la danse des hommes : un danseur exécutant autre chose que des pas de caractère ou de la pantomime, nous a toujours paru une espèce de monstre ; nous n'avions jusqu'à présent pu supporter que les mazourkas, les saltarelles et les cachuchas. Perrot nous a fait revenir de notre prévention. — A l'exception de Mabille et de Petipa, les danseurs de l'Opéra sont faits pour encourager l'opinion qui ne veut admettre que des femmes dans le corps de ballet.

Madame Carlotta Grisi seconde admirablement Perrot; elle sait danser, ce qui est rare ; elle a du feu, mais pas assez d'originalité; elle manque de cachet à elle; c'est bien, mais ce n'est pas mieux. Au mérite de bien danser, elle joint celui de bien chanter, deux talents difficiles à concilier ; sa voix est agile, claire, un peu aiguë, faible dans le médium, mais elle la conduit avec adresse et méthode, c'est une très-jolie voix de danseuse. Beaucoup de cantatrices qui ne dansent pas n'en savent faire autant. Quant à sa figure, elle n'est pas fort italienne, et répond peu aux idées brunes qu'éveille le nom de Grisi, dont elle est parente. Elle a des cheveux châtains, plus près d'être blonds que d'être noirs, des traits assez réguliers, et, autant qu'on peut le distinguer sous le fard, le teint coloré naturellement; elle est de taille moyenne, svelte, assez bien prise, sa maigreur n'est pas excessive pour une danseuse; seulement, elle a le pied un peu italien ou anglais si vous aimez mieux.

Les costumes du *Zingaro* ont été dessinés par Gavarni; ils sont très-variés, très-originaux et très-pittoresques. Gavarni n'a pas de rivaux pour ajuster, agencer et composer des costumes. Ce n'est là que son moindre mérite : il n'est personne qui n'ait ri de tout son cœur devant les spirituelles caricatures qu'il sème à profusion, et qui ne semblent pas lui coûter plus de peine qu'une majuscule ou un parafe à main levée.

Comme dans ce théâtre de province où la musique de *la Dame blanche* avait été supprimée *parce qu'elle nuisait à l'action*, on pourrait très-bien supprimer le poëme du *Zingaro* comme nuisant à l'action, et ne conserver que les divertissements et le ballet. Cependant, pour être juste avec tout le monde, disons que les airs de danse sont assez jolis, et que la musique de M. Fontana vaut toute autre musique généralement quelconque.

OPÉRA-COMIQUE. *Carline.* — *Début de madame Henri Potier.* — La débutante, madame Henri Potier, est une charmante femme. C'est une nouvelle que l'on ne saurait trop s'empresser de répandre; les jolies femmes sont si rares dans cet abominable siècle de chiffres, de politique et de chemins de fer, où l'on est tellement occupé de vilaines choses, que les femmes n'ont plus le courage d'être belles, et laissent aller leur regard et leur sourire comme il plaît à Dieu ! — Elle est blonde ! — la couleur de l'or et du soleil ! — blonde comme Ève avant d'avoir péché ! C'est Jenny Colon moins grasse et Anna Thillon plus potelée : elle réunit leurs deux beautés dans un type intermédiaire beaucoup plus parfait ; elle a leurs qualités, sans leurs défauts ; on dirait que la nature s'est essayée dans mademoiselle Colon et dans madame Thillon à faire madame Henri Potier. Chose charmante ! outre l'impression de sa beauté à elle, elle éveille le souvenir de deux des plus jolies actrices de Paris. Les épaules, la poitrine, les bras, sont modelés avec une perfection rare : les poignets et les chevilles sont minces ; la main petite, le pied étroit ; il n'y a rien à reprendre. Le nez a une coupe délicatement aquiline, d'une noblesse et d'une distinction extrêmes ; — une de ces coupes qu'on appelait autrefois bourboniennes ; — la bouche a le sourire souple et facile ; l'œil est tendre, onctueux, d'un bleu idéal et coquettement suppliant, comme demandant pardon d'être si beau ; les pommettes ont très-peu de saillie, et l'ovale de la figure est légèrement allongé, comme dans toutes les têtes d'un type noble. Nous avons cru démêler à travers cette beauté une voix d'un timbre frais et jeune, quoique peu étendue, ayant quelques lointains rapports avec celle de madame Damoreau ; mais nous n'en jurerions pas ; nous avons été plus attentif des yeux que des oreilles, car il est plus rare de voir une belle femme que d'entendre bien chanter en ce temps de forcené dilettantisme, où le côté plastique est complétement négligé, où l'on préfère Persiani à Grisi. Assez d'autres vous diront les défauts de cette voix. Elle n'est pas assez forte pour chanter de grands airs. — Tant mieux ! — Du moins, madame Henri Potier ne tordra pas dans les affreuses convulsions de l'*aria di bravura* les lignes de sa charmante figure. Nous avons toujours éprouvé un vif déplaisir à voir mademoiselle Grisi, ce divin marbre de Paros, froncer ses beaux sourcils et contracter sa bouche de Vénus grecque, pour extraire de son gosier, nous ne savons quelle note haute, qui provoque toujours les applaudissements ; nous aimerions mieux qu'elle manquât la note et gardât son contour dans toute sa pureté.

On nous traitera si l'on veut d'Uscoque, de Malgache, d'Algonquin, de Huron, de Groenlandais, et même de Kamtschadale. Telle est notre opinion.

Quant à *Carline*, c'est une anecdote bien connue que MM. Brunswick et de Leuven, ces impitoyables fossoyeurs dramatiques, ont été exhumer des anas de l'autre siècle, et qui a fourni à M. Ambroise Thomas le sujet d'une partition où la mélodie disparaît un peu sous le travail harmonique. M. Thomas a assez de talent pour ne pas se réfugier dans la *difficulté*, qui est plus facile à faire qu'on ne pense.

9 mars.

Cirque-Olympique. *La Ferme de Montmirail.* — Vous n'exigerez pas d'un pauvre feuilletoniste qui a été poëte autrefois, une analyse bien exacte du mélodrame du Cirque-Olympique ; le grand charme de ce théâtre consiste précisément à ne pas être littéraire. On y voit des chevaux, cela repose des acteurs ; et puis c'est le dernier vestige du cirque romain, le dernier reflet des jeux antiques. Si l'on voulait, le Cirque serait le plus amusant théâtre de Paris ; ses pièces, presque toutes tirées des grands événements contemporains, se rapprochent des formes épiques par l'appareil de la mise en scène, le luxe des décorations et l'intérêt national qu'elles inspirent.

Jusqu'ici, le Cirque avait toujours représenté les Français victorieux ; ce qui était beau, mais monotone. Cette fois, foulant aux pieds le préjugé qui veut que le Français soit vainqueur sur toute la ligne, l'administration du Cirque n'a pas craint de mettre en scène la déroute de Moscou, cette grande expiation de l'orgueil de l'Empire.

C'est un spectacle triste et solennel que cette interminable plaine blanche où la route est tracée par des cadavres d'hommes et de chevaux, que cet horizon sans borne où passent de temps en temps, comme des essaims de sauterelles, des troupes de Cosaques penchés sur le cou de leurs cavales. On voit là l'envers de la gloire.

Il y a dans cet acte un très-beau mouvement. La colonne, harassée de fatigue, écrasée de misère et de désespoir, se couche dans des draps de neige pour dormir de son dernier sommeil : l'approche de l'ennemi ne peut l'arracher à ce fatal repos.

Tout à coup, sur le fond rouge de l'incendie, se dessine une silhouette bien connue : le cheval blanc, le petit chapeau, la redingote grise; c'est lui! — Alors, les blessés, les malades, les cadavres glacés par le double froid de la neige et de la mort prochaine, toute cette misérable foule en haillons qui n'est plus que le spectre d'une armée, contractée par un mouvement d'enthousiasme galvanique, se dresse sur ses pieds gelés, agite ses mains mortes, et crie : « L'empereur! l'empereur! Vive l'empereur! » et se remet en marche.

Le beau tableau de Charlet a été très-heureusement traduit par les metteurs en scène du Cirque, gens fort habiles et qui comprennent admirablement la disposition des groupes.

18 mars.

PORTE-SAINT-MARTIN. *Vautrin.* — *Vautrin* a été défendu à la seconde représentation. — Alors à quoi bon la censure? à quoi sert de subir l'encre rouge de ces messieurs, si l'on peut vous confisquer votre pièce après coup? Certains journaux qui ont crié très-fort, et avec raison, contre la suppression des drames de Fontan et de Félix Pyat, trouvent aujourd'hui la censure fort sage, tant sont vivaces les haines littéraires! Pareille contradiction avait déjà eu lieu à propos du *Roi s'amuse.*

Le motif est l'immoralité de la pièce : c'est le plus commode de tous les prétextes. Avec cela, on peut mettre l'embargo sur tout le théâtre ancien et moderne; *Vautrin* n'est pas plus immoral que la *Gazette des Tribunaux.*

A le prendre au point de vue rigoureux et catholique, le théâtre n'est pas possible. — Nous démontrerons quand on le voudra que le vaudeville du Gymnase le plus anodin, le plus sucré, le plus rose-tendre, le plus vert-pomme, contient cinq ou six monstruosités damnables.

Qu'y a-t-il d'immoral dans *Vautrin?* Le héros est un forçat; mais le forçat, à tort ou à raison, est devenu un personnage typique du drame moderne, comme l'Arlequin de la comédie italienne, comme le Scapin de la comédie française; Scapin, n'ayant plus de maître grand seigneur à friponner, a bien été obligé de vivre aux dépens du public. Le valet est devenu voleur; Robert Macaire, songez-y bien, c'est Scapin sans place.

Le défaut de *Vautrin* est de manquer de réalité ; certains passages font l'effet du rêve et produisent l'impression vertigineuse que l'on éprouve à la lecture des *Treize*. Vautrin est proche parent de Ferragus. On est si peu habitué à la fantaisie et au caprice dans le théâtre moderne, qu'il faut, pour le moindre incident et la moindre sortie, des explications interminables. — Molière n'y regardait pourtant pas de si près : il a besoin d'un bâton, le bâton se trouve tout justement à terre ; il lui faut un Turc, voilà un Turc ; un commissaire, donnez un coup de pied dans le mur, il va en jaillir un commissaire comme un diable d'un joujou à surprise. Tous les gens nécessaires à son action passent précisément sur la place publique, commode décoration de ses comédies. — A cela, vous nous répondrez que M. de Balzac n'est pas Molière ; c'est juste, il est M. de Balzac, et c'est encore quelque chose.

On a été, selon nous, injuste envers cette pièce ; les mots, les traits y fourmillent. Le troisième et le quatrième acte sont étincelants de plaisanteries drolatiques, de paradoxes ébouriffants ; il se rencontre çà et là des plaques de dialogues dignes de Beaumarchais pour la finesse, la vivacité et le mordant ; il y a là de l'esprit à saupoudrer vingt vaudevilles et autant de mélodrames.

Frédérick Lemaître a été prodigieux, étourdissant, au-dessus de tout éloge. C'est décidément le plus grand comédien du monde : les moindres mots prennent dans sa bouche une profondeur et un accent singuliers, et, de la phrase la plus insignifiante en apparence, il fait jaillir une lueur fauve inattendue qui éclaire tout le drame. Comme Protée, il prend toutes les formes : tantôt vieux baron allemand, pied bot et bossu ; tantôt ambassadeur mexicain, grand, gros, basané, avec des favoris violents et un toupet pyramidal. Chez lui, à le voir si bonhomme, en pantalon et en veste de nankin avec un chapeau de planteur, vous le prendriez pour Napoléon à Sainte-Hélène ; et tout à l'heure il va se dresser comme un autre Van Amburg, et faire ployer, sous les torrents magnétiques de son regard, toute une ménagerie de forçats en révolte ; ironie, tendresse, fureur, sang-froid : toutes les octaves du clavier ont été parcourues par cet acteur sans rival.

Opéra. *Représentation de mademoiselle Falcon.* — Vous savez l'histoire de mademoiselle Falcon : elle avait perdu sa voix d'une manière toute mystérieuse ; cela était plus merveilleux qu'un conte d'Hoffmann. Comme la Bettina du *Sanctus*, elle s'était trouvée un jour muette devant son papier à musique ; quelque méchant maître de chapelle, au nez violet, à l'œil glauque, l'avait sans doute regardée de travers ; du reste, elle parlait parfaitement. Un docteur au moins aussi fantastique que le docteur Wiesecké, ou le signor Tabraccio, avait trouvé moyen de faire chanter la malade en la mettant sous cloche dans une machine pneumatique, et mille autres inventions hétérodoxes. A ce compte-là, les melons qui sont toujours sous cloche seraient les plus excellents chanteurs, et, jusqu'à présent, ils n'ont cependant pas fait preuve de grandes dispositions musicales. — Ce problème, qui a occupé pendant deux ans la curiosité parisienne, s'est enfin résolu l'autre soir.

Mademoiselle Falcon avait convié tout Paris à cette expérience périlleuse. Tout Paris est venu. La salle était pour le moins aussi émue que la cantatrice. Quand mademoiselle Falcon est entrée en scène, des tonnerres d'applaudissements ont éclaté. — Physiquement, elle est aussi belle que jamais. Ce sont toujours les longs yeux passionnément noirs, la chaude pâleur juive, le bel ovale mélancolique, les cheveux abondants et superbes, le même sourire maladivement tendre, la même ardeur inquiète et nerveuse, c'est bien Cornélie Falcon ; sa beauté est sauvée, qu'importe sa voix ? Nous qui préférons un beau contour à un beau son, nous étions déjà plus qu'à moitié rassuré ; — car notre grande peur était qu'elle n'eût maigri, que ses dents n'eussent perdu de leur blancheur, et ses yeux de leur éclat ; il n'en est rien.

Les applaudissements étaient si vifs et si unanimes, que la pauvre femme, émue par tant de témoignages bienveillants, a chancelé, et, après quelques instants, s'est évanouie. Heureusement, les craintes que cet accident avait soulevées, se sont vite dissipées ; la représentation a continué. Mademoiselle Falcon a joué et chanté les deux rôles de Rachel et de Valentine avec une puissante supériorité. Dans toute la scène du second acte de *la Juive*, elle a été admirable de menace et d'indignation ; toute la colère et tout le désespoir qu'éprouve Rachel en se croyant méprisée par Léopold, ont été rendus par elle avec une incontestable audace et une grande supériorité. Toute la salle a été électrisée par la fin du duo des *Huguenots*. Valentine a été saluée comme dans ses plus beaux jours. Donc, comme tragédienne, mademoiselle Falcon n'a rien perdu. Hier, son talent a été, comme il y a deux ans, ferme et pur, correct et vigoureux.

La cantatrice aussi a toujours cette méthode d'autrefois, que nous avons tant applaudie ; c'est toujours le chant large et posé, le *phrasé* élégant et facile, mais la voix nous a semblé un peu terne, le timbre et l'éclat n'ont pas encore reparu entièrement. L'émotion que mademoiselle Falcon a éprouvée en se retrouvant dans son théâtre, en face de la rampe et du public qu'elle n'avait pas vus depuis longtemps, est peut-être la seule cause de l'altération vocale que nous avons remarquée ; quoi qu'il en soit, nous espérons qu'avec des soins et des ménagements, cette faiblesse disparaîtra.

Mais, pour Dieu ! qu'elle ne chante pas, qu'elle se repose, qu'elle aille en Italie boire cet air si tiède et si bleu, cet air de velours qui assouplit les gosiers les plus rebelles ; qu'elle ait confiance dans sa jeunesse, son gosier et sa beauté.

23 mars.

Théâtre-Français. *Chatterton*. — Disons tout de suite que madame Dorval a été adorable dans son rôle de Ketty Bell, caractère presque muet, tout concentré, et qui n'a qu'un seul cri à la fin. — Mais quel cri ! — c'est toute une âme qui s'exhale, c'est la jeunesse et la passion qui se réfugient dans la mort, — le seul asile inviolable et libre ! — Quelle chaste résignation ! quelle mélancolie d'attitude ! Marguerite à son rouet n'a pas une physionomie plus angélique et plus virginale que Ketty Bell baignant ses pâles mains dans les blondes chevelures des petits enfants qui portent si fidèlement ses baisers à l'amant inavoué.

Pauvre Chatterton, cela te semblait bien dur de travailler pour vivre, de vendre ta pensée immatérielle, d'être talonné par un libraire ! Tu aimas mieux vider ta fiole d'opium que d'achever sans inspirations la besogne commandée. — Aujourd'hui, tu boirais trois tasses de café noir pour avoir la fièvre à défaut d'inspiration, — ce qui est bien plus triste ! — si tu avais été journaliste comme nous, obligé de t'occuper toujours de la pensée des autres, de faire leur rêve et non le tien, forcé d'improviser sans relâche, d'écrire la nuit, le jour, à propos de tout et sur tout, n'ayant pas le temps d'étudier, de corriger, et sacrifiant tous les matins la chose la plus chère à l'homme, l'amour-propre littéraire! Tu n'as pas d'argent, et tu portes des bottes à l'écuyère qui valent au moins deux guinées! — Que viens-tu nous parler de misère? Tu es riche, — tu es aimé! — que veux-tu de plus? — Hélas! combien s'empoisonnent sans que personne meure de leur mort, sans qu'à leur cri suprême il roule sur la rampe de leur escalier un beau corps de femme plié en deux. Égoïste! en mourant, tu n'as pas songé à Ketty Bell; en brûlant tes poëmes, tu n'as pas songé à la postérité, cette pâle consolatrice des grands cœurs méconnus; tu n'avais plus que quelques jours à attendre pour rejeter le froc du moine imaginaire et entrer radieux dans ta gloire. — Le génie, Chatterton, ce n'est pas seulement l'inspiration, c'est aussi la patience; il faut passer par la croix pour devenir Dieu!

M. Alfred de Vigny, avec ce soin parfait, cette distinction et cette élégance curieuse qui caractérisent sa manière, a transporté au théâtre sa nouvelle si touchante, qui fait partie des *Consultations du Docteur noir;* il fallait toute la perfection de ciselure, toute la finesse de style et toute la poésie de M. Alfred de Vigny, pour faire accepter un drame purement symbolique, dénué de surprise et d'événements, dont la donnée est celle-ci : La poésie aux prises avec la prose, et l'idéal succombant sous le réel. — Il fallait aussi l'admirable délicatesse de nuances du jeu de madame Dorval, qui a rendu le rôle de Ketty Bell impossible à toute autre actrice.

30 mars.

RENAISSANCE. *La Fille du Cid.* — La représentation d'une pièce en vers est un véritable événement en ce temps de vaudeville et de mélodrame, et nous devons des éloges à M. Anténor Joly, qui donne si généreusement asile à la poésie proscrite : *Ruy Blas*, de Victor Hugo, *l'Alchimiste*, d'Alexandre Dumas, *la Fille du Cid*, de Casimir Delavigne, voilà des titres que ne pourrait offrir aucun théâtre royal subventionné. Depuis *Caligula*, le Théâtre-Français n'a pas représenté une seule pièce de littérature nouvelle; il a vécu sur son ancien répertoire tragique, galvanisé par mademoiselle Rachel ; car les sociétaires ont une admiration intéressée pour les morts illustres, à qui on ne paye pas de droits d'auteur. — Il est réellement à déplorer que la poésie dramatique soit ainsi délaissée, et que les jeunes gens de talent et d'avenir, faute de débouchés, abandonnent l'art sérieux et se mettent à faire des feuilletons et autres besognes de pacotille.

Le titre piquant de la pièce et la réputation de M. Casimir Delavigne avaient attiré une immense affluence ; la salle était bourrée de spectateurs jusqu'au cintre.

M. Casimir Delavigne est un artiste consciencieux : on ne saurait lui refuser cette qualité ; il s'efforce de bien faire, et, si le résultat ne répond pas à l'intention, ce n'est de sa part ni faute de soin ni faute de temps ; il élabore ses pièces à loisir ; il les revoit, les retouche, et suit très-consciencieusement les préceptes de Boileau ; il a toujours été fidèle au vers, à une exception près, constance plus difficile qu'on ne le pourrait croire, et il a gardé, depuis quinze ans, une assez bonne attitude littéraire ; M. Casimir Delavigne mérite donc d'être traité avec quelque considération de la part de ceux mêmes qui ne partagent en rien ses idées sur l'art, et qui désapprouvent sa manière de les réaliser.

Il est certain que les *Messéniennes* ont obtenu un succès de vogue, et cependant c'est une œuvre d'assez pauvre envergure, d'une exécution secondaire et d'une langue suspecte ; d'où vient donc le succès? De la vulgarité d'abord, et ensuite de la politique.

Au théâtre, M. Casimir Delavigne a réussi sans encombre, la chute lui est inconnue. Quand on marche toujours sur le grand chemin, il est rare qu'on tombe. Icare et Phaéton sont tombés, mais du haut du ciel ; c'est un malheur qui n'arrivera jamais à M. Delavigne. Son Pégase est un cheval sans ailes ; il peut bien trotter, aller l'amble et même galoper, mais il ne vole pas. M. Delavigne n'a pas l'audace qu'il faut pour enfourcher l'indocile hippogriffe ; mais, s'il court moins de risque, il ne voit pas non plus se déployer sous lui, comme une carte immense la figure du monde et l'infini des horizons ; il ne peut pas, au détour d'un nuage, entrer en conversation avec un ange qui remonte, ni passer sa main dans les cheveux d'or des étoiles ; le moindre mur, la plus petite colline bleue suffisent à masquer sa perspective.

Aussi, tous les gens qui n'aiment pas la poésie doivent adorer les vers de M. Delavigne : — une idée commune dans une forme commune, une boisson sans saveur dans un vase sans ciselure, n'est-ce pas ce qu'il faut à la foule pour se désaltérer? Pour le vulgaire, le plaqué à l'anglaise ne vaut-il pas mieux que les nielles et les arabesques efflorescentes de Benvenuto Cellini?

M. Delavigne, malgré sa réputation, n'est qu'un poëte de second ou de troisième ordre : il manque de style, il n'a pas d'idiosyncrasie, ni de tempérament ; — sa respiration rhythmique n'est pas libre ; il a l'haleine courte et ne peut pas souffler un vers d'un seul jet. Il faut qu'il se reprenne ; mais, pendant ce temps-là, la phrase en fusion se fige et perd sa ductilité ; ce qui explique la quantité d'incidences, de juxtapositions et de soudures que l'on remarque dans la versification de M. Casimir Delavigne ; il n'a pas de ces épithètes moulées sur nature qui gardent si exactement l'empreinte de l'idée, de ces mots incisifs et sculptés à vive arête, de ces tours abondants et larges, de ces phrases à riches draperies, où l'on sent le nu sous l'étoffe, le muscle sous la pourpre ; le côté coloré et pittoresque de la langue lui est inconnu. Comme inventeur, M. Casimir Delavigne n'a pas une bien grande fertilité d'imaginative : il a imité Byron dans *Marino Faliero*, Mercier et Walter Scott dans *Louis XI*, Shakspeare dans *les Enfants d'Édouard*, Kotzebue dans *l'École des Vieillards*, Bernardin de Saint-Pierre dans *le Paria*, Piron (*la Métromanie*), dans *les Comédiens*, Fagan (*les Trois Tuteurs*), dans *la Princesse Aurélie*, Corneille, Victor Hugo et le romancero dans *la Fille du Cid*. — Sa besogne s'est bornée à empâter de style plâtreux les ciselures profondes, à casser les saillies, à limer les arêtes pures de l'œuvre qu'il copiait, de façon à faire une planche d'un bas-relief, opération qui semble toujours de fort bon goût aux bourgeois et même à certains critiques.

Dans le monde des arts, il y a toujours au dessous de chaque génie un homme de talent qu'on lui préfère ; le génie est inculte, violent, orageux ; il ne cherche qu'à se contenter lui-même et se soucie plus de l'avenir que du présent. — L'homme de talent est propre, bien rasé, charmant, accessible à tous ; il prend chaque jour la mesure du public, et lui fait des habits à sa taille ; tandis que le poëte forge de gigantesques armures que les Titans seuls peuvent revêtir. — Sous Delacroix, vous avez Delaroche ; sous Rossini, Donizetti ; sous Victor Hugo, M. Casimir Delavigne.

A propos de Delaroche, sa peinture est la meilleure idée approximative qu'on puisse donner de la poésie de M. Delavigne ; les tableaux du peintre sont d'excellents sujets de tragédies pour le poëte, et les tragédies du poëte seraient d'excellents sujets de tableaux pour le peintre ; chez tous les deux, même exécution pénible et patiente, même couleur plombée et fatiguée, même recherche de la fausse correction et du faux dramatique. Il est impossible de rencontrer deux natures plus semblables ; chez tous deux, le satin, la paille, la hache, seront toujours rendus scrupuleusement, avec une minutie hollandaise ; il ne manquera à l'œuvre, pour être parfaite, que des éclairs dans les yeux et du souffle dans les bouches.

La Fille du Cid n'est, à proprement parler, qu'une légende dramatique, une ballade du romancero divisée en actes au lieu de l'être en couplets, et qui devrait s'intituler : *Tizonade, ou l'Épée du Cid perdue et retrouvée*. La pièce est néanmoins intéressante par les souvenirs qu'elle réveille et les grands noms qu'elle remue ; malgré tous ses défauts, c'est une œuvre consciencieuse, que tout Paris voudra voir, et avec raison.

Guyon, dans le rôle du Cid, a été tout à fait homérique et paternel ; il est impossible d'être plus familièrement grand et de montrer une plus héroïque bonhomie. Mademoiselle Guyon, la fille du Cid, est une très-jeune personne, avec une belle taille, une belle figure et une belle voix tragiques ; elle a de l'énergie, de la fermeté et du mordant ; elle rappelle à la fois madame Dorval et mademoiselle Rachel ; nous croyons qu'elle deviendra, avec un peu d'habitude, une très-remarquable actrice.

IV

AVRIL 1840. — Opéra : *les Martyrs*, paroles de M. Scribe, musique de M. Donizetti. — Corneille revu et *corrigé*. — La partition. — Duprez, madame Dorus. — Les décorations. — Cirque-Olympique : *Mazagran, ou 123 contre 12,000.* — L'armée à un franc et l'armée à un franc vingt-cinq centimes. — *La Nouvelle Geneviève de Brabant.* — La vraie légende de Geneviève. — Opéra-Comique : *l'Élève de Presbourg*, paroles de feu Vial et de M. Théodore Muret, musique de M. Luce. — Concert de Listz.

13 avril.

Opéra. *Les Martyrs.* — *Les Martyrs*, c'est *Polyeucte*, c'est la pièce de Corneille assez exactement suivie. — Seulement, M. Scribe, d'après les *corrections* indiquées par Andrieux et Laharpe, a fait de Félix, caractère faible et irrésolu, un fanatique païen, un Brutus religieux, comme on peut le voir dans la petite préface assez cavalière qui précède le libretto imprimé. — Nous avons déjà exprimé notre avis sur la versification de M. Scribe, qui est sans rhythme, sans rime, sans césure, sans nombre, en un mot, la versification la plus antimusicale qu'on puisse imaginer ; ce qui explique pourquoi la fourniture des libretti lui est exclusivement affermée. — Les vers des *Martyrs*, à part quelques alexandrins de Corneille, qui en relèvent çà et là la platitude, sont d'une extrême pauvreté. Ce défaut est encore plus sensible dans une pièce antique, dans un sujet solennel comme celui de *Polyeucte*. — Mais, sans nous arrêter davantage à des critiques inutiles, parlons de la partition.

L'ouverture est un morceau remarquable, d'une conduite habile et d'une bonne facture. M. Donizetti s'est préoccupé du sens de la pièce et, contre l'habitude italienne, a fait pressentir le drame qui s'agite déjà sur le théâtre et va bientôt se dérouler devant les yeux ; c'est une préface qui prépare bien à ce qui doit suivre, et l'on pourrait même dire que la préface vaut mieux que le livre, et que le péristyle est plus riche que l'édifice. La teinte triste et sévère de l'andante, le chant froid et morne des quatre bassons, le roulement lugubre des timbales voilées, le mouvement furieux et implacable des instruments à corde, la prière vocale des chrétiens derrière la toile, tout annonce le drame immense où le vieux monde va se trouver en présence du monde nouveau, où le Dieu unique des chrétiens va livrer bataille aux quatre mille dieux de la théogonie païenne. Le *poëme* est loin de réaliser ces promesses magnifiques. M. Scribe, homme de beaucoup d'esprit, n'a pas le moindre sentiment de l'antique, et n'est pas non plus très-fort en matière de poésie chrétienne. Il n'a pas su tirer parti de l'opposition des deux cultes. Là était cependant le véritable sujet musical de la pièce.

Le motif de l'hymne à Proserpine pourrait tout aussi bien servir pour une hymne à Vénus, à Flore, ou à toute autre divinité aussi peu infernale. — Il est frais, chantant agréablement à l'oreille : — singulier éloge pour une mélodie funèbre! — mais il manque totalement de caractère et de sévérité antique.

Dans le finale, nous avons remarqué la cavatine de Pauline, morceau bien senti et très-correct; la prière des chrétiens, imitation des *faux bourdons* exécutés de temps immémorial dans les églises catholiques, et enfin le morceau à double caractère sur lequel Pauline anathématise les chrétiens, tandis que ceux-ci prient Dieu pour elle.

Le second acte est entièrement occupé par les décors, les costumes et la mise en scène; le musicien ne pouvait y faire grand'chose.

Le finale du troisième acte est un morceau de facture que M. Donizetti a fort habilement dessiné. Ici, tous les éléments du drame étaient en présence; la lutte des deux mondes s'établit. D'un côté, les païens, ayant à leur tête le grand prêtre Callisthènes, sacrifient à Jupiter; de l'autre, les chrétiens, avec Néarque et Polyeucte, exaltent la gloire du Dieu tout-puissant; au premier plan, nous avons Pauline et Sévère; au second, Félix. M. Donizetti a supérieurement compris tout ce que cette situation pouvait contenir de beautés, et il a su rendre les émotions des masses et les sentiments des principaux personnages avec une grande variété, comme aussi avec un incontestable talent. L'hymne à Jupiter, exécutée par les prêtres et le peuple, est fatale comme tout ce qui tient au paganisme religieux. La profession de foi de Polyeucte a soulevé l'auditoire et décidé le succès de la pièce.

Duprez a dit beaucoup trop lentement les récitatifs. Nous croyons que le récitatif doit être rapproché autant que possible de la déclamation, et que, par conséquent, il doit s'éloigner du chant proprement dit.

Madame Dorus-Gras a déployé, dans le rôle de Pauline, son habileté de vocalise ordinaire; on aurait pu lui demander plus de passion et d'expression, mais ni les paroles ni la musique n'y prêtaient. Elle porte à ravir le costume antique, et a un air Herculanum et Pompéi des plus ravissants.

Les costumes, dont on avait fait grand bruit, sont d'une exactitude médiocre et ne dépassent pas les innovations de Talma et de David. — Comme la scène se passe en Asie, il y a quelques pantalons, quelques manches à la persique et un certain nombre de bonnets phrygiens qui varient un peu l'aspect purement romain du spectacle. — On aurait pu faire mieux. — Cependant la mise en scène est riche et soignée, et ne contribuera pas peu au succès de la pièce, qui, sans cette splendeur matérielle, serait un peu triste et maussade.

La décoration du deuxième acte, qui représente la grande place de Mélitène, est d'une rare beauté. Un arc de triomphe, d'une architecture élégante et noble, occupe une grande partie de la scène; le reste de la toile de fond est rempli par des édifices de toutes sortes : temples, colysées, colonnades, obélisques et portiques. Une foule immense couvre la place, et les personnages peints s'harmonient très-heureusement avec les personnages vivants; cette transition difficile de la peinture à la réalité est ménagée avec beaucoup d'art; comme éclat de lumière, ardeur de ton, puissance d'effet et de relief, il est difficile d'aller plus loin : le style antique est très-bien compris, et tous les détails d'architecture sont de cette exactitude parfaite à laquelle nous ont habitués MM. Feuchères, Séchan, Diéterle et Despléchin. C'est à travers cette magnifique décoration que défile le cortége triomphal du proconsul Sévère : voici les vélites, les soldats de trait, les oplites ou soldats pesamment chargés, les vases d'or et les trophées enlevés à l'ennemi; — voilà les musiciens avec leurs clairons gigantesques et leurs trompes recourbées; les gladiateurs avec leur bottine d'airain à la jambe gauche, les danseuses, les chanteuses, les pages et les enfants asiatiques; puis le triomphateur lui-même sur son char étoilé attelé en quadrige; — tout cet appareil fait songer au beau tableau d'Eugène Delacroix, *la Justice de Trajan*.

Le gynécée de Pauline, au troisième acte, mérite aussi de grands éloges. — Cette décoration, d'une merveilleuse exactitude, a dû coûter beaucoup de recherches à MM. Feuchères, Séchan, Despléchin et Diéterle; c'est une vraie chambre habitable, avec ses meubles, ses tentures et ses accessoires, et non un de ces portiques vagues comme on en voit dans les tragédies, et qu'on nous donne pour des appartements antiques.

27 avril.

Cirque-Olympique. *Mazagran, ou 123 contre 12,000*. — Le fabuleux fait d'armes de Mazagran est assez connu pour qu'il soit inutile d'en faire une millième fois le récit. La pièce du Cirque est la mise en action d'articles de journaux à l'usage de ceux qui ne savent pas ou qui ne veulent pas lire.

Mazagran diffère peu des autres drames héroïques de Franconi; c'est toujours le même dialogue à coups de fusil, le même tapage et la même fumée. Seulement, les vaincus, au lieu d'être des Prussiens ou des *Kinserlicks*, sont des Bédouins. — A propos de vaincus, consignons ici un petit fait assez amusant. Au Cirque-Olympique, les figurants se divisent en deux armées, l'armée victorieuse et l'armée battue : ceux qui font partie des vainqueurs, qui sont soldats de Napoléon, touchent un franc de solde; les autres, qui représentent des nations humiliantes, dévouées à la honte d'une défaite immanquable, touchent un franc vingt-cinq centimes; les vingt-cinq centimes supplémentaires sont destinés à compenser le désagrément d'un rôle toujours pénible pour un *Français*, et plus laborieux que celui de vainqueur à cause des horions, des coups et des précipitades qu'il faut subir; — quelquefois il arrive que les Bédouins et les Autrichiens, martyrs ordinaires de notre gloire, regimbent, outrés des applaudissements donnés à leurs ennemis, et résistent plus qu'il ne faut. La position de l'armée à un franc est alors très-critique; la bataille devient consciencieuse et se poursuit dans les coulisses; l'intervention d'un garde municipal vient seule rétablir l'harmonie entre les camps rivaux. La principale plaisanterie de la pièce consiste en cette phrase : « Le capitaine *Lelièvre* est un fameux *lapin;* » ce qui est vrai. — Les décorations, autant qu'on peut les discerner à travers la fumée, sont assez pittoresques ; on doit savoir gré à l'administration du Cirque de la promptitude avec laquelle la pièce de *Mazagran* a été montée. Il est impossible de représenter *un drame plus palpitant d'actualité*, comme on dit aujourd'hui. — Sans doute, le théâtre du Cirque-Olympique n'est pas un théâtre littéraire ; mais son influence n'est pas mauvaise ; il exalte les bonnes actions et les hauts faits, comme une ode de Pindare ; il pousse à l'héroïsme, et ses pièces valent beaucoup mieux que tous les vaudevilles malsains, tous les mélodrames indigestes et frelatés qui corrompent le cœur et l'esprit du peuple.

Variétés. *La Nouvelle Geneviève de Brabant.* — Cette longue et stupide parodie nous a beaucoup ennuyé et déplu comme une profanation. Nous songions à la vraie légende de Geneviève de Brabant, cette merveilleuse fleur de l'imagination gothique ; nous nous représentions la blanche créature vêtue de ses longs cheveux blonds, mêlant les perles de ses larmes aux perles de la rosée sur la pointe des herbes ; avec son fils Benoni, blotti sous le ventre fauve de la biche nourrice, et pour paysage une forêt comme Albert Durer sait en dessiner : des arbres mystérieux et fluets, aux feuilles découpées, aux branches pleines de coudes difformes, aux troncs contournés et constellés de nœuds qui semblent autant d'yeux qui vous regardent ; des plantes compliquées comme des végétations marines, des fleurs mélancoliques et penchant la tête comme des vierges en méditation, des rochers bizarres taillés en stalactites, et, tout au fond, la chasse qui passe ; les forts chevaux mecklembourgeois, à la queue retroussée, au mufle hérissé de poils minutieux ; les piqueurs qui sonnent de leur cornet d'ivoire ; le maître avec ses guêtres bouclées, son pourpoint de drap vert, son ceinturon de cuir, son couteau sculpté, tout son attirail de baron allemand du XVe siècle, qui va courre le cerf. — A défaut de cette gravure d'Albert Durer, nous nous contenterions de la naïve et barbare complainte entourée de couplets, et placardée de couleurs violentes, qui se vend deux sous, le long des vieux murs dont elle fait l'ornement, en compagnie des légendes du *Juif errant* et d'*Henriette et Damon*.

OPÉRA-COMIQUE. *L'Élève de Presbourg.* — L'élève de Presbourg ! Qu'est-ce que cela, Presbourg ? Connaissez-vous ce maître ? Point du tout. Mais n'allez pas, comme le singe en croupe sur le dauphin, prendre le Pirée pour un homme ! Presbourg est une ville de Hongrie où se tient la table des magnats, et le titre du nouvel opéra-comique est une grosse faute de français, tout simplement.

L'action de cette pièce anodine n'est pas des plus compliquées. Haydn, pressé par la misère, a vendu sa musique à la livre, à quelque épicier du pays. Cette musique a été trouvée par un certain signor Rondinelli, intrigant italien, orné d'une multitude de bagues, de manchettes, de jabots et d'ajustements écarlates. Le monsieur fait jouer une de ces cantates, achetées à la livre, devant le grand-duc. Haydn, qui est entré comme élève chez Kreisler, le maître de chapelle du grand-duc, reconnaît, dès les premières mesures, un motif qui lui appartient ; il dévoile la supercherie de Rondinelli ; et Kreisler, enchanté du talent du jeune Joseph, lui accorde la main de sa fille Mina.

L'auteur de la musique, M. Luce, n'est pas, comme à l'ordinaire, un jeune homme qui donne de hautes espérances ; c'est un homme de cinquante-cinq ans environ. Son genre se rapproche de celui de Dalayrac, de Lulli, de Nicolo et autres vieilles gloires de l'Opéra-Comique. Il y a çà et là quelques motifs mélodiques assez jolis ; mais l'instrumentation nous semble aujourd'hui un peu pauvre, accoutumés que nous sommes aux fracas de Rossini et de Meyerbeer. La musique, plus que tout autre art, est une affaire de mode, et un vieil opéra-comique fait, il y a vingt ans, a l'air étrange et suranné d'un chapeau de femme passé de mode ; *l'Élève de Presbourg* aurait, sans nul doute, produit plus d'effet sous le Directoire ; il ne suffit pas d'avoir du talent, il faut venir à temps.

L'un des auteurs est feu M. Vial, le vivant est M. Théodore Muret.

CONCERT DE LISTZ. — Nous avons assisté l'autre jour à la matinée musicale donnée par Listz, — *donnée* est le mot, car le public payant n'y était pas admis. — Cette magnificence royale est du meilleur goût et nous la signalons avec plaisir, en ce temps de rapacité où l'on préfère l'argent à la gloire; — cette matinée valait pour Listz douze ou quinze mille francs au moins. — Il a fait des progrès, ce que personne ne croyait possible, car la perfection est de sa nature une chose absolue. — Sous les doigts de Listz, le piano devient véritablement un orchestre, et quel orchestre ! ce sont des bouffées de notes qui passent sur le clavier avec la rapidité et le frissonnement d'un vent d'orage dans les ramures d'une forêt, des chants clairs et perlés d'une ténuité et d'une prestesse inouïes. Le finale de *Lucia di Lammermoor*, le galop chromatique sont deux merveilles d'exécution; jouer ainsi, c'est créer. Tous les morceaux ont été bissés et répétés par Listz avec la plus infatigable et la plus charmante complaisance. Nous ne savons pas si les Parisiens voteront à Listz des sabres d'honneur et si les femmes du monde se disputeront l'honneur de posséder un morceau des gants qui ont touché ses mains magiques, comme cela s'est fait à Vienne; mais ces récits qui nous semblaient exagérés, quelque estime que nous ayons pour le talent de Listz, nous semblent à présent tout à fait authentiques et croyables.

V

MAI 1840. — Théâtre-Français : *Cosima*, drame en cinq actes, de madame George Sand. — Analyse de la pièce. — La clémence sur la scène et la cruauté au parterre. — Préoccupation malheureuse de l'auteur. — Vérité philosophique du caractère de Cosima. — Les personnages de convention. — L'habit ne fait pas le traître, mais il le rend vraisemblable. — Madame Dorval, Beauvallet, Geffroy.

4 mai.

Théatre-Français. *Cosima*. — Avant de discuter le mérite de l'œuvre de George Sand, rapportons les pièces du procès, soumettons-les aux yeux des lecteurs : c'est-à-dire commençons notre analyse sans esthétique préalable.

Nous sommes à Florence, dans l'église de Santa-Croce. Une jeune femme arrive, son livre de prières à la main. Son cœur inquiet cherche la solitude, et, se sentant faible, demande des secours au ciel contre les séductions de la terre. Elle vient baigner son âme à cette fraîcheur de marbre des églises italiennes qui contraste si bien avec la turbulence et l'ardeur de la passion combattue. — Cosima est la femme d'Alvice Petruccio, brave bourgeois florentin, marchand de laine ou d'étoffe, et, par conséquent, ne comprenant pas grand'chose aux délicatesses du cœur, non que ce soit un sot, mais il est absorbé par son commerce et ne songe pas à mal; il croit Cosima incapable d'avoir un amant, en quoi il se trompe : la plus honnête femme veut avoir un amant, ne fût-ce que pour lui résister; il y en a même qui se contenteraient de leur mari, faute de mieux. Que diable voulez-vous que fasse une pauvre créature opprimée qui, tous ses devoirs d'épouse et de maîtresse de maison accomplis, a encore *quatre grandes heures inoccupées* par jour?

Cosima, en venant à l'église de Santa-Croce, s'est précipitée dans la gueule même du loup. Regardez, pendant que la pauvre femme, courbée sur le prie-Dieu, tâche de tromper son cœur, comme Marguerite dans la cathédrale, rôder autour des piliers, sur la pointe du pied, avec des précautions de chat et des allures de tigre, ce beau jeune seigneur de Venise, Ordonio Elisei, autre Méphistophélès, qui guette un aveu dans toutes ces prières, car le damné Vénitien ne s'est pas mépris sur cette dévotion subite, et il a compris que la belle demandait aux anges du renfort contre les hommes; il ne s'est pas trompé, et ses prévisions ne tardent pas à se réaliser. Cosima a renvoyé son écuyer, son *patito* Neri, petit jeune homme qui a la manie du dévouement quand même, en lui disant de venir la reprendre quand ses dévotions seront finies. Ordonio Elisei, qui est un gaillard prudent, dépêche son page Tosino, garnement tout à fait digne de son maître, pour retenir Neri le plus longtemps possible.

L'oncle de Cosima, qui n'est désigné dans la pièce que sous le titre du chanoine, entre à son tour dans l'église, et Cosima, qui a besoin de parler de son amour à quelqu'un, veut se confesser à lui. Le chanoine, qui a sans doute envie que tout le monde entende les aveux de sa nièce, lui répond que ce n'est pas la peine d'entrer au confessionnal, et la prie de lui raconter tout simplement ce qu'elle doit lui dire. « Ce sera plus qu'une confession, » répond Cosima avec un esprit voltairien assez déplacé dans une jeune bourgeoise florentine du moyen âge.

Ordonio Elisei a l'oreille fine ; il entend la *confidence*. — Cette confidence lui révèle que Cosima, qu'il poursuit depuis longtemps, s'est enfin préoccupée de ses persévérances, et remarque peut-être plus qu'il ne le faudrait ses compromettantes assiduités. Quant au chanoine, qui est bien le meilleur homme de chanoine qu'on puisse souhaiter pour les facilités d'un drame entremêlé d'adultère, il continue à trouver sa nièce d'une pureté immaculée, et ne voit là dedans qu'une exagération de scrupule ; il traite Cosima comme ces petites filles qui s'accusent d'avoir grondé leur perruche avec trop de vivacité.

La confidence achevée, Cosima, par une distraction que l'on ne peut que bien difficilement placer au nombre des distractions involontaires, prend, pour sortir de l'église, le bras d'Ordonio, qui cependant, avec ses fabuleux ajustements vénitiens, ne ressemble guère à ce pauvre Neri, habillé d'un noir tout à fait intime et sacrifié. A peine la dame s'est-elle aperçue de sa méprise, que Neri rentre dans l'église au grand mécontentement d'Ordonio, dont la ruse est ainsi rendue inutile. « Seigneur, vous ne m'aviez pas dit que l'écuyer était amoureux, répond le malicieux page à son maître dépravé. — L'occasion manquée se retrouvera, ajoute Ordonio calmé ; par malheur, il faut que je me rende à Venise auprès d'un certain oncle à moi fort riche, qui est en train de mourir ; et tout le mal que je me suis donné pour émouvoir l'imagination de la belle sera perdu. Il faudrait te revêtir de mes habits, de mes bijoux, et te promener sous ses fenêtres pendant mon voyage à Venise ; dans l'ombre, tous les amants sont gris. Mon héritage et mon amour marcheront de front. Je ne te laisserai pas manquer de billets doux, que tu auras soin de remettre. »

Ainsi finit le prologue. Cosima est rentrée chez elle : c'est un logis brun de ton, sobre d'ornements et d'un effet étouffé. — On doit s'amuser médiocrement dans un logis ainsi fait. Cosima est à son rouet.

OEuvre de patience et de mélancolie,

plus digne d'une Allemande du xve siècle que d'une Italienne du temps de Boccace, chacun de ces écheveaux représente une semaine d'ennui ; l'ennui est dans le cœur des femmes le plus puissant auxiliaire de l'amour : une femme qui ne sait que faire de son temps est perdue. Cosima ne quitte guère la fenêtre, autre symptôme fatal ; coup d'œil d'envie jeté sur l'influence du dehors, dégoût de la vie intime et du ménage. En regardant la rue et les passants, elle voit *par hasard* l'amant qui fait le pied de grue à l'angle obscur du voisin, et, si quelqu'un lui fait observer que la soirée est froide et que le serein tombe, elle répond avec humeur qu'il fait très-chaud, et que c'est prendre trop de soin de sa santé ; elle gronde sa suivante Pascalina, et maltraite Neri, qui l'obsède de son dévouement importun, et qui s'inquiète de sa vertu outre mesure. « Mettez mon cœur sous vos pieds, dit-il à Cosima dans les élans de sa passion platonique, je serai content. » Cosima préfère un tabouret.

En jetant à terre, par un mouvement de contrariété, la corbeille qui contient les écheveaux maudits, Cosima découvre un poulet fort proprement plié. Neri est d'avis de brûler la lettre sans la lire. Cosima ne veut pas s'ôter cette distraction : une lettre d'amour à laquelle on ne veut pas répondre se lit toujours, sinon avec plaisir, du moins avec curiosité : c'est une volupté dangereuse que les plus chastes se permettent. La pauvre ennuyée lit donc la missive malgré les remontrances de ce petit sot de Neri, et la cache dans son sein, cette boîte aux lettres naturelle des femmes.

La lettre à peine serrée, le mari paraît. — Il n'est pas trop vieux, pas trop laid, pas trop bête, pour un mari. — Cosima lui saute au cou, avec toute l'effusion et toute la tendresse d'une femme coupable. — Un mari spirituel, embrassé de la sorte, jugerait son malheur imminent. — A la suite du mari, arrivent deux gros êtres confits dans la graisse et la bêtise, MM. Farganaccio et Malavolte, marchands de soieries, qui posent lourdement leurs grosses mains carrées, avec une familiarité joviale, sur les délicates fleurs de sentiment que le retour d'Alvice Petruccio fait épanouir dans l'âme de Cosima ; ces messieurs ont faim, ils veulent un morceau de n'importe quoi. Cosima les reçoit avec cet air aigre-doux d'une ménagère à qui l'on amène du monde à dîner sans la prévenir, et cette politesse demi-ironique que les femmes ont ordinairement pour les amis particuliers de leur mari.

Au milieu du repas, composé de macaroni, arrosé d'aleatico et de couleur locale, trois coups sourds, impérieux et sinistres retentissent à la porte de la maison : c'est le podesta qui vient avec un mandat d'arrêt pour prendre Alvice. — Le brave homme, qui ne se savait pas si criminel que cela, est fort ébahi et tombe de son haut. Voici le motif de cette arrestation. Un cadavre vient d'être trouvé dans l'Arno : ce cadavre est assez défiguré pour qu'on ne puisse le reconnaître, mais ses habits le font prendre pour le jeune Ordonio Elisei, dont l'absence justifie cette présomption; une lettre trouvée sur lui et adressée à Cosima ne peut guère laisser de doute, et la justice suppose que le seigneur Ordonio Elisei a été assassiné par Alvice Petruccio à cause des assiduités du susdit sous le balcon de Cosima. — La justice est beaucoup trop ingénieuse : est-ce que les maris savent si l'on se promène la nuit devant les fenêtres de leur femme? Nous répondrions sur notre tête de l'innocence d'Alvice. — Cosima n'est pas à beaucoup près si rassurée. Elle tremble qu'en effet Alvice n'ait remarqué les poursuites d'Elisei ; mais voici que le petit Neri, animé de son dévouement de hanneton, déclare qu'il est l'assassin d'Ordonio et qu'il l'a tué parce qu'il compromettait Cosima, sa patronne; ce Neri est décidément un garçon insupportable.

Neri ni Alvice n'ont tué Ordonio; Ordonio est à Venise. Les bijoux, dont le pauvre page Tosino s'était orné à profusion, pour mieux ressembler à son maître magnifique et splendide, ont attiré les voleurs, qui l'ont attaqué dans une de ses promenades nocturnes. En effet, Ordonio entre. « Sauvez mon mari ! » lui crie en toute hâte Cosima, qui au fond est une assez bonne personne. Ordonio Elisei, tout en faisant valoir beaucoup cet acte de générosité héroïque, va délivrer Alvice Petruccio, dont l'innocence reluit avec une grande limpidité, ainsi que celle de Neri le dévoué.

Alvice, Neri, Farganaccio, Malavolte et Ordonio Elisei font une rentrée triomphale. « Je vous présente le seigneur Ordonio, qui vient de me tirer si galamment des griffes de la justice, dit Alvice à sa femme. Restez donc avec nous, je vous prie. » Ordonio a beau s'excuser sur des affaires qui sont d'importance, Alvice insiste et fait si bien, qu'Ordonio reste ; le voilà tout à fait installé dans la maison, et, à l'acte suivant, nous le retrouvons à la maison de campagne d'Alvice, qui s'est mis judicieusement à voyager, sans doute pour lui laisser le champ libre.

La scène se passe dans les jardins, et, malgré les facilités des allées désertes, des bosquets de roses et des bancs de mousse, les affaires d'Ordonio n'avancent guère ; Cosima, vertueuse à la façon de beaucoup de femmes, donne son âme, qui est à elle, et garde son corps, qui est à son mari. Ordonio n'est pas homme à se contenter des faveurs peu substantielles de l'amour platonique et sa flamme demande des aliments plus positifs. Il a vraiment raison. Si Cosima a le goût de ces passions éthérées, n'a-t-elle pas le petit Neri sous la main ? A quoi bon ce grand seigneur vénitien au manteau roide de dorures, aux manches déchiquetées en barbes d'écrevisse, au pourpoint taillladé, avec son joli sourire de vipère et son charmant regard de tigre, sa mine hautaine et sa grâce scélérate ? — Croyez-vous donc, ma bonne Cosima, qu'un pareil débauché se puisse contenter de serrer furtivement le bout de votre main blanche et moite, à l'ombre déserte d'une charmille, ou de vous chuchoter à l'oreille un aveu timide quand les autres ont le dos tourné ?

Tout à l'heure vous avez soupiré lorsque cet imbécile de Farganaccio a raconté comme quoi une dame voilée s'introduisait tous les soirs dans le palais du seigneur Ordonio par la petite porte du jardin, et vous avez dit : « Hélas ! ce n'est pas moi ! » Qu'iriez-vous faire là, de grâce ? Ordonio, prenez-y garde, si vous l'exaspérez par vos refus, va bientôt vous haïr, et vous haïr férocement, car rien n'est cruel comme un voluptueux. Vous aurez beau vous tordre d'angoisse, faire éclater votre sein en sanglots et noyer vos joues, il n'y fera aucune attention, et son méchant amour vous torturera avec délices.

Pendant ces alternatives de haine et d'amour, le mari revient et surprend Ordonio en tête-à-tête avec Cosima, derrière une charmille du jardin. Ordonio querelle violemment Cosima, qui s'entête dans sa vertu : « Au moins, s'il la rendait heureuse ! » dit le mari stoïque à la façon de Jacques. — Cette clémence conjugale a singulièrement déplu au parterre, accoutumé à des maris plus féroces et plus vindicatifs. Et cependant ce *renoncement* exige une grandeur d'âme et une force d'esprit bien plus rares que l'aveugle colère et la rage stupide de gens qui se vengent de ne savoir plus se faire aimer. Cosima, de concession en concession, en vient jusqu'à rendre visite à Ordonio, chez lui ; il est vrai qu'elle résiste toujours à ses attaques et défend sa vertu physique du bec et des ongles. Mais voici qu'Alvice, sortant enfin de sa torpeur, arrive chez Ordonio au moment où sa femme s'y trouve ; on n'a que le temps de la faire sauver par cette porte masquée, si commode au drame moderne. La pauvre créature éplorée entend la scène de provocation entre Alvice et Ordonio, et rencontre, en errant dans les détours inconnus de ce palais, Son Altesse le duc de Florence, qui avait donné rendez-vous à une certaine comtesse dans le logis d'Ordonio, son favori ; elle implore sa protection ; le duc lui promet d'empêcher le duel entre Alvice et Ordonio, et pousse la galanterie jusqu'à la reconduire chez elle.

Cosima, qui, décidément, a pris Ordonio en haine et veut se venger de sa brutalité, lui donne chez elle un rendez-vous machiavélique précisément à l'heure où doit avoir lieu le duel : Ordonio arrive ; mais, soupçonnant quelque perfidie sous cette douceur subite, il avance, du bout de son épée, les aiguilles sur le cadran. — Cosima entre avec une pâleur étrange sur la figure, un tremblement convulsif dans la voix. « Viens avec moi à Venise, » dit Ordonio en cherchant à l'entraîner ; mais Cosima résiste jusqu'à midi précis, qui est l'heure du duel. « Vous êtes déshonoré ! s'écrie-t-elle. — Point du tout ; répond froidement le diabolique Ordonio ; la pendule avance d'une heure, et je vais aller tuer votre mari. » Sur ce, le duc, qui s'était fait placer par Alvice dans un cabinet d'où l'on pouvait tout voir, juge à propos d'intervenir ; il sort de sa cachette et dit à son ami Ordonio : « Mon cher, vous êtes un infâme, et, si vous étiez mon sujet, je vous ferais couper fort proprement la tête. » Ce qui nous paraît d'une morale un peu rigide pour un duc qui attend des comtesses dans des palais suspects.

Cosima, qui, par surcroît de précaution, a bu une fiole de poison, fait quelques pas vers Alvice, et tombe sur lui en disant : « Je n'espérais plus mourir dans vos bras ! »

Ce drame, dont nous venons de faire l'analyse scrupuleuse, a médiocrement réussi ; les trois derniers actes ont été troublés par des sifflets et des rires inconvenants. Quand un écrivain de la portée et de la réputation de George Sand livre une œuvre au public, on doit l'écouter respectueusement jusqu'au bout ; le génie même, lorsqu'il se trompe, a droit à des égards. Eh ! qui sait si, un jour, ce que nous prenons pour une erreur ne deviendra pas la vérité ? Cette route pleine de fondrières et de quartiers de roches est peut-être le premier tracé du large chemin sur lequel roulera dans l'avenir le char dramatique avec ses quatre chevaux blancs et ses roues étoilées.

Comme tous les poëtes qui abordent la scène pour la première fois, George Sand s'est préoccupée outre mesure de la charpente, de l'agencement et de la complication de la fable ; elle a cherché surtout la science des planches, et l'on voit qu'elle a étudié consciencieusement les dramaturges et les fabricants en renom ; elle s'est coupé l'aile, rogné les serres ; elle a craint d'être elle-même et s'est absentée de son œuvre autant qu'il lui a été possible. On lui a dit qu'il ne fallait au théâtre ni poésie, ni style, ni fantaisie, ni lyrisme, ni analyse, ni développements ; elle a cru cela de bonne foi, un peu effrayée par les portants de coulisse, les trappes, les quinquets et tous ces engins menaçants de la machine théâtrale. — Ainsi, ce que nous avons vu n'est pas un drame de George Sand, c'est un drame du premier faiseur venu.

Pourquoi avez-vous mis de côté votre lyrisme effréné, vos passions ambitieuses et sans borne, toute cette turbulence de style et de vie qui vous caractérisent, pour soigner exclusivement les entrées et les sorties ?

Ce n'est pas que votre drame, tel qu'il est, manque de mérite : *Cosima* est une étude de femme d'une vérité parfaite, et comme vous seule pouviez la faire. Cette passion qui aboutit à la haine est admirablement observée et d'un sens philosophique profond ; mais cette finesse de nuance même nuit au succès. — Le public, qui a tort en cela comme en bien d'autres choses, ne peut souffrir, au théâtre, que des démons ou des anges ; il lui faut des personnages tout d'une pièce. Un gros amoureux stupide, allant tout droit son chemin, lui eût bien mieux convenu que le rancunier et tortueux Ordonio.—Une amante abandonnée et fougueuse se donnant tout entière, lui eût semblé plus naturelle que la prudente et timorée Cosima ; et pourtant vous rencontrez tous les jours des Cosima en mantelet de dentelles et en chapeau de satin !

Une chose qui a nui au drame de George Sand, c'est de se passer au moyen âge; sous le frac moderne, il eût paru plus vraisemblable, on eût beaucoup mieux compris Ordonio en bottes vernies et en gants paille. Le désir louable d'avoir de beaux costumes et une mise en scène pittoresque aura probablement déterminé l'auteur à ce choix que rien ne nécessitait.

Madame Dorval a joué Cosima avec une grâce parfaite, un grand naturel et une délicatesse de nuances qui aurait mérité un public moins turbulent. — Beauvallet a donné au rôle d'Ordonio une grâce perfide, une tournure mystérieuse, un accent venimeux, tout à fait dans les mœurs de l'aristocratie vénitienne. — Geffroy a eu un beau moment dans la scène de provocation.

George Sand aurait tort de se décourager pour cet essai malencontreux et d'abandonner le théâtre. Toute chose demande son apprentissage : une seconde pièce lui vaudra peut-être un de ces éclatants succès qu'elle a trouvés dans le roman; mais qu'elle reste elle-même, mais qu'elle ne s'absente plus de son œuvre.

VI

NOVEMBRE 1840. Ambigu : *Lazare le Pâtre*, par M. Bouchardy. — Caractère des pièces de ce dramaturge. — Mademoiselle Théodorine, Mélingue. — Italiens : *Lucrezia Borgia*, imitation du drame de Victor Hugo, musique de M. Donizetti. — Effacement du côté tragique de la pièce originale. — Mario, mesdemoiselles Grisi et Bianchi. — La mise en scène. — Théâtre-Français : *le Verre d'Eau*, comédie de M. Scribe. — Partout et toujours M. Scribe. — La raison de ses succès. — Catégories de spectateurs. — Les naïfs, les délicats, les blasés. — Idée philosophique du *Verre d'Eau*. — Parenthèse à propos d'économie. — Ni verre, ni eau. — Madame Plessy. — Mesdemoiselles Doze et Mante.

7 novembre.

AMBIGU. *Lazare le Pâtre.* — M. Bouchardy est assurément l'un des plus habiles et des plus heureux écrivains dramatiques de ce temps-ci. Ses pièces n'ont guère moins de deux cents représentations et font un argent énorme ; cette vogue ne se borne pas à la France : nous revenons d'Espagne, où l'affiche du *Sonneur de Saint-Paul* (*el Campanero de San-Pablo*) nous a poursuivi jusque dans les villes les plus sauvages et les plus perdues. De la Gaîté à l'Ambigu, M. Bouchardy est roi, et nulle gloire n'y peut balancer la sienne.

Un succès si bien constaté veut qu'on s'en occupe au point de vue littéraire, car c'est un important secret que celui d'émouvoir ainsi la foule, et il manque à bien des talents d'un ordre plus élevé.

M. Bouchardy, quoiqu'il ait un plus juste sentiment du dialogue que les mélodramaturges ordinaires, n'est nullement un bon écrivain. Il ne sculpte pas sa phrase, brisée à tout moment par les nécessités d'une action convulsive et haletante, et ne s'arrête jamais, une fois lancé ; cependant, ce qu'on peut apercevoir de son style aux bien rares temps d'arrêt de ses drames ne saurait supporter un examen sérieux. L'analyse des passions et des caractères tient également peu de place dans ces œuvres singulières. La poésie, la fantaisie en sont absentes. Il n'y a pas davantage de philosophie, et le sens moral y manque entièrement. Comment donc, sans tout cela, l'auteur parvient-il à des succès si réels et si francs? Par la complication excessive de la charpente, l'entassement des faits et l'absence de développement, par une curiosité harcelée sans relâche et satisfaite à tout prix, même aux dépens de la vraisemblance et de la logique. Chaque acte est une pièce entière, et une pièce très-embrouillée; et il faut la robuste attention et la naïveté ardente du public des boulevards pour ne pas perdre le fil qui conduit les héros à travers un pareil labyrinthe d'événements. — Jamais on n'a plus dédaigné les préparations et les motifs. La situation exige qu'un des personnages paraisse : il se présente sur-le-champ, sans dire ni d'où il vient, ni comment il est venu, tranche la difficulté, et s'en va jusqu'à ce qu'on ait encore besoin de lui; et ces entrées si brusques, qui n'ont d'autre motif que le désir où est le spectateur de voir arriver le personnage nécessaire, sont toujours acceptées et applaudies à outrance. Quant à nous, de telles pièces nous font l'effet de ces rêves fourmillants où vont et viennent mille figures bizarres, et où les événements les plus incroyables se succèdent, sans égard aux temps et aux lieux, et sont admis par le dormeur comme les choses du monde les plus ordinaires et les plus simples. Le public très-éveillé de M. Bouchardy est comme le dormeur, il accepte tout avec une facilité admirable, et croit si fermement à la réalité de ce qu'il voit, qu'au moment où le héros du drame va porter à ses lèvres le verre qui contient le vin empoisonné, les anges à bras retroussés du paradis lui crient à toute gorge : « Ne bois pas! » Ce *ne bois pas* est un des plus flatteurs éloges qui puissent chatouiller l'amour-propre d'un auteur.

Les costumes de *Lazare le Pâtre* sont d'une rare magnificence et fort bien portés. Mademoiselle Théodorine est une belle et charmante duchesse; le costume florentin lui sied à ravir. Elle a eu de beaux élans de passion et a déployé une coquetterie onctueuse, pleine de grâce à l'endroit du vieux Médicis. Mélingue a rempli avec beaucoup d'intelligence le rôle de Lazare. Les autres acteurs ont été au moins médiocres. La pièce sera un autre *Sonneur de Saint-Paul*, et, si l'été prochain nous allons au Kamtschatka, nous y verrons l'affiche de *Lazare le Pâtre.*

14 novembre.

Italiens. *Lucrezia Borgia.* — Jamais drame ne fut plus merveilleusement coupé pour la musique que celui de *Lucrèce;* aussi l'arrangeur n'a-t-il pas eu grand'chose à faire, et dans beaucoup d'endroits s'est-il contenté de mettre en méchants vers de livret l'admirable prose du poëte. Le sujet amenait si invinciblement la musique, que le dénoûment de la pièce doit ses principaux effets de terreur au contraste des chants de fête et des litanies funèbres des moines. Le souper chez la princesse Negroni est une des plus belles situations lyriques qui se puissent voir, et revenait de droit à l'Opéra. La scène de l'insulte, celle des flacons et celle de l'orgie, à cela près des cercueils et des moines, qui restent dans la coulisse, ont été presque textuellement conservées; malheureusement, la couleur tragique n'est pas reproduite, et, si l'on tournait le dos au théâtre, on s'imaginerait difficilement qu'il s'y passe des choses si terribles.

Nous ne pensons pas qu'il soit nécessaire de nous livrer à l'analyse du poëme : il n'est personne qui n'ait vu ou lu le drame de M. Victor Hugo, et nous passerons sans plus de préambule à l'appréciation de la musique. — Le défaut général de cette partition est le manque de gravité et de profondeur; certes, le sujet de *Lucrèce Borgia,* tout saupoudré de ce poison étincelant et blanc comme de la poudre de marbre de Carrare, terreur de l'Italie entière, n'est pas absolument jovial et folâtre; la grosse caisse n'avait rien d'assez caverneux, la contre-basse rien d'assez sournois pour faire pressentir cette terreur étouffée qui circule à travers la pièce, même aux passages les plus joyeux, et qui montre sa face livide sous chaque masque qu'on soulève : — la bienheureuse gaieté italienne est mal à l'aise dans ces drames noirs, de conception shakspearienne, où l'offense haletante poursuit sa vengeance sans paix ni trêve, sans pitié ni souci des grands airs et des cavatines; le diabolique et le ténébreux lui vont mal.

Rossini lui-même, ce titan de la mélodie, a manqué Iago; la méchanceté satanique, la scélératesse veloutée et le patelinage de tigre de ce démon fait homme ne sont ni compris ni indiqués; et cependant. quel art mieux que la musique est en état de rendre ces situations doubles où le personnage exprime des idées contraires à des sentiments intérieurs, où la situation, heureuse en apparence, va changer tout à coup par l'effet de quelque catastrophe imprévue! Au moyen de quelques notes sourdes et plaintives, de quelque éclat subit de l'orchestre, le compositeur vous avertit que toute cette gaieté est fausse, que ces vins qui pétillent sont des breuvages mortels, et que ces blanches bougies vont pâlir tout à l'heure et devenir de jaunes cierges funéraires ; cette facilité d'exprimer simultanément un sentiment complexe, une scène à plusieurs faces, est un des plus beaux priviléges de la musique, privilége que n'ont pas les autres arts, forcés de montrer les objets par tableaux successifs. M. Donizetti ne s'est guère servi de cette ressource ; il n'a présenté du sujet que la face éclatante ; le côté ténébreux et terrible est à peine soupçonné. Beaucoup de morceaux de cet opéra, qui devraient être verts de poison, s'encadreraient aisément dans la musique fraîche et rose d'un opéra buffa. — Cette critique d'ensemble une fois faite, il y a dans *Lucrezia* des passages remarquables qui expliquent le succès de cette partition en Italie, où l'on attache bien moins d'importance qu'ici, au récitatif, à l'instrumentation et à l'expression dramatique. Nous sommes accoutumés à quelque chose de plus nourri, de plus sérieux et de plus travaillé. Cette stérile facilité nous touche médiocrement, et, comme nous écoutons les opéras d'un bout à l'autre, deux ou trois morceaux brillants ou bien chantés ne suffisent pas pour décider le succès d'un ouvrage.

Le passage où Lucrèce considère Gennaro endormi et qui commence par *Com' è bello!* est gracieux, mais rien de plus. C'est de la coquetterie où il faudrait de la passion. En revanche, le récit de Gennaro, *Di pescatore ignobile esser figliuol credei*, est d'une expressive et large mélodie ; malheureusement, la fin *Ama tu madre* est commune, sans caractère, et la musique n'a pas le moindre rapport avec le sens des paroles. Le finale de l'insulte, où chaque seigneur vient jeter, à la face de Lucrèce reconnue, les crimes qu'elle a commis, scène d'un effet si fulgurant dans le drame, manque de puissance et d'ampleur dans l'opéra. La musique reste au-dessous de la situation, une des plus belles qui soient au théâtre ; c'est faible et banal, et, dans le tutti, il y a un mouvement de contredanse assez déplacé.

Le passage où Lucrèce demande au duc la grâce de Gennaro est faiblement traité et d'un dessin vague. La menace *Don Alfonso, mi quarto marito*, n'a pas du tout le caractère convenable ; si les paroles conservées textuellement ne vous en avertissaient, il serait difficile de reconnaître là le terrible *Mon quatrième mari*, auquel mademoiselle Georges savait donner un sens si redoutablement significatif. La scène suivante (celle des flacons) est écrite avec habileté et d'une manière dramatique ; elle renferme un trio entre le duc, Lucrèce et Gennaro, qui a été *bissé*. L'orgie n'a pas la couleur hasardée et blafarde qui conviendrait à un festin assaisonné de poison. On ne devine pas les cercueils derrière ces fusées de notes évaporées et folles ; on dirait le repas de noces de l'*Elisir d'Amore*, quoique les sujets et les situations soient quelque peu dissemblables. Le duo entre Lucrèce et Gennaro est faible, mais le passage *Tu... gran Dio! mi manca il cor*, a beaucoup d'élan et d'expression et produit un grand effet ; l'air final de Lucrèce, qui commence bien, finit par des gargouillades, ce qui convient peu à une mère qui vient de voir mourir son fils misérablement empoisonné et qui elle-même se tord dans les suprèmes convulsions de l'agonie.

Ces observations n'empêchent pas l'opéra de M. Donizetti de contenir des morceaux bien orchestrés, d'heureuses mélodies et, sauf quelques gaietés intempestives, un assez bon sentiment du dialogue musical et une grande habitude de la scène. Mais, nous ne saurions trop le répéter, le public de Paris est plus exigeant que le public italien.

Passons maintenant à l'exécution. Mario, qui remplissait le rôle de Gennaro, s'est relevé complétement de l'échec qu'il avait essuyé dans celui de Pollione ; sauf quelques sons trop gutturaux, il a chanté avec beaucoup de charme et d'expression ; seulement, nous lui conseillons de prendre, au premier acte, une autre posture pour dormir ; celle qu'il a adoptée convient à la méditation et non au sommeil, et, pour dormir au milieu du vacarme d'une fête, il faut choisir un recoin plus mystérieux et une pose plus commode. Nous recommandons aussi à mademoiselle Grisi, à la scène du baiser, de ne pas faire autant de minauderies ; un baiser noble et simple comme les déesses en laissent tomber de leurs chastes lèvres sur le front des Endymions endormis vaudrait beaucoup mieux ; une femme qui va embrasser un jeune homme pour la première fois est sérieuse. — Pour compenser cette légère distraction, mademoiselle Grisi, que le grand instinct tragique reprend bien vite, a été sublime de pantomime au moment où Maffio lui arrache son masque : il est impossible de rien voir de plus beau que ce pâle visage de marbre, terrifiant, malgré sa beauté, comme une tête de Méduse, et qui décoche de ses yeux de vipère des regards venimeux et flamboyants ; à partir de ce coup d'œil, on est sûr de la vengeance ; des gens ainsi regardés sont morts.

Mademoiselle Bianchi, qui s'appelle en réalité mademoiselle Blanchet, et qui n'a rien d'italien, attendu qu'elle est d'Angers comme M. Dubois ou M. David, est une toute jeune personne qui porte le costume d'homme avec beaucoup d'aplomb et d'assurance ; elle est plutôt jolie que laide, autant qu'on peut juger de la beauté d'une femme sous les habits masculins ; quoiqu'elle n'ait encore paru sur aucun théâtre, elle a du feu et de l'intelligence, et n'a nullement montré cette timidité inséparable des débuts ; quant à sa voix, elle est faible, un peu nasillarde, mais assez bien posée.

Nous donnerons aussi, pour la rareté du fait, quelques éloges à la mise en scène, d'habitude si honteusement négligée aux Italiens.

La première décoration, représentant le palais Barberigo, le canal de la Giudecca et une partie de Venise au clair de lune, a de la profondeur et de l'effet. Le contraste des lumières rouges des fenêtres et des rayons bleus de l'astre des nuits est rendu d'une manière pittoresque. La salle où se passe l'orgie pourrait avoir plus le caractère de l'époque, mais elle est gaie et brillante ; les costumes, sans être encore très-exacts, s'éloignent décidément du troubadour à redingote abricot bordée de velours noir ; ils sont propres et neufs. Mario, et Lablache particulièrement, ont fort bonne tournure. Mademoiselle Grisi a une très-belle robe dans l'acte des flacons, et les autres personnages sont habillés convenablement, à l'exception des chœurs de gardes, qui ont l'air de voleurs.

Que le Théâtre-Italien persévère dans cette voie. La perfection de l'exécution musicale n'exempte pas d'un grand soin pour la partie matérielle et visible du drame. Sans tout cela, l'opéra devient un concert, et il faudrait beaucoup mieux jouer en habit noir et en cravate blanche qu'en Espagnol ou en Turc de carnaval ; nous ne sommes plus au temps où l'inscription — *Palais magnifique* — clouée sur un poteau, suffisait à l'illusion des spectateurs : Shakspeare et ses contemporains n'en demandaient pas davantage ; mais c'étaient Shakspeare et les Anglais d'Élisabeth, et nous autres bourgeois de 1840, nous avons l'imagination un peu paresseuse et nous manquons essentiellement de naïveté.

23 novembre.

Théatre-Français. *Le Verre d'eau.* — La critique se trouve, à l'endroit de M. Scribe, dans une singulière position. Il est certain que ses pièces réussissent et plaisent au public ; — non au public blasé et dédaigneux des premières représentations, à ces galériens de la mode et de la littérature, personnel obligé de toute solennité dramatique, mais bien aux honnêtes bourgeois plus ou moins pères de famille, qui, sans se préoccuper d'art, de style, de poétique, vont se délasser le soir au théâtre des travaux de la journée, et ne songent pas, en voyant la comédie nouvelle, aux *Nuées* d'Aristophane, ou au *Songe d'une nuit d'été*.

On ne peut nier les succès de M. Scribe. Voilà bientôt quinze ans qu'il défraye à lui tout seul tous les théâtres de Paris, de la banlieue, de la province, de l'Europe et autres parties du monde. La première chose qu'un voyageur entende dans une salle de spectacle à l'étranger, c'est une phrase de M. Scribe terminée en *o* ou en *a*, selon le pays. Soyez sûr qu'à Tombouctou, il y a maintenant des acteurs en train d'apprendre un vaudeville de M. Scribe, et qu'une jeune négresse de Damanhour étudie devant son miroir de cuivre poli les rôles minaudiers de madame Léontine Volnys. Les Papous de la mer du Sud, lorsqu'ils jouent la comédie de société, choisissent toujours *le Mariage de raison* ou *Michel et Christine*. Les Chinois eux-mêmes, avec leur tournure de pots à deux anses et leur physionomie de paravent, traduisent et jouent sur leur théâtre de bambou les vaudevilles de M. Scribe, que les sinologues retraduisent ensuite en français, et nous font passer pour des compositions du temps de la dynastie des Hang ou des Hing. En Espagne, ce qui est presque aussi loin qu'en Chine, M. Scribe a détrôné Lope de Vega, dont il dépasse la fécondité à l'aide de son armée de collaborateurs.

Voilà certainement beaucoup de titres au respect de la critique; et cependant, nul auteur n'a été plus rudement morigéné que M. Scribe par la férule de cette morose et quinteuse déesse. M. Scribe a beaucoup d'esprit, de finesse, d'entente de la scène; sa merveilleuse facilité d'improvisation suffit à toutes les besognes; il n'a ni grands défauts ni grandes qualités (ce qui est la plus excellente condition de réussite); il est commun, mais rarement trivial; sa manière d'écrire, courante et négligée, se fait accepter facilement de tout le monde; rien ne fait angle, rien n'accroche l'esprit au passage; c'est quelque chose de rond, de moelleux et de soufflé, dans le goût des lithographies de Grevedon, où il n'y a ni muscles, ni os, ni contour, où les yeux sont plus grands que la bouche, et les tailles plus minces que les bras, et que le public préférera toujours au plus beau dessin de M. Ingres. L'absence de style et de correction ne choquent aucunement les spectateurs, inquiets seulement de savoir si l'on épousera ou non à la fin de la pièce.

Une autre raison de la vogue de M. Scribe, c'est qu'il n'a pas la moindre étincelle de poésie; car, si les poëtes chantent avec Horace : *Odi profanum vulgus et arceo*, le vulgaire, à son tour, le leur rend bien. La poésie et la forme, voilà ce que le public de nos jours ne peut souffrir : il lui faut une banale histoire, un intérêt de *Gazette des Tribunaux;* tout développement de passion ou de caractère lui paraît faire longueur; il reste froid aux beaux élans lyriques, et, si les ailes d'or du poëte l'enlèvent un instant et le font planer dans l'azur au-dessus de cet enchevêtrement d'air poussiéreux qu'on nomme la charpente dramatique, il s'impatiente et trouve qu'il perd son temps. Les poëtes doivent aujourd'hui renoncer au théâtre; la littérature n'a rien à y voir, c'est une affaire de portes ouvertes et fermées à propos : une espèce de partie d'échecs jouée par l'auteur contre le public sur le damier des planches avec les acteurs pour pions. Dans les comédies, il faut parvenir à marier la reine et le cavalier; dans le drame, à faire tuer le roi par le fou, ou surprendre la tour par le pion : voilà tout. — De poésie, de connaissance du cœur, de vérité historique, de philosophie et de style, il s'agit bien de cela, vraiment! Cela se supporte tout au plus dans les livres; mais tout directeur de théâtre vous conseillera fort amicalement de vous débarrasser de ce bagage, si vous voulez aborder la scène, et il aura raison. Les vrais spectateurs, ceux qui écoutent une pièce et s'y intéressent, sont ordinairement des femmes, des gens du monde étrangers à l'art et à la littérature, en un mot, ce qu'on appelle dans l'argot de la bohème, des philistins ou des bourgeois. Quant aux artistes et aux lettrés, ils sont trop occupés de leurs propres rêves pour être impressionnés par ce fantôme d'action ; cette réalisation grossière de la pensée les choque inévitablement. Si passionné que soit l'acteur, si charmante que soit l'actrice, ils se trouvent toujours désappointés. La familiarité des chefs-d'œuvre, la méditation perpétuelle des types suprêmes de l'art antique et moderne les rendent d'un goût plus dédaigneux et plus superbe que le rat de ville au festin du rat des champs. Quant aux feuilletonistes de profession, l'habitude de voir des pièces leur fait deviner le dénoûment dès les premiers mots, et ils saluent à tout moment des scènes de connaissance. M. Scribe ne peut manquer de déplaire à de pareils juges, et voilà ce qui explique pourquoi ses pièces, presque toujours *éreintées* (pardon, mais c'est le mot technique) dans tous les feuilletons avec une touchante unanimité, obtiennent cependant un grand nombre de représentations et sont franchement acceptées du véritable public.

Pour nous qui avons enfoncé plus d'une fois le bec de notre plume dans ces innombrables bulles de savon que souffle M. Scribe avec une si facile insouciance, nous y renoncerons désormais. A quoi bon parler d'art, de style, de grammaire, et faire de longues tartines esthétiques sur les opéras-comiques en cinq actes sans couplets et sans airs que le *plus fécond de nos vaudevillistes* fait jouer de temps à autre sur le Théâtre-Français, sans doute pour justifier sa position d'académicien ? Les pièces de théâtre sont faites pour le public, et, puisqu'il s'amuse à celles de M. Scribe, il n'y a rien à dire et à faire qu'une analyse, et c'est à quoi nous allons nous livrer. Après tout, si les productions de M. Scribe n'ont aucune importance littéraire, elles valent bien celles des autres, si l'on excepte MM. Hugo, Alfred de Vigny et Alexandre Dumas.

L'idée philosophique du *Verre d'eau* est celle-ci : « Les grands effets ont de petites causes. » Cette donnée serait plus fertile pour un conte dans le genre de Voltaire ou de Swift que pour une pièce de théâtre. La vérité de cette maxime est au moins discutable ; mais ce n'est pas ici le lieu d'en apprécier la valeur ; ce qu'il y a de sûr, c'est qu'elle n'est pas dramatique. Si, dans une satire, on aime à voir les grandes catastrophes arriver à propos d'une vétille microscopique, réflexion consolante pour l'envie humaine, il est toujours désagréable de voir sur la scène les situations se terminer en queue de rat, et les effets sublimes naître de causes ridicules : Bolingbroke, qui, dans la comédie de M. Scribe, professe cette théorie, n'est pas parvenu au ministère parce qu'il dansait la *sarabande*, mais bien parce qu'il était Bolingbroke, c'est-à-dire un homme plein d'audace, d'esprit et de savoir-faire. Il en est de cela comme de ces hasards qui n'arrivent jamais qu'aux gens de génie : les myopes ne voient que l'accident matériel, et ne remontent pas aux véritables raisons. On aurait tort de croire, comme on le dit, que c'est la fenêtre de Trianon, critiquée par Louis XIV, défendue par Louvois, qui fut cause de cette guerre qui désola l'Europe. Une goutte d'eau suffit à faire déborder le vase ; mais, pour cela, il faut que le vase soit plein.

La reine Anne est en proie à la grosse lady Marlborough, qui l'ennuie, l'assomme et l'obsède le plus hermétiquement possible ; quand on veut parler à la reine, on trouve toujours la face arrogante et hautaine de l'orgueilleuse duchesse, qui abuse outre mesure de la gloire militaire de son illustre époux, le duc de Marlborough, le même sur lequel on a fait la célèbre complainte : *Malbrouck s'en va-t-en guerre!* (Voyez un peu à quoi tient la gloire!) Cette insupportable duchesse est particulièrement odieuse à Bolingbroke, qui n'est encore qu'Henri de Saint-Jean ; il voudrait remettre à la reine une lettre confidentielle de M. de Torcy, ambassadeur de France ; mais lady Marlborough ne quitte pas Sa Majesté et rend toute correspondance impossible ; Henri de Saint-Jean cherche une alliée dans miss Abigaïl, jolie petite demoiselle de comptoir chez le joaillier de la couronne, dont la reine s'est engouée parce que, sans la connaître, elle lui a fait crédit pour des bijoux sur sa bonne mine ; Abigaïl, jolie comme elle est, ne peut, vous le pensez bien, manquer d'avoir un amoureux ; il n'y aurait même rien d'étonnant à ce qu'elle en eût deux ; mais elle n'en a qu'un, parce qu'elle est sage. Ce galant est le petit Masham, jeune enseigne, ami d'Henri de Saint-Jean.

Masham a la particularité d'un bon et d'un mauvais génie : le mauvais génie, qui est un lord de la plus haute mine, l'insulte et le vexe de toutes les manières, le couvre de boue en passant dans son équipage et lui donne même des chiquenaudes sur le nez; le bon génie est un être invisible qui favorise l'enseigne et lui aplanit secrètement le chemin de la fortune, à cette condition de ne pas se marier, réserve jalouse qui trahit le sexe du bon génie et ne contrarie pas médiocrement le jeune couple amoureux.

En faisant causer la petite, Henri de Saint-Jean découvre qu'elle est une Churchill, et, par conséquent, parente de lady Marlborough ; la charmante histoire à insérer dans l'*Examiner!* La duchesse en crèvera de dépit; une cousine demoiselle de boutique ! Henri de Saint-Jean ouvre les hostilités loyalement, et lui dit que, si elle ne fait pas avoir à la gentille Abigaïl une place auprès de la reine, il fera part à toute l'Angleterre de sa découverte au moyen de son terrible journal l'*Examiner* (opération qu'on appelle *faire chanter*, en style de bas journalisme).

La duchesse répond, avec un beau sang-froid de grande dame, qu'elle a racheté les créances dudit Henri de Saint-Jean au quart de leur valeur, et qu'elle l'enverra très-bien à Newgate comme débiteur insolvable. Il est vrai qu'Henri de Saint-Jean est inviolable en sa qualité de membre de la Chambre des communes; mais la session finit le lendemain, et alors il redevient verrouillable comme un simple mortel. Cela dit, madame Marlborough lui fait une révérence ironique et se retire.

Les affaires ne sont guère avancées ; Abigaïl n'a pas de place, et la lettre de M. de Torcy risque fort de rester à tout jamais dans la poche d'Henri de Saint-Jean, qui court faire un grand discours à la Chambre des communes contre les subsides demandés par le duc de Marlborough.

Tout à coup, le jeune enseigne Masham, l'ami de Saint-Jean, se précipite sur la scène. Il vient de tuer quelqu'un par là, et, comme les lois sur le duel sont sévères, il n'a autre chose à faire qu'à s'enfuir au plus vite; il a trouvé dans le parc Saint-James l'homme à la chiquenaude, et l'a gratifié d'un mignon coup d'épée qui l'a fait heureusement passer de vie à trépas; il embrasse à la hâte Abigaïl sur le front charmant de mademoiselle Doze, et se sauve comme un lièvre les oreilles couchées sur le dos.

Au second acte, les choses ont bien changé. Henri de Saint-Jean est devenu riche à millions, et se peut parfaitement moquer des titres de créance achetés par la méchante duchesse de Marlborough. Le seigneur tué si à propos dans le parc Saint-James par Masham n'est autre que lord Richard Bolingbroke, dont Henri de Saint-Jean a hérité. Que l'on nie, après cela, l'utilité des amis qui reçoivent des chiquenaudes! — A l'exception d'Abigaïl, personne ne connaît celui qui a tué lord Richard Bolingbroke. — Mais, à la facilité avec laquelle s'est échappé le coupable, on soupçonne qu'il est attaché à la cour. Henri de Saint-Jean, maintenant lord Bolingbroke, vient en tête des membres de l'opposition, dont Richard faisait partie, demander vengeance à la reine, qui lui donne plein pouvoir pour découvrir et arrêter le meurtrier. Mais voici qu'Abigaïl, tout en alarmes, vient déclarer à Bolingbroke que l'inconnu qui a tué Richard est précisément l'enseigne Masham. Faire arrêter un ami qui a procuré un si bel héritage, c'est dur; aussi Bolingbroke se promet-il de n'en rien faire; l'ingratitude serait trop noire! S'il le cherche, ce sera aux endroits où il sera sûr de ne pas le trouver; d'ailleurs, Masham, parti depuis la veille, doit être bien loin, et, pour peu que l'on mette de mollesse à le poursuivre, on parviendra à ne pas le rattraper. Malheureusement, Masham ne peut profiter de ces bienveillantes dispositions : au moment de partir, il a reçu de son génie mystérieux des aiguillettes avec des ferrets de diamants et le brevet d'officier des gardes; il doit avoir le lendemain une audience de la reine et ne peut disparaître sans exciter les soupçons. Masham montre à Abigaïl la lettre et les ferrets de diamants qu'elle reconnaît pour avoir été vendus par elle, il y a quelques jours, à la duchesse de Marlborough : c'est donc la duchesse de Marlborough qui est la protectrice cachée de Masham; cette lettre rend Bolingbroke maître du terrain; Abigaïl aura sa place auprès de la reine et l'épître diplomatique de M. de Torcy pourra enfin être remise; à ce prix, Bolingbroke rendra à la duchesse les ferrets et la lettre.

Voilà donc Abigaïl chez la reine; grand triomphe pour Bolingbroke, qui, au moyen de la docile enfant, pourra faire parvenir tout ce qu'il lui plaira aux oreilles de la bonne souveraine; la petite sait si bien s'insinuer dans la confiance royale, qu'elle reçoit déjà des confidences; la reine est rêveuse, elle est triste, elle a le cœur fort tendrement préoccupé d'un charmant objet. C'est un amour mystérieux, romanesque, un amour de reine enfin; quel est donc cet heureux mortel? « Le voici, » dit-elle toute confuse à sa pauvre Abigaïl, lorsque Masham paraît. C'est un heureux faquin que ce Masham! aimé d'une jolie fille, d'une duchesse et d'une reine; qu'a-t-il donc fait pour cela? est-il beau? Au contraire! Est-il spirituel? Non. Est-il passionné? Encore moins. Qu'a-t-il donc fait pour qu'Abigaïl rêve à lui derrière son étincelant comptoir de bijouterie, pour que la duchesse étouffe dans son corset lacé dru et lui envoie des lettres constellées de diamants, pour que la reine soupire et se penche du haut de son trône sidéral? Nous vous le donnons en cent, nous vous le donnons en mille; il a... Quoi?... Il a — des bas bleus! — Voilà la seule raison que nous ayons pu trouver de ce triple amour si peu justifié. — Nous vous laissons à penser l'angoisse d'Abigaïl en se voyant si chaudement disputer les bas bleus de Masham. Une duchesse passe encore, mais une reine! excusez du peu!

Jusqu'à présent, le verre d'eau reste dans la carafe et le titre de la pièce ne se justifie guère; mais patience, le verre d'eau va paraître! La duchesse veut avoir une entrevue le soir même avec Masham, sous l'honnête prétexte de lui confier des dépêches pour l'armée, et la reine désirerait bien aussi faire quelque confidence... diplomatique au jeune officier des gardes! Elle s'ouvre de cette fantaisie à sa confidente Abigaïl, qui, effrayée de ce double rendez-vous, en livre le secret à Bolingbroke; Bolingbroke espère trouver là dedans un sujet de brouille entre la reine et la favorite et rassure de son mieux la tremblante Abigaïl. La reine est convenue de demander un verre d'eau lorsque Masham entrera, si l'entrevue est possible pour le soir même; Bolingbroke, fort de ce secret, oblige lady Marlborough à faire inviter au jeu de la reine M. de Torcy, l'ambassadeur de France, et lui apprend en même temps qu'une très-grande dame, qui, elle aussi, est amoureuse de Masham, lui demandera un rendez-vous en se faisant apporter un verre d'eau. La soirée royale est des plus splendides; les lustres étincellent (non pas sur le théâtre, où il n'y a que quatre misérables bougies!); la foule est grande; on étouffe. — La reine demande à boire — un verre d'eau; — l'altière duchesse, forcée par l'étiquette, apporte d'une main tremblante de colère et de jalousie l'hiéroglyphique breuvage. Le plateau chancelle, le verre glisse, et l'eau tombe sur la robe de la reine.

Ici, nous interromprons le cours de notre analyse pour adresser au metteur en scène les plus graves reproches pour son peu de connaissance du cœur humain. Jamais une situation dramatique plus palpitante, plus poignante, n'a été offerte à des spectateurs, et surtout à des spectatrices : un verre d'eau et une robe de velours bleu lapis! Quelle robe et quel velours, et aussi quelle charmante femme pour la porter! quelle angoisse, quelle attention haletante! Comme toutes les femmes admiraient le courage stoïque de mademoiselle Plessy, qui se tenait là si tranquille dans sa belle robe, ayant devant elle cette maladroite duchesse de Marlborough, dont le cœur bat si vite et dont la main tremble si fort; n'eût été la solennité du lieu, on lui aurait volontiers crié, comme au mélodrame de Bouchardy : « Ne buvez pas! »

Eh bien, le verre est tombé et il n'y avait pas d'eau dans le verre! La pièce n'existe plus; elle n'a pas le droit de s'appeler *le Verre d'eau*. — On devrait même l'appeler *la Timbale d'argent*, puisque c'est un affreux gobelet vide qui a glissé du plateau. — O sordide avarice! c'était un lé de velours bleu lapis à sacrifier tous les soirs, mais la pièce aurait eu cent représentations de plus.

La reine, furieuse, appelle lady Marlborough maladroite et la traite d'une manière si dure, que la duchesse offre sa démission, qui est acceptée avec le plus grand plaisir. La reine Anne, Louis XIII femelle, va être enfin débarrassée de son cardinal en jupon. Bolingbroke triomphe; mais la rancunière créature dénonce Masham comme l'inconnu qui a tué Richard Bolingbroke dans le parc Saint-James, et la reine est obligée de faire arrêter le bel officier aux bas Bleus et d'en confier la garde à Bolingbroke. La duchesse espère ainsi empêcher le rendez-vous qu'elle redoute tant; mais Bolingbroke, qui n'est pas un geôlier bien sévère, laisse aller Masham au rendez-vous royal, et lady Marlborough, dont les soupçons ne peuvent s'endormir, et qui, malgré sa démission, a conservé les clefs des petits appartements, tombe fort mal à propos au milieu de l'entretien intime du sujet et de la souveraine, fait un vacarme affreux et appelle tout le monde en disant qu'un homme s'est introduit dans les appartements de Sa Majesté. Abigaïl, avec une facile générosité, prend la faute sur son compte, soutient que Masham ne venait que pour elle et se jette aux genoux de la reine en implorant son pardon. La reine, prise à ce piége, ne peut que marier les amants et jeter un terrible regard de courroux sur la duchesse de Marlborough, non moins confuse qu'elle.

Il ne nous reste plus qu'à faire la part des actrices; elle est assez large, et une bonne partie du succès revient de droit à leurs beaux costumes.

Mademoiselle Plessy, la reine Anne, était habillée d'une manière ravissante, coiffée avec un goût capricieux et charmant, et vraiment éblouissante de jeunesse et de beauté. Quelle délicieuse actrice elle ferait pour jouer les comédies romanesques de Shakspeare : Perdita dans le *Conte d'une nuit d'hiver*, Rosalinde dans *Comme il vous plaira!* son jeu brillant, un peu maniéré (ce qui n'est pas un défaut) la rendrait merveilleusement propre à représenter les héroïnes spirituelles et fantasques de l'ancien théâtre anglais! Elle a su donner beaucoup de mordant et de trait à la prose filandreuse de M. Scribe, et s'est heureusement tirée d'un rôle difficile à bien nuancer.

A voir mademoiselle Doze, on dirait qu'elle s'est échappée d'un tableau de Terburg ou de Micris; vous savez, ces petites toiles si calmes, si reposées, où quelque jeune fille bien blonde, bien blanche, avec des joues de pêche aux reflets argentés, se tient debout dans sa robe de satin gris de perle, côtelée de galons de velours noir, un papier de musique à la main, devant quelque page mignon qui joue de la contre-basse. Elle a promené son innocence de petite fille et ses beaux grands yeux étonnés à travers toutes les complications de ces intrigues de cour, avec une naïveté et une pétulance de jeunesse tout à fait adorables.

Mademoiselle Mante a eu beaucoup d'aplomb, d'insolence et de finesse scélérate dans le rôle de la duchesse de Marlborough.

VII

DÉCEMBRE 1840. — Opéra : *la Favorite*, paroles de MM. Alphonse Royer et Gustave Vaez, musique de M. Donizetti. — La pièce et la partition. — Baroilhet. — Duprez. — Madame Stoltz. — Levasseur. — Les costumes et les décorations. — Porte-Saint-Martin : réouverture. — Malechance de ce théâtre. — Deux directeurs et pas d'acteurs. — *Le comte de Mansfeld*. — Théâtre-Français : mademoiselle Rachel dans le rôle de Marie Stuart. — L'actrice et le personnage. — A propos de bottes de fleurs. — Mademoiselle Dubois. — Ligier dans Leicester. — M. Pierre Lebrun et sa néotragédie.

7 décembre.

OPÉRA. *La Favorite*. — La toile se lève après une ouverture écrite avec verve et facilité, et laisse voir une galerie du couvent de Saint-Jacques de Compostelle ; des moines défilent processionnellement en chantant un chœur de peu d'importance, mais fait sur une assez ingénieuse idée : les voix disent la gamme en montant et en descendant, tandis que l'orchestre exécute un bon contre-sujet. Les moines disparaissent dans la chapelle, les deux derniers restent seuls sur la scène ; — ce sont don Balthazar, le supérieur, et Fernand, en robe de novice. Balthazar, de son œil d'aigle, a remarqué un affaiblissement dans la ferveur de Fernand : le jeune homme est triste, rêveur ; Dieu ne lui suffit plus, et, près de les quitter, il jette un regard de regret sur les biens de la terre. Balthazar le presse, et Fernand finit par avouer au supérieur, dans une romance pleine de grâce et de mélancolie, qu'il a vu à l'église un ange, une femme dont l'aspect a bouleversé son cœur ; ses doigts, en lui présentant l'eau bénite, ont effleuré les doigts effilés de l'inconnue, et, depuis ce jour, il ne peut plus prier et aspire à une autre vie ; ses désirs franchissent l'enceinte du couvent ; il hésite à prononcer ses vœux, car il ne sera jamais qu'un mauvais moine. Balthazar a beau lui représenter la puissance de l'Église, l'incertitude des choses humaines et la fragilité des passions, Fernand ne répond que par un mot : « Je l'aime! » exclamation d'un bel effet et d'un profond sentiment très-bien rendu par Duprez. Il s'agenouille et part en demandant la bénédiction à Balthazar, qui lui dit : « Tu nous reviendras! »

Cette scène courte, vive, jaillissante, expose parfaitement le sujet; la confession de Fernand est un moyen neuf et adroit d'apprendre au public ce qu'il doit savoir des événements antérieurs.

Nous n'avons plus rien à faire au monastère de Saint-Jacques de Compostelle puisque Fernand n'a pas de vocation. Le théâtre change et nous voici dans un site délicieux sur le rivage de l'île de Léon; des jeunes filles vêtues de blanc suspendent des étoffes aux branches des arbres, remplissent des corbeilles de fleurs, se livrent à toutes sortes d'exercices plus ou moins anacréontiques et célèbrent, dans un gracieux chœur en *fa*, la paix, le plaisir, l'amour, les rayons dorés, le tiède zéphyr. Quelle est cette retraite équivoque et mystérieuse? une île de Calypso, un palais d'Armide, un jardin d'Alcine? — Un peu de tout cela. Quelle est l'enchanteresse qui l'habite? Ce pourrait bien être l'ange, la fée, la femme entrevue à l'église par l'ex-novice Fernand; cela est fort probable, car voici Fernand lui-même qui nous arrive en nacelle, dans le costume le plus ridicule du monde. Fernand, récemment sorti du cloître, ne sait pas encore s'habiller; autrement, il n'aurait pas choisi, pour venir visiter la princesse, cet affreux petit paletot vert-chou ou vert-dragon, cerclé d'une ceinture sur les hanches, et ce déplorable pantalon couleur ventre de grenouille qui lui donne l'air d'un batracien sortant de l'onde. Le chœur, sans s'étonner de son aspect supercoquentieux, célèbre son arrivée sur un motif élégant, exécuté par les voix et fort bien brodé par les violons. — C'est toujours un bandeau sur les yeux que Fernand entre dans cette retraite et en sort, et il a beau faire des questions aux nymphes-soubrettes, elles persistent à lui cacher le rang, le nom et l'histoire de leur maîtresse. Voilà d'admirables suivantes et d'une rare espèce! Heureusement, vient Léonor de Guzman couper court aux demandes du trop curieux Fernand. Qu'est-ce que Léonor? La favorite, la *querida* du roi Alfonse XI, un assez bon diable de roi ennuyé de sa femme, qu'il voudrait bien répudier pour épouser sa Léonor ; cérémonie assurément inutile et superflue. Mais les rois amoureux et orfés de femmes, on ne sait pourquoi, ont toujours eu la manie de vouloir épouser leurs maîtresses ; probablement pour faire niche au saint-père.

Fernand demande la main de Léonor, qui lui répond que toute union entre eux est impossible, qu'un obstacle insurmontable les sépare, qu'elle regrette de ne pouvoir être à lui ; elle l'engage à l'oublier, à fuir pour jamais, à ne pas chercher à la revoir, et lui présente, avec beaucoup d'hésitation, un parchemin scellé du sceau royal ; mais, avant que Fernand ait eu le temps de l'ouvrir, Inez, la camériste de Léonor, accourt tout effarée. C'est l'heure de la visite du roi ; elle ne le précède que de quelques pas. Léonor jette à Fernand un adieu plein de trouble et d'émotion, et sort à pas précipités.

Resté seul, Fernand ouvre le parchemin et voit, avec ravissement, que c'est un brevet de capitaine. — Être capitaine, et par elle, quelle joie ! quel bonheur ! car Fernand s'imagine que Léonor est une grande dame, puissante en cour, ayant l'oreille du roi ; mais ses idées ne vont pas au delà. Il espère, par sa valeur, se rendre un jour digne de Léonor, devenir illustre, et lever ainsi les obstacles qui s'opposent à leur union. Pour lui, Léonor est un ange de pureté, quoique son séjour sur le rivage d'une île enchantée et suspecte, au milieu d'un troupeau de jeunes filles, vêtues d'uniformes très-succincts, eût bien dû éveiller ses soupçons. Sans se douter de rien, il exécute un air *alla militare*, un air de bravoure, composé uniquement pour faire briller le chanteur, puis remonte dans sa nacelle, et va, sans doute, se mettre à la tête de sa compagnie.

Au second acte, le théâtre représente l'alcazar maure de Séville. Fernand est devenu un grand capitaine ; grâce à lui, Alfonse a remporté, sur les bords du Salado, près de Tarifa, une éclatante et décisive victoire ; le vainqueur occupe le palais du vaincu, et promène sous les lauriers-roses et les sycomores ses rêveries amoureuses ; il pense à son mariage avec Léonor, qu'il veut toujours épouser, sans se soucier autrement des foudres de l'excommunication, ce qui n'est pas très-catholique pour un roi d'Espagne, et, dans sa perplexité, il chante un air dont l'andante est d'un bon caractère et dont l'allégro manque de couleur et de relief ; son air achevé, le roi ordonne à don Gaspar de prévenir toute la cour pour la fête qu'il prépare afin de distraire Léonor, qui s'adonne outre mesure à la mélancolie. — Léonor entre en causant à demi-voix avec Inez, qui lui conte en deux mots les exploits de Fernand. « Fernand ! à lui la gloire ! s'écrie Léonor dans un élan de joie ; — à moi la honte ! » ajoute-t-elle plus bas en apercevant le roi. Alfonse s'approche d'elle et lui fait de tendres reproches sur sa tristesse. Léonor se plaint d'avoir été abusée par lui, pauvre innocente fille ! en quittant le château de son père, elle croyait suivre un époux. Le duo *Dans ces palais, ma pauvre âme soupire*, est très-bien fait et sur un très-joli motif, mais le reste de la scène est faible, commun et vague. C'est ici qu'est placé le divertissement, composé et dessiné par M. Albert. Le pas de six, trop vanté à l'avance, ne nous a pas satisfait ; les deux hommes ne sont pas bien liés aux groupes de femmes ; ils sont toujours à se trémousser maussadement dans quelque coin sans faire la moindre attention à leurs danseuses ; ils n'entrent véritablement qu'une seule fois dans le pas, et c'est pour s'agenouiller avec une pose prétentieuse et ridicule, en penchant la tête l'un vers l'autre comme si l'un des deux était une jolie femme. De plus, dans ce pas malencontreux, on ne se sert presque pas des jambes ; on n'y danse que des bras. Les femmes, habillées de robes vertes comme des sauterelles, n'ont à exécuter que d'affreux mouvements, plus télégraphiques que chorégraphiques. La suprême élégance de ce divertissement consiste à ouvrir et à fermer alternativement les bras comme dans cette pénitence que l'on inflige aux jeux innocents quand on tire les gages, et qui s'appelle mesurer des aunes de ruban. Les coups de timbale, frappés par les petits négrillons, ont quelque chose de hargneux et d'insupportable à l'oreille. Un pareil divertissement ne dissipera pas la mélancolie de Léonor, à coup sûr.

Les danses achevées, don Gaspar arrive, un papier à la main, entraîne le roi à l'écart, et lui dit : « Vous voyez, sire, avais-je tort quand je vous disais que Léonor vous trahissait ? Ce billet intercepté, qu'un esclave avait remis pour elle à sa confidente Inez, en est une preuve suffisante. » Le roi, furieux, montre la lettre à Léonor, qui est saisie d'effroi en reconnaissant l'écriture. « Le nom du coupable ! crie le roi. — Sire, punissez-moi, répond Léonor ; je ne vous le dirai pas ; je l'aime ! » Au milieu de cette scène arrive précisément don Balthazar, suivi par un moine qui porte un parchemin auquel pend le sceau papal ; don Balthazar, dont le zèle est un peu farouche, adresse au roi les reproches les plus sanglants et l'accuse de vouloir répudier la reine pour épouser sa maîtresse. « Je le voulais, répond le roi avec noblesse ; mais, quelle que soit mon intention, personne n'a le droit de me juger et de me commander. » Là-dessus, Balthazar se répand en anathèmes ; le *motif* de son imprécation est sauvage et farouche et convient bien à son caractère. Les trombones, doublant le chant, ajoutent encore à sa couleur sombre ; un petit trait de violons en notes rapides peint bien l'étonnement des masses et le frémissement de l'anxiété.

Le moine déploie la bulle d'excommunication, et les seigneurs se dispersent épouvantés. Léonor, éperdue, sort en se cachant la tête dans ses mains, chancelante sous le poids de l'anathème et priant la terre de l'engloutir avec sa honte. — La toile tombe sur ce tableau dramatique.

Au troisième acte, nous sommes, dit le livret, dans une salle du *palais de l'Alcazar*. Nous dirons en passant à MM. les auteurs que *l'alcazar* signifie *le palais* et qu'ils ont commis la même faute que ceux qui disent le grand désert de Saharah ; mais cette faute n'a pas une bien grande importance, puisqu'il faut avoir lu le livret pour s'en apercevoir.

Fernand entre tout joyeux, tout triomphant ; il va enfin se rapprocher d'*elle* ; il l'a quittée obscur, il revient vainqueur ; il pourra la connaître..., car il ignore toujours sa véritable position, ignorance très-invraisemblable, par parenthèse, puisqu'une simple question faite au premier venu la dissiperait sur-le-champ ; mais alors la pièce n'aurait pas lieu, et nous devons à cette invraisemblance une si belle scène, que nous la pardonnons aisément. Le roi et Fernand se retirent discrètement à l'écart.

Don Alfonse, toujours préoccupé de la lettre interceptée, ne sait que répondre ; il aime Léonor malgré sa trahison, et, d'ailleurs, il lui répugne d'avoir l'air de céder aux menaces du moine Balthazar, situation d'esprit très-vraie et très-naturelle, car beaucoup de gens continuent à faire des choses qui leur déplaisent, seulement parce que des personnes ayant sur eux des prétentions d'autorité le leur défendent d'une manière expresse.

Don Alfonse ne se soucie plus que médiocrement d'épouser Léonor; mais il a toujours envie de répudier sa femme pour faire pièce au saint-père et au moine Balthazar. En attendant, il ordonne à Gaspar de faire venir Léonor et de s'assurer d'Inez, sa complice. Gaspar sort, et le roi, avisant Fernand dans son coin, l'appelle, le nomme son libérateur, et lui demande ce qu'il veut pour prix de sa vaillance. « Sire, répond Fernand, j'aime du fond du cœur, moi, pauvre soldat, une noble dame. Accordez-moi sa main. — Quel est son nom? » dit le roi. — En ce moment entre Léonor. « Ah! je l'eusse nommée en montrant la plus belle, dit Fernand avec une galanterie toute chevaleresque. — Quoi! Léonor? marmotte entre ses dents le roi, un peu déconcerté. Allons, soit; je vous l'accorde. » Puis, s'adressant à Léonor, il chante une romance ravissante. Le compositeur a parfaitement fait sentir ce qu'il y a de douloureux et tendres reproches dans ce vers :

> Ne le chassez jamais de votre cœur !

Léonor, restée seule, comprend qu'elle ne peut accepter ce bonheur inattendu; Fernand la croit pure, honorée; le tromper serait infâme. Elle se désole et se lamente, et regrette amèrement son innocence perdue.

Puis, prenant une grande résolution, elle appelle sa camériste Inez, que don Gaspar n'a pas encore fait arrêter, et lui ordonne d'aller tout dire à Fernand. La fidèle camériste part. Malheureusement, don Gaspar, qui la guettait, entre avec la camerera mayor et la saisit de par le roi. — La commission de Léonor ne peut donc pas être exécutée, et le pauvre Fernand reste plongé dans sa simplicité primitive et patriarcale,

> Ignorant en effet
> Ce qu'un roi cache au fond d'une grâce qu'il fait !

Le roi le fait comte de Zamora, marquis de Montreal, lui passe au cou un ordre de chevalerie quelconque, et le brave Fernand s'imagine que tout cela n'a d'autre but que de le récompenser de sa valeur militaire. Les courtisans trouvent le roi fort généreux et supposent que tout est convenu d'avance avec Fernand, et que ce mariage a pour but de détourner les foudres de l'Église. La nouvelle marquise paraît. Fernand lui donne la main et l'on passe dans la chapelle. Les seigneurs, restés sur la scène, s'indignent de tant de bassesse et témoignent leur indignation dans un chœur chaleureux et bien exécuté.

Fernand reparaît, ivre de joie et de bonheur. Il a besoin d'épanchement et voudrait conter sa félicité à la terre entière; il tend aux seigneurs des mains que nul ne veut prendre; des paroles mystérieuses et terribles sont échangées, Fernand, transporté de rage, demande du sang. « Vous en aurez, » lui répond-on froidement.

Comme il va pour sortir, il rencontre Balthazar, qui continue à lancer des anathèmes. « Quoi! c'est vous, Fernand? — Oui, Fernand, l'époux de Léonor, » reprend don Gaspar avec ironie. — « Léonor, la maîtresse du roi? s'écrie Balthazar, atterré. Fernand, à cette triste révélation, se livre à la colère la plus furieuse, et veut tout briser et tout casser. « Il paraît qu'il ne savait rien, disent les seigneurs justement étonnés de cette ignorance; que va-t-il faire? Dieu le sait! »

Voici que le roi entre, donnant la main à Léonor. Fernand va droit à lui et lui dit, dans un récitatif très-beau et admirablement déclamé par Duprez : « Sire, je vous dois tout, ma fortune, mes titres; mais tout cela est payé trop cher au prix du déshonneur!... Messeigneurs, vous m'avez méprisé; vous allez me rendre votre estime, car je pars d'ici, n'emportant que le nom de mon père! » Et, s'adressant au roi :

> Ce collier, je le rends ; cette épée avilie,
> Je la brise... à vos pieds, car vous êtes le roi !

vers admirable, tout à fait cornélien et castillan... Un beau vers, c'est beaucoup dans un opéra. Sa tirade achevée, Fernand sort menacé de la vengeance du roi, que Léonor tâche de calmer et à qui Balthazar fait entendre d'austères paroles. L'allégro qui sert de strette à ce finale a été fort applaudi.

Nous voilà revenus au couvent de Saint-Jacques de Compostelle : le théâtre représente un cloître encore baigné par les ombres bleuâtres de la nuit. Les premières lueurs du jour commencent seulement à rougir la crête des montagnes qu'on aperçoit dans le fond au-dessus des murs du couvent ; les religieux creusent en chœur *l'asile où la douleur s'endort*.

Fernand ne creuse pas sa-fosse, mais il reste debout contre une colonne, englouti dans son capuchon comme un moine de Zurbaran, sans jeter les yeux sur la procession des pèlerins et des pèlerines de Saint-Jacques de Compostelle, qui défile sous les arcades.

Balthazar vient un moment coupler Fernand ; mais il est forcé de s'éloigner, car un novice, entré de la veille et malade, réclame ses soins.

Fernand, avant de se rendre à la chapelle, revient sur le souvenir du passé et déplore, dans une romance mélodieuse, la perte de son espoir et de son rêve adoré ; Balthazar reparaît ; son novice va mieux et il emmène Fernand dans la chapelle, où il doit définitivement prononcer ses vœux ; le novice, qui n'est autre que Léonor déguisée, fait quelques pas et tombe épuisé au pied de la croix ; peu après, Fernand sort de la chapelle, il appartient désormais à Dieu ; il est, pour toujours, séparé des vivants. Il aperçoit le novice étendu au pied de la croix et reconnaît aussitôt son amante, sa femme, Léonor ! Après une scène d'explications pathétiques, il lui pardonne, sent se rallumer dans son cœur des flammes qui n'étaient qu'assoupies, et maudit ses vœux ; il entraîne son amante et veut fuir avec elle un asile où désormais le repos n'existera plus pour lui ; mais la mort a touché de sa pâle main le front de Léonor ; elle expire dans ses bras, et Fernand dit aux moines qui veulent enlever le corps : « Priez pour elle aujourd'hui, vous prierez demain pour moi. »

Cet opéra, où l'on retrouve les qualités et les défauts (surtout les défauts) de Donizetti, a réussi sans grand enthousiasme, comme cela devait être, et aussi sans opposition. Il y a de la facilité, d'heureuses mélodies, des passages bien écrits pour les voix, un certain éclat ; mais on y retrouve à chaque pas des mélodies de pacotille, des phrases usées et triviales, une négligence hâtée que l'on pardonne en Italie, mais qui ne convient pas aux habitudes plus sérieuses de nos théâtres lyriques. Le poëme est rapide, bien coupé, et offre deux ou trois belles situations.

L'exécution est très-soignée et très-satisfaisante.

Baroilhet, le débutant, s'est placé tout d'abord au rang des premiers chanteurs. Sa méthode est large, et rappelle les beaux temps de la grande école italienne. Sa voix est peut-être un peu voilée, cependant elle a beaucoup de mordant et se fait bien entendre à travers les masses. Ce chanteur possède une qualité bien rare dans les voix de basse : la *smorzatura*, qu'il porte au plus haut degré; c'est l'art de chanter doucement en éteignant le son.

Duprez a été fort beau dans la scène de la confession et dans celle où il brise son épée devant le roi.

Madame Stoltz a joué et chanté avec un grand sentiment dramatique le rôle difficile de Léonor. Dans le quatrième acte, qui rappelle un peu l'histoire du comte de Comminges, elle a rendu d'une manière supérieure la couleur dévouée et mélancolique du caractère.

Levasseur nous a souvent paru manquer de mémoire; mais il a imprimé au rôle de don Balthazar un caractère d'onction et d'austérité tout à fait convenable.

Quant aux costumes, ils sont sans doute fort exacts, c'est la seule raison qu'ils puissent avoir d'être aussi laids; mais, à coup sûr, ils sont fort disgracieux. Ces ceintures posées sur les hanches et ressemblant à des cercles de tonneau, coupent le corps en deux portions égales et font l'effet le plus désagréable. On a été obligé de rattacher avec des épingles les queues des chaperons que portent les seigneurs, car elles rappelaient par leurs oscillations les queues rouges des paillasses, et donnaient à tous ces illustres Castillans un air passablement burlesque.

Les décorations laissaient beaucoup à désirer. La première, représentant un cloître, manque de profondeur et d'effet, et cependant c'était là un merveilleux sujet pour le peintre. La seconde, le rivage de l'île de Léon, est peinte avec ce bleu Philastre et ce jaune Cambon, devenus proverbiaux. Les autres, représentant l'alcazar de Séville et le cimetière du couvent de Saint-Jacques de Compostelle, dues au quadruple pinceau de MM. Feuchère, Séchan, Diéterle et Despléchin, ne sont pas dignes de ces habiles peintres, qui avaient élevé la décoration à la hauteur d'un art. Eux, ordinairement si soigneux, si pittoresques, si bons dessinateurs, si habiles coloristes, ils n'ont produit, sur deux excellents sujets, que deux toiles médiocres ; nous insistons beaucoup sur ce point, parce que la mise en scène, les costumes, les décorations doivent toujours être traités avec un grand soin à l'Opéra. Cette splendeur est pour beaucoup dans son succès, et c'est là surtout que la mesquinerie serait funeste : à l'Opéra, la prodigalité est la meilleure économie.

Porte-Saint-Martin. *Réouverture.* — *Le Comte de Mansfeld.* — S'il y eut jamais un théâtre heureusement situé pour faire fortune, c'est assurément le théâtre de la Porte-Saint-Martin ; cependant, plusieurs directeurs y ont perdu successivement beaucoup d'habileté et d'argent. M. Harel, cet homme de tant d'esprit, a été réduit à fuir à Odessa par ce malheureux théâtre de la Porte-Saint-Martin, après lequel il s'acharnait comme un beau joueur qui suit une martingale rebelle. Les frères Cogniard, ces jumeaux du vaudeville, seront-ils plus heureux? ou dans quelle ville de la Crimée iront-ils finir leur carrière dramatique ?

Chose étrange! les frères Cogniard, qui sont gens d'esprit et connaissent le théâtre, en devenant directeurs, n'ont oublié qu'une toute petite chose, — peu importante à la vérité, — c'est-à-dire d'engager des acteurs! Il ne suffit pas d'avoir un théâtre et des pièces; il faut aussi une troupe, et l'on ne peut raisonnablement donner ce nom au ramas de noms inconnus qui figurent sur l'affiche.

Comment se fait-il, par exemple, que les trois plus grands acteurs de ce temps-ci, Frédérick Lemaître, Bocage et madame Dorval, ne soient jamais employés, et dépensent leurs plus belles années en des courses de province? Leur vraie place, à tous trois, est à la Porte-Saint-Martin; c'est là qu'ils ont grandi, qu'ils se sont développés, qu'ils ont eu leurs plus beaux moments de hardiesse, de verve et de naturel; c'est là que Frédérick a créé Ravenswood, Robert Macaire, Richard Darlington ; et Bocage, Antony, Buridan ; et madame Dorval, Adèle Hervey, Marion Delorme.

Des directeurs habiles devraient enchaîner avec des chaînes d'or (ce sont les plus solides) les destinées de ces trois acteurs à celle de la Porte-Saint-Martin. Nous n'ignorons pas que ce sont des bêtes féroces bien difficiles à faire vivre ensemble que de grands talents dramatiques; — mais Carter et Van Amburg en ont bien fait d'autres!

Le Comte de Mansfeld est une pièce littéraire, écrite avec plus de soin qu'on n'en apporte ordinairement aux mélodrames, et qui méritait d'être jouée par d'autres acteurs que ces fantômes inconnus qui ne savent ni parler, ni se taire, ni rester debout, ni demeurer assis.

28 décembre.

Théatre-Français. Reprise de *Marie Stuart*. — *Mademoiselle Rachel*. — Cette représentation de *Marie Stuart* devait résoudre une importante question : à savoir si mademoiselle Rachel obtiendrait, dans les rôles du nouveau répertoire, le même succès que dans ceux de l'ancien? Les tragédies de Racine et surtout celles de Corneille sont assurément d'admirables chefs-d'œuvre; mais tout le monde les sait par cœur, et, malgré l'intérêt momentané que leur donnait le jeu d'une nouvelle actrice, cette curiosité ne pouvait longtemps se soutenir; il était donc nécessaire d'essayer quelque chose de plus nouveau.

Quoi que l'on en puisse dire, la tragédie est un moule usé; les formes dramatiques actuelles ne valent peut-être pas mieux, mais elles ont aujourd'hui la vogue, et, dans tout art, il y a deux choses, la beauté et la mode. — Assurément, le costume de nos grands-pères était plus galant et recouvrait d'aussi beaux hommes que celui de nos élégants modernes, et pourtant il nous paraît ridicule et suranné. Les beautés sont éternelles, mais les modes sont variables et les idées s'habillent toujours suivant les usages du temps; cette vérité, qui est encore plus sensible en musique que dans tout autre art, empêche généralement le succès de ces résurrections littéraires de pièces autrefois vantées, et avec raison; la peinture, qui est un art de pure imitation, n'a pas ce désavantage au même degré, car la nature est invariable, et, à part quelques différences de style, ce qui était beau sous Raphaël l'est encore aujourd'hui.

Nous regrettons que mademoiselle Rachel, décidée à sortir de ses grands rôles antiques, n'ait pas pris tout de suite une résolution violente et ne soit pas entrée de plain-pied dans le drame moderne ; qu'elle n'ait pas débuté par un drame de Victor Hugo, de Lamartine, d'Alexandre Dumas, d'Alfred de Musset, d'Alfred de Vigny, ou de toute autre célébrité; les poëtes ne manquent pas en France. Alors mademoiselle Rachel, privée des traditions de l'école et de la consécration des chefs-d'œuvre, aurait eu, du moins, les ressources du drame, le rhythme et la force de la versification arrivée de nos jours à un si haut point, les grands cris, le tumulte et les passions effrénées ; l'orage de Shakspeare aurait remplacé dignement la sérénité radieuse des grands maîtres. Au lieu de cela, on a été chercher, sous la poussière de vingt années (vingt siècles), une tragédie égale sans doute aux *Vêpres siciliennes* et autres tragédies du temps, la tragédie de *Marie Stuart*, pour y prendre un rôle qui n'est ni dans la nature ni dans les moyens de la jeune actrice. Mademoiselle Rachel, dont le principal mérite consiste en une ironie incisive qui la rend merveilleusement propre à jouer les rôles de demi-caractère, où Corneille jette çà et là quelques touches de sublime familiarité, n'a pas, suivant nous, les qualités nécessaires pour bien représenter Marie Stuart ; sa taille frêle et souple, son débit serré, sa bouche dédaigneuse et son regard de vipère empêchent toute illusion. Marie Stuart, s'il faut en croire les historiens, avait une grâce onctueuse, un charme de manières irrésistible, une effusion de cœur, une noblesse tempérée à propos d'affabilité, une beauté mélancolique et touchante qui furent probablement ses principaux crimes aux yeux de la jalouse Élisabeth. Mademoiselle Rachel, sans que nous voulions contester ses éminentes qualités, nous semble n'avoir rien de tout cela. La scène avec Élisabeth est la seule qui soit dans ses moyens ; aussi l'a-t-elle parfaitement rendue. Dans l'apostrophe aux nuages, qui exigeait une grande effusion lyrique, elle a été, s'il faut en croire les anciens connaisseurs, beaucoup au-dessous de mademoiselle Duchesnois, qui disait admirablement ce beau vers :

Je voudrais m'emparer de toute la nature !

Dans le cinquième acte, qui ne contient rien autre chose que les adieux de Marie Stuart avant de marcher au supplice, mademoiselle

Rachel a été noble, touchante et d'une tenue parfaite ; malheureusement, l'intérêt de la pièce ne commence que là, c'est-à-dire au moment où elle finit.

La jeune tragédienne a été applaudie à tout rompre ; il y a eu pluie de fleurs et de bouquets monstres ; rien de ce qui constitue les apparences d'un succès n'a été négligé. A propos de bouquets, nous hasarderons la réflexion suivante : nous concevons parfaitement que, dans un moment d'enthousiasme, une femme jette le bouquet qu'elle tient à sa main, la fleur passée dans ses cheveux ; qu'un homme arrache la rose ou le camellia de sa boutonnière pour témoigner sa satisfaction à une chanteuse ou à une actrice qui s'est bien acquittée de son rôle : cela est naturel et tout simple ; mais nous ne comprenons pas qu'on arrive au théâtre avec son admiration arrangée en bouquets et entourée de papier blanc ; si par hasard (hasard fréquent), la *diva* chante faux ou joue mal ce soir-là, — que faire ? — Remporter les bouquets prématurés ou les lancer à contre-temps ! Ces démonstrations devraient être réservées pour des triomphes éclatants ; en les prodiguant ainsi, on leur ôte leur valeur, et l'on inspire un amour-propre démesuré aux idoles qui en sont l'objet.

Malgré la pluie de fleurs, nous prendrons la liberté de faire observer à mademoiselle Rachel qu'elle n'a pas lu fort attentivement le rôle qu'elle représente, ou, du moins, qu'elle n'y a guère réfléchi. Dans la scène, entre Élisabeth et Marie Stuart, se trouvent ces vers :

> Dans les murs d'un cachot, vous m'avez enfermée,
> Dépouillée à la fois de toutes les grandeurs ;
> Sans secours, sans amis, presque sans serviteurs,
> Au plus vil dénûment, dans ma prison réduite...

ce qui n'empêche pas mademoiselle Rachel d'être habillée avec une richesse éblouissante, d'avoir un corsage roide de pierreries et un collier à vingt rangées de perles. La première chose que fait une femme en emprisonnant sa rivale, c'est de la désarmer, c'est-à-dire de lui ôter ses parures : retirer son écrin à une femme, c'est la même chose que prendre son épée à un homme ; et, comme Marie est morte pour crime de beauté capitale, on peut croire que la jalouse Élisabeth n'y a pas manqué. Ce costume gracieux et riche, historique d'ailleurs, qui fait ressembler mademoiselle Rachel au portrait d'Anne de Bolein, n'est pas en situation ; il écrase, par sa magnificence, celui de la reine Élisabeth, et il rend la reine Marie moins intéressante. Une femme si bien habillée n'est pas à plaindre : avoir un vilain bonnet, c'est plus grave que d'avoir la tête coupée ; la coquette Marie en voulait sans doute plus à sa rivale à cheveux rouges de lui avoir pris ses robes, que de lui avoir ravi sa couronne.

Mademoiselle Dubois s'est tirée passablement du rôle odieux et difficile d'Élisabeth. Le rôle de Leicester, un des mieux tournés et des plus élégants seigneurs de cette cour brillante, ne convenait sous aucun rapport à Ligier, qui a de la barbe jusqu'aux sourcils, un organe caverneux et des habitudes de déclamation beaucoup plus supportables sous la toge antique que sous le manteau court du moyen âge ; le reste a été d'une grande faiblesse.

Quant à la pièce en elle-même, sans être plus forte d'intrigue ni plus habile de charpente que les pièces contemporaines, elle s'en distingue par le style. Du tissu filandreux de périphrases en usage à cette époque, se détachent çà et là des vers bien frappés, où le mot vrai est abordé sans détour. Plusieurs portions sont traitées avec franchise, et même on distingue, chose bien rare en ce temps-là, par une échappée à travers l'action, quelques cimes d'arbres verts et un petit coin de ciel bleu. Le dialogue ne manque pas d'une certaine netteté concise bien supérieure aux interminables tartines des tragiques d'alors. On y démêlait comme une vague et première lueur de l'aurore poétique qui ne devait pas tarder à se lever ; c'était une imitation, non plus d'Eschyle ou de Sophocle, mais de Schiller, dont les ouvrages passaient encore pour des monstruosités semées çà et là de quelques traits de génie ; le sujet était pris de l'époque moderne, les costumes n'étaient ni grecs ni romains, hardiesse immense ! — Aussi la pièce eut-elle un grand succès dont on est étonné, maintenant que les plus grandes audaces de M. Lebrun passeraient pour des timidités. — Outre sa tragédie de *Marie Stuart*, M. Pierre Lebrun a fait un *Voyage en Grèce* suivi de notes fort intéressantes ; cet ouvrage, qui est en vers, contient des morceaux de description très-brillants et d'un coloris chaud et libre, et la versification en est supérieure à celle de la tragédie de *Marie Stuart*. Au reste, M. Pierre Lebrun n'a pas le droit de se classer au rang des poëtes méconnus, puisque ces deux ouvrages, les seuls qui soient sortis de sa plume, à notre connaissance, lui ont valu le titre d'académicien, de pair de France, et de directeur de l'imprimerie royale.

VIII

JANVIER 1841. — Opéra : début de mademoiselle Catinka Heinefetter dans *la Juive*. — Ce qu'on n'apprend pas à l'École de déclamation. — Encore une averse de fleurs. — Théâtre-Français : rentrée de Monrose. — Opéra : représentation au bénéfice de Mario. — Le bénéficiaire dans le rôle de Raoul des *Huguenots*. — *Torquato Tasso*. — *Guillaume Tell*. — *Les Noces de Gamache*. — Élie et Barrez. — Rossinante. — Gaieté : *A la grâce de Dieu!* par MM. Gustave Lemoine et Dennery. — Les miracles de la lyre d'Orphée dépassés par les prodiges de l'orgue de Barbarie. — Mademoiselle Clarisse Miroy.

7 janvier 1841.

OPÉRA. Début de mademoiselle Catinka Heinefetter dans *la Juive*. — Commençons par le portrait physique de mademoiselle Catinka Heinefetter. Aujourd'hui, l'on n'attache pas une grande importance à la beauté des actrices, et l'on préfère, en général, une laideron sans grâce ni tournure, qui possède quelque note glapissante ou caverneuse au haut ou au bas de l'échelle des sons, à la plus charmante personne du monde dont le registre vocal est un peu moins étendu ; heureusement, nous ne sommes pas assez musicien pour cela et nous aimerons toujours mieux, dût-on nous appeler matérialiste, sensualiste, amateur de plastique et de statuaire grecque, mademoiselle Grisi... que... beaucoup d'autres dames dont nous tairons le nom par galanterie et qui chantent, dit-on, mieux qu'elle.

Mademoiselle Catinka Heinefetter est d'une stature élevée ; elle a les épaules larges, bien modelées, la tournure majestueuse, la taille plus mince et plus dégagée que ne semblent l'indiquer la force et l'ampleur des autres proportions qui conviennent à ce qu'on appelle au théâtre l'emploi des reines. Toute sa personne a quelque chose de robuste et d'énergique; ses traits réguliers et beaux, ses sourcils noirs, son œil éclatant, son nez droit, sont accentués de manière à produire de l'effet à distance. Ses mains sont assez belles, quoique un peu grandes; quant à ses pieds, nous les soupçonnons d'être allemands; car, pendant toute la durée de la pièce, nous les avons guettés assidûment sans pouvoir parvenir à les apercevoir. Ses robes sont d'une longueur suspecte, médisance à part, ce qui ne l'empêche pas d'être une belle jeune femme, d'un aspect théâtral et tragique tout à fait convenable pour la vaste scène de l'Opéra. Depuis mademoiselle Falcon, personne n'avait représenté la belle juive Rachel avec un physique plus satisfaisant et plus vraisemblable, et cela, par l'excellente raison que mademoiselle Heinefetter est juive elle-même et fort belle : aussi les applaudissements israélites ne lui ont pas manqué. Les douze tribus avaient là leurs représentants : il est juste de dire que les chrétiens y ont mêlé leurs bravos à plusieurs reprises.

Quant à la voix, elle est grande, étendue, remarquable surtout dans les cordes hautes et dans les cordes basses; le médium est moins satisfaisant, et c'est de ce côté que mademoiselle Heinefetter doit porter tout son travail et toute son étude, car c'est de l'égalité et de la sûreté du médium que dépend l'avenir de sa voix : c'est là ce qu'il faut renforcer et soutenir à tout prix; c'est dans ce registre que s'exécute la plus grande partie des rôles, et mademoiselle Heinefetter, dont la voix est, dit-on, fort capricieuse et journalière, doit le cultiver avec le plus grand soin.

Au premier acte, l'émotion, bien naturelle à une personne qui n'a jamais abordé le théâtre, n'a pas permis à mademoiselle Heinefetter de déployer ses moyens; mais, au second acte, dominant sa frayeur, elle a chanté et joué avec beaucoup de vigueur et d'énergie la scène où Rachel découvre que son amant est chrétien; deux ou trois salves d'applaudissements ont prouvé à la débutante la satisfaction du public.

Mademoiselle Catinka Heinefetter a très-bien dit, et avec un excellent accent dramatique, le *J'ai peur* du cinquième acte, dans la marche au supplice; et, à travers toute l'inexpérience des débuts, l'on entrevoit chez elle un bon instinct scénique. Pour devenir actrice, il lui faut d'abord oublier les leçons et les gestes, notés comme un alphabet de télégraphe, de son maître de déclamation. Le geste ne s'apprend pas ; la pantomime est un don naturel. Vous avez les mouvements justes et concordants à vos paroles ou vous ne les avez pas ; un maître n'y fera jamais rien. Et, d'ailleurs, comment un homme, un professeur, ordinairement quelque acteur émérite qui est vieux, qui a le droit d'être chauve et d'avoir un gros ventre, peut-il montrer la mimique à une jeune femme? N'est-il pas à craindre qu'avec ses jolis bras de vingt ans l'élève ne reproduise les gestes d'un monsieur de cinquante ans en redingote à la propriétaire? Un maître de danse suffirait pour régler un peu les mouvements et adoucir ce que les angles pourraient avoir de trop soudain, et encore n'en faudrait-il pas abuser. Après tout, les maladresses d'une jeune femme ont quelque chose de naïf et de charmant bien préférable à cette expérience factice apprise en quelques leçons. — Ne vous souvient-il pas des débuts de mademoiselle Pauline Garcia, qui donnait à chaque instant des attitudes d'une adorable gaucherie et d'une naïveté digne des fresques de Giotto? Cela n'est-il pas plus agréable à voir que les cinq ou six poses académiques qu'un professeur vous passe au corps comme une chemise de force pour empêcher le naturel de se produire et de s'agiter au moment de l'inspiration ? — Consultez des peintres, des statuaires, et surtout des poëtes ; mais évitez comme la peste la classe de déclamation, si vous voulez devenir une grande actrice !

A la fin de la pièce, mademoiselle Heinefetter a été rappelée, applaudie ; on lui a jeté des multitudes de bouquets ; et la pluie de fleurs qui termine habituellement ces sortes de représentations a été, ce soir-là, une véritable averse embaumée; tous les lis de Saron et toutes les roses de Jéricho avaient été mis en réquisition. Nous avons déjà blâmé ces enthousiasmes exagérés, qui ne peuvent que nuire aux artistes qui en sont l'objet. Au moins, mademoiselle Heinefetter est une belle personne, — ce qui rend ce fanatisme plus excusable, et nous croyons qu'elle finira par mériter le triomphe qu'on lui a accordé à sa première apparition.

15 janvier.

Théatre-Français. Rentrée de Monrose dans *le Barbier de Séville*. — Monrose, qu'une longue et terrible maladie avait éloigné du théâtre, a fait sa rentrée l'autre soir aux Français : l'accueil a été cordial et touchant ; car Monrose est le dernier Frontin : après lui, les traditions de la barette et du petit manteau bariolé rouge et blanc seront tout à fait perdues. Adieu les valets de Molière ! adieu cette étincelante répartie, cette réplique aiguë et toujours prête, ce sourire vif, cette allure décidée, cette fertilité de ruses et d'inventions, que ne peut lasser la stupidité de Lélie ! adieu ce dernier reflet de la comédie antique, des Davis de Térence et des Sosie de Plaute. Avec Monrose nous avons failli perdre tout cela ; car, bien que Monrose fût vivant, son esprit flottait dans cette sombre mer de la folie et du néant, où l'âme peut sombrer sans entraîner le corps. — Effrayant phénomène !

Il jouait Figaro ; il a été leste, sémillant, incisif comme à ses meilleurs jours. Seulement, un petit accident est venu un peu déranger l'émotion ; comme il voulait se débarrasser de sa guitare, le cordon s'est enchevêtré, et Figaro a, du même coup, amené sa résille et sa perruque... et l'on a vu les cheveux du bouffon devenus tout blancs : et l'attendrissement a succédé aux rires.

En effet, qui s'imaginerait que ces comédiens au sourire infatigable, à l'œil allumé, à la démarche alerte, toujours parlant de tromper les pères et de duper les maris, se rident sous leur rouge, blanchissent sous leurs faux cheveux et deviennent, sans que personne en sache rien, vieux, respectables, et que le Scapin est lui-même un Géronte ?

25 janvier.

Opéra. *Représentation au bénéfice de Mario.* — Sans offrir le bariolage de noms et de genres disparates qui font l'attrait des représentations à bénéfice, l'affiche du spectacle avait de quoi piquer la curiosité ; mademoiselle Heinefetter et Mario dans les troisième et quatrième actes des *Huguenots*, puis encore Mario dans *Guillaume Tell* ; une scène de *Torquato Tasso*, par Baroilhet, et le ballet des

Noces de Gamache, qui n'avait pas été représenté depuis l'assassinat du duc de Berri. Vous voyez que cela ne sortait pas de la musique et de la danse, qui seules peuvent occuper convenablement la vaste scène de l'Opéra. On a pu voir, à d'autres représentations où se trouvaient d'ailleurs réunis les plus grands talents, quel effet mesquin y produisaient le vaudeville et la comédie même parfaitement joués.

Mademoiselle Heinefetter a eu de beaux moments dans *les Huguenots*, et, sauf quelques intonations douteuses et quelques notes transposées, elle a su se faire applaudir ; cependant, elle est mieux placée dans *la Juive*, et nous croyons que Rachel sera son rôle de prédilection. Nous ferons seulement observer à mademoiselle Heinefetter que, lorsqu'elle tombe évanouie, sa chute n'est pas heureuse, et qu'une femme qui a perdu connaissance, n'arrange pas son bras en oreiller sous sa tête comme pour dormir commodément.

Mario, qu'on ne voyait pas sans quelque crainte aborder le rôle de Raoul, des *Huguenots*, où Duprez lui-même n'est pas toujours parvenu à faire oublier Nourrit, a dépassé ce qu'on attendait de lui ; il a montré beaucoup d'âme, beaucoup de chaleur, et a fait une sortie brillante ; son jeu s'est amélioré sensiblement.

Baroilhet a chanté la scène de *Torquato Tasso* avec cette mesure, cette pureté de méthode, ce fini et cette aisance qu'on lui connaît. Quant à la musique en elle-même, c'est de la musique italienne comme on en entend partout, du Donizetti de la seconde qualité, c'est-à-dire quelque chose de parfaitement insipide.

Quel admirable effet a produit l'acte de *Guillaume Tell* après *Torquato Tasso*, cette déplorable omelette soufflée de notes, et *les Huguenots*, ce produit laborieux de la volonté, cette œuvre difficultueusement belle, où la science tâche d'atteindre au génie et n'y réussit pas toujours. — Quel large fleuve d'harmonie épanche le compositeur souverain ! quel souffle abondant et profond sort de cette bouche sonore ! que de calme et de passion à la fois ! Comme tout cela est grand sans effort, vigoureux sans contorsion ! chaque phrase naît, se développe et ne s'envole qu'après avoir déroulé tous ses trésors ; on est sûr que la mélodie commencée ne va pas vous échapper, on en jouit à l'aise. La sérénité dans l'action, voilà ce qui caractérise les dieux : les hommes s'agitent, se hâtent, sont inquiets d'eux-mêmes et de leur œuvre. Les dieux, immobiles et rayonnants, exécutent leurs idées olympiennes sans que leur poitrine de marbre soit soulevée par une respiration haletante, sans que la sueur baigne leurs fronts parfumés d'ambroisie. — Ce contraste a été senti par tout le monde : jamais on n'a senti plus clairement la différence du talent au génie. Il faut dire aussi que Mario, inspiré par cette divine musique, s'est surpassé lui-même : il a été pathétique, passionné, plein d'enthousiasme et de douleur, tout en gardant cette fraîcheur, cette ingénuité et cette fleur de sensibilité naïve qui est le caractère particulier de son talent ; cette voix jeune, facile, charmante, exprimant sans efforts et sans cris cette passion si ardente et si respectueuse, a fait courir dans la salle un frisson de plaisir, et des tonnerres d'applaudissements adressés au musicien et au chanteur ont éclaté de toutes parts. — Comment Rossini peut-il s'obstiner dans sa funeste paresse et garder le silence depuis quatorze ans ? — Sommes-nous donc indignes d'un pendant de *Guillaume Tell?*

Le ballet des *Noces de Gamache* a terminé le spectacle. — Un ballet de vingt ans, c'est bien vieux ! Cependant ces sortes d'exhumations ont cela de bon qu'elles nous fournissent d'excellents arguments contre les anciens amateurs, qui prétendent que les choses allaient mieux de leur temps, que tout était ingénieux, délicat, spirituel et de bon goût ; que la chorégraphie décline ! que l'art s'en va ! que l'on a perdu le secret du ballet d'action et autres doléances plus ou moins attendrissantes ; eh bien, franchement, est-ce que *le Diable amoureux* ou *la Tarentule* ne valent pas cent fois *les Noces de Gamache?* Cette musique maigre, tremblée, chevrotante, dont le rhythme pressé ne laisse presque pas de place aux développements de la pantomime, est assurément au-dessous de la musique fortement orchestrée des ballets modernes, et nous doutons que *les Noces de Gamache* aient été mieux jouées à la création que l'autre soir.

Élie n'est-il pas le plus délicieux don Quichotte que l'on puisse désirer ? Comme il est long, maigre, décharné, filandreux ! quelle figure hâve, brûlée par le double hâle de la folie et du soleil de la sierra Morena ! quel nez héroïque, quelle moustache chevaleresque ! Amadis, sur la Roche-Pauvre, devait avoir une mine plus gaie et plus réjouie! Cervantès lui-même n'a pu concevoir autrement le chevalier de la Triste-Figure; et ces grands coups d'épée et ces revers, et ces estocades destinés à fendre en deux les géants et les moulins à vent, qu'en dites-vous? Ce don Quichotte si parfait est suivi d'un Sancho au moins aussi parfait. Vous avez sans doute vu la gravure du dessin de Decamps, représentant le héros de la Manche, précédé de son fidèle écuyer; eh bien, Barrez, l'Asmodée du *Diable boiteux*, le docteur Omeopatico de *la Tarentule*, le gouverneur du *Diable amoureux*, a réalisé la gravure sur sa personne: justaucorps et guêtres de cuir, chapeau à larges bords, ample bedaine, jambes courtes, c'est le portrait authentique de ce gros recueil de proverbes, à califourchon sur un âne, que l'on appelle Sancho Pança, faute d'autre titre. Barrez a déployé dans ce rôle une naïveté de gourmandise, une effronterie de voracité, une habileté à dévaliser les garde-manger qu'envierait Debureau, ce long fantôme blanc, toujours si famélique! Comme il suivait *non passibus œquis* les grandes enjambées de son maître! et quel air majestueux il avait sur son âne!

Rossinante était représenté par un cheval blanc *grimé*. Pour simuler la maigreur, on avait indiqué les muscles et les côtes avec du charbon, à peu près comme lorsqu'on veut faire représenter un rôle *marqué* par un jeune homme. Ce cheval, ainsi accommodé en père noble, avec la patte d'oie au coin de l'œil, avait l'air le plus bouffon du monde; il ne lui manquait qu'un jabot, un gilet mordoré et une perruque poudrée. — L'âne était au naturel et n'avait pas de fard.

25 janvier.

GAIETÉ. *A la grâce de Dieu!* — Connaissez-vous, ami lecteur, une certaine romance de mademoiselle Loysa Puget, intitulée *A la grâce de Dieu?* Il paraît que c'est une musique mirifique et triomphante, s'il faut en croire la pièce de MM. Gustave Lemoine et Dennery, qui ont fait un acte de chaque couplet de la susdite romance. Jamais les vers runiques, jamais les incantations des sorcières thessaliennes, jamais les charmes des magiciens du moyen âge n'ont eu une puissance semblable à la romance savoyarde de mademoiselle

Loysa Puget; elle a la propriété de préserver l'innocence des jeunes filles et de faire exécuter des voyages de deux cents lieues avec la plus grande facilité. Orphée, qui se faisait suivre des tigres et des ours, n'était qu'un ménétrier de village à côté de cela.

Marie, jeune et jolie Savoyarde, est courtisée par un grand seigneur également Savoyard. La mère de Marie n'imagine rien de mieux, pour dérober sa fille aux poursuites de M. le grand seigneur, que de l'envoyer à Paris. Une idée aussi sauvage et aussi saugrenue ne peut venir que dans un pays extrêmement montagneux et fort éloigné de toute capitale. Au moment du départ, la mère donne à Marie sa bénédiction avec la manière de s'en servir, et, en outre, lui chante le premier couplet de la romance. On peut bien dire que voilà une vertu remise *à la grâce de Dieu*.

Au second acte, nous sommes à Paris, dans la petite chambre de Marie, dont l'innocence nous paraît singulièrement suspecte, car elle reçoit chaque soir, sous le nom d'André, un jeune homme qui se trouve être précisément le neveu du grand seigneur qu'elle fuit. Ici, comme dans *Victorine, ou la Nuit porte conseil*, nous assistons à la toilette nocturne de la jolie Savoyarde : elle se déshabille et va se mettre au lit (scène qui produit toujours un effet immanquable sur le public, pour peu que l'actrice ait les épaules blanches et les bras ronds), lorsque, tout à coup, le malicieux André, qui avait fait une fausse sortie, met le nez hors de sa cachette, rentre dans la chambre et déploie l'amabilité la plus dangereuse et la plus pressante; un petit couplet préservatif devient très-nécessaire, car la jeune fille résiste faiblement et juste ce qu'il faut pour encourager les attaques de son amant. Par bonheur, un orgue de Barbarie vient à passer. Or, que peut jouer un orgue de Barbarie, si ce n'est un air de mademoiselle Loysa Puget? Celui-ci exécute précisément la fameuse ritournelle *A la grâce de Dieu!* Marie, comme éveillée en sursaut, retrouve sa raison expirante et sa vertu près de s'envoler. Quant au jeune homme, cette musique malencontreuse et morale lui produit l'effet d'une douche d'eau glacée; il se retire tout transi et tout penaud, avec une mine plus triste et plus piteuse que s'il eût entendu un opéra-comique tout entier; peut-être aussi l'orgue jouait-il faux, et André avait-il la délicatesse d'oreille du Kressler d'Hoffmann.

Marie, qui joue de la vielle comme Fanchon la Vielleuse elle-même, est appelée avec son camarade Pierrot chez une certaine comtesse qui donne une soirée. Vous conviendrez que voilà une singulière idée pour une comtesse, de faire monter des Savoyards afin de leur faire chanter en plein salon : *Diga, Janette, vos-tu le louga larirette* pour divertir la société. Mais ce moyen, qui pourrait être plus ingénieux, a pour but de faire trouver ensemble le faux André et la crédule Marie, qui reconnaît dans un superbe vicomte, orné d'un pharamineux habit rouge digne d'un marchand de thé suisse, le jeune homme qui la vient visiter chaque soir dans sa chambrette et dont les airs de mademoiselle Loysa Puget calment si subitement les transports. Marie pousse un cri fort aigu et s'évanouit parfaitement. Que diable ! on croyait aimer un Savoyard, ce n'est qu'un vicomte. Voilà de ces désappointements terribles ! Le vicomte Arthur, qui pense comme le François Ier du *Roi s'amuse*, que ce n'est pas une raison, parce qu'il n'a pas le bonheur d'être un amant, de se prendre en horreur subitement tout vif, enlève tout simplement Marie quand elle sort de l'hôtel de la comtesse et la conduit à sa petite maison.

Nous avons déjà raconté comme quoi Marie poussait l'innocence fort loin et n'avait pas l'esprit tourné à soupçonner le mal : elle se croit dans l'hôtel de la comtesse, et se figure, avec une simplicité toute savoyarde, qu'elle va épouser le vicomte Arthur. Aussi elle se laisse couvrir de bijoux, de dentelles, et porte, sans le moindre scrupule de conscience, de magnifiques robes de soie, ni plus ni moins qu'une *impure* de l'Opéra, aux gages d'un fermier général. Elle s'attife et se pomponne de telle façon, que son père, lui-même, ne la reconnaît pas ; car il est bon de vous dire que le brave homme, inquiet de ne pas recevoir de nouvelles de sa fille, est venu à Paris pour en apprendre. Au bout de quelques instants, le vieux finit par reconnaître son enfant sous ces habits somptueux, et, comme il a l'intellect un peu plus vif, il prend une fort belle pose, maudit mademoiselle sa fille, et retourne en Savoie du même pas. Marie commence à comprendre que sa position n'est pas régulière, idée lumineuse, que Pierrot confirme en ouvrant la fenêtre et en lui montrant M. le vicomte, qui se dirige vers l'église avec une fiancée quelconque. Après un tel spectacle, Marie, pour peu qu'elle ait la connaissance du théâtre, n'a plus qu'à devenir folle. Elle n'a garde d'y manquer, et se met à imiter fort proprement *Nina, ou la Folle par amour*.

Il y a longtemps que nous n'avons entendu le miraculeux air *A la grâce de Dieu!* Patience! nous y voici. Pierrot, pour tirer Marie de la maison du fallacieux séducteur et la ramener chez ses parents, a l'idée de jouer sur sa vielle l'air en question. Marie, étonnée et ravie, se met à le suivre; Pierrot continue à jouer, et ils font ainsi deux cents lieues, Pierrot toujours jouant, Marie toujours suivant. Ce stratagème est renouvelé des anciens psylles, qui se faisaient suivre partout des serpents en jouant de la flûte; mais il est infiniment trop prolongé, car, quelque charmant que soit un air de mademoiselle Loysa Puget, nous doutons fort que personne, même une Savoyarde folle, fasse deux cents lieues pour l'entendre. Celui que nous plaignons, c'est Pierrot, qui a dû se réjouir médiocrement à tourner sans relâche la manivelle de sa mécanique.

Arrivée au village natal, Marie ne reconnaît plus ni père ni mère. Une nouvelle application de l'air *A la grâce de Dieu!* est jugée indispensable. La mère en chante un couplet; aussitôt la raison revient à Marie, qui se jette dans les bras de ses parents. Heureusement, M. le vicomte ne s'est pas marié; au contraire, il arrive sans vielleur qui le précède, mais bien en chaise de poste, et achève la guérison de Marie en l'épousant.

Mademoiselle Clarisse, qui joue le rôle de Marie, est une fort jolie personne toute rose et toute blonde, rare mérite en ce temps de teints bistrés et de chevelures de jais. Elle a beaucoup de sensibilité et d'intelligence, et mérite de s'épanouir sur une autre scène que le théâtre de la Gaieté. Mademoiselle Léontine a joué avec aplomb et naturel le rôle d'une grosse belle fille savoyarde beaucoup moins innocente que Marie, qui ne demande que belles robes, beaux écrins, beaux carrosses, fins soupers, toute la folle vie des filles d'Opéra sous Louis XV.

La pièce a réussi et fait beaucoup pleurer les femmes.

IX

MARS 1841. — Vaudeville : *une Nuit au Sérail*. — *Un Monsieur et une Dame*. — Pauvreté de la saison dramatique. — Ce qui ruine les théâtres. — Les pièces de carnaval. — Une comédienne pour Marivaux. — L'Orient dépoétisé. — Lepeintre jeune, Arnal, mademoiselle Suzanne Brohan. — Italiens : début de Mario dans *Beatrice di Tenda*. — Madame Persiani. — *Il Matrimonio segreto.* — La musique de Cimarosa. — Opéra : début de madame Carlotta Grisi. — Opéra-Comique : *les Diamants de la couronne*, paroles de MM. Scribe et de Saint-Georges, musique de M. Auber. — La pièce et la partition.

7 mars.

VAUDEVILLE. *Une Nuit au Sérail.* — *Un Monsieur et une Dame*. — Nous venons d'avoir tout un long mois de chômage. L'hiver dramatique est réellement d'une pauvreté désespérante ! Les théâtres ferment ou font banqueroute ; ceux qui restent ouverts sont dans la situation la plus déplorable, et, cependant, la somme dépensée en spectacles par le public est à peu près toujours la même ; des succès éclatants et productifs ne sauvent pas toujours une direction. — D'où vient cela ? — Des appointements énormes payés aux acteurs, appointements qui rappellent les folies de la décadence romaine, où le salaire des histrions et des mimes atteignait à des sommes fabuleuses. Aucun acteur, même le plus excellent dans son art, ne devrait être payé plus d'une vingtaine de mille francs ; et il n'est pas aujourd'hui de mince grimacier de vaudeville qui ne perçoive une somme plus considérable. Nous ne parlons pas ici des chanteurs, qui sont plus rétribués que deux ou trois ministres et autant de généraux. C'est à cette cause que l'on doit attribuer principalement l'état de marasme où végètent la plupart des théâtres de Paris.

Sous prétexte du carnaval, on a représenté d'ignobles parades indignes des tréteaux de Bobèche. Parce que quelques douzaines de débardeurs et de pierrettes se promènent dans les rues et dansent la cachucha dans les bals publics, est-ce une raison de trouver amusantes et spirituelles les plaisanteries les plus grossières et les plus rebutantes?

Pour notre part, nous ne sommes pas plus disposé à rire dans ce temps-là que dans tout autre. Cette joie de convention, ces cris, ces hurlements, nous paraissent horriblement lugubres.

Maintenant que le temps des saturnales est passé, et que le carême ramène avec lui les plaisirs honnêtes et tranquilles, jetons une pincée de cendre au front de tous ces avortons dramatiques qui, venus du calembour, doivent retourner au calembour, et mentionnons seulement, comme devant survivre au mardi gras, *une Nuit au Sérail* et *un Monsieur et une Dame*, représentés tous deux au Vaudeville.

Une Nuit au Sérail est l'histoire de lady Wortley Montagu, espèce de bas bleu diplomatique qui, par amour de la couleur locale et pour faire des romans orientaux plus exacts, pénétra dans le sérail du Grand Sultan, Dieu sait à quel prix! Mademoiselle Brohan est étincelante de malice et de finesse dans ce rôle. Chaque mot du dialogue qui la touche en fait jaillir des étincelles; ses yeux petillent, les coins de ses lèvres sont pleins d'intentions malignes, ses narines ouvertes flairent la plaisanterie d'une lieue, elle est toujours prête à la riposte. Quelle charmante actrice pour les comédies de Marivaux! quelle délicieuse Sylvia elle ferait! et, puisqu'elle semble si charmante en débitant la prose filandreuse ou les couplets éraillés du Vaudeville, quel effet elle produirait dans des pièces digne d'elle!

La *Nuit au Sérail*, quoique ce soit un vaudeville fait avec soin et assez ingénieux, nous a déplu comme profanation de l'Orient. De grâce, respectez, messieurs du Vaudeville, cet Orient lointain et mystérieux où se cache peut-être l'antique poésie! — Les Turcs qui boivent du vin de Champagne et font paraître en public leurs odalisques sans voile, nous déplaisent pour le moins autant que les curés constitutionnels, comme on en voit dans Béranger, qui font danser les fillettes sous l'ormeau et chantent *la Marseillaise* avec M. le maire.

Quoi qu'il en soit, la *Nuit au Sérail* est un vaudeville amusant; les odalisques sont passables et même passées, et, sans un rôle d'eunuque blanc d'une indécence incroyable... Mais nous étions en carnaval...

Lepeintre jeune est toujours l'énorme hippopotame que vous savez. Il arrive au fantastique et au pantagruélique à force de difformité. Cette espèce de comique nous est pénible, et ce n'est pas des imperfections physiques d'un homme que nous aimerions à rire.

Un Monsieur et une Dame est bâti sur la pointe d'une aiguille, et d'une aiguille bien fine, et le titre renferme à peu près tout l'esprit de la pièce. Quant au sujet, c'est un monsieur et une dame forcés de passer la nuit dans la même chambre. Vous connaissez cette plaisanterie : la chambre partagée en deux camps avec de la craie; le lit un et indivisible, comme la république, remplacé par un système de chaises dans le goût du *Sourd, ou l'Auberge pleine;* c'est un canevas où Arnal et mademoiselle Brohan ont besoin de broder encore bien des calembours, des coq-à-l'âne; mais cela se fera; ces sortes de pièces sont toujours beaucoup moins drolatiques à la première représentation, témoin *Passé minuit*, qui ne fut amusant que longtemps après.

ITALIENS. *Beatrice di Tenda*. — *Il Matrimonio segreto*. — *Beatrice di Tenda*, donné pour le bénéfice de madame Persiani, est un de ces opéras qui suffisent à la nonchalance italienne et qu'on aurait bien dû, par égard pour la mémoire de Bellini, laisser dans un oubli salutaire. La pièce en elle-même est un pauvre mélodrame du vieux temps et dépasse les bornes de la stupidité tolérée dans les livrets. L'orchestre est faible, négligé, et quelques mélodies dans ce genre plaintif qu'affectionnait Bellini ne suffisent pas à racheter la pauvreté harmonique de l'ensemble.

Madame Persiani n'a pas été aussi irréprochable qu'à l'ordinaire; elle a donné quelques notes si hautes, qu'elles en étaient douteuses. Elle nous a accoutumé à trop de sécurité sous le rapport de la justesse pour que nous ne soyons pas très-exigeant à son égard. — Les honneurs de la soirée ont été pour Mario, qui fait tous les jours des progrès, comme chanteur et comme acteur. Il a été très-touchant et très-dramatique dans la scène où, brisé par la torture, il veut protester, devant les juges, de l'innocence de Beatrice de Tende. — L'acquisition de ce chanteur par le Théâtre-Italien est une grande perte pour l'Opéra, qui n'a pas su l'employer. Un physique charmant, une voix jeune, fraîche comme un bouquet de fleurs et profondément sympathique, Mario a toutes les qualités qu'on peut exiger d'un *amoureux*.

Le *Matrimonio segreto* est venu bien à propos faire diversion à cette maussade et fastidieuse partition de *Beatrice*. Quel entrain! quelle gaieté heureuse et facilement épanouie! comme on voit, à travers tout cela, le beau ciel bleu de Naples et la maligne insouciance du lazzarone improvisateur! A coup sûr, Cimarosa ne se croyait pas un génie incomparable; il faisait tout naïvement de charmante musique avec quelques basses et quelques violons pour accompagnement. Mais comme cette musique vit, comme elle babille, comme elle court, comme elle saute, comme elle éclate de rire! Vous aurez beau entasser cuivres sur cuivres, allonger les trombones, quadrupler les timbales, vous n'arriverez pas aux effets de cette instrumentation si simple, que, pour l'exécuter, il a suffi d'un tiers de l'orchestre.

Lablache a été merveilleux de bouffonnerie dans le rôle de Geronimo. Madame Persiani, qui abuse un peu trop de ce mouvement d'œil alternativement blanc et bleu qui lui est particulier, avait l'air d'être trop sérieusement opprimée et malheureuse pour un opéra bouffe. Mademoiselle Grisi était étincelante de beauté dans le petit rôle presque insignifiant dont elle avait bien voulu se charger. Madame Albertazzi soutenait fort bien ce redoutable voisinage, et Rubini représentait trop au naturel son personnage de commis : son habit bleu râpé était par trop vraisemblable.

OPÉRA. — Madame Carlotta Grisi a débuté dans le divertissement de *la Favorite*. Vous vous rappelez assurément cette charmante femme qui chantait et dansait, il y a deux ans, à la Renaissance, dans *le Zingaro*, en compagnie de Perrot l'inimitable. Elle ne chante plus, mais elle danse aujourd'hui merveilleusement. C'est une vigueur, une légèreté, une souplesse et une originalité qui la mettent tout d'abord entre Elssler et Taglioni; on reconnaît les leçons de Perrot. Le succès est complet, durable. Il y a là beauté, jeunesse, talent, — admirable trinité!

19 mars.

OPÉRA-COMIQUE. *Les Diamants de la couronne.* — Ce qui nous plaît dans le nouveau poëme de MM. Scribe et de Saint-Georges, c'est qu'il est aussi invraisemblable qu'un conte fantastique d'Hoffmann, quoique la féerie et la sorcellerie n'y soient pour rien. A la bonne heure, voilà au moins une action impossible, qui n'a besoin ni d'époque ni de lieu et qui pourrait se passer à Golconde ou en Bohême, tout aussi bien qu'en Portugal. En fait de théâtre, nous sommes de l'avis des Chinois en fait de peinture : ils n'aiment que les créations bizarres et chimériques; un peintre qui copie la nature telle qu'elle est leur semble un homme de peu de talent et de peu d'imagination. La vie réelle n'est déjà pas si récréative pour qu'on en reproduise le fac-similé sur le théâtre.

Voici le poëme inventé (inventé est bien le mot) par MM. Scribe et de Saint-Georges :

La toile se lève, après une ouverture courte et animée, comme sait les composer M. Auber, sur une fort belle décoration de Cicéri représentant un ancien édifice en ruine, avec un fond de montagnes. Les derniers grondements d'un orage se font entendre. Le comte Henrique de Sandoval, marquis de Santa-Cruz, dont la chaise de poste s'est brisée à quelques pas de là, vient chercher un abri dans les ruines. — Voilà un essieu bien complaisant de se rompre précisément là et pas ailleurs; pour un essieu, c'est avoir de l'instinct dramatique ! — Henrique, quoique, à vrai dire, ce ne soit guère le moment, se met à chanter : *Qu'il est doux de courir le monde! et qu'il est bon de voyager!* pensées légèrement synonymes et dont la répétition ne double pas la valeur. Sa chanson est interrompue par des coups sourds qui semblent sortir de dessous terre. — Don Henrique de Sandoval est tombé dans un repaire de bandits et de faux monnayeurs. Trois drôles, de figure équivoque, ne tardent pas à paraître, traînant avec eux la valise d'Henrique; — d'autres garnements débouchent de chaque angle de la muraille et se jettent sur le marquis, auquel ils feraient un mauvais parti sans l'apparition d'une blanche et svelte créature, Catarina la bohémienne, qui exerce sur eux un empire irrésistible. La Catarina est *cheffe* de bandits, métier peu délicat pour une jeune personne qui semble avoir connu des fortunes meilleures. Elle fait un geste impératif, et les bandits se retirent respectueusement.

En vérité, la Catarina est une étrange bohémienne! elle est blonde et blanche avec des yeux bleus veloutés, un sourire de vignette anglaise ; son costume est le plus charmant et le plus coquet du monde : jupes de satin et de velours, résille d'or et de pourpre, petite toque bleue, bracelets doubles, réunis par une chaîne d'or. Ce n'est pas nous qui nous en plaindrons, quoique nous ayons vu, à Grenade, à Séville et ailleurs, de véritables bohémiennes qui ne ressemblaient pas le moins du monde à madame Thillon : une surtout que nous avons rencontrée dans l'Albaycin de Grenade et qui dansait le zorongo sur la pointe d'un pavé pendant que deux autres jeunes filles accroupies à terre, comme des singes, l'accompagnaient avec ce bourdonnement de guitare que les Espagnols seuls savent conduire et qui ressemble à s'y méprendre à la chanson enrouée des cigales ; elle avait une robe bleue, semée d'étoiles blanches avec un large falbala ; un long châle jaune lui tombait des épaules et ses jolis pieds, luisants comme du bronze, étaient chaussés de souliers de velours bleu, rehaussés de pailleteries ; des colliers et des bracelets de grains de verre complétaient l'ajustement. Son nez mince et busqué, son front bas, presque aussi fauve que ses cheveux, ses yeux étincelants comme des diamants noirs, ses lèvres d'œillet épanoui formaient une physionomie extraordinaire et charmante qui nous est profondément restée gravée dans la mémoire.

Quels sifflets partiraient de tous les coins de la salle, si une bohémienne ainsi arrangée chantait de semblables couplets sur la scène de l'Opéra-Comique, avec l'air véritable ; et que la bohémienne de fantaisie de MM. Scribe et de Saint-Georges est préférable mille fois à une pauvre fille hâve, sauvage, brûlée du soleil, débitant des vers baroques, comme devrait être la bohémienne couleur locale! Au reste, la bohémienne de l'Opéra-Comique sait son monde et connaît les affaires de la cour sur le bout du doigt. Sa conversation étonne Henrique de Sandoval, qui n'a jamais vu, non plus que nous, de bohémienne si bien renseignée sur les faits et gestes des grands de ce monde. La Catarina lui annonce qu'elle sera forcée de le retenir un mois prisonnier. Henrique lui avoue que ce retard le contrarie, attendu qu'il est obligé de se rendre à Coïmbre chez son oncle, le ministre de grâce et de justice, pour épouser sa cousine, qu'un pareil retard étonnerait fort. La Catarina, convaincue par de si bonnes raisons, consent à rendre la liberté à son captif, à condition qu'il gardera le silence sur tout ce qu'il aura vu et ne reconnaîtra personne de la bande, en quelque endroit que la rencontre ait lieu. Mais, avant de partir, Henrique prend avec la Catarina la tasse de chocolat de rigueur, et, se laissant aller au charme de la conversation, fait à la *cheffe* des bandits des propositions assez lestes pour être vigoureusement repoussées. Il est, d'ailleurs, surveillé de près par Rebolledo, lieutenant des bandits, qui sert de duègne à Catarina, et remplit les fonctions bizarres de chaperon avec tout le zèle de la jalousie.

Dans la valise du marquis, on a trouvé un sauf-conduit, en blanc seing, du ministre de grâce et de justice, son oncle. Au moyen de ce blanc seing, la troupe de Catarina, vivement traquée par les soldats que commande un certain don Sébastien, amoureux secrètement de la cousine que don Henrique doit épouser, pourra sortir saine et sauve du royaume; mais, comme si ce moyen ne suffisait pas, les bandits s'affublent de robes de moines et emportent leurs trésors dans un grand coffre que les soldats agenouillés prennent pour la châsse de saint Hubert et auquel ils présentent dévotement les armes.

Quant à don Henrique, il poursuit sa route vers Coïmbre dans la voiture de Catarina, qui décidément est une voleuse tout à fait fashionable. — Que dites-vous de tout cela? Voile ton front, ô sainte logique! eh bien, tout cela est très-gai, très-vif, très-amusant.

Au second acte, nous sommes chez le comte de Campo-Mayor, ministre de grâce et de justice. Diana, la cousine de don Henrique de Sandoval, n'est pas aussi pressée d'accomplir le mariage projeté que le supposait son présomptueux cousin : elle aime en secret don Sébastien le capitaine, toujours à la poursuite de brigands qu'il n'attrape jamais et que nous avons vu, au premier acte, si lestement joué par la Catarina. — Don Henrique, qui s'est aperçu de cette inclination, n'en est pas autrement fâché; car, de son côté, il est tendrement préoccupé à l'endroit de la jolie *cheffe* de bandits. Cependant l'on donne une grande soirée au château du comte de Campo-Mayor, à l'occasion du retour d'Henrique et des prochaines fiançailles; on fait de la musique et Diana commence à chanter en duo avec son cousin une certaine ballade intitulée : *le Brigand du rocher noir*. Une dépêche importante qui arrive et à laquelle il faut répondre sur-le-champ, interrompt les chanteurs; puis c'est une comtesse de Villaflor dont le carrosse s'est brisé précisément devant le château du comte de Campo-Mayor, et qui réclame l'hospitalité : l'étrangère entre, suivie de son écuyer. Stupéfaction de Henrique, qui reconnaît Catarina et son lieutenant Rebolledo. Il est confondu de tant d'audace; il se trouble et balbutie, et ne peut continuer la ballade, que la comtesse de Villaflor achève avec un aplomb remarquable.

Venir se jeter de la sorte dans la propre gueule du lion! des faux monnayeurs chez le ministre de grâce et de justice, voilà qui est d'une imprudence rare, d'autant plus que Diana, qui vient de lire dans la gazette le signalement de Catarina et de Rebolledo, les reconnaît parfaitement dans la fausse comtesse et le faux écuyer. Don Henrique achète le silence de Diana et de Sébastien en prenant sur lui le scandale de la rupture. Il prévient donc Catarina qu'elle est découverte et lui propose de fuir avec elle, à condition qu'elle renoncera à son premier métier. Catarina, touchée de tant d'amour, passe au doigt d'Henrique un fort beau diamant (voici enfin les diamants qui paraissent), et s'en va fort tranquillement dans la voiture même du comte de Campo-Mayor, qui ne devine que la comtesse de Villaflor n'était autre que la Catarina, que lorsque celle-ci est hors d'atteinte. Il n'y a vraiment, pour ces perspicacités-là, que les préfets de police. Le comte de Campo-Mayor aperçoit au doigt de son neveu la bague de Catarina et la reconnaît pour une bague de la reine où est enchâssé un diamant célèbre connu sous le nom de l'Étincelle. Nouveau motif de perplexité, car don Henrique ne peut expliquer comment le susdit diamant se trouve entre ses mains.

Au troisième acte, le théâtre représente le palais de la reine. Les grands font le pied de grue dans l'antichambre. Un seul seigneur est introduit, au grand scandale d'Henrique et de Sébastien : c'est don Antonio Ramirez y Fuentes de las Torillas, etc., etc., dans lequel les deux jeunes gens reconnaissent, à n'en pouvoir douter, le lieutenant de la Catarina, Rebolledo. Comment se fait-il que Sa Très-Gracieuse Majesté reçoive des chefs de bandits de préférence à ses loyaux sujets portugais ? Voici les motifs de cette singularité : — Les finances du Portugal se trouvaient en fort mauvais état, et la misère du peuple touchait fort la jeune reine dona Maria-Francesca. L'idée de posséder dans ses écrins plusieurs millions qui eussent très-bien figuré dans les caisses de l'État, inspire à la jeune reine le projet de remplacer par du strass tous ces petits morceaux de cristal auxquels on prête une valeur exorbitante et fantastique, sous prétexte que ce sont des diamants. Or, en ce temps-là, languissait dans les prisons de l'Inquisition le faux monnayeur Rebolledo, connu également par son habileté à contrefaire les pierres précieuses. — Un jour, une femme entre dans sa prison et lui donne un diamant. « Peux-tu me contrefaire cela ? — Aussi bien que Bourguignon du passage de l'Opéra, répond Rebolledo. — Tu allais être pendu ; je te rends la liberté à condition que tu contreferas tous les diamants que je te remettrai. » Le marché est accepté, comme vous le pensez bien, et la reine dona Maria-Francesca, sous prétexte d'une retraite à nous ne savons plus quel couvent, s'en va, en compagnie de Rebolledo, surveiller l'imitation de ses diamants dans l'atelier des faux monnayeurs, dont elle devient *cheffe* sous le nom de Catarina.

Les diamants faux remplacent sur la couronne les vrais, qui sont disséminés et vendus sur les principales places de l'Europe, et les millions viennent réparer les finances épuisées. — Vous voyez d'ici toute l'histoire. La régence exige que la reine choisisse un époux ; elle prend pour mari don Henrique de Sandoval, qui l'a aimée pour elle-même quand elle n'était à ses yeux que la Catarina, bohémienne suspecte, faisant un métier hasardeux. « Rassurez-vous, don Henrique, lui dit-elle en désignant par un geste imperceptible les diamants dont elle est chargée, il n'y a que cela de faux ! » phrase un peu risquée pour une jeune reine, et que madame Thillon prononce avec son petit accent anglais et nigaud, le plus gentiment du monde. Diana épouse don Sébastien, et Rebolledo est fait chef de la police, métier pour lequel il a des lumières spéciales.

La musique est agréable et légère; cependant elle tourne trop au quadrille, et les arrangeurs n'auront pas beaucoup à faire. Il faut dire aussi que le peu de voix des acteurs n'a pas permis à M. Auber de grands développements, et qu'il a été obligé souvent de mettre le chant dans l'orchestre. Il ne suffit pas d'être bon comédien pour jouer l'opéra-comique : il faut aussi de la voix.

X

AVRIL et MAI 1841. — Renaissance : *Zacharie, ou l'Avare de Florence*, drame de M. Rosier. — La petite pièce avant la grande. — Une scène oubliée par Daumier et Philippon. — Le Zacharie de M. Rosier. — L'Harpagon de Molière. — Les voluptés de l'avare. — Frédérick Lemaître, son rôle et son jeu. — Théâtre-Français : *le Conseiller rapporteur*, prétendue comédie posthume de Lesage, précédée d'un prologue en vers libres par M. Casimir Delavigne. — Un masque transparent. — Les vieux types de la comédie et la peinture des mœurs contemporaines. — *Le Gladiateur*, tragédie de M. Alexandre Soumet et de madame d'Altenheym. — La pièce et les acteurs.— *La Protectrice*, comédie de MM. Émile Souvestre et Brune.

5 avril.

RENAISSANCE. *Zacharie, ou l'Avare de Florence.* — Ce drame de M. Rosier devait être représenté il y a huit jours; mais, par suite de difficultés survenues entre Frédérick Lemaître, chargé du rôle principal, et le directeur M. Anténor Joly, l'acteur refusa tout à coup son service, et la représentation dut être ajournée, malgré l'affiche explicite et formelle apposée sur tous les murs de Paris. — Samedi dernier, enfin, Frédérick s'est exécuté; mais, comme le public avait subi une déconvenue et croyait avoir à se plaindre de l'artiste tant de fois applaudi par lui, il s'est joué en manière de prologue, au lever du rideau, une petite pièce pour le moins aussi divertissante que la grande. Un ouragan de sifflets, a reçu l'acteur à son entrée. Au bout de quelques minutes de tumulte, Frédérick s'est avancé sur le bord de la scène, et là, prenant un air de Christ mourant, et posant avec délicatesse la main sur son cœur, il a dit, de cette voix de *l'Auberge des Adrets* qui lui jaillit malgré lui du gosier : « Messieurs, touché de l'accueil bienveillant... (sifflets, cris, hurlements) de l'accueil tout bienveillant que vous me faites, je viens vous déclarer que je ne me suis *jamais plus écarté* du chemin de l'honneur et de la vertu... (redoublements de vociférations) que du respect que tout comédien doit au public. » Cette petite harangue débitée, il a fort tranquillement continué son rôle. N'y aurait-il pas là, pour Philippon et Daumier, une planche nouvelle à joindre à la collection des Robert Macaire?

Nous sommes dans une position fort perplexe : il nous est impossible de deviner si M. Rosier a voulu faire de *l'Avare de Florence* une charge ou une pièce sincère. Nous avons peur qu'il ne nous arrive ce qui est arrivé aux critiques qui avaient pris au sérieux la *Ballade à la lune,* et nous ne voudrions pas nous faire donner sur les doigts par l'auteur. Cependant il est difficile de ne voir dans *l'Avare de Florence* qu'une simple bouffonnerie ; la pièce est bien réellement charpentée en mélodrame, et le jeu de Frédérick Lemaître est sans doute pour beaucoup dans cette teinte folle et bizarre répandue sur tout l'ouvrage. L'Harpagon de Molière, imité de Plaute, pris du côté burlesque et exécuté dans un sentiment tout antique, ne fait en quelque sorte qu'effleurer cette profonde et terrible passion, la seule à qui la satiété soit inconnue, la seule que l'âge n'affaiblisse pas, et qui s'exalte en s'assouvissant. — Aimer l'or! l'aimer avec rage, avec férocité, uniquement, absolument, réduire tous ses rêves en un lingot ! voilà une vraie passion, à la bonne heure ! — Ne me parlez pas de l'ivrogne ni du débauché, vices vulgaires, appétits brutaux que la satisfaction éteint et qui sont bornés par les sens. — Avoir pour son idole un dieu qui ne change jamais, un dieu vraiment éternel, adoré de tous, un dieu dont personne n'a jamais contesté les miracles, qui n'a pas de schismatiques ni d'hérésiarques, qui peut tout et pour qui jamais la grande voix prophétique ne criera sur les eaux : « Les dieux s'en vont ! » cela prouve un esprit profondément logique et dédaigneux des subtilités humaines. — Hélas ! nous l'avouerons, tout

prodigue que nous sommes, il n'y a de vrai au monde que l'or...
et l'oubli.

Quelle profonde volupté! contracter dans sa poche une main fébrile et nerveuse pleine d'or et de billets de banque, et se dire : « Cette belle fille au long regard virginal, qui passe à l'ombre discrète de sa vieille mère, avec une poignée de ceci, je l'aurai ; je ferai descendre ce grand seigneur de sa voiture, et j'y monterai à sa place ; dans mon coffre, piaffent et hennissent des chevaux magnifiques ; ces piles d'écus seront des palais de marbre, des tableaux de Titien, des manteaux de pourpre et des écrins splendides ; toutes les joies du monde, toutes les voluptés de l'âme et de la chair, toutes les chimères de l'esprit, je les tiens enfermées sous cette triple serrure ; si je l'ouvrais, il en sortirait plus de choses étranges et monstrueuses que de la boîte de Pandore! Avec l'or, je peux être insolent, laid, stupide et crapuleux ; je peux cracher à la face de l'espèce humaine, je ne verrai que des fronts inclinés. j'essuierai mes sandales sur les têtes les plus nobles, et j'aurai des corps de femme pour escabeau, comme les dieux babyloniens dans leurs orgies ; le génie lui-même, mendiant quelques pièces de *mon or* afin de réaliser le rêve qui doit le rendre immortel, vient fléchir le genou devant moi ; — la justice n'a que de fausses balances pour moi ; — je puis manger de jeunes vierges comme le Minotaure antique ; je puis assassiner, et, avec *mon or*, j'achèterai les juges, le prétoire, les avocats, le geôlier, le bourreau et la famille de la victime. Je suis roi de par *mon or*, je suis empereur, je suis dieu ! — Eh bien, au lieu de tout cela, j'irai vêtu d'un manteau élimé, rapiécé, d'un habit misérable et blanc sur les coutures ; mon âtre sera froid, mon buffet vide, je dépasserai en austérités les plus rudes anachorètes ; je me nourrirai des miettes dédaignées par les rats ; je me retournerai à chaque instant pour voir si mon ombre est un voleur ; je ne serai prodigue que de verrous et de serrures ; je passerai mes soirs sans lumière ; je laisserai mourir ma femme sans médecine et sans médecin, plutôt que de perdre une parcelle de ce précieux métal ; les femmes mangent, les enfants convoitent l'héritage. Est-ce qu'on a besoin de famille et d'amour quand on a une passion comme la mienne? Oh! que Midas était heureux, qui changeait tout ce qu'il touchait en or, même le pain! Plonger ses bras jusqu'aux épaules dans un fauve bain d'or, remuer à pleines mains des quadruples, des ducats, des sequins ; en faire des monceaux ruisselants et croulants, voir au fond du caveau, sanctuaire mystérieux, crever et se répandre le ventre des barriques trop gorgées d'argent, se vautrer sur un lit de louis et de lingots, voluptés inouïes, plaisirs effrénés, jouissances furieuses ! que sont à côté de vous toutes les pâles sensations dont s'amuse le vulgaire ! »

Nous nous attendions à quelque chose dans le goût de Schylock, un avare sombre et farouche marchant à son but avec l'impassibilité opiniâtre du maniaque et du fanatique, une contre-partie d'Harpagon, un avare tragique ne reculant pas devant un meurtre lucratif, mais ayant le côté poétique et vertigineux de sa passion.

Frédérick a tout à fait trompé notre attente : à part quelques éclairs de génie comme il en a toujours, il n'a pas rendu le moins du monde la physionomie de l'avare ; il est vrai que son physique et ses moyens y prêtent peu. Un avare a sur la figure un fauve reflet d'or, ses yeux sont jaunes comme des louis, il ne fait que des gestes sobres, serrés, étriqués, économiques ; ses mouvements sont furtifs, il a toujours le nez en éveil, l'oreille au guet ; il ne marche pas, il glisse ; ses mains, enfoncées dans ses gousset, ne quittent jamais les clefs de son trésor ; sa parole est rare, il pèse ses syllabes au trébuchet comme ses louis, car il a toujours peur de laisser échapper le secret de sa richesse ; son attitude est distraite et somnolente comme celle de tous les gens absorbés par une idée fixe ; il ne sort de cette torpeur que par soubresauts comme quelqu'un qu'on réveille. — Frédérick, l'homme de la vie et de l'expansion par excellence, est tout le contraire de ce qu'il faut pour jouer un avare ; il a toujours jeté en prodigue à tous les vents son talent, son génie, sa gloire et sa beauté ; il est l'acteur du geste soudain et de l'éclair inattendu ; il peut représenter l'ambitieux, le joueur et toutes les passions fougueuses qui se produisent en transports éclatants, en fureurs dithyrambiques ; il peut pousser le sarcasme et l'ironie jusqu'aux dernières limites, mais il échouera dans les rôles de méchanceté intime, dans les rôles froids et ténébreux.

Nous voici bien loin de la pièce de M. Rosier ; mais est-il bien nécessaire de vous rendre compte avec grands détails de ces entrées et de ces sorties qui n'aboutissent à rien, de ce cache-cache perpétuel, de ces souterrains, de ces trappes ouvertes et fermées, de ces panneaux qui rentrent dans le mur, de tout ce matériel de vieux mélodrame dont Anne Radcliffe savait tirer de si grands effets de terreur? Nous ne le pensons pas.

M. Rosier est un homme de beaucoup d'esprit, qui fait quelquefois des pièces qu'on siffle beaucoup; n'est pas sifflé qui veut dans ce temps d'apathie et de léthargie littéraire. *L'Avare de Florence* a été joué au milieu d'un glorieux tumulte, ce qui n'empêche pas que la Renaissance ne puisse obtenir un succès avec cette pièce. Mais il faut alors mettre la bride sur le cou à Frédérick, et, au bout de quelques représentations, l'*Avare de Florence* peut devenir une pièce aussi drolatique et aussi bouffonne que *l'Auberge des Adrets*, qui fut d'abord jouée avec le sérieux le plus solennel.

26 mai.

THÉATRE-FRANÇAIS. *Le Conseiller rapporteur.* — *Le Gladiateur.* — *La Protectrice.* — *Le Conseiller rapporteur*, comédie posthume de Lesage, précédée d'un prologue en vers libres par M. Casimir Delavigne, n'a fait illusion à personne. Le style et les situations sont évidemment antidatés, et le tragique académicien aurait dû s'abstenir de cet enfantillage; il n'y a rien de compromettant pour un auteur de tragédies à faire une comédie amusante. Jean Racine, le chaste et mélancolique poëte, a signé tout simplement la joyeuse parade des *Plaideurs*, et ne s'est pas cru déshonoré pour avoir fait rire une fois ceux qu'il avait si souvent fait pleurer. Lesage renierait assurément l'œuvre posthume qu'on lui attribue et ne reconnaîtrait pas cette madame Corniquet, espèce de virago de lettres comme il s'en est produit depuis l'apparition des romans de madame Sand, ni ce Corniquet qui intente un procès en adultère et demande trois cents francs de dommages-intérêts pour faire les réparations urgentes à son honneur en ruine. Il n'y avait pas besoin d'habiller des noms et des casaques de l'ancienne comédie les personnages tout modernes de la charmante nouvelle de M. Charles de Bernard. M. Casimir Delavigne était, du reste, l'homme du monde le moins propre à cet essai de pastiche : son style pénible, de courte haleine, sa manière terne et prudente n'ont pas le moindre rapport avec l'allure cavalière et rapide, les façons de dire franches et nettes, les tours pleins de gallicismes, des farces comiques du vieux répertoire. Aussi, malgré toutes les précautions oratoires et tous les moyens mis en œuvre pour exciter la curiosité du public, l'ouvrage n'a que médiocrement réussi. — Le prologue promettait un scandale que la pièce n'a pas tenu.

Cependant, cette tentative avortée peut ouvrir une voie nouvelle. Puisque la pâleur et l'hypocrisie de nos mœurs ne permettent pas de transporter sur la scène des ridicules et des vices contemporains, ne pourrait-on pas, en se servant des vieux types consacrés et du style admis, représenter au Théâtre-Français des intrigues actuelles, et condenser dans une légitime forme d'art beaucoup de choses plaisantes et d'excellentes caricatures abandonnées aux crayons grossiers et aux flonflons du vaudeville? Molière lui-même, cet inimitable modèle, se servait d'un moule latin pour y jeter ses conceptions, et il savait mélanger les marquis de Versailles aux esclaves antiques dans une intrigue de Plaute ou de Térence, sans que la vérité de ses portraits en souffrît et sans y perdre la vivacité de sa touche. Orgon et Géronte auraient à dire sous leurs vieux masques beaucoup de choses nouvelles. Clitandre nous paraît une personnification suffisante pour tous les amoureux possibles ; on peut mettre sur le compte d'Isabelle toutes les grâces et toutes les perfections imaginables, et Mascarille est un type élastique qui donne les coudées franches à la fantaisie et à la bouffonnerie ; Robert Macaire, au lieu de ses guenilles, aurait très-bien pu revêtir la cape rayée de blanc et de rouge de l'infiniment trop subtil Scapin.

Le Gladiateur de M. Alexandre Soumet n'a pas grande nouveauté. Il y est prouvé que rien n'est plus désagréable que d'être gladiateur, vérité qui n'avait pas besoin d'être démontrée, car il est reconnu depuis longtemps que se colleter avec des tigres, fendre des lions en deux, se déchiqueter à l'épée ou au poignard est un métier maussade, et qu'il eût mieux valu être ténor à cent mille francs d'appointements. L'action est empruntée à *Un Romain* de M. Alexandre Guiraud, et rappelle, en outre, le *Polyeucte* de Corneille et le *Caligula* de M. Dumas. Quant au style, c'est toujours le même mélange d'exagération et de mignardise que l'on reproche si justement à M. Soumet; beaucoup de vers sont bien tournés et auraient produit beaucoup d'effet il y a quelques années. Le temps va si vite aujourd'hui, que, lorsque les Achilles se retirent sous leur tente, ils risquent fort d'en ressortir avec un accoutrement ridicule et passé de mode; quelque gloire que l'on ait eue, les longues absences sont toujours funestes. Autrefois, où les jours se succédaient dans un ordre égal et paisible, quinze ou vingt ans n'étaient rien, et n'amenaient aucun changement sensible. Après tout, on ne peut vivre qu'à condition de rester toujours sur la brèche. Il eût mieux valu pour M. Soumet qu'il s'en tînt à sa réputation d'auteur de *Clytemnestre*, que nul ne contestait, et qu'il ne fît pas évanouir aux feux du lustre les rayons lointains de sa vague auréole. Sa tragédie vaut assurément toutes celles qui ont été jouées sous la Restauration, et n'est pas inférieure à beaucoup d'autres pièces célèbres que l'on n'a pas vues depuis longtemps et à qui le grand jour de la reprise porterait le coup de grâce. Le premier et le second acte semblaient promettre une action habilement et fortement nouée; mais, à partir de là, l'intérêt faiblit et languit jusqu'au dénoûment.

La décoration représentant l'intérieur du cirque eût autrefois fait courir tout Paris; mais rien ne peut parvenir à éveiller la curiosité publique, tant de fois sollicitée.

Ligier a dû à la brutalité naturelle de ses gestes et à la rudesse de son organe quelques effets heureux dans son rôle de gladiateur, où Guyon, qui jouait Origène, eût été assurément mieux placé avec sa taille herculéenne et sa puissante voix. Mademoiselle Doze, qui faisait Néodémie, a montré de la grâce, de la sensibilité et de l'intelligence dans ce rôle, un des plus importants de la pièce. Le costume antique lui sied à ravir.

La Protectrice de MM. Souvestre et Brune aurait pu être une comédie et ce n'est qu'un vaudeville sans calembours et sans couplets. Il s'agit d'une femme d'un certain âge (le plus incertain de tous les âges, à ce que prétend Byron) qui *protége* un tout jeune homme. Quand nous disons elle le protége, entendons-nous, car elle empêche le ministre de lui donner une recette départementale qui lui assurerait l'indépendance et l'éloignerait d'elle. Ce jeune homme a des dettes qu'il laisse tranquillement payer par la sensible veuve, position très-équivoque, et qui dépasse les bornes de la protection qu'on peut subir de la part d'une femme grasse, vieille et cossue! La protectrice, outre ses quarante ans, a une nièce charmante qu'elle se trouve obligée de donner à M. d'Albreuse, le protégé en question, avec la recette départementale. Pour se consoler, elle épouse un certain M. de Bercourt, espèce d'auteur à la mode, fort railleur et fort sceptique, qui ne reconnaît sans doute à la dame d'autre défaut que de ne pas être assez vieille, et qui trouve les yeux de son coffre-fort les plus charmants du monde. Le sujet est plutôt évité que traité; sous un pinceau plus hardi, il aurait pu arriver à ce comique presque odieux de Turcaret et des pièces de ce genre. Mais il est douteux que le goût moderne eût supporté la peinture franche et vigoureuse de ce type, qui existe pourtant et à nombreux exemplaires, — l'homme entretenu.

XI

JUIN 1841. — Théâtre-Français : un *Mariage sous Louis XV*, comédie de M. Alexandre Dumas. — Quelques mots sur le talent de l'auteur. — Les œuvres de sa jeunesse et celles de son âge mûr. — La pièce nouvelle et ses interprètes. — Porte-Saint-Martin : *les Deux Serruriers*, drame de M. Félix Pyat. — Clarence, Raucourt. — Opéra : le *Freyschutz* de Weber, traduction de M. Émilien Pacini, récitatifs de M. Berlioz. — Faiblesse de l'exécution. — Le chœur des chasseurs. — Théâtre-Français : début de mademoiselle Emilie Guyon dans *Hernani*. — Ressouvenirs de nos campagnes littéraires. — La débutante. — Beauvallet, Guyon, Ligier. — Ambigu : *Fabio le Novice*, drame de MM. Noël Parfait et Charles Lafont. — Mademoiselle Davenay, Alexandre Mauzin, Albert.

7 juin.

THÉATRE-FRANÇAIS. *Un Mariage sous Louis XV*. — M. Alexandre Dumas n'est pas seulement, comme pourraient le faire croire ses pièces tragiques ou mélodramatiques, un homme d'action rapide et de poésie violente ; s'il a le don de la terreur, il a aussi celui de la gaieté. Comme le masque antique, il fronce le sourcil par un côté et rit par l'autre. Jusqu'à présent, M. Dumas nous avait montré de préférence le profil terrible. La comédie n'est pas le fait de la première jeunesse, qui prend tout au sérieux, qui se passionne et voit plutôt des sujets d'indignation que de plaisanterie dans les ridicules et les vices humains. Si M. Dumas refaisait *Antony*, Adèle d'Hervey ne mourrait pas, et son amant, après s'être fait tranquillement présenter, jouerait à l'écarté avec le mari. Cela nous paraît une pente naturelle de l'esprit de commencer par le drame et de finir par la comédie, rugir d'abord et se moquer ensuite : à mesure que l'on va dans la vie, l'on s'aperçoit combien les objets qui nous avaient passionnés le méritent peu ; on découvre que les gens qu'on trouvait haïssables ne sont que ridicules ; l'ennui des œuvres véhémentes s'empare de vous, et alors vous tombez dans une tristesse mortelle et... vous faites des comédies.

Évidemment, M. Dumas n'a plus foi en son ancien talent ; il ne croit plus à lui-même. — *Henri III*, *Christine à Fontainebleau*, *la Tour de Nesle*, *Richard Darlington*, *Antony* et même *Don Juan de Marana* et *Caligula*, une de ses meilleures pièces injustement tombée, lui semblent appartenir à une manière usée et désormais impossible ; il est arrivé à cette seconde époque si pénible dans la vie de l'artiste où commence le dégoût des premiers succès et le désir d'une nouvelle carrière. *Mademoiselle de Belle-Isle* marque cette transition. Rien n'est, en apparence, plus opposé à la nature primitive de l'auteur ; nature violente, soudaine, pleine de fougue et trahissant, par une énergie farouche, le sang africain mêlé à ses veines, que cette comédie fardée, mouchetée, étincelante d'esprit et de paillettes. Avec l'eau de rose de *Mademoiselle de Belle-Isle*, M. Alexandre Dumas a lavé les boucheries de *la Tour de Nesle*. *Le Mariage sous Louis XV*, appartient à la même sphère d'idées.

La donnée en elle-même n'a rien de bien nouveau, il nous serait facile d'indiquer beaucoup de ressemblance avec des pièces de l'ancien répertoire que les journaux ont déjà relevées ; mais cela importe peu : au théâtre, l'invention de la donnée n'est pas exigible : Shakspeare et Molière n'ont fait qu'emprunter et reprendre leur bien où ils le trouvaient ; ce sont les caractères, les passions, le style et la conduite des scènes qui font l'auteur dramatique, et non l'imagination du sujet en lui-même ; nous ne blâmerons donc pas M. Alexandre Dumas de s'être servi du premier prétexte à comédie qui lui est tombé sous la main. Voyons le parti qu'il en a tiré.

M. de Candale a épousé mademoiselle de Thorigny par pure convenance ; c'est un mariage d'intérêt qui réunit deux fortunes et se conclut sous les auspices d'un vieil oncle commandeur, grondeur et rabâcheur. — Tel est le point de départ. — Au lever de la toile, Jasmin, valet du comte, et Lisette, future femme de chambre de la comtesse, se font des confidences sur leurs maîtres. Lisette a déjà reçu un poulet à l'endroit de la comtesse ; Jasmin est chargé par son maître d'une certaine missive pour une certaine marquise. Bref, madame n'aime pas monsieur, monsieur n'aime pas madame ; monsieur a une maîtresse, madame aura un amant, et nous, Jasmin et Lisette, nous aurons de bons profits. Les passions sont généreuses, et le silence se paye cher. Ces marauds connaissent à fond le cœur humain, et la cupidité les rend d'habiles psychologues. — Là-dessus entre la nouvelle mariée : voile blanc, bouquet blanc, robe blanche et figure pâle ; elle est bien jolie et bien tremblante, et, n'était sa jupe à paniers, son corset à échelle, ses assassines et sa coiffure en hérisson, on pourrait la prendre pour une des pauvres faibles femmes incomprises de l'école moderne. Cette plaintive créature, avec une gorge plus palpitante qu'un nid de tourterelles surprises, raconte à Lisette la douleur qu'elle éprouve, les angoisses de son joli petit cœur, qu'elle avait mignonnement donné à M. le chevalier. « Justement, j'ai là un poulet de lui, » répond l'effrontée soubrette. La nouvelle comtesse, avec de grands soupirs à fendre l'âme, ouvre la lettre, la lit en roulant les yeux comme un pastel de Latour, et finit par la mettre dans son corset. Heureuse lettre ! — Mais voici que M. le comte gratte à la porte ! O ciel ! quoi ! déjà ! Que devenir ? Comment éviter cet empressement conjugal et légitime ? Quelle terrible chose qu'une soirée de noces... quand on n'aime pas son mari ! La pauvrette se groupe dans son fauteuil, plus tremblante qu'une princesse qui a épousé un nécromant ou un génie, et qui s'attend à être dévorée toute vive. — M. de Candale fait son entrée avec la mine la plus compassée du monde ; un air de visible embarras se peint sur tous ses traits ; il est poli, froid, et n'a guère les façons d'un jeune marié. Enfin, il prend un fauteuil, et s'assied à une distance fort convenable de la jeune femme, étonnée et pressentant quelque étrange confidence sous cette physionomie empruntée et solennelle. Après quelques phrases de circonlocution, le comte avoue que, malgré les charmes incontestables de madame, il se sent parfaitement incapable de l'aimer, ayant des engagements de cœur auxquels il ne saurait manquer. La comtesse est ravie de cet aveu ; elle-même n'a pas le cœur libre. — Elle a vu au couvent un certain chevalier, frère d'une de ses amies, dont sa fantaisie est restée doucement préoccupée. — Les choses ne pouvaient mieux se rencontrer. — Et, là-dessus, par une de ces conventions débonnaires et philosophiques dont les ménages du temps de la Régence offraient tant d'exemples, s'il faut en croire Crébillon fils et Laclos, madame accorde la marquise à monsieur, et monsieur concède le chevalier à madame. Ces beaux arrangements pris, la jeune comtesse rentre dans ses appartements... pour étudier son clavecin. Le marquis endosse son manteau couleur de muraille, et, précédé de ses grisons, se met en route pour son rendez-vous.

Il fallait tout l'esprit et toute l'adresse de M. Dumas pour sauver une situation si risquée et si périlleuse ; mais, au théâtre, il n'y a que la manière de s'y prendre pour faire passer les choses, et, de ce côté-là, nul n'en remontrerait à M. Dumas, pas même M. Scribe.

M. le chevalier se trouve être précisément l'ami intime de M. le comte de Candale. Les choses s'arrangent au mieux : la présentation se fait, et M. le comte, qui a tout deviné, ne voulant point afficher le ridicule d'une jalousie gothique qui ne conviendrait pas à quelqu'un du bel air, se retire discrètement, non sans avoir donné à entendre aux amants qu'il a pénétré leur secret et qu'il se fie à leur délicatesse. S'ils le trompent, ce sera tant pis pour eux. — Parlez-nous, pour la commodité de leur morale, de ces braves maris du temps de Louis XV !

Le commandeur, dont nous avons parlé au commencement de notre analyse, le vieil oncle qui, pour ne pas être un oncle d'Amérique, n'en a pas moins les façons sauvages et incongrues, s'inquiète fort de voir ce chevalier rôder sur la pointe du pied en chuchotant des madrigaux autour de la vertu de la comtesse et de l'honneur de son neveu. Vieux débris d'un autre âge, gentilhomme de bonne roche et de vieille souche, il ne comprend rien à ces mœurs étranges où la femme semble appartenir à tout le monde, excepté à son mari ; il ne conçoit pas que l'on se joue ainsi de la pureté des races, de l'honneur des familles, et que l'on se contente dans les mariages de transmettre son nom et non son sang. Il fait grise mine à M. le chevalier, lequel envoie *in petto* à tous les diables ce portrait de famille, qui aurait tout aussi bien fait de rester dans son cadre, et, pour rentrer dans la maison, il s'adresse au mari, auquel il raconte avec bonhomie le congé qui lui a été signifié par cet oncle insociable et farouche qui ne veut pas que la femme de son neveu ait d'amants. — Cette prétention exorbitante et patriarcale fait hausser de pitié les épaules au mari lui-même, qui réinstalle le chevalier dans ses fonctions de sigisbé. — L'oncle, furieux, va demander au roi un acte de séparation, croyant faire le plus grand plaisir à ce couple bizarre. Mais il est fort mal reçu, les choses ont bien changé : M. de Candale a fini par s'apercevoir que sa femme était jeune, charmante, adorable de tous points, et madame, de son côté, a remarqué que monsieur avait l'œil vif, les dents blanches, la taille bien prise, beaucoup d'esprit, la jambe la mieux tournée du monde, et un grand fond de délicatesse dans l'âme.

« Pardieu ! se dit M. de Candale, la marquise est à mille piques au-dessous de cette perfection, et, si je n'étais le mari, je voudrais bien être l'amant ! — Quel dommage qu'il ne m'aime pas ! soupire la jeune fille, à qui l'on peut bien laisser ce nom après une nuit de noces passée à jouer du clavecin ; il me plairait bien mieux que ce chevalier si fat, si entiché de lui-même, si fort en admiration devant sa propre personne ! Il fallait vraiment que je fusse folle pour penser à engager une affaire de cœur avec cet évaporé ! »

Les époux sont dans cette favorable disposition, lorsque, à la grande surprise de l'oncle, madame la comtesse demande à M. le comte de l'emmener au bal masqué, qu'elle meurt d'envie de voir. Malheureusement, le comte a, pour cette nuit-là même, un rendez-vous avec la marquise, et il est obligé, malgré toute sa bonne volonté, de refuser sa femme. — La comtesse, outrée, écrit au chevalier de venir la voir sur-le-champ, et se fait conduire par lui au bal masqué, où elle est reconnue et insultée par quelques jeunes écervelés en pointe de vin. Le chevalier veut se battre avec l'offenseur; mais M. de Candale le devance au rendez-vous, et pousse à son adversaire une belle botte à fond qui le met au lit pour trois mois. Le chevalier vole sur le lieu du duel, arrive trop tard, et apprend que l'un des deux combattants a été blessé assez grièvement. Mais lequel? On ne sait. La comtesse, à la violence de la douleur qu'elle éprouve dans son incertitude, reconnaît la force de son amour. La porte s'ouvre, le comte paraît sans la moindre égratignure et de l'air guilleret d'un homme qui vient de coucher un mauvais plaisant sur le pré. Suffoquée de joie, la comtesse, avec un mouvement rapide et passionné, s'élance dans ses bras et le serre contre son cœur; on déchire l'acte de séparation en mille morceaux, et le chevalier, se résignant à la perte de ses espérances, se laisse bénignement empoigner à la place du comte par la maréchaussée qui survient. — Quant à la marquise, il n'en est plus question. Le commandeur pourra laisser sans inquiétude ses biens et sa fortune au premier enfant de M. de Candale.

Cette comédie, d'un fond léger et hasardeux, a réussi, grâce à la vivacité du dialogue, à la promptitude des réparties et aux mots spirituels dont elle est parsemée; c'est la meilleure réussite à notre gré : l'intérêt d'esprit et de style l'emporte de beaucoup à nos yeux sur l'intérêt d'action ou d'événements.

Mademoiselle Plessy a été bien jolie et un peu minaudière dans le rôle de la comtesse; mais nous ne lui en ferons pas un crime, la pièce y portait; seulement, elle n'a pas mis assez d'innocence dans certains passages, qu'un ton de naïveté eût rendus plus vraisemblables et plus piquants. Son costume ne lui allait pas bien, et n'était pas porté avec cette grâce ondoyante et chiffonnée qui caratérisent les femmes et les modes du temps de la Régence et de Louis XV. — Menjaud, si naturellement marquis, a été trop patelin, trop câlin; il faisait trop le gros dos, et avait l'air d'un chat angora qui fait ronron. — Firmin a joué au mieux la scène de jalousie, et s'est tiré à son honneur d'un rôle un peu jeune pour lui. — Perrier a pris la brutalité pour la franchise, et donné au vieux commandeur une physionomie trop rogue et trop rébarbative. — Mademoiselle Anaïs a peut-être mis trop de rondeur et d'effronterie dans le rôle de Lisette; elle en a fait plutôt une servante délurée et hardie à la façon de Molière qu'une femme de chambre précieuse et maniérée à la façon de Marivaux.

Avec mademoiselle Mars, *le Mariage sous Louis XV* aurait assurément le succès de vogue de *Mademoiselle de Belle-Isle;* tel qu'il est joué, il peut prétendre à un nombre fort honorable de représentations.

PORTE-SAINT-MARTIN. *Les Deux Serruriers.* — Depuis longtemps, la Porte-Saint-Martin n'avait vu une telle affluence : tout ce que Paris renferme de curiosités et d'intelligences se trouvait là : car M. Félix Pyat est un esprit aventureux, inquiet, paradoxal, et avec qui l'on est sûr, sinon d'une bonne pièce, au moins d'une œuvre singulière et jetée hors du moule commun. — Outre ce mérite, M. Félix Pyat a celui d'être un homme littéraire, de chercher le style, et d'écrire en français; chose bien rare surtout au théâtre, où se débite, sous prétexte de dialogue, un affreux charabia qui n'est d'aucun temps ni d'aucune grammaire.

La toile se lève et laisse voir une mansarde pauvre et nue, aux murailles en ruine, où descendent les grises araignées de la misère et de l'abandon. Un vieillard est assis dans un fauteuil délabré, les pieds roulés dans une mince couverture qui les défend mal du froid de la mort qui les envahit déjà. Dans un coin, on entrevoit le berceau d'un enfant qui vagit et qui a faim; l'un des fils du vieillard pleure silencieusement et croise sur sa poitrine ses bras à qui l'ouvrage manque; pour surcroît de malheur, l'autre frère, le mécanicien, le serrurier, se guérit à l'hôpital d'une blessure grave qui lui rend le travail impossible. Apprenant la maladie de son père, le généreux Georges sort de l'hôpital et reprend ses occupations; mais sa blessure, à peine cicatrisée, se rouvre, et sa main sanglante trahit sa volonté. — Plus d'espoir! plus de ressources! — Le propriétaire, impitoyable, voyant qu'on ne le paye point, décoche des huissiers et veut faire saisir les meubles de cette chambre déjà si vide et si dévastée. — Le vieillard moribond, qu'un médecin est venu visiter par charité, veut lui vendre son cadavre pour faire des expériences et apprendre à guérir les riches; mais le frère de Georges, qui entend cette épouvantable proposition, descend à la hâte, court s'engager et rachète le cadavre du vieillard au prix de sa chair vivante. Avec cet argent, il aura de quoi renvoyer les recors et faire enterrer son père. Georges cherche en vain de l'ouvrage : son état de faiblesse le fait refuser partout. Un mauvais drôle, nommé Burl, serrurier par état, voleur par vocation, jugeant l'instant favorable, rôde autour de Georges comme un mauvais génie, et lui propose une foule d'opérations suspectes que l'honnête garçon repousse avec horreur. « Fainéant! dit Burl en haussant les épaules, et cela se plaint de mourir de faim ! » Sur ce mot, Burl se retire, comptant bien retrouver une autre occasion. Un domestique en livrée se présente et demande un serrurier pour ouvrir le coffre-fort de son maître, qui en a perdu la clef : Georges saisit sa trousse et se met en route, remerciant le ciel de n'avoir pas cédé aux mauvais conseils de Burl.

Avant d'aller plus loin, il faut vous dire que Georges n'est pas né pour le métier qu'il fait : il a reçu une belle éducation, et des revers de fortune l'ont seuls amené à vivre ou plutôt à mourir du travail de ses mains. En outre, il a sauvé la vie à une jeune fille riche et d'une classe élevée. — Telle est sa position.

Le coffre du banquier Murray est bardé de tôle, lamé de bronze et la serrure en est des plus compliquées. Huret et Fichet, qui ouvraient si bien leurs serrures réciproques, y perdraient leur latin et leurs rossignols. Si le coffre n'est pas ouvert avant quatre heures, le banquier, qui a de grands payements à faire et qui ne peut les opérer qu'avec les capitaux enfermés dans la damnée boîte, sera déshonoré et perdu: — Enfin, Georges arrive ; il examine le coffre, tâte les clous, interroge les combinaisons, choisit un outil dans sa trousse, l'applique à la serrure et le coffre s'ouvre. — L'intérieur splendide du tabernacle apparaît dans toute sa richesse étincelante. Ce ne sont que rouleaux de guinées, entassements de lingots, portefeuilles de banknotes; mais, par hasard, Georges, avant de recevoir son salaire, lève les yeux sur le banquier, qu'il reconnaît pour l'homme qui a ruiné sa famille en détournant un testament, et qui est la cause de tous ses malheurs. Un accès de rage le saisit, il referme violemment la porte du coffre et ne répond que par un morne silence aux cris de désespoir du banquier, qui lui promet cent, deux cents, trois cents guinées, s'il veut rouvrir encore une fois le coffre. La fille du banquier accourt au bruit. C'est Jenny, c'est la femme sauvée par Georges, celle qu'il aime; un regard suppliant désarme Georges. Il rouvre la caisse et promet de faire une clef pour remplacer celle qui est perdue. Le banquier prend des poignées de billets, charge son domestique de sacs d'or et court à ses payements. — Scène d'amour entre Georges et Jenny, interrompue par l'apparition de la sœur du banquier, espèce de folle, bas bleu amateur, qui ne rêve qu'inconnus mystérieux, giaours et corsaires, à la manière de lord Byron. Georges se retire et la place reste libre. Alors sort de sa cachette l'homme laborieux du premier acte, cette honnête canaille de Burl; il a trouvé la clef perdue par le banquier et il fait les yeux doux à la cassette. Dans un élan lyrique et pindarique, il lui prodigue les noms les plus tendres, il l'accable de coquetteries et de mignardises; il s'en approche avec des spasmes et des tremblements voluptueux, comme un amant près de saisir la main blanche d'une femme adorée; puis, sortant brusquement de son extase, il promène ses doigts crochus sur les planches du coffre et en ramène un portefeuille de cuir de Russie qu'il juge convenablement farci de banknotes. — Il est gêné dans sa retraite par la vieille folle, qui débouche tout à coup d'un cabinet; la dame romantique lui fournit elle-même le moyen d'expliquer sa présence en le prenant pour un prince déguisé, un amant mystérieux, etc., et lui donne les moyens de sortir. — Le banquier revient et s'aperçoit de la soustraction de son portefeuille. Les soupçons tombent naturellement sur Georges, qui vient rapporter la clef; mais Jenny soutient que ce ne peut être lui, puisqu'elle ne l'a pas quitté un instant. La généreuse fille aime mieux exposer son honneur aux soupçons que de laisser planer une telle accusation sur la tête de Georges.—Burl s'était trompé. Le portefeuille contenait, non pas des billets de banque, mais des papiers de famille d'une importance bien plus grande, entre autres, le testament soustrait. Ce garçon plein d'intelligence a compris tout le parti qu'il peut tirer de ces papiers. Il vient, très-décemment vêtu, réclamer au banquier l'héritage qui lui appartient selon le testament, dont il produit une copie, se réservant de montrer l'original en temps et lieu. Le banquier lui dit : « Mon cher, vous êtes un voleur ! — C'est possible, répondit l'effronté coquin. Mais, vous-même, qui êtes-vous ? qu'avez-vous fait de cette fortune détournée et par quelles ténébreuses manœuvres possédiez-vous ce testament dont la soustraction réduit une famille à la misère ? » Georges, acquitté, vient pour revoir Jenny et reconnaît le portrait de son père dans le salon du banquier. Cette apparition confond l'imposture de Burl; mais le danger n'est que déplacé, et le banquier, moyennant récompense malhonnête, charge le voleur de le débarrasser de cet amant importun, car il veut marier sa fille à un lord.

Georges est de plus en plus en proie à une affreuse misère : son acquittement n'a pas dissipé les soupçons qui planent sur son innocence, et il tombe d'épuisement à la porte d'une taverne où les bourgeois se gorgent d'ale et de porter sans daigner lui jeter une obole ou un farthing, puisque nous sommes en Angleterre. « Il ne faut pas encourager les gens qui meurent de faim, » disent les braves marchands en se retirant chez eux; cela deviendrait un état. Passe une bande de voleurs en tournée nocturne; ils heurtent du pied le corps de Georges, le relèvent, et, voyant à sa pâleur qu'il se meurt de besoin, ils lui mettent un schelling dans la main. « Tu as faim, lui disent-ils, voilà de quoi boire. » Au lieu d'entrer dans la taverne, Georges, par un de ces mouvements sublimes d'abnégation que l'amour inspire seul, donne son schelling au domestique de Murray pour avoir des nouvelles de Jenny et lui faire parvenir un billet. Mais bientôt, épuisé et sans force, il retombe sur le pavé. — Burl reparaît avec les garnements qui ont fait l'aumône à Georges, et leur donne la commission de l'expédier dans un monde meilleur. — Les bandits heurtent de nouveau le corps de Georges, roide, froid, et ayant toutes les apparences d'un cadavre. « L'ouvrage est fait, dit l'un. — Si par précaution, dit l'autre, nous lui passions quelque lame à travers le corps ?... — Bah ! ajoute Burl avec un geste insouciant, il est bien assez mort pour un banquier ! » Burl frappe à la porte de Murray et fait le signal pour qu'il descende, vienne voir la victime, et paye la somme convenue. Murray, que les exigences de Burl commencent à lasser, au lieu de tirer sa bourse de sa poche, tire une paire de pistolets, aimant mieux payer en plomb qu'en or. Mais Burl, qui a peu de confiance en la moralité du banquier, se jette sur lui, le désarme, et lui dit en lui enfonçant son poignard dans la poitrine : « Ah! gredin, tu ne veux pas faire honneur à tes engagements!... Tiens, voilà mon protêt, parlant à ta personne!... » On accourt au bruit de la lutte et l'on saisit Georges, qui est sorti de son évanouissement et se traîne du côté de la victime pour lui porter secours; mais la Providence ou le hasard, si vous aimez mieux, fait faute cette fois à l'ami Burl, qui est parfaitement empoigné et mis au cachot avec Georges.

Le théâtre représente une décoration double : ici le cachot de Georges; là le cachot de Burl. — Georges se lamente; Burl mange sa maigre pitance avec la tranquillité et la fraîcheur que procure un crime bien fait. Il compte sur la lucidité de MM. du jury. Son cachot n'est séparé que par une porte fermée de celui de Georges. Une idée diabolique lui vient à la cervelle : démonter une serrure n'est qu'un jeu pour lui. Il n'a pas perdu le testament, qu'il pense bien utiliser un jour, et il se décide à supprimer Georges, qui le gênerait plus tard. Il écrit sur un papier : « Je me suis tué moi-même, pour échapper à l'infamie et à la honte du châtiment que j'ai mérité. » Il poignardera Georges, lui placera cet écriteau sur la poitrine, remettra la serrure en place, et se tiendra coi dans sa cellule en attendant l'événement.

Malheureusement ou heureusement, Georges, qu'il croyait endormi, l'entend travailler à la porte, et, se doutant de quelque trahison, s'arme de son couteau et se tient sur ses gardes. Au moment où la serrure cède, où la porte s'ouvre, il saute sur le scélérat, qu'il étend mort à ses pieds après une courte lutte. L'écriteau et le testament qu'il trouve sur Burl ne lui laissent aucun doute sur ses projets. Il traîne le cadavre dans le cachot prochain, lui met le papier sur la poitrine, rajuste la serrure, et rentre dans son cachot. A peine est-il rassis sur son grabat, que le greffier du tribunal vient lire l'arrêt aux deux prisonniers. — Georges est condamné et Burl absous; mais son suicide présumé et l'aveu de son crime signé de sa main font reluire l'innocence de Georges comme un plat d'argent nettoyé au blanc d'Espagne : il est réintégré dans ses biens et se marie avec Jenny, ou du moins on peut le supposer.

Cette analyse bien succincte, quoique longue, ne donne qu'une idée imparfaite de la pièce, qui abonde en traits incisifs, en railleries amères, en réparties étincelantes. — Le succès a été complet et doit fixer pour longtemps la foule à la Porte-Saint-Martin.

Un jeune homme inconnu, du nom de Clarence, a joué supérieurement le rôle de Georges. Une tête expressive, une diction chaleureuse et profondément sentie, telles sont les qualités de cet acteur inconnu hier. — Raucourt a mis beaucoup de finesse, de mordant et d'humour dans le rôle de Burl, qu'il a su composer de manière à éviter toute ressemblance avec l'inévitable silhouette de Robert Macaire.

15 juin.

Opéra. *Freyschutz*. — Il n'est point ici question de Freyschutz, ce chien de lettres de M. A. Karr, qui écrivait des paradoxes sur la chair des gens avec des crocs plus pointus encore que les aiguillons des Guêpes, mais du Freyschutz de Weber joué autrefois à l'Odéon sous le titre de *Robin des Bois*, paroles et arrangement de M. Castil Blaze. Une courte préface, mise en tête du livret, indique de quel esprit étaient animés le poëte et le musicien à qui nous devons cette réapparition de l'œuvre de Weber sur une scène française.

« En produisant à l'Opéra le chef-d'œuvre de Weber, disent les auteurs, MM. É. Pacini et Berlioz, nous nous sommes scrupuleusement appliqués à en donner une traduction aussi fidèle que possible, poëme et musique, et non pas un arrangement; la partition du maître n'a subi aucune altération : on a respecté strictement l'ordre, la suite, l'intégralité, l'instrumentation. Seulement, comme le dialogue parlé est interdit à l'Académie royale de Musique, il a fallu y suppléer par des récitatifs dans lesquels on a tâché de conserver le coloris particulier qui distingue tout l'ouvrage. La musique des divertissements se compose des airs de ballets d'*Obéron* et de *Preciosa*, opéras de Weber auxquels l'auteur de la musique des récitatifs a ajouté, en l'instrumentant pour l'orchestre sans y changer une note, le célèbre rondo de piano intitulé *l'Invitation à la valse*, également de Weber. Quant au poëme, l'auteur s'est efforcé de rendre fidèlement cette simplicité candide du libretto allemand, auquel il aurait craint d'apporter le moindre changement, s'attachant surtout à suivre invariablement le système de la musique, comme aussi à traduire littéralement parfois jusqu'aux détails les plus minutieux de cette pièce, dont la poétique naïveté germanique est le principal caractère; et dont l'imitation exacte est sans doute ici le seul mérite. »

Nous partageons à cet égard l'opinion de M. Berlioz, et même de M. Pacini, on ne doit toucher le génie qu'avec des mains respectueuses comme le prêtre quand il tient l'hostie. Chaque note est sacrée, et les paroles qui ont éveillé l'inspiration du maître ne doivent pas être changées à la légère. Seulement, nous regrettons que cette religieuse manière de traiter les partitions illustres n'ait pas été appliquée à un autre chef-d'œuvre, non que nous voulions déprécier le mérite de *Freyschutz*, mais parce qu'il se prête moins que tout autre, par sa structure et son ordonnance, à cette scrupuleuse exhumation ; le *Freyschutz* n'est qu'un opéra-comique, et, malgré la religion de M. Hector Berlioz pour le génie du musicien allemand, il lui a fallu de nombreuses interpolations de récitatifs pour pouvoir l'ajuster dans le cadre gigantesque de l'Académie royale de Musique. Puisque l'on faisait tant que de représenter, sur la scène française, un chef-d'œuvre étranger, il eût mieux valu choisir un opéra qu'un opéra-comique, et surtout un ouvrage dont le succès n'ait pas été épuisé d'avance par deux ou trois cents représentations ; *Obéron* ou *Preciosa*, par exemple.

Quoi qu'il en soit, le livret de *Freyschutz*, versifié avec soin, et dont plusieurs passages risquent fort d'être de la poésie, s'éloigne des façons habituelles des canevas d'opéra ; le moindre vaudevilliste eût disposé les scènes avec beaucoup plus d'adresse assurément, mais il n'y eût pas mis ce parfum germanique et cette entente de la fantasmagorie : M. Émilien Pacini a reproduit, en outre, avec beaucoup de bonheur, les rhythmes compliqués et difficiles du livret allemand ; tâche ingrate s'il en fût !

Les récitatifs de M. Berlioz sont faits avec toute la sobriété et la mesure possible. Il s'est imprégné de la couleur du maître de façon à rendre insensibles les sutures des morceaux qui lui sont particuliers.

L'exécution n'a pas été tout à fait irréprochable.—Marié, chargé du rôle de Max, semble paralysé par une extrême timidité qui l'empêche de développer les brillants moyens qu'il possède.—Madame Stoltz a jeté sur le personnage d'Agathe une couleur mélancolique et rêveuse aussi allemande que le peuvent permettre des yeux étincelants et des cheveux d'un noir andalous. — Mademoiselle Nau a chanté le petit rôle d'Annette avec cette gentillesse et cette perfection perlée qu'on lui connaît. — Grâce à la persévérance inflexible de M. Berlioz, les chœurs ont été d'une justesse et d'un entrain admirables : le chœur des chasseurs a été redemandé à grand cris, ce qui n'était peut-être jamais arrivé pour un chœur à l'Opéra. Nous n'avons pas parlé de la musique ; il est tout à fait superflu d'en faire l'éloge : hardiesse, mélodie, passion, franchise, énergie, tout y est.

THÉATRE-FRANÇAIS. Débuts de mademoiselle Émilie Guyon dans *Hernani.*—*Hernâni* est toujours pour nous le drame de Victor Hugo que nous préférons, non pas que nous pensions, comme M. de Salvandy, que l'illustre poëte n'ait rien fait qui vaille depuis sa pièce couronnée aux jeux floraux ; mais *Hernani* réveille en nous de tels souvenirs d'enthousiasme et de jeunesse, qu'il nous est impossible de ne pas avoir pour lui quelque partialité. — C'était un beau temps que celui-là ! un temps de lutte, de passion, d'enivrement et de fanatisme ! Jamais la querelle littéraire ne fut débattue plus vivement ! Les représentations étaient de vraies batailles rangées, on sifflait, on applaudissait avec fureur ; chaque vers était pris et repris ; on combattait des heures entières pour le moindre hémistiche. Un jour, les romantiques emportaient le *vieillard stupide;* l'autre jour, les classiques, que ce mot choquait particulièrement comme une allusion personnelle, le reprenaient à l'aide d'une supérieure artillerie de sifflets.—Nous avons assisté, pour notre compte, à quarante représentations consécutives d'*Hernani;* nous allions là par bandes, tous fous de poésie, d'amour de l'art, fanatiques comme des Turcs et prêts à tout faire pour notre Mahomet. Nous entrions dès trois heures, nous attendions le lever du rideau en nous récitant des tirades de la pièce, que nous savions mieux que les acteurs. — C'était charmant ! on demandait par-ci, par-là, la tête de quelque académicien ; — qui eût dit alors que notre chef passerait à l'ennemi et serait académicien lui-même ! et l'on battait un peu les bourgeois qui ne comprenaient pas. Nous avions, du reste, la mine singulièrement farouche avec nos barbes, nos moustaches, nos royales, nos cheveux mérovingiens, nos chapeaux excessifs, nos gilets de couleur féroce. — Certes, tout cela peut sembler ridicule aujourd'hui ; mais c'était une belle chose que toute cette jeunesse ardente, passionnée, combattant pour la liberté de l'esprit et introduisant de force dans le temple de Melpomène la muse moderne dont Victor Hugo était à cette époque le prêtre le plus fidèle ; une chose aussi distingue cette période, c'est l'absence d'envie et de jalousie littéraires. — On s'aimait et l'on s'admirait franchement ; dès que l'on avait fait une pièce de vers, une ode, un sonnet, on courait la montrer aux camarades ; on se félicitait, on se complimentait, et, certes, il y avait de quoi, car la poésie, enterrée par les versificateurs de l'Empire, venait enfin de ressusciter.

Nous avions raison cependant, nous, les jeunes gens, les jeunes fous, les enragés, qui faisions de si belles peurs aux membres de l'Institut, tout inquiets dans leurs stalles : *Hernani* n'est interrompu aujourd'hui que par les applaudissements ; cette passion si chaste et si dévouée, cette couleur romanesque et sauvage, cette fierté héroïque et castillane dont Victor Hugo semble avoir dérobé le secret à Corneille ; tout cela a été compris et senti admirablement par cette même foule qui repoussait autrefois le poëte au nom d'Aristote, qu'elle n'a jamais lu.

Mademoiselle Émilie Guyon, jeune et belle personne que le public avait déjà eu occasion d'applaudir dans *la Fille du Cid*, de M. Casimir Delavigne, débutait par le rôle de dona Sol, où mademoiselle Mars et madame Dorval avaient déjà montré un talent si brillant et si divers ; elle a bien compris la physionomie de cette figure profondément espagnole, passionnément calme, hautaine et douce, fière et tendre à la fois, qui s'honore de l'amour d'un banni et s'offense du caprice d'un roi. Son costume de velours, noir et or, semble dérobé à un portrait de Zurbaran et lui sied à ravir. — Beauvallet, qui manque peut-être de suavité dans les portions amoureuses de son rôle, a parfaitement rendu l'âpre mélancolie, la majesté sauvage et l'allure romanesque du chef de montagnards ; il est, sous ce rapport, bien supérieur à Firmin. Guyon n'a qu'un défaut dans le Ruy Gomez de Sylva : c'est qu'il est trop vert encore sous ses cheveux blancs; sa belle voix, sonore et vibrante comme un timbre de cuivre, a de la peine à imiter le chevrotement de la sénilité. A part ce défaut, que nous lui pardonnons bien volontiers, et dont il n'est pas responsable, il a été simple, majestueux et bon. — Quant à Ligier, c'est un tragédien d'un grand talent, sans doute; mais il nous est impossible de le prendre, ne fût-ce qu'un instant, pour le jeune roi don Carlos avec sa barbe rousse et sa lèvre autrichienne.

AMBIGU. *Fabio le Novice.* — Ceci est un honnête mélodrame, bien écrit, sagement conduit, aussi littéraire que peut le permettre le théâtre de l'Ambigu : l'habitude d'une scène supérieure s'y fait sentir à chaque instant. Sans entrer dans les détails d'une analyse qui, pour être exacte, devrait être presque aussi longue que la pièce, contentons-nous d'indiquer le sujet mis en œuvre par MM. Noël Parfait et Charles Lafont.

La Lombardie est au pouvoir des Espagnols; le comte Manzoni s'est fait aimer de la fille du gouverneur imposé par Philippe II; il l'a épousée secrètement : de ce mariage résulte un garçon (la mère et l'enfant se portent bien). Rien de mieux; mais une révolte a lieu, et le gouverneur, poursuivi par les insurgés, est obligé de se réfugier chez le comte Manzoni, l'époux clandestin de sa fille. Il paye cette hospitalité en faisant pendre le frère du comte, et en prédisant à la comtesse que son fils périra plus tard sur l'échafaud, à la suite de quelque rébellion ; — brave père! agréable gouverneur!

La comtesse, frappée de cette prédiction, ne pense plus qu'à dérober les jours de son fils à cette influence fatale. Pour cela, elle simule sa mort, fait enterrer quelque bûche à sa place, et le met dans un couvent où il reçoit l'éducation la plus pacifique et la plus débonnaire; mais il est vrai de dire que le jeune homme n'en profite en aucune façon. Beau sang ne peut mentir : il n'est novice que le jour; la nuit, c'est bien le plus enragé libertin du monde; il escalade les murs, ou sort par la porte en corrompant le frère gardien. L'amour, le jeu, les armes, plaisent un peu plus à notre novice que le bréviaire et les génuflexions. Sa mère, qui vient le voir tous les jours sous le titre de nourrice, est fort inquiète des dispositions de monsieur son fils : et elle a raison, car le drôle ne peut tarder à se compromettre. En faisant l'amour la nuit, en escaladant les balcons, Fabio tombe en plein guêpier de conspirateurs, et ce n'est qu'en protestant de sa haine contre les Espagnols, et en se joignant à la bande, qu'il évite d'être poignardé comme espion. La prédiction du vieux gouverneur est en grand train de s'accomplir. Bref, la bataille s'engage ; Fabio est pincé, on va le pendre. Mais le comte Manzoni, chef de la conspiration, s'est échappé. Le gouverneur met sa tête à prix ; un blanc seing est offert à qui le livrera. On ne peut pas être plus large sur le choix de la récompense. — Madame la comtesse, folle de douleur, et qui sait où est caché le comte, ne trouve rien de mieux, pour sauver son fils, que de livrer son mari. Dans une scène fort bien traitée d'ailleurs, et où les sentiments de la mère et ceux de l'épouse se livrent une lutte douloureuse, elle écrit sur le blanc seing la grâce de Fabio, que le gouverneur, fidèle à sa promesse, relâche sur-le-champ. Le comte va être décapité ; l'échafaud est dressé, tout est prêt ; mais un diable incarné, un conspirateur modèle, qui serpente à travers l'action, changeant de forme comme Protée, tantôt mendiant, tantôt grand seigneur, tantôt soldat, Policastro, enfin, puisqu'il faut l'appeler par son nom, soulève le peuple. Pif! paf! bound! bound! din!.din! La fusillade, le tocsin, les cris, une bonne émeute dans toutes les formes! Le comte est délivré, l'Italie est débarrassée des Espagnols, et Fabio, reconnu par son père pour le fils qu'il avait cru mort, épouse sa cousine Julia Manzoni, la jeune fille dont il est amoureux, etc., etc.

Mademoiselle Davenay, l'ex-merveillé de l'hôtel Castellane, a montré beaucoup de naïveté et de gentillesse dans le petit rôle de Julia ; elle est jolie, elle a de magnifiques cheveux blonds, qualité qui devient de plus en plus rare, et que nous apprécions comme elle le mérite.

Alexandre Mauzin, qui jouait le don Salluste dans *Ruy Blas* avec une tenue si sévère, un si parfait mépris, une froideur si inexorable, un ton si bref, un geste si impérieux, que toute la fougue de la passion de Frédérick ne pouvait le dominer, a donné au rôle original de Policastro un accent, un relief et une vérité remarquables ; on ne saurait mieux rendre le courage franc et le trivial de l'homme du peuple, l'astuce toujours pleine d'expédients et ne se décourageant jamais du conspirateur de profession. — Fabio le novice est représenté par Albert, le dieu de l'Ambigu-Comique !

XII

JUILLET 1841. — Opéra : *Giselle*, ballet de MM. de Saint-Georges, Théophile Gautier et Corally, musique de M. Adolphe Adam. — A M. Henri Heine, à Cauterets. — Les trois Grâces de l'Opéra. — M. Cicéri. — Opéra-Comique : *la Maschera*, paroles de M***, musique de M. Kastner. — *Les Deux Voleurs*, paroles de MM. de Leuven et Brunswick, musique de M. Girard. — *Frère et Mari*, paroles de MM. Humbert et Polak, musique de M. Clapisson. — Ambigu : *les Bains à quatre sous*, par MM. Dennery et Brisebarre. — Les auteurs moraux malgré eux.

5 juillet.

OPÉRA. *Giselle*. — Mon cher Henri Heine, en feuilletant, il y a quelques semaines, votre beau livre de *l'Allemagne*, je tombai sur un endroit charmant ; — il ne faut pour cela qu'ouvrir le volume au hasard ; — c'est le passage où vous parlez des elfes à la robe blanche dont l'ourlet est toujours humide, des nixes qui font voir leur petit pied de satin au plafond de la chambre nuptiale, des wilis au teint de neige, à la valse impitoyable, et de toutes ces délicieuses apparitions que vous avez rencontrées dans le Hartz et sur le bord de l'Ilse, dans la brume veloutée du clair de lune allemand ; — et je m'écriai involontairement : « Quel joli ballet on ferait avec cela ! » Je pris même, dans un accès d'enthousiasme, une belle grande feuille de papier blanc, et j'écrivis en haut, d'une superbe écriture moulée : LES WILIS; *ballet*. — Puis je me pris à rire et je jetai la feuille au rebut sans aller plus loin, me disant qu'il était bien impossible de traduire au théâtre cette poésie vaporeuse et nocturne, cette fantasmagorie voluptueusement sinistre, tous ces effets de légende et de ballade si peu en rapport avec nos habitudes. Le soir, à l'Opéra, la tête encore pleine de votre idée, je rencontrai, au détour d'une coulisse, l'homme d'esprit qui a su transporter dans un ballet, en y ajoutant beaucoup du sien, toute la fantaisie et tout le caprice du *Diable amoureux* de Cazotte, ce grand poëte qui a inventé Hoffmann au milieu du xviiie siècle, en pleine Encyclopédie ; je lui racontai la tradition des wilis. Trois jours après, le ballet de *Giselle* était fait et reçu. Au bout de la semaine, Adolphe Adam avait improvisé la musique, les décorations étaient presque achevées, et les répétitions allaient grand train. — Vous voyez, mon cher Henri, que nous ne sommes pas encore si incrédules et si prosaïques que nous en avons l'air. Vous avez dit dans un accès d'humeur : « Comment un spectre pourrait-il exister à Paris ? Entre minuit et une heure, qui est de toute éternité le temps assigné aux spectres, la vie la plus animée se répand encore dans les rues. C'est en ce moment que retentit à l'Opéra le bruyant finale. Des bandes joyeuses s'écoulent des Variétés et du Gymnase ; tout rit et saute sur les boulevards, et tout le monde court aux soirées. Qu'un pauvre spectre errant se trouverait malheureux dans cette foule animée ! » Eh bien, je n'ai eu qu'à prendre vos pâles et charmants fantômes par le bout de leurs doigts d'ombre et à les présenter pour qu'ils fussent accueillis le plus poliment du monde. Le directeur et le public n'ont pas fait la moindre objection voltairienne. Les wilis ont reçu tout d'abord le droit de cité dans la très-peu fantastique rue Lepelletier. Les quelques lignes où vous parlez d'elles, placées en tête du livret, leur ont servi de passe-port.

Puisque l'état de votre santé vous a empêché d'assister à la première représentation, je m'en vais tâcher, s'il est permis à un feuilletoniste français de raconter une histoire fantastique à un poëte allemand, de vous expliquer comment M. de Saint-Georges, tout en respectant l'esprit de votre légende, l'a rendue acceptable et possible à l'Opéra. Pour plus de liberté, l'action se passe dans une contrée vague, en Silésie, en Thuringe ou même dans un de ces *ports de mer de Bohême* qu'affectionnait Shakspeare ; il suffit que ce soit au delà du Rhin, dans quelque coin mystérieux de l'Allemagne. N'en demandez pas plus à la géographie du ballet, qui ne saurait préciser un nom de ville ou de pays avec le geste, qui est sa seule parole.

Des coteaux chargés de vignes rousses, safranées, cuites et confites par le soleil d'automne; de ces belles vignes où pendent les grappes couleur d'ambre qui donnent le vin du Rhin, occupent tout le fond du théâtre; tout au haut d'une roche grise et pelée, si escarpée, que les pampres n'ont pu l'escalader, est perché comme un nid d'aigle, avec ses murailles crénelées, ses tourelles en poivrière, ses girouettes féodales, un de ces châteaux si communs en Allemagne : c'est la demeure du jeune duc Albrecht de Silésie. — Cette chaumière, à la gauche du spectateur, fraîche, propre, coquette, enfouie dans les feuillages, c'est la chaumière de Giselle. La cabane en face est habitée par Loys. — Qu'est-ce que Giselle? Giselle, c'est Carlotta Grisi, une charmante fille aux yeux bleus, au sourire fin et naïf, à la démarche alerte, une Italienne qui a l'air d'une Allemande à s'y tromper, comme l'Allemande Fanny avait l'air d'une Andalouse de Séville. Sa position est la plus simple du monde : elle adore Loys, elle adore la danse. Quant à Loys, représenté par Petitpa, il nous est suspect pour cent raisons. Tout à l'heure, un bel écuyer, tout galonné d'or, lui a dit quelques mots tout bas, la barette à la main, dans une attitude soumise et respectueuse; un domestique de grande maison, comme paraît l'être cet écuyer, n'eût point manqué, en parlant à un rustre, de trancher du grand seigneur. Donc, Loys *n'est point ce qu'il paraît être* (style de ballet), *mais plus tard on verra.*

Giselle sort de la chaumière sur le bout de son joli petit pied mignon. Ses jambes sont déjà éveillées; son cœur ne dort pas non plus, quoiqu'il soit bien matin. Elle a fait un rêve, un vilain rêve : une belle et noble dame en robe d'or, un brillant anneau de fiançailles au doigt, lui est apparue pendant son sommeil comme devant épouser Loys, qui était lui-même un grand seigneur, un duc, un prince. Les rêves sont parfois bien singuliers! Loys la rassure de son mieux, et Giselle, encore un peu inquiète, adresse des questions aux marguerites. Les petites feuilles d'argent volent et s'éparpillent. « Il m'aime, il ne m'aime pas!... O mon Dieu! que je suis malheureuse! il ne m'aime pas! » Loys, qui sait bien qu'un garçon de vingt ans fait dire aux pâquerettes tout ce qu'il veut, renouvelle l'épreuve, qui, cette fois, est favorable; et Giselle, charmée de l'augure de la fleur, se remet à voltiger çà et là, en dépit de sa mère, qui la gronde, et voudrait voir ce pied si agile faire bourdonner le rouet à l'angle de la fenêtre, et ces jolis doigts interrogateurs de marguerites occupés à cueillir la grappe déjà trop mûre ou à porter le panier d'osier des vendangeuses. Mais Giselle n'écoute guère les conseils de sa mère, qu'elle apaise par quelque gentille caresse. La mère insiste : « Malheureuse enfant ! tu danseras toujours, tu te feras mourir, et, après ta mort, tu deviendras wili ! » Et la bonne dame, dans une pantomime expressive, raconte la terrible histoire des danseuses nocturnes. Giselle n'en tient compte. Quelle est la jeune fille de quinze ans qui ajoute foi à une histoire dont la moralité est qu'il ne faut pas danser ? — Loys et la danse, voilà son bonheur. — Ce bonheur, comme tout bonheur possible, blesse dans l'ombre un cœur jaloux : le garde-chasse Hilarion est amoureux de Giselle, et son plus ardent désir est de nuire à Loys, son rival. Il a déjà été témoin de la scène où l'écuyer Wilfrid parlait respectueusement au paysan Loys. Il soupçonne quelque trame, défonce la fenêtre de la cabane et s'y introduit, espérant y trouver quelque preuve accablante. Mais voici que résonnent les fanfares : le prince de Courlande et sa fille Bathilde, montée sur une blanche haquenée, fatigués de la chasse, viennent chercher dans la chaumière de Giselle un peu de repos et de fraîcheur. Loys s'esquive prudemment. Giselle s'empresse, avec une grâce timide et charmante, d'apporter sur la table des gobelets d'étain bien luisants, du lait, quelques fruits, tout ce qu'elle a de meilleur et de plus appétissant dans son buffet rustique. Pendant que la belle Mathilde porte le gobelet à ses lèvres, Giselle s'approche à pas de chatte, et, dans un ravissement d'admiration naïve, se hasarde à toucher l'étoffe riche et moelleuse dont est fait l'habit de cheval de la noble dame. Bathilde, enchantée de sa gentillesse, lui passe sa chaîne d'or au cou, et la veut emmener avec elle. Giselle la remercie avec effusion, et lui répond qu'elle ne désire rien au monde que de danser et d'être aimée de Loys.

Le prince de Courlande et Bathilde se retirent dans la chaumière pour goûter quelques instants de repos. Les chasseurs se dispersent dans les environs ; une fanfare sonnée par le cor du prince les rappellera quand il sera temps. Les vendangeuses reviennent des vignes et organisent une fête dont Giselle est proclamée la reine et où elle prend part plus que personne. La joie est à son comble, lorsque paraît Hilarion portant un manteau ducal, une épée et un ordre de chevalerie trouvés dans la cabane de Loys ; — plus de doute, Loys n'est qu'un imposteur, un séducteur qui a voulu se jouer de la crédulité de Giselle : un duc ne peut épouser une simple paysanne, même dans le monde chorégraphique, où l'on voit souvent les rois épouser les bergères ; — un pareil hymen offre d'insurmontables difficultés : Loys ou plutôt le duc Albrecht de Silésie se défend du mieux qu'il peut et répond qu'après tout le malheur n'est pas si grand, et qu'au lieu d'un paysan, Giselle épousera un duc. Elle est assez jolie pour devenir duchesse et châtelaine. « Mais vous n'êtes pas libre, vous êtes fiancé à une autre, » répond le garde-chasse. Et, empoignant le cor oublié sur la table, il se met à souffler dedans comme un enragé. Les chasseurs accourent; Bathilde et le prince de Courlande sortent de la chaumière et s'étonnent de voir le duc Albrecht de Silésie sous un pareil déguisement; Giselle reconnaît dans Bathilde la belle dame de son rêve, elle ne peut plus douter de son malheur; son cœur se gonfle, sa tête s'égare, ses pieds s'agitent et sautillent; elle répète le motif qu'elle a dansé avec son amant; mais bientôt ses forces s'épuisent, elle chancelle, s'incline, saisit l'épée fatale apportée par Hilarion et se laisserait tomber sur la pointe si Albrecht n'écartait le fer avec cette soudaineté de mouvement que donne le désespoir. Hélas! c'est une précaution inutile! le coup de poignard est porté; il a atteint le cœur et Giselle expire, consolée du moins par la profonde douleur de son amant et la douce pitié de Bathilde.

Voilà, mon cher Heine, l'histoire que M. de Saint-Georges a imaginée pour nous procurer la jolie morte dont nous avions besoin. Moi qui ignore les combinaisons du théâtre et les exigences de la scène, j'avais pensé à mettre tout bonnement en action, pour le premier acte, la délicieuse orientale de Victor Hugo. — On aurait vu une belle salle de bal chez un prince quelconque : les lustres auraient été allumés, les fleurs placées dans les vases, les buffets chargés, mais les invités n'auraient pas été arrivés encore; les wilis se seraient montrées un instant, attirées par le plaisir de danser dans une salle étincelante de cristaux et de dorures et l'espoir de recruter quelque nouvelle compagne. La reine des wilis aurait touché le parquet de son rameau magique pour communiquer aux pieds des danseuses un désir insatiable de contredanses, de valses, de galops et de mazurkas. La venue des seigneurs et des dames les eût fait envoler comme des ombres légères. Giselle, après avoir dansé toute la nuit, excitée par le parquet enchanté et l'envie d'empêcher son amant d'inviter d'autres femmes, aurait été surprise par le froid du matin comme la jeune Espagnole; et la pâle reine des wilis, invisible pour tout le monde, lui eût posé sa main de glace sur le cœur. Mais alors nous n'aurions pas eu la scène si touchante et si admirablement jouée qui termine le premier acte tel qu'il est; Giselle eût été moins intéressante, et le deuxième acte eût perdu de son effet de surprise.

Le second acte est la traduction aussi exacte que possible de la page que je me suis permis de déchirer dans votre livre, et j'espère, lorsque vous nous reviendrez guéri de Cauterets, que vous n'y trouverez pas trop de contre-sens.

Le théâtre représente une forêt sur le bord d'un étang : de grands arbres pâles, dont les pieds baignent dans l'herbe et dans les joncs; le nénufar épanouit ses larges feuilles à la surface de l'eau dormante, que la lune argente çà et là d'une traînée de paillettes blanches. Les roseaux aux fourreaux de velours brun frissonnent et palpitent sous la respiration intermittente de la nuit. Les fleurs s'entr'ouvent languissamment et répandent un parfum vertigineux comme ces larges fleurs de Java qui rendent fou celui qui les respire ; je ne sais quel air brûlant et voluptueux circule dans cette obscurité humide et touffue. Au pied d'un saule, couchée et perdue sous les fleurs, repose la pauvre Giselle; à la croix de marbre blanc qui indique sa tombe est suspendu, encore tout frais, le diadème de pampres dont on l'avait couronnée à la fête des vendanges.

Des chasseurs viennent chercher une place favorable pour se mettre à l'affût; Hilarion les effraye en leur disant que c'est un endroit dangereux et sinistre, hanté par les wilis, ces cruelles danseuses nocturnes qui ne pardonnent pas plus que des femmes vivantes à un valseur fatigué. Minuit sonne dans l'éloignement: du milieu des longues herbes et des touffes de roseaux s'élancent des feux follets au vol inégal et scintillant qui font fuir les chasseurs épouvantés.

Les roseaux s'écartent et l'on voit paraître d'abord une petite étoile tremblante, puis une couronne de fleurs, puis deux beaux yeux bleus doucement étonnés dans un ovale d'albâtre, et enfin tout ce beau corps élancé, chaste et gracieux, digne de la Diane antique et que l'on nomme Adèle Dumilâtre ; c'est la reine des wilis. Avec cette grâce mélancolique qui la caractérise, elle folâtre à la lueur pâle des étoiles, qui glisse sur les eaux comme une blanche vapeur, se balance aux branches flexibles, voltige sur la pointe des herbes comme la Camille de Virgile, qui marchait sur les blés sans les courber, et, s'armant de son rameau magique, évoque les autres wilis, ses sujettes, qui sortent avec leurs voiles de clair de lune des touffes de jonc, des massifs de verdure, du calice des fleurs, pour se joindre à la danse ; elle leur annonce qu'il y a cette nuit réception d'une nouvelle wili. En effet, l'ombre de Giselle, droite et pâle dans son suaire transparent, jaillit soudainement de terre à l'appel de Myrtha (c'est le nom de la reine). Le suaire tombe et disparaît. Giselle, encore transie de l'humidité glaciale du noir séjour qu'elle quitte, fait quelques pas en chancelant et en jetant des regards d'effroi sur cette tombe où son nom est écrit. Les wilis s'en emparent, la conduisent à la reine, qui lui attache elle-même la couronne magique d'asphodèle et de verveine. Au toucher de la baguette, deux petites ailes inquiètes et frémissantes comme celles de Psyché se développent subitement sur les épaules de la jeune ombre, qui, du reste, n'en avait pas besoin. — Aussitôt, comme si elle voulait réparer le temps perdu dans ce lit étroit fait de six planches et de deux planchettes, comme dit le poëte de *Lénore*, elle s'empare de l'espace, bondit et rebondit avec un enivrement de liberté et une joie de ne plus être comprimée par cet épais drap de terre lourde, rendus d'une manière sublime par madame Carlotta Grisi. Un bruit de pas se fait entendre ; les wilis se dispersent et se blottissent derrière les arbres.—Ce sont de jeunes paysans qui reviennent de la fête du village voisin ; l'excellente proie ! Les wilis sortent de leur cachette et veulent les entraîner dans leur ronde fatale ; heureusement, les jeunes gens cèdent aux conseils d'un vieillard plus prudent qui connaît la légende des wilis, et finissent par ne pas trouver fort naturel de rencontrer au fond d'un bois, sur le bord d'un étang, une foule de jeunes créatures très-décolletées, en jupes de tulle, avec des étoiles au front et des ailes de phalène aux épaules. Les wilis, désappointées, les poursuivent vivement ; cette chasse laisse le théâtre vide.

Un jeune homme s'avance éperdu, fou de douleur, les yeux baignés de larmes ; c'est Loys, ou Albrecht, si vous l'aimez mieux qui, trompant la surveillance de ses gardiens, vient visiter la tombe de sa bien-aimée. Giselle ne résiste pas à la douce évocation de cette douleur si vraie et si profonde ; elle entr'ouvre les branches, et penche, vers son amant agenouillé, son charmant visage illuminé d'amour. Pour attirer son attention, elle détache des fleurs qu'elle porte d'abord à ses lèvres, et lui jette ses baisers sur des roses. La légère apparition, suivie d'Albrecht, se met à voltiger coquettement. Comme Galathée, elle s'enfuit vers les roseaux et les saules : *sed cupit ante videri.* — Le vol transversal, la branche qui s'incline, la disparition subite, lorsque Albrecht veut l'enfermer dans ses bras, sont des effets originaux et neufs et qui font une illusion complète. Mais voici que les wilis reviennent. Giselle fait cacher Albrecht ; elle sait trop le sort qui l'attend s'il était rencontré par les terribles danseuses nocturnes. — Elles ont trouvé une autre proie : Hilarion s'est égaré dans la forêt ; un sentier perfide l'a ramené à l'endroit qu'il fuyait tout à l'heure. Les wilis s'emparent de lui, se le passent de main en main ; à la valseuse fatiguée succède une autre valseuse, et toujours la danse infernale se rapproche du lac. Hilarion, haletant, épuisé, tombe aux pieds de la reine en demandant grâce. Point de grâce ! l'impitoyable fantôme le frappe avec la branche de romarin, et soudain ses pieds endoloris s'agitent convulsivement. Il se relève et fait de nouveaux efforts pour s'échapper : un mur dansant lui ferme partout le passage, on l'étourdit, on le pousse, et, en quittant la main froide de la dernière danseuse, il trébuche et tombe dans l'étang. — Bonsoir, Hilarion ! cela vous apprendra à vous mêler des amours des autres ! Que les poissons du lac vous mangent les yeux !

Qu'est-ce qu'Hilarion, qu'un danseur pour tant de danseuses ? Moins que rien. Une wili, avec ce flair merveilleux de la femme qui cherche un valseur, découvre Albrecht dans sa cachette. A la bonne heure ! en voilà un qui est jeune et beau et léger ! « Allons, Giselle, faites vos preuves ! qu'il danse jusqu'à mourir !·» Giselle a beau supplier, la reine ne l'écoute pas, et la menace de livrer Albrecht à des wilis moins scrupuleuses. Giselle entraîne son amant vers la tombe qu'elle vient de quitter, lui fait signe d'embrasser la croix et de ne pas la quitter quoi qu'il arrive. Myrtha essaye d'une ruse infernale et féminine. Elle oblige Giselle, forcée de lui obéir en sa qualité de sujette, à exécuter les poses les plus entraînantes et les plus gracieuses. Giselle danse d'abord timidement et avec beaucoup de retenue ; puis son instinct de femme et de wili l'emporte ; elle s'élance légèrement et danse avec une grâce si voluptueuse, une fascination si puissante, que l'imprudent Albrecht quitte la croix protectrice et s'avance les mains tendues, l'œil brillant de désir et d'amour. Le fatal délire s'empare de lui, il pirouette, il saute, il suit Giselle dans ses bonds les plus hasardeux ; dans la frénésie à laquelle il s'abandonne perce le secret désir de mourir avec sa maîtresse et de suivre au tombeau l'ombre adorée ; mais quatre heures sonnent, une ligne pâle se dessine au bord de l'horizon. C'est le jour, c'est le soleil, c'est la délivrance et le salut. Fuyez, vision des nuits ! fantômes blafards, évanouissez-vous ! Une joie céleste brille dans les yeux de Giselle : son amant ne mourra pas, l'heure est passée. La belle Myrtha rentre dans son nénufar. Les wilis s'éteignent, se fondent et disparaissent. Giselle elle-même est attirée vers sa tombe par un ascendant invincible. Albrecht, éperdu, la saisit dans ses bras, l'emporte en la couvrant de baisers et l'assoit sur un tertre fleuri ; mais la terre ne veut pas lâcher sa proie, l'herbe s'entr'ouvre, les plantes s'inclinent en pleurant leurs larmes de rosée, les fleurs se penchent... Le cor résonne ; Wilfrid, inquiet, cherche son maître. Il précède de quelques pas le prince de Courlande et Bathilde... Cependant les fleurs envahissent Giselle ; on ne voit plus que sa petite main diaphane... La main elle-même disparaît, tout est fini ! — Albrecht et Giselle ne se reverront plus dans ce monde. — Le jeune homme s'agenouille auprès du tertre, cueille quelques-unes des fleurs, les serre dans sa poitrine, et s'éloigne la tête appuyée sur l'épaule de la belle Bathilde, qui lui pardonne et le console.

Voilà, à peu près, mon cher poëte, comment, M. de Saint-Georges et moi, nous avons arrangé votre charmante légende, avec l'aide de

M. Corally, qui a trouvé des pas, des groupes et des attitudes d'une élégance et d'une nouveauté exquises. Nous vous avons choisi pour interprètes les trois Grâces de l'Opéra : mesdames Carlotta Grisi, Adèle Dumilâtre et Forster. La Carlotta a dansé avec une perfection, une légèreté, une hardiesse, une volupté chaste et délicate qui la mettent au premier rang entre Elssler et Taglioni ; pour la pantomime, elle a dépassé toutes les espérances ; pas un geste de convention, pas un mouvement faux ; c'est la nature et la naïveté même : il est vrai de dire qu'elle a pour mari et pour maître Perrot l'aérien. Petitpa a été gracieux, passionné et touchant ; il y a longtemps qu'un danseur n'a fait autant de plaisir et n'a été si bien accueilli.

La musique de M. Adam est supérieure à la musique ordinaire des ballets ; elle abonde en motifs, en effets d'orchestre ; elle contient même, attention touchante pour les amateurs de musique difficile, une fugue très-bien conduite. Le second acte résout heureusement ce problème musical du fantastique gracieux et plein de mélodie. Quant aux décorations, elles sont de Cicéri, qui n'a pas encore son égal pour le paysage. Le lever du soleil, qui fait le dénoûment, est d'une vérité prestigieuse. — La Carlotta a été rappelée au bruit des applaudissements de la salle entière.

Ainsi, mon cher Heine, vos wilis allemandes ont parfaitement réussi à l'Opéra français.

12 juillet.

OPÉRA-COMIQUE. *La Maschera.* — *Les Deux Voleurs.* — *Frère et Mari.* — L'Opéra-Comique croupit dans une oisiveté honteuse : depuis *les Diamants de la couronne,* on n'a représenté à ce théâtre que trois petites pièces en un acte, légères de paroles et de musique. Est-ce la peine d'être un théâtre royal et de recevoir une énorme subvention ! Ne voilà-t-il pas du temps et de l'argent bien employés ! Nous n'avons, pour notre part, aucune tendresse à l'endroit de l'opéra-comique, genre bâtard et mesquin, mélange de deux moyens d'expressions incompatibles, où les acteurs jouent mal sous prétexte qu'ils sont chanteurs, et chantent faux sous prétexte qu'ils sont comédiens. Cependant, puisqu'il est reconnu que l'opéra-comique est un genre éminemment national, qu'il occupe un magnifique emplacement et reçoit de l'État des sommes considérables, encore faudrait-il qu'il donnât assez de signes d'existence pour obtenir son certificat de vie et toucher régulièrement sa pension; car, si déjà c'est une chose abusive de subventionner un vivant, que sera-ce donc de subventionner un mort?

La Maschera, le premier en date de ces petits opéras-comiques, offre cette particularité que la musique en est faite par un critique musical, M. Kastner, qui a surchargé ce frêle canevas de plus d'harmonie qu'il n'en pouvait assurément porter, dans l'intention d'étaler une science formidable.

M. Girard, chef d'orchestre du théâtre, a fait précisément le contraire pour *les Deux Voleurs*, où il n'a mis de musique que juste ce qu'il en fallait pour montrer qu'il était un homme de beaucoup de talent. Il est vrai de dire que le sujet, plutôt spirituel que musical, ne comportait pas de plus grands développements; ce qui ne nous empêche pas de complimenter M. Girard de sa sobriété et de sa réserve, surtout aujourd'hui, où l'exécution dépasse toujours la chose qu'elle veut exprimer. — De ces deux voleurs, l'un est un larron d'honneur et l'autre un coupeur de bourses. Tous les deux, profitant de l'absence de M. Gibelin, greffier-secrétaire de la police de Versailles, et mari de la charmante Adeline, s'introduisent dans son logis pour lui dérober, l'un sa femme, l'autre sa cassette. Mais Adeline est une femme de tête : elle neutralise le marquis par le voleur et le voleur par le marquis, et trouve ainsi moyen de les tenir en respect jusqu'au retour du greffier. Indulgente comme une honnête femme qu'elle est, elle dérobe le voleur à la justice en le désignant comme le marquis, et le marquis à la colère conjugale en le désignant comme le voleur. — Mademoiselle Darcier a été charmante dans le rôle d'Adeline; on n'a pas plus d'esprit et de finesse.

Frère et Mari est imité d'un auteur qui n'a jamais fait partie de l'association des auteurs dramatiques, et qui probablement n'intentera pas de procès en contrefaçon à MM. Humbert et Polak. Nous voulons parler du vénérable patriarche Abraham, qui fit passer pour sa sœur sa femme Sarah, à la cour d'un roi moabite, amalécite, madianite, nous ne savons trop lequel; ce qui amena une suite de quiproquos et d'aventures dans le genre de *Frère et Mari*. La musique de M. Clapisson, médiocrement chantée par Couderc, Émon, mademoiselle Révilly et madame Potier, qui se repose un peu trop sur sa beauté, ne manque cependant ni d'élégance ni de distinction, et révèle un progrès dans la manière de l'auteur.

20 juillet.

AMBIGU. *Les Bains à quatre sous.* — La toile se lève et le théâtre représente les environs de la Glacière, par une belle gelée d'hiver. Deux pensionnats rivaux s'y rendent pour patiner et faire des glissades. L'un, tenu par M. Édouard, est composé d'enfants pauvres; l'autre, composé d'enfants riches, est sous la direction de M. Jolivet. Édouard aime la fille de M. Jolivet, qui veut bien la lui accorder... quand il sera riche. Un certain Montargis, ancien pion ou chien de cour qui a mangé un petit héritage et fait une infinité de métiers plus ou moins suspects, propose à Édouard de lui procurer une fortune considérable, à condition qu'il lui en cédera la moitié. — Voici le mot de cette énigme : Édouard, enfant repoussé par sa famille, dont il ignore le nom, aurait droit à cinquante mille livres de rente comme son frère. Montargis est au courant de cette affaire ténébreuse, qu'il se promet bien d'exploiter à son profit. Édouard refuse d'abord vertueusement; mais... Nous voilà embarqué dans le récit vulgaire d'une intrigue vulgaire, ce n'est pas de cela qu'il s'agit, et le théâtre ne comptait probablement pas là-dessus pour attirer l'attention du public. — Pendant que cette question s'agite entre Édouard et Montargis, les deux pensionnats se provoquent de la parole, des pieds et des mains. Ces élèves, il faut vous le dire, sont des femmes et des jeunes filles habillées en écoliers; eh bien, avouons-le, les premiers gamins, les plus affreux moutards que l'on aurait ramassés au coin des rues, jouant à la marelle ou au bouchon, seraient moins horribles à voir et moins repoussants que ces femmes choisies, autant que possible, parmi les moins contrefaites et les plus présentables. — Ainsi donc voilà ce que c'est qu'une femme avec ce tuyau de poêle qu'on appelle un chapeau, ce carcan qu'on appelle une cravate, ces deux fourreaux de parapluie collés ensemble qu'on appelle un pantalon, cette brassière à queue fendue qu'on appelle un habit! Mademoiselle Davenay elle-même, qui est une jeune fille blonde, distinguée et vaporeuse comme une vignette anglaise, et que tout le monde, le grand et le petit, avait jusqu'à présent trouvée charmante, était ce soir-là d'une laideur que personne n'aurait jamais soupçonnée sans ce malencontreux travestissement. Le premier et peut-être le seul mérite d'une femme consiste à n'être pas un homme, c'est une vérité qu'il ne faut pas oublier. — Les deux pensionnats, après une escarmouche préalable à coups de boules de neige, se donnent rendez-vous dans six mois pour un grand combat naval aux bains à quatre sous.

Le second acte représente le dortoir de la pension dirigée par M. Édouard : les élèves devaient probablement se coucher chacun dans leur lit ; mais la censure nous a privés de cette scène d'intimité touchante. C'est bien assez, grands dieux ! d'avoir vu ces femmes en pantalons et en redingotes, sans nous les montrer toutes nues. Ici se succèdent une suite d'espiègleries et de charges sans esprit et sans gaieté, où perce l'intention non suivie d'effet de repasser *le Maître d'école* des Variétés.

Enfin, au troisième et dernier acte, la scène est aux bains à quatre sous. N'ayez pas peur, mesdames et messieurs ; jamais tableau plus moral ne s'est offert à nos yeux : de longs peignoirs, cousus par devant, bien arrêtés autour du cou, et ne laissant même pas voir un petit coin d'épaule, enveloppent ces dames de la tête aux pieds.

Nous pensons qu'à cet endroit les deux pensionnats devaient paraître vêtus seulement de maillots-chair et de caleçons assortis à leur fortune, et il est vraiment dommage que l'on ait retranché ce gracieux épisode, pour lequel la pièce avait probablement été arrangée. — La vertu triomphe en même temps que la décence : le traître Montargis est démasqué, et le jeune Édouard épouse la fille de M. Jolivet. — C'était bien la peine de déranger une vingtaine d'honnêtes critiques !

XIII

AOUT 1841. — Palais-Royal : *la Sœur de Jocrisse*, par MM. Duvert et Lauzanne. — Métamorphose d'un perroquet. — Alcide Tousez. — Opéra-Comique : reprise de *Camille, ou le Souterrain*, paroles de Marsollier, musique de Dalayrac. — La beauté réelle et la beauté de mode. — Abandon du vieux répertoire lyrique, ses conséquences. — Le poëme de Marsollier. — Madame Capdeville, Mocker, Sainte-Foy. — Ambigu : *le Marchand d'habits*, par MM. Charles Desnoyers et Antony Béraud. — Restauration du pont du torrent et réapparition de l'effet de neige. — Le costume à deux fins de Saint-Ernest.

1er août.

PALAIS-ROYAL. *La Sœur de Jocrisse.* — Voilà une pièce qui ne réhabilite rien, qui n'a pas la prétention de démontrer quoi que ce soit, où l'intrigue est nulle, et qui fait rire aux éclats d'un bout à l'autre. Alcide Tousez, qui remplit le rôle de Jocrisse, y est d'une bêtise exhilarante, ébouriffante, pyramidale, d'une bêtise réfléchie et naïve à la fois, qui a un cachet tout particulier. Ce n'est pas la bêtise d'Odry, ni celle d'Arnal ; c'est une bêtise spéciale, la bêtise d'Alcide Tousez.

Nous ne ferons pas l'analyse de cette bluette ; mais nous raconterons une charge qui nous a beaucoup diverti. Le maître de Jocrisse a un perroquet. Jocrisse le regarde et fait sur le volatile glapissant des réflexions d'une profondeur remarquable, — entre autres celle-ci : que les perroquets vivent très-longtemps lorsqu'ils sont empaillés ; et, partant de ce principe, il mange lui-même les biscuits et boit le madère destinés au déjeuner de Jacquot. Cela fait, il veut tirer l'animal de sa cage pour la nettoyer ; mais il s'y prend avec son adresse ordinaire, le perroquet se sauve par la fenêtre après avoir sévèrement mordu Jocrisse au doigt. Le malheureux, tout éperdu, s'empare d'un filet à papillons et se met à la poursuite de la volaille vicieuse, comme il l'appelle ; au lieu d'un perroquet, il attrape un petit chat qu'il remet précieusement dans la cage recouverte d'un voile vert. Les miaulements du petit chat peuvent à la rigueur passer pour les glapissements du perroquet ; mais, à la fin, le maître de Jocrisse veut voir son perroquet ; demande terrible, que Jocrisse esquive par toutes sortes de prétextes piteux et burlesques. « Monsieur, dit-il, vraiment je ne sais pas ce qu'a le perroquet ; depuis quelque temps, il a beaucoup changé. Voilà une singulière maladie ! Ses plumes lui tombent, il n'en a plus du tout ; mais, en revanche, il lui est poussé du poil et deux pattes, et des oreilles et une queue ! Quel symptôme ! il ne dit plus : « As-tu déjeuné, Jacquot, » mais bien *Miaou ! miaou !* et, s'il était sur une gouttière au lieu d'être dans une cage, des gens malintentionnés pourraient bien prétendre que c'est un chat ! Après tout, on voit tous les jours des *chemises* se changer en papillons et des *airs* en hannetons, dit le pauvre Jocrisse ; qu'y a-t-il d'étonnant à ce qu'un perroquet se change en chat ? C'est dans la nature, d'après les lois de la métamorphose. »

Tout cela écrit a l'air froid ; mais il faut l'entendre débité par Alcide Tousez avec cet enrouement flûté et cet air profondément malheureux de sa bêtise qu'il comprend et ne peut dominer ! le spleen en personne s'y tiendrait les côtes de rire et le désespoir s'y désopilerait la rate.

14 août.

Opéra-Comique. *Camille, ou le Souterrain.* — Il y a dans tous les arts deux choses, la beauté réelle et la beauté de mode : l'une ne vieillit jamais, l'autre devient ridicule au bout de quelques années. Cela est vrai particulièrement pour la musique, dont les formes varient de vingt-cinq ans en vingt-cinq ans, et qui, n'ayant pas, comme la peinture, son prototype dans la nature, est sujette à devenir surannée bien plus vite, surtout lorsque la tradition a été interrompue. A l'exception du *Don Juan* de Mozart, dont la réussite n'a jamais été bien franche à l'Opéra, aucun ouvrage lyrique, remontant à la fin du siècle dernier, n'est représenté, à l'heure qu'il est ; ainsi, rien de Gluck, rien de Piccini, rien de Méhul, rien des musiciens qui ont fait la gloire de la scène française.

Cette négligence coupable est cause que, lorsque, par hasard, on reprend un des ouvrages qui ont justement fait l'admiration de nos pères, nous sommes seulement frappés de leurs formes tombées en désuétude, comme si nous voyions paraître devant nous un monsieur fort bien mis avec un habit noisette, des ailes de pigeon, des bas chinés et deux montres à breloques de cornaline. Cette espèce d'étonnement nous empêche d'abord d'être sensibles à leurs véritables beautés ; d'ailleurs, accoutumés que nous sommes à l'infernal vacarme moderne, où l'orchestre accompagne le timide aveu de la jeune première avec des éclats et des tonnerres qui eussent paru exagérés aux symphonistes d'autrefois pour exprimer les canonnades de la bataille d'Austerlitz ou de Marengo, ces opéras où la musique se soumet aux paroles, nous paraissent presque silencieux. Il nous faut quelque temps pour nous habituer à cette gamme de tons doux et modérés, à cet art simple, et qui ne cherche pas trop à se faire valoir. Les acteurs eux-mêmes ont perdu le sentiment de ce qu'ils exécutent, et des beautés de premier ordre passent inaperçues.

Cela n'arriverait pas si l'Opéra-Comique avait maintenu au répertoire les pièces des maîtres de l'école française qui ont eu dans leur temps le plus de succès, ainsi que cela se fait au Théâtre-Français. L'objection des maigres recettes ne doit même pas être une raison, puisque la subvention est là. Du mélange alterné des deux genres naîtrait assurément un double public ; certains opéras-comiques de l'ancien répertoire ont, outre leur mérite personnel, l'avantage de ramener pendant quelques heures à l'âge de vingt ans d'estimables amateurs qu'ils reportent aux plus agréables souvenirs de jeunesse ; et, certes, il n'y a guère de musique qui vaille celle que l'on a entendu chanter par une jolie bouche lorsque soi-même on avait les cheveux noirs et l'œil étincelant.

Le poëme de Marsollier est un mélodrame pur dans le genre d'Anne-Radcliffe et de Ducray-Duminil. Rien n'y manque, ni le niais obligé, ni le tyran indélicat, ni la femme innocente et persécutée ; pas même l'enfant pleurard et sentimental. Le sujet est emprunté à une nouvelle insérée par madame de Genlis dans son roman d'*Adèle et Théodore;* l'aventure de la duchesse de Cerificalco, fille du prince de Palestrina, s'y trouve considérablement augmentée et délayée ; mais laissons le poëme, que sa forme surannée rend, d'ailleurs, amusant et curieux sous le rapport littéraire, car c'est le vrai prototype des mélodrames qui, depuis, ont fait verser tant de larmes sur le boulevard du crime.

Les couplets *On nous dit que dans le mariage* sont délicieux ; la *ronde de la forêt Noire*, le trio de la cloche sont d'admirables morceaux. Le duo bouffe qui ouvre le second acte ne serait pas désavoué par les plus grands maîtres.

Madame Capdeville a joué avec beaucoup de talent le personnage de Camille, quoique le rôle soit écrit un peu haut pour elle.—Mocker a bien accentué les phrases importantes qu'il avait à dire dans les morceaux d'ensemble.—Sainte-Foi a rendu le valet poltron d'une manière assez comique.—Il est à regretter que la petite fille chargée du rôle d'Adolphe n'ait pas eu une éducation musicale assez avancée pour chanter le duo du troisième acte entre la mère et le fils. Somme toute, la représentation a été satisfaisante, et, sans amener la foule, l'œuvre de Dalayrac contribuera à varier un peu le répertoire.

21 août.

Ambigu. *Le Marchand d'habits.* — Ceci est un mélodrame pur sang ! un mélodrame qui n'a rien d'historique, sans jurements moyen âge, sans couleur locale, sans dagué de Tolède, un mélodrame enfin dans la vraie acception du mot, avec effet de neige et *pont du torrent*. O délicieux pont du torrent ! il y a longtemps que nous ne l'avions vu. Nous le regrettions sincèrement, du fond de notre cœur ; car rien n'est plus dramatique au monde que ces deux rochers réunis par une mince poutre, que le traître peut pousser du pied dans l'abîme, ôtant ainsi à la gendarmerie le moyen de venir au secours de l'innocence opprimée. Après le pont du torrent, rien ne nous charme plus que l'effet de neige avec ses jolis flocons de papier qui descendent mollement des frises et s'arrêtent dans la perruque noire du tyran ! Sachons gré à MM. Desnoyers et Béraud de nous avoir rendu l'un et l'autre.

Saint-Ernest a joué, avec sa conscience ordinaire, le rôle du marchand d'habits, cheville ouvrière de la pièce. On racontait au foyer que, quelque temps avant la représentation, l'honnête acteur était allé chez un jeune artiste fort spirituel pour qu'il lui dessinât un costume de marchand d'habits. « Vous n'avez pas besoin de mon dessin, restez comme vous êtes, » répondit le peintre en le toisant des pieds à la tête avec un sang-froid profond. — Cela soit dit sans faire tort à la toilette de ville de Saint-Ernest.

XIV

SEPTEMBRE 1841. — Folies-Dramatiques : *les Amours de Psyché*, féerie de MM. Dupeuty et Delaporte. — La saison où fleurit l'esthétique. — Noble audace d'un petit théâtre. — La fable de Psyché. — Voyage au ciel et sur la terre. — Respect aux dieux détrônés! — Mademoiselle Angélique Legros, madame Mina Roussel. — Ambigu : *la Lescombat*, drame de MM. Antony Béraud et Alphonse Brot. — Une main et un masque de plâtre. — Une Hermione bourgeoise. — Les Ahasvérus dramatiques. — Gaieté : *la Citerne d'Alby*, drame de MM. Dennery et Gustave Lemoine. — Un titre alléchant. — Théorie des fantômes.

9 septembre.

FOLIES-DRAMATIQUES. *Les Amours de Psyché.*—Sous le prétexte d'un été qui n'a pas eu lieu, les théâtres n'ont donné depuis longtemps aucune première représentation. Cette pénurie de vaudevilles et de mélodrames jette les critiques dans de longues et minutieuses analyses des tragédies qui se jouent au Théâtre-Français, en l'absence de mademoiselle Rachel, pour la plus grande satisfaction des ouvreuses. L'apparition du moindre débutant sert de prétexte à de magnifiques dissertations esthétiques sur *Tancrède*, *Abufar*, ou tout autre chef-d'œuvre du même genre et de la même nouveauté. C'est un courage qui nous manque, et, dans cette disette de pièces, nous avons préféré nous taire, sous le prétexte assez peu valable, toutefois, que nous n'avions absolument rien à dire.

Aujourd'hui, nous allons, s'il vous plaît, entrer dans ce petit théâtre voisin du Cirque-Olympique et de la marchande de galette, où Frédérick Lemaître a donné le dernier coup de pinceau à sa création de Robert Macaire, et forcé artistes, grands seigneurs, gens du monde, femmes à la mode, à venir s'entasser dans des stalles étroites et des avant-scènes pareilles à des tiroirs de commode, aux Folies-Dramatiques, pour tout dire. — Il s'agit d'une grande féerie en dix tableaux intitulée *les Amours de Psyché*. Certes, voilà un titre un peu audacieux par les souvenirs qu'il éveille. Apulée, la Fontaine, Molière, Corneille, Raphaël, Canova le statuaire, et même le peintre Gérard, ont ajouté chacun quelque chose à cette tradition, charmante empreinte de l'esprit délicat et gracieux de la Grèce antique. L'Opéra avec ses plus jolies danseuses, sa plus suave musique, ses plus fraîches décorations, y suffirait à peine. Quelle hardiesse de risquer tous ces vols, toutes ces machines, tous ces changements à vue, dans une boîte qui n'a tout au plus qu'une vingtaine de pieds de large! Il n'y a que les petits théâtres pour ne douter de rien, et ils ont, parbleu, bien raison! La fortune n'aime que les audacieux, et surtout les téméraires. Ainsi le théâtre des Folies-Dramatiques, qui n'y va pas par quatre chemins, et tient avant tout à justifier son titre, commence tout simplement sa pièce nouvelle par *l'Olympe, prologue*. Que sera-ce à la fin?

La toile se lève, et l'Olympe, dans toute sa splendeur, apparaît flanqué de six coulisses de nuages. Au fond, on aperçoit, dans une auréole radieuse, les palais d'or et de marbre des grandes divinités. Les dieux s'ennuient comme de simples mortels, et, pour tuer le temps qui ne peut leur rendre la pareille, ils boivent du nectar à pleine coupe, et se grisent confortablement. La cause de cet ennui est des mieux fondées. L'Amour est absent du ciel, et qu'est-ce que le ciel sans l'Amour? L'immortalité de l'ennui!

L'Amour est allé faire un petit tour sur la terre. Les dieux et même les anges ont eu, de tout temps, une forte inclination pour les filles des hommes. — En effet, cette beauté qui ne dure qu'une saison, cette fleur délicate qui reste si vite aux doigts du temps, cette âme si ardente qui va s'exhaler, ces formes si pures que la mort doit fatalement dissoudre, n'ont-elles pas un plus grand charme, un plus puissant attrait que la beauté de marbre de déesses sûres d'être éternellement jeunes et jolies? — Tel est avis de l'Amour, qui ne se soucie guère du ciel, sachant bien, d'ailleurs, qu'il l'emporte partout avec lui. — Cependant les déesses, jusqu'à Minerve la prude, s'inquiètent de l'absence du jeune adolescent; Vénus voit son culte abandonné, on ne lui sacrifie plus de colombes, on n'effeuille plus sur ses autels les roses qui ne vivent qu'un jour, car l'Amour, amoureux lui-même, ne songe plus à faire usage de ses flèches d'or ou de plomb. Jupiter, ému des plaintes de Vénus, dirige son télescope du côté de notre planète, où il ne tarde pas à apercevoir Cupidon rôdant autour de la cabane d'un pêcheur. — C'est là que demeure Psyché, Psyché la belle, Psyché dont le nom veut dire *âme*, la seule au monde qui soit capable de fixer l'Amour.

Un quart de dieu, Capricorne, que MM. Dupeuty et Delaporte ont détaché du zodiaque pour lui donner à peu près les fonctions de Mercure, espionne l'Amour et lui conseille d'aller faire une visite de bienséance aux Olympiens, ne fût-elle que d'un jour. Cupidon suit le conseil de Capricorne; la jeunesse est confiante!

Nous vous laissons à penser la joie que son retour cause dans l'Olympe. Mais en voici bien d'une autre! on voudrait marier Cupidon. Avec qui? Avec cette vieille fille de Pallas, qui ne quitte jamais sa cuirasse et son égide, et qui porte un hibou éternellement perché sur la tête. Le régal est mince; car, si les vieilles filles de la terre sont insupportables, les vieilles filles du ciel le sont encore bien davantage. Cupidon pousse les hauts cris à cette proposition hétéroclite, prétendant qu'il faut, selon toutes les ballades du monde, *des époux assortis dans les liens du mariage*, et que l'Amour ne peut épouser la Sagesse qu'à la condition de faire un ménage exécrable. Et, là-dessus, il déploie ses ailes et se prépare à décamper promptement; mais Vulcain, qui, en sa qualité de mari prédestiné, ne peut souffrir l'Amour, a fabriqué, par un artifice merveilleux, une cage d'or dont les réseaux enveloppent subitement le petit dieu récalcitrant, à qui on plume les ailes par surcroît de précaution. Le vieux Jupiter, qui a été dans son temps un mauvais sujet, s'intéresse sous main au rebelle, et, dégoûté du mariage par l'humeur acariâtre de Junon, conçoit fort bien qu'on veuille rester garçon, surtout lorsque l'on est soi-même le dieu de l'amour et qu'on a toutes les facilités possibles pour se créer les passions les plus heureuses, et il fait délivrer l'Amour sur parole, au grand mécontentement de Vénus, qui sait, par sa propre expérience, combien sont légères les promesses de l'Amour, même lorsqu'elles sont jurées par le Styx.

Pendant tout ce prologue, où les anciennes divinités sont raillées fort lestement, et, moins l'indécence, un peu à la manière de la *Guerre des Dieux* de Parny, nous éprouvions une espèce de malaise ; car, en général, nous n'aimons pas à voir traiter irrévérencieusement quelque mythologie que ce soit. Nous pensons que les douze grands dieux de l'Olympe existent toujours, et nous défions qui que ce soit de nous prouver le contraire. Jupiter nous apparaît encore avec cette chevelure ambroisienne, ce sourcil noir et mobile dont le froncement entraîne l'univers.

En voyant travestir ainsi ce qui fut l'adoration et la terreur d'un monde évanoui, ce que tant d'hommes illustres et supérieurs, poëtes, artistes et philosophes, vénérèrent pendant près de deux mille ans, ce qui fut la religion d'Homère et de Virgile, on ne peut s'empêcher de faire de tristes réflexions sur l'instabilité des croyances et des idées. On pense avec une sorte d'effroi que, dans quelques douzaines de siècles, à l'un des théâtres d'une ville encore à naître, on jouera dans un des idiomes qui succéderont aux langues actuelles, devenues à leur tour langues mortes, une parade féerique dont le sujet et le merveilleux seront empruntés à notre religion, passée à son tour à l'état de mythologie. — Ces symboles d'un sens si profond, revêtus par la plastique grecque de ces admirables formes qu'aucun art n'a pu encore surpasser, n'ont, d'ailleurs, jamais pu être complétement abolis ; ils tiennent leur place dans nos mœurs, dans notre poésie, dans notre peinture et dans notre statuaire ; toutes les galanteries adressées aux femmes sont tirées de ce fonds inépuisable, et le romantisme, qui a produit de si beaux et de si glorieux résultats, n'a pu trouver une nouvelle formule de madrigal ; il nous semble donc assez hasardeux de parler légèrement de Jupiter, qui doit vivre encore dans quelque recoin d'Olympe oublié ; car des millions d'hommes qui se croyaient fort sensés, et qui l'étaient assurément sous tous les autres rapports, ont cru fermement à son immortalité et à celle des autres dieux. Que diraient MM. Dupeuty et Delaporte si le Jupiter de Phidias, ce colosse d'or et d'ivoire, si grand, qu'en se levant il eût emporté la voûte de son temple, accourait du fond du passé et lançait sur le théâtre des Folies-Dramatiques ses carreaux composés de trois rayons tordus de pluie, de flamme et de grêle?

Toutes les formes de religion, soit vivantes, soit tombées en désuétude, sont respectables, car elles ont pour principe la conscience de la faiblesse humaine, le désir d'un appui céleste et le besoin d'expliquer par une ou plusieurs des puissances suprêmes le merveilleux phénomène de la création ; sentiments sublimes qui distinguent avant toute chose l'homme de la brute, et nous trouvons que les religions en vigueur ne sont pas assez respectueuses envers les religions devenues simplement des mythologies.

Nous voici embarqué dans des considérations assez solennelles à propos des *Amours de Psyché*, pièce féerique en dix tableaux ; mais cela nous a chagriné de voir Jupiter travesti de la sorte en chiffonnier aviné comme un mendiant ou un Père éternel de Charlet.

Le théâtre change et représente l'intérieur de la cabane de Psyché. C'est une cabane fort peu grecque, avec un lit à quenouilles et à pentes de serge de style moyen âge. — MM. Dupeuty et Delaporte, avec cette liberté d'anachronisme qui sied si bien aux grands maîtres, et qu'autorise l'exemple de Paul Véronèse, ont habillé leurs Grecs de costumes du xve siècle ; dans le prologue, vous avez pu voir qu'ils ont donné à Jupiter un télescope. Milton donne bien de l'artillerie aux archanges rebelles, dans le combat d'où ils sont précipités des cieux.

L'Amour, invisible pour Psyché, car tel est l'ordre du Destin, voltige dans la cabane, jetant dans chaque coin une rêverie, une pensée tendre pour éveiller la passion dans le cœur de celle qu'il aime (style de ballet) ; il prend la forme d'un papillon et effleure du bout de ses ailes le visage de Psyché, qui s'éveille, l'attrape et le pique à la muraille avec une épingle, ce qui aurait bien pu le tuer, si la chair des dieux n'avait la propriété de se cicatriser à l'instant. — Psyché se rendort, et l'Amour lui suscite un rêve où elle voit un site enchanté dans lequel des nymphes et des génies se livrent à toutes sortes de danses et de jeux ; des voix mystérieuses lui chuchotent à l'oreille et lui conseillent d'aimer celui qu'elle ne peut voir et qui l'adore. Toute cette féerie est interrompue par un toc toc frappé à la porte : c'est le fiancé de Psyché qui vient, avec les jeunes filles et les jeunes gens du village, la chercher pour conclure le mariage. Cupidon, toujours invisible, conseille à Psyché de ne pas donner sa blanche main à ce rustre, et lui promet un mari charmant, tendre, empressé, de haute naissance. Psyché, naturellement curieuse, demande à le voir; Cupidon, retenu par l'ordre du Destin, ne peut se révéler, et Psyché, craignant de perdre au change, préfère épouser le rustre. Cela n'est pas si bête; un rustre qu'on voit, en fait de mariage, vaut bien un dieu invisible. Tout cela est égayé ou attristé, si vous l'aimez mieux, par les lamentations de Dondon, grosse fille qui ne peut voir un mariage sans pleurer à chaudes larmes.

Le théâtre change et représente un site agreste: au milieu, une table est dressée, une bande de petits Amours, déguisés en marmitons, viennent, Cupidon en tête, apporter les mets et servir les convives. Vénus, déguisée en marchande d'oublies, rôde autour de la noce, et, de concert avec Capricorne, observe les démarches de son fils; divers prodiges viennent alarmer les convives, qui prennent la résolution d'aller consulter l'oracle de la Sibylle.

Le théâtre change et représente l'entrée d'une caverne au milieu d'une forêt: c'est l'antre de la Sibylle. La Sibylle, qui n'est autre que Vénus déguisée, répond que les dieux ne peuvent être apaisés que par l'exposition de Psyché, qui a eu l'orgueil de se croire aussi belle que la mère de l'Amour, dans un lieu désert, où elle doit devenir l'épouse d'un monstre.

Le théâtre change et représente une contrée désolée et sauvage. Psyché se lamente et déplore son infortune, palpitante au moindre bruit et attendant avec terreur l'arrivée du monstre. Des formes épouvantables grimacent dans tous les coins et tous les angles. Psyché, au désespoir, monte sur une roche et se précipite: elle est soutenue en l'air par les Zéphyrs, amis de l'Amour.

Le théâtre change et représente un très-beau jardin avec des statues, de grands arbres, des massifs de fleurs, des eaux transparentes où se baignent et folâtrent les nymphes qui servent de compagnie à Psyché. Psyché elle-même, vêtue d'une tunique légère, se balance sur une escarpolette de fleurs doucement remuée par le Zéphyr, son très-humble serviteur. Cette décoration est réellement fort jolie et fait honneur à MM. Devoir et Pourchet, qui l'ont peinte. Psyché est heureuse, mais cependant elle soupire. « Ne pas voir son mari, c'est bien cruel! Ce n'est pas un monstre à coup sûr; il a la peau si douce, la voix si harmonieuse! il est si tendre, si galant, si plein d'égards! Mais alors pourquoi ne venir que la nuit et s'éclipser avant l'aurore? pourquoi ensuite me tenir prisonnière dans un séjour délicieux, il est vrai, mais où je ne puis conter mon bonheur à personne?... Je voudrais bien voir ma sœur, » soupire Psyché à voix basse. Aussitôt quatre robustes gaillards voiturent la grosse commère et la déposent aux pieds de leur souveraine. La sœur se met à bavarder comme une pie, admire le jardin, les statues, le palais, trouve tout bien, tout beau, et félicite sa sœur d'avoir fait un mariage si cossu; puis elle demande à être présentée au mari. « Il est sorti, répond Psyché non sans quelque embarras. — Qu'à cela ne tienne, répond la sœur, je vais l'attendre. » Et elle s'établit sans façon sur un banc de mousse. « Il ne rentrera peut-être pas, dit Psyché, que l'obstination de sa sœur embarrasse visiblement. — Comment! il découche déjà? s'écrie la méchante sœur. Psyché, vous me cachez quelque chose. Il court de mauvais bruits sur votre compte : on dit que vous avez épousé un monstre. »

La pauvre enfant se trouble de plus en plus, et elle finit par avouer à sa sœur qu'elle n'a pas encore vu la figure de l'époux qui la visite dans l'ombre et repart avant les premiers rayons du soleil. « Et vous souffrez cela! un mari invisible! Ce procédé est le plus irrégulier du monde, et ne se peut aucunement supporter. Il faut mettre bon ordre à cela, et tâcher de surprendre ce qu'il ne veut pas accorder. Cet époux, tout amoureux qu'il est, dort quelquefois, j'imagine? Eh bien, voici une boîte d'allumettes chimiques et un rat-de-cave : cachez cela sous l'oreiller, et, quand votre mari sera profondément endormi, crac! allumez votre bougie, et dissipez ou confirmez les soupçons qui troublent votre bonheur. L'incertitude est le plus grand des maux. »

Ainsi parle cette mauvaise sœur, réveillant chez Psyché un sentiment qui ne dort jamais bien fort dans le cœur féminin : — la curiosité, — qui perdit Ève et bien d'autres.

Le théâtre change, et représente fort médiocrement la chambre à coucher de l'Amour. — Il fait nuit. Psyché, tremblante, s'avance avec la lampe et le poignard. Que devient-elle quand elle s'aperçoit que son mari est l'Amour lui-même! Une goutte brûlante tombe sur la poitrine du dieu endormi, qui se réveille en sursaut et s'envole en jetant sur la coupable Psyché un long et triste regard d'adieu. Les démons s'emparent de l'infortunée, qui comprend alors la grandeur de son crime. — L'Amour, n'est-ce pas, en effet, la foi, la confiance illimitée, l'acceptation du bonheur tel qu'il vient? et le premier doute, n'est-ce pas la goutte d'huile qui tombe sur le cœur de l'amant ou de la maîtresse?

Le théâtre change et représente une gorge de montagnes pleine de monstres, de larves, de harpies, de démons qui tourmentent Psyché. Pour échapper à leurs poursuites, elle se jette dans la mer; mais ne craignez rien, les néréides auront soin d'elle.

Le théâtre change et représente une large marine. Le fiancé de Psyché ne peut se consoler de sa perte, malgré les agaceries que lui fait Dondon, plus pressée de se marier que jamais. Cependant il faut vivre, et, le cœur gros, le pêcheur jette tristement ses filets à la mer, puis il les tire sur le rivage; ô prodige! il ramène un coquillage énorme où jouent toutes les couleurs du prisme, toutes les nuances irisées de la nacre. Les valves du coquillage s'ouvrent, et Psyché, pâle et blanche, en sort comme une autre Vénus. Le pêcheur est transporté d'une joie qui cesse bientôt, car Psyché ne fait que regretter son divin époux et ne prête qu'une oreille fort distraite aux tendresses du pauvre diable. Malheureusement, Vénus passe par là et, d'un coup de baguette, l'envoie aux enfers.

Le théâtre change et représente *l'onde peu aimable* du Styx, sur laquelle glissent comme de blanches fumées les âmes plaintives des morts. Cette décoration est d'un bel effet, et ne ressemble pas à ces enfers rouges et flambants qui ont plutôt l'air de fours à plâtre que du sombre royaume de l'Haïdès. Cupidon, qui a des intelligences partout, vient conter fleurette à Hécate en faveur de Psyché. Hécate ne demande pas mieux que d'obliger Cupidon. Mais elle craint la colère de Vénus; cependant elle promet de faire ce qu'elle pourra.

— Le fiancé de Psyché, qui s'est pendu ou, du moins, a cru se pendre, vient aux enfers chercher le repos et l'oubli, qu'il trouve dans une coupe d'eau du Léthé que Cupidon, toujours compatissant, lui faire boire. Psyché paraît enfin, et l'Amour se jette à ses pieds. Les noires voûtes se déchirent et laissent descendre les dieux olympiens. Jupiter dit à Vénus qu'elle est assez vengée, et qu'il est bientôt temps que tout cela finisse. (Nous sommes de l'avis de Jupiter.) L'Amour épousera Psyché, que chaque dieu dote d'une perfection comme si elle ne les avait pas toutes. Jupiter lui donne l'immortalité, Pallas la sagesse, Hébé la fraîcheur, Vénus la grâce ; la beauté, elle la possède. Il ne lui manque plus que la parole. Qui la lui donnera? La Vérité, qui n'en a pas grand besoin, puisqu'elle ne parle qu'à des sourds. La Vérité lui fait ce cadeau de la coulisse, car la légèreté de son costume l'empêche de se produire devant la rampe. Le mariage est donc conclu, il s'agit de faire la noce.

Le théâtre change et représente une gloire avec feux de Bengale, vols de génies, amours, tous les ingrédients nécessaires à une apothéose convenable, et la toile tombe au milieu des applaudissements.

Telle est l'analyse très-succincte de cette féerie, qui fera revenir aux Folies-Dramatiques les beaux jours de *la Fille de l'Air*.

Le personnage de l'Amour est rempli fort agréablement par mademoiselle Angélique Legros, jeune personne blonde, gracieuse et bien tournée, à qui la légèreté mythologique du costume de Cupidon ne nuit en aucune manière.

Psyché est moins heureuse : elle a pour interprète madame Mina Roussel, à qui son jeu intelligent et sa voix juste et fraîche ont grand'peine à faire pardonner un physique ingrat et malheureux.

Il est vraiment surprenant que l'on ait pu exécuter tous ces changements à vue et toutes ces machines sur une scène aussi restreinte. Rien n'a manqué, et aucun dieu n'est resté en l'air au bout d'une ficelle, ramant des bras et des pieds comme un simple mortel qui prend une leçon de nage *à sèche*.

27 septembre.

AMBIGU. *La Lescombat.* — Vous avez pu voir, en visitant l'atelier de quelque peintre (aujourd'hui qui n'a pas un peintre pour ami?), au milieu des pipes turques, des blagues algériennes, des esquisses et des bosses qui garnissent les murailles, une main d'une admirable beauté que l'on croirait moulée sur quelque antique statue de Cybèle.

Jamais l'art n'a rêvé une main plus magnifique pour soutenir un sceptre impérial. Elle est sévère, noble, pleine de commandement et d'énergie, malgré la morbidesse de sa forme et la mignardise de ses fossettes. Pour l'observateur attentif, la volupté et la cruauté y sont écrites visiblement. Quoique parfaitement délicate, elle est cependant plus grande qu'une main de femme ordinaire ; cette dimension accuse un esprit viril et résolu, capable des plus grandes hardiesses. Phidias, dans son meilleur temps, n'a jamais rien sculpté de plus pur et de plus divinement beau.

A côté de cette main est ordinairement suspendu un masque d'une perfection remarquable. Quel beau front ! quel ovale irréprochable ! comme la courbe de ce nez est d'une élégance royale ! quelles arêtes fines ! quelles narines passionnément coupées ! comme cette bouche est charmante et doucement épanouie ! Cependant, de toute cette beauté, il résulte une impression sinistre : les yeux, un peu bridés, sont d'une malice inquiétante ; la bouche, malgré son sourire, a quelque chose de contracté, d'ironique, de doucereusement perfide ; les pommettes, un peu trop saillantes, indiquent une opiniâtreté sauvage.

Si vous demandez à l'artiste de quel temple grec, de quelle statue antique viennent ces deux fragments, il vous répondra, tout en roulant entre le pouce et l'index le *papelito* de rigueur : « Ça, c'est la Lescombat. » En effet, cette main et ce masque, moulés sur nature, appartiennent à cette madame Lafarge du XVIIIe siècle.

Et qu'est-ce que la Lescombat?

La Lescombat était la femme d'un architecte qui avait grand'peine à suffire à ses prodigalités, et, sous une apparence froide, cachait une violente passion et une jalousie trop bien justifiée. Madame de Lescombat avait pour amant un homme nommé Mongeot. Le mari s'aperçut sans doute de quelque chose, et, à dater de ce jour, madame de Lescombat lui voua une de ces haines implacables que les femmes nourrissent contre ceux envers qui elles ont des torts à se reprocher. Elle fit si bien, qu'elle décida son amant à tuer son mari. M. de Lescombat fut attiré dans une espèce de guet-apens, au Luxembourg, du côté de la rue d'Enfer, dans un restaurant tenu par le garde du jardin. Quelques instants avant le grand crime, elle passa son anneau nuptial au doigt de Mongeot, et, comme celui-ci hésitait, elle lui dit qu'il n'était qu'un lâche, et qu'elle ferait le coup elle-même. Mongeot, la voyant si déterminée, commit le crime, pour empêcher qu'elle ne baignât ses belles mains dans le sang. Mais M. de Lescombat ne mourut pas si vite de sa blessure qu'il n'eût le temps de désigner son assassin, lequel fut condamné à être roué vif, ce qui inspira à la Lescombat cette réflexion, d'une cruauté si naïvement féminine : « Ce sera la première fois que le sang lui aura monté à la figure ; il ne fallait pas moins que cela pour le faire rougir. » Car Mongeot était, de sa nature, fort pâle de teint. Après cela, éventrez donc des maris pour le compte des Hermiones bourgeoises ! Le Mongeot, qui d'abord avait gardé le silence avec une fermeté digne de Mucius Scévola et de Régulus, et dont la question ordinaire et extraordinaire n'avait pu faire jaillir un seul mot, ayant eu la preuve que la Lescombat ne lui était pas plus fidèle qu'à son mari, pour se venger, révéla sa complicité, et, deux mois après, la malheureuse fut pendue haut et court en place de Grève. On a d'elle des lettres qui sont réellement spirituelles, écrites d'un tour net et d'un style supérieur au vulgaire. Les passages où elle pousse son amant à l'assassinat sont particulièrement curieux.

Ce sujet, qui pouvait prêter à de grands développements de passion et fournir un dénoûment saisissant et terrible, a plutôt été évité que traité par MM. Antony Béraud et Alphonse Brot. Sans doute, ils ont bien fait de songer avant tout aux nécessités de leur théâtre et de s'occuper des combinaisons scéniques compliquées qui charment leur public. — Le côté qu'ils ont laissé dans l'ombre est précisément celui que nous aurions voulu voir mettre en lumière; mais l'on ne veut aujourd'hui que des faits, et puis des faits, et encore des faits! Les préparations, les analyses du cœur humain, les développements de caractère, les morceaux de style et de fantaisie, tout cela s'appelle des longueurs. Il semble, en vérité, qu'une voix fatale crie au dramaturge comme au juif Ahasvérus, autrement dit Isaac Laquedem : « Marche, marche, marche toujours ! »

Gaieté. *La Citerne d'Alby.* — *La Citerne d'Alby!* quel magnifique titre! comme il rappelle le bon vieux mélodrame, le mélodrame de Tautin, de mademoiselle Dupuis et de Marty, auquel Moëssard a succédé dans l'emploi de la vertu! *La Citerne d'Alby*, cela vaut bien *les Ruines de Babylone*, *l'Aqueduc de Cozenza*. Quelle superbe série de crimes se déploie soudain dans l'imagination terrifiée! A ces seuls mots, *la Citerne d'Alby*, comme on devine tout de suite que le vice doit avoir jeté l'innocence là dedans.

En peu de mots, voici l'histoire :

Un gredin fieffé, dont le nom nous échappe, a le dessin ténébreux d'épouser une belle maîtresse de poste, veuve et rehaussée d'un nombre d'écus fort abondant. Le gredin a, dans les temps, fait l'amour à une jeune fille innocente, mais dénuée de capitaux. La petite, se voyant plantée là par le gredin, et attribuant la chose à son manque de monnaie, se résout à se faire demoiselle de compagnie de riches Anglais qui vont se fixer à Naples. Elle compte y rester quelques années, et revient, apportant à son avare amant le fruit de ses économies, cinq à six mille francs, une fortune, à ce qu'elle s'imagine! En passant à Alby, elle descend juste à l'hôtel de la Poste au moment du mariage du gredin avec la riche veuve. Celui-ci est fort ennuyé de voir paraître son *ancienne* dans un moment pareil ; il lui propose d'aller faire un tour de promenade sous le prétexte de s'expliquer, et la pousse indélicatement dans la citerne (ni plus ni moins que les frères de Joseph), et, pour expliquer la disparition de Marie, il écrit sous le nom de sa victime de fausses lettres venant de Naples, où il la fait mourir graduellement d'une maladie de poitrine. Cependant, la pauvre vieille mère de Marie a, chaque nuit, des cauchemars épouvantables : l'ombre de sa fille lui apparaît et réclame vengeance, et désigne la citerne d'Alby comme le théâtre du crime. La vision se reproduit si souvent, que la vieille en parle au procureur du roi. Le procureur du roi se moque d'abord des rêves de la pauvre femme, en procureur voltairien qu'il est. Cependant, ses soupçons réveillant son esprit, il ordonne une enquête. On descend dans la citerne : on n'y trouve rien que la croix d'or de Marie. La vieille est traitée de visionnaire et de folle. Cependant, voilà qu'un beau jour le fantôme apparaît en plein midi devant tout le monde. C'est Marie elle-même, qui n'est pas morte dans la citerne, et dont les gémissements ont été entendus par un jeune médecin qui passait précisément sur la route. Il l'a retirée du gouffre, a pansé ses blessures, et vient demander la punition du crime. Le gredin est livré aux gendarmes, et le jeune homme épouse Marie.

Cette pièce a un défaut capital : la vision dans laquelle la victime apparaît chaque nuit à sa mère serait dramatique si réellement Marie était morte; l'ombre d'une personne vivante ne peut pas apparaître et se manifester à quelqu'un par le phénomène de la vision. La mort seule dégage le spectre des liens qui l'attachent au corps et lui permet d'errer dans l'espace et de se révéler aux êtres qu'une forte sympathie, des rapports antérieurs ou l'extase magnétique mettent en communication avec lui. — Mais ceci est de la métaphysique subtile qui n'empêche pas le mélodrame de MM. Dennery et Gustave Lemoine d'avoir été parfaitement accueilli.

XV

OCTOBRE 1841. — Italiens : réouverture. — La salle restaurée. — Une innovation heureuse. — La *Sémiramide*. — Négligence de la mise en scène. — Mademoiselle Grisi, madame Albertazzi. — L'héritier présomptif de Rubini. — Opéra : début de Poultier dans *Guillaume Tell*. — Opéra-Comique : reprise de *Richard Cœur-de-Lion*. — Les arrangements de M. Adam. — L'exécution. — Théâtre-Français : *Vallia*, tragédie. — Rentrée de mademoiselle Rachel dans le rôle de Camille, des *Horaces*. — Les bouquets portés à domicile. — Odéon : réouverture. — A quoi tient la mauvaise chance de ce théâtre. — Prologue en vers de MM. Dumersan et Dupin. — Anachronismes littéraires. — *Mathieu Luc*, drame de M. Cordelier-Delanoue. — Italiens : Mario dans *les Puritains*. — Le ténor Ronzi à la recherche de sa voix. — La *Cenerentola*. — Vœux stériles pour la réforme des costumes.

9 octobre.

ITALIENS. *Réouverture.* — Avant de parler des oiseaux, disons quelques mots de la cage, que l'on a faite aussi riche, aussi dorée que possible; car les Bouffes sont autant un salon qu'un théâtre, et leur public, presque entièrement composé d'heureux du monde, exige impérieusement toutes les recherches du confortable et de l'élégance.

Le ton de la salle est or et blanc; le fond des loges est grenat, couleur un peu sombre qui contraste trop durement avec les teintes claires de l'architecture. La première galerie, qui a la forme d'une corbeille renversée, est en cuivre estampé dont les jours permettent d'apercevoir le bas de robe des femmes assises derrière. — Ainsi gare aux vilains pieds ou aux souliers mal faits, ce qui est à peu près la même chose. — La seconde est supportée par de charmantes cariatides en carton-pierre de M. Klagmann, à qui l'on doit la fontaine de la place Richelieu.

Le plafond représente un lacis de câbles dorés qui laissent voir un ciel de nuit étoilée. Des figures allégoriques de M. Dieboldt, qui vient de remporter le grand prix de Rome, complètent la décoration. De jeunes esclaves agenouillés et plus grands que nature servent de point d'appui à l'archivolte.

Le rideau, dont la composition est assez confuse, manque de richesse et d'éclat. Les tons en sont éteints et passés. Il porte cette inscription relative à la musique: *Curarum dulce solamen*, maxime un peu mélancolique pour être écrite sur un rideau de théâtre.

L'aspect général est noble et riche. Cependant nous trouvons la salle trop élevée relativement à sa grandeur. Les galeries font une trop forte saillie et projettent, par conséquent, des ombres larges et noires d'un effet disgracieux. Les loges couvertes du premier rang se trouvent ainsi dans une demi-obscurité plus favorable au mystère qu'à la coquetterie. Il faudra remédier à cet inconvénient par des candélabres appliqués avec des bougies de feldspath, comme à l'Opéra.

L'orchestre, très-développé, ne laisse au parterre qu'un petit nombre de places. Chaque stalle est garnie d'une espèce de puits-carton destiné à recevoir le chapeau du spectateur. Nous approuvons fort cette innovation; car, de toutes les petites misères qui peuvent pousser un galant homme au suicide, nous n'en connaissons pas de plus irritante que l'embarras que cause pendant toute une représentation cet abominable tuyau de poêle, coiffure sauvage digne des Hurons, des Papous et des Cherokées, que l'on pose entre ses genoux, sur son cœur ou sous ses pieds en façon de chancelière, et qui, malgré toutes ces précautions, ne manque jamais de sortir du théâtre hérissée, effondrée, miroitée et désormais impossible.

La pièce d'ouverture était la *Sémiramide*. On ne pouvait mieux inaugurer la salle. Seulement, nous ferons à l'administration de graves reproches sur la manière dont l'ouvrage était monté matériellement. Dans quel théâtre forain supporterait-on des comparses si ridiculement fagotés? Les choristes mâles et femelles sont d'une laideur idéale, et semblent choisis exprès. S'ils chantaient parfaitement, on excuserait la disgrâce de leur mine, mais l'on en trouverait aisément de plus beaux qui ne pourraient chanter plus mal.

La décoration, — un temple babylonien, — le plus magnifique motif qui puisse se rencontrer sous les pinceaux d'un artiste, est de la plus grande pauvreté; nous ne saurions mieux la comparer pour la couleur et l'ordonnance qu'à une grande charlotte russe cannelée de massepains; pour achever l'illusion, les acteurs sont généralement coiffés de biscuits de Savoie dorés ou peints, les plus ridicules du monde.

On nous répondra que les Italiens ne sont pas un théâtre à spectacle, et qu'il n'y faut chercher que la perfection du chant. Alors il vaut mieux ne pas jouer du tout, et se contenter de donner des concerts. Nous préférerions de beaucoup voir ces messieurs, en toilette de ville, et leur partition à la main, chanter leurs beaux airs; nous pourrions supposer en imagination le théâtre, l'époque de l'action, l'extérieur du personnage, sans être contrarié par des accoutrements grotesques et des accessoires misérables.

Dût-on nous taxer de matérialisme, nous aurions voulu entrevoir par la mise en scène quelque chose de cette Babylone antique avec ses jardins suspendus, ses superpositions de temples, ses étages de tours, ses escaliers de terrasses; nous aurions voulu voir briller dans l'ombre le cercle d'or d'Osymandias et s'ouvrir les gueules sombres des cités vomitoires conduisant aux profondeurs des nécropoles antédiluviennes.

Au lieu de cela, au moment terrible et solennel de l'apparition, une espèce de buffet à coulisses rentrantes, comme les portes des salles d'attente du chemin de fer, laisse voir un figurant agitant, au bout d'un bâton, une loque douteuse qui avait la prétention mal fondée de représenter l'ombre vengeresse de Ninus. — Un drame, même lyrique, contient une portion visible qu'il n'est pas permis de négliger sans nuire à la portion idéale.

Mademoiselle Grisi seule rappelait Babylone par l'éclat superbe de son regard, la majesté de son attitude dominatrice, et cette expression souveraine que lui donne la certitude d'être parfaitement belle.

Pourquoi madame Albertazzi, qui est une jolie voix et une jolie femme, s'était-elle accoutrée, dans son rôle d'Arsace, d'un costume qu'on ne peut mieux comparer qu'aux costumes romains de Chicard aux bals de la Renaissance : un pantalon blanc, une blouse de gamin de Paris et un casque de pompier ?

La soirée a été généralement froide. On attend avec impatience et inquiétude les débuts de Ronzi, qui doit succéder à Rubini ; nous ne partageons pas à cet égard les terreurs des dilettanti. Le roi est mort, vive le roi ! Après Pasta, Malibran ; après Malibran, Grisi ; après Garcia, Rubini ; après Rubini, Ronzi ; après Taglioni, Elssler ; après Elssler, Carlotta. — Personne n'est indispensable, et tout le monde se remplace !

Opéra. Débuts du tonnelier de Rouen dans *Guillaume Tell*. — Il faut avant toute chose se bien pénétrer, à propos du début de M. Poultier, qu'il courbait des cerceaux et mettait du cidre en bouteilles il y a quinze mois ; qu'en si peu de temps un homme qui ne savait pas une note de musique, qui ignorait comment on s'assoit, comment on se lève, comment on entre et comment on sort, dont l'éducation était à faire de fond en comble, ait pu être mis en état de remplir un rôle de l'importance de l'Arnold de *Guillaume Tell*, et de paraître sur la première scène lyrique de l'univers, cela tient du prodige et fait un grand honneur à l'enseignement de M. Ponchard, son professeur.

Dire que M. Poultier a été excellent, serait une exagération ; une angoisse effroyable lui serrait le gosier comme dans un étau, et lui dérobait la moitié de ses moyens. — Ajoutez à cela qu'il n'avait répété qu'une fois, à demi-orchestre.

Il a dit délicieusement l'air *O Mathilde, idole de mon âme!* qui exige de la suavité, de la tendresse et de la fraîcheur. Le commencement de l'air *Asile héréditaire* a été pour lui une occasion de déployer une profonde sensibilité. La phrase *Aux armes! suivez-moi!* qui exige de l'énergie, n'a pas été enlevée assez vivement.

Cette tentative périlleuse excitait dans le public une espèce d'intérêt pénible, comme on en éprouve à voir danser sur la corde sans balancier un acrobate chancelant et paralysé par la terreur, et les spectateurs ont fait tout ce qu'il était en eux pour encourager le débutant. Nous croyons M. Poultier appelé à recueillir l'héritage d'Alexis Dupont dans l'emploi de ténor léger; sa voix est fraîche, argentine, bien timbrée, et, quand il sera plus musicien et qu'il aura acquis l'habitude de la scène, nous ne doutons pas qu'il ne se rende très-utile à l'administration de l'Opéra et très-agréable au public.

Opéra-Comique. *Richard Cœur-de-Lion.* — L'Opéra-Comique poursuit le cours de ses exhumations musicales. Après *Camille ou le Souterrain*, voici *Richard*, l'un des chefs-d'œuvre de Grétry. Cette œuvre, réclamée depuis longtemps par nos pères pour leur rendre quelques-unes des impressions virginales de leur jeunesse, a cependant dû être accommodée au goût des fils, qui auraient raillé et sifflé peut-être sans respect l'orchestration un peu frêle et les flonflons surannés de quelques parties. M. Adam s'est chargé de ce raccord difficile. Il faut dire que les vieillards ont été impitoyables, et auraient voulu égorger l'*arrangeur*. Mais la dignité inséparable de leur position les a maintenus dans les limites d'une protestation décente et comprimée. Le reste du public a su gré au musicien moderne d'avoir un peu rogné les ailes de pigeon du maître. Le travail de M. Adam a fini par concilier toutes les exigences, surtout pour le relief qu'il a su donner au célèbre duo *Une fièvre brûlante*. Ce morceau a été fort bien rendu par Roger et Masset. Le grand air *O Richard, ô mon roi!* n'a pas été aussi heureux; ce qui tient peut-être à ce que l'acteur l'a voulu chanter à la Dupré. Il aurait mieux fait d'imiter Elleviou.

Ce qui ne vieillit pas dans l'œuvre de Grétry, c'est ce charme et cette richesse de mélodie, si méconnus aujourd'hui. Les motifs sont tous distingués et charmants; madame Capdeville et madame Thillon ont su les faire valoir avec beaucoup de goût. On a regretté que Roger n'eût pas chanté davantage. Masset a été fort applaudi dans le second acte surtout. En somme, cette reprise est le plus grand succès du moment.

THÉATRE-FRANÇAIS. *Vallia.* — *Mademoiselle Rachel.* — *Vallia* n'est pas un drame rimé, c'est une tragédie dans la force du terme. La tragédie nous a, de tout temps, profondément ennuyé, nous l'avouons à notre honte, et *Vallia* ne nous a pas fait sortir de nos habitudes sous ce rapport-là, non pas que cette pièce vaille moins qu'une autre : elle a tout ce qu'il faut pour mériter un succès d'estime ; mais il nous a été toujours impossible de ne pas dormir comme un juste pendant les deux premiers actes des tragédies et de ne pas passer les trois derniers au foyer, ce qui met notre impartialité à l'aise et ne nous gêne en rien pour nos devoirs de critique, attendu qu'il n'y a qu'une seule et même tragédie en trois personnes, de même qu'il n'y a qu'un Dieu et qu'un vaudeville.

L'action se passe (si toutefois il y a une action) dans un de ces monastères-forteresses à piliers trapus, à voûtes surbaissées, aux murailles couvertes de mosaïque byzantine des premiers siècles du christianisme ; cette abbaye crénelée sert de refuge aux habitants de la Septimanie contre les hordes des Francs, cette marée montante du Nord qui finira par noyer le monde romain. Le père Aymar y représente la force spirituelle ; le duc Vallia, chef des Visigoths, la force temporelle. Vallia paraît abattu sous le poids d'une mélancolie qui doit être fort pesante, car c'est un robuste gaillard, de stature colossale, capable de porter son cheval de guerre sur ses épaules : il pousse des soupirs à faire éclater les bardes de fer qui lui cerclent les côtes ; les combats n'ont plus de charme pour lui ; les Francs ont beau venir jusqu'aux portes du monastère, rien ne peut le faire sortir de son apathique tristesse. Vallia est amoureux ; un regard a pu percer cette poitrine profonde où s'émoussent les javelots et pénétrer jusqu'à son cœur. Il aime la fille du prêtre Aymar, la belle Eudoxie. Vallia est veuf, duc, encore jeune, très-beau et très-majestueux ; ce serait un parti fort sortable ; mais Eudoxie en aime un autre, un certain Sunnon qui l'a tirée des mains des Francs dans une attaque du monastère que Vallia, entièrement occupé de sa mélancolie, avait oublié de repousser. Vallia, jaloux de Sunnon, veut se jeter sur lui et le mettre en pièces, et le pauvre diable n'a que le temps de se sauver dans l'église, asile inviolable et sacré dont les portes se referment sur lui.

Vallia se livre à une fureur de taureau frictionné d'acide nitrique et pousse les beuglements les plus sauvages; il crie qu'il renonce au christianisme, qu'il veut reprendre son ancienne religion qui permet la vengeance; qu'il veut devenir cruel, barbare, anthropophage. Majorin, son confident, qui abhorre le christianisme et voudrait faire remonter sur leur trône d'or les dieux de pierre et de marbre, les Olympiens dépossédés, l'excite et l'entretient dans sa colère.

Les choses en sont à ce point lorsque le père Aymar revient d'une petite tournée qu'il était allé faire par là. Eudoxie lui fait part des prétentions et de la fureur de Vallia; ce récit n'a pas l'air d'alarmer beaucoup le père Aymar, qui tire un papier de son sein et dit : « Avec ceci, je ferai tomber la colère de ce lion comme une poussière qu'on arrose. »

Majorin, qui, avec son petit air douceâtre, est bien la plus parfaite canaille qui se puisse voir, persuade à Vallia que le meilleur moyen de se faire aimer d'Eudoxie est de tuer le prêtre Aymar; raisonnement que nous prendrons la liberté d'intituler stupide, faute d'un terme plus convenable, car si Sicambre, si Cherusque, si Goth, si Visigoth, si Ostrogoth qu'on soit, il est impossible de regarder le meurtre d'un père comme un moyen d'avancer dans le cœur de la fille.

Le furieux Vallia, poussé par son Yago romain, va donc niaisement et sans motif aucun planter sa framée dans la poitrine de ce brave père Aymar, qui, pour n'avoir pas une culotte beurre frais comme ce bon M. Germeuil, n'en est pas moins le plus honnête homme du monde.

La lettre est enfin ouverte, et Vallia apprend qu'Eudoxie est sa propre fille. Eudoxie épouse Sunnon. Vallia, repentant et bourrelé de remords, ne veut vivre que pour expier son crime et s'enfonce sous la voûte ténébreuse d'une crypte; il va se faire moine, la haine et le cilice remplaceront pour lui la tunique militaire et la cuirasse aux cercles d'airain.

Cette tragédie est agréablement variée par un figurant qui, à la fin de chaque acte, vient éteindre ou allumer une petite lampe qui ressemble fort à un bougeoir d'hôtel garni. — Les allées et les venues de cet intéressant personnage ne sont pas le moindre attrait du spectacle.

Guyon a été fort beau dans le rôle de Vallia. Sa haute stature, sa voix puissante, ses traits mâles et sévères, son costume arrangé avec beaucoup de caractère, représentaient parfaitement l'idéal que l'on se fait d'un chef de Visigoths ; il a montré de la chaleur et de l'énergie. Sa cousine, mademoiselle Guyon, mérite des éloges pour sa diction nette et franche, l'expression de ses beaux yeux noirs et une certaine force tragique qui lui est propre, et à laquelle malheureusement, la nature de l'ouvrage n'a pas donné beaucoup d'occasion de se développer.

Mademoiselle Rachel, de retour de sa longue tournée, a fait sa rentrée dans le rôle de Camille, des *Horaces*. Le public s'est montré d'abord un peu froid pour elle. — L'absence est toujours dangereuse, car la nature humaine est faite d'oubli ; et, dans la salle, il y avait cette pensée au fond de tous les cœurs : « Vous avez bien pu nous quitter, nous pouvons bien vous oublier. » Toutefois, cette petite bouderie du public, qui n'aime pas que l'on aille ailleurs convertir en or la gloire qu'il vous a faite, n'a pu tenir longtemps contre le talent de la jeune tragédienne. Les applaudissements, longtemps retenus, ont enfin éclaté, et mademoiselle Rachel a été triomphalement rappelée après le quatrième acte. On lui a porté dans sa loge des brassées de bouquets. Nous avons entendu louer, comme fort convenable, cette manière d'exprimer l'enthousiasme. De sa nature, l'enthousiasme, qui est l'oubli de la situation présente, se soucie fort peu des convenances. Si l'on jette des fleurs à une actrice, ce n'est que dans l'entraînement que vous inspire son jeu ; qu'on lance le bouquet que l'on tient à la main, cela se comprend ; mais ces fleurs envoyées tranquillement par un garçon de théâtre nous paraissent une de ces recherches à l'anglaise parfaitement ridicules, et qui, nous l'espérons, ne se naturaliseront pas en France. Le public de nos théâtres est déjà bien assez glacial et morne sans cela !

30 octobre.

ODÉON. *Réouverture.* — *Mathieu Luc.* — Hélas! l'Odéon vient de rouvrir et déjà il est plus fermé que jamais : en mettant le pied dans cette vaste nécropole dramatique, il vous tombe sur le dos, comme une chape de plomb, une mélancolie invincible, un ennui désespéré. Il vous semble que vous ne vous amuserez de votre vie et que c'en est fait de votre joie. C'est une impression pareille à celle que l'on ressent en entrant à l'Escurial : les Anglais les plus noirs, qui ont la prétention d'avoir le spleen, comprennent que ce n'est qu'à l'Escurial et à l'Odéon que l'on s'ennuie véritablement. — Et pourtant, c'est un vaste et beau théâtre voué aux nobles projets, aux généreuses espérances, aux sérieuses études. Il est seul de ce côté de la Seine où sont les loisirs et les intelligences, l'aristocratie et l'étude. — Mais ce n'est pas chez soi ni dans son quartier que l'on s'amuse, et le faubourg Saint-Germain et le pays latin passent bravement les ponts, l'un en voiture, l'autre à pied, pour aller chercher des plaisirs lointains. — Parlez à un Athénien de la rue Larochefoucauld, à un banquier de la Chaussée-d'Antin, à un joli visage de la rue Notre-Dame-de-Lorette, d'aller tout là-bas, de l'autre côté de l'eau, entendre une honnête tragédie en cinq actes en vers, une comédie non moins honnête en cinq actes en vers, ils vous répondront comme si vous leur proposiez un voyage en Chine ou en tout autre pays chimérique.

Et puis, il faut le dire, il y a un destin pour les théâtres comme pour les livres, une salle naît heureuse ou malheureuse, sous une étoile bénigne ou enragée. Il y a un guignon sur l'Odéon comme sur la Renaissance, qui n'a jamais pu renaître. Sans doute, un *jettatore* aux prunelles glauques, au regard bifurqué, passait par là lorsqu'on posait la première pierre, et a lancé *son mauvais œil* aux fondations. A ces théâtres mal nés, rien ne réussit. Les acteurs y perdent la mémoire, et les chanteurs la voix. Aucune catastrophe ne leur manque, ni la banqueroute, ni l'incendie. Il vaudrait bien mieux en faire son deuil tout de suite, les raser de fond en comble et semer du sel à la place.

Aussi est-ce avec un sentiment de profonde tristesse que nous nous sommes transporté hier à l'Odéon pour faire notre devoir de critique ; car ce n'est pas à nous autres, pauvres diables de feuilletonistes, qu'il est permis de trouver un théâtre trop éloigné, une pièce trop ennuyeuse. Toutes les souricières théâtrales que l'on ouvre, c'est à nous qu'on les fait essayer ; avant de verser le poison dramatique au public, on nous fait goûter d'abord l'affreux mélange ; on fait, comme en médecine, une expérience *in animâ vili*.

Les poêles fumaient horriblement ; les rats s'étaient logés dans les tuyaux non ramonés et roulaient à demi grillés parmi la cendre et la suie ; un épais brouillard régnait dans la salle, et, quoiqu'il fît un froid glacial, on avait été obligé de tenir les fenêtres ouvertes. Les quinquets brûlaient jaune et répandaient une lueur terne et malade. Les corridors n'étaient pas balayés et laissaient voir la trace des anciens tapis. Les bonnets des ouvreuses pendaient flasquement et sinistrement comme des membranes de chauves-souris mouillées ; les araignées, étonnées de cette lumière et de ce mouvement inaccoutumés, descendaient du plafond au bout d'un fil.

Malheur incroyable ! guignon endiablé ! une troupe nouvelle, deux pièces nouvelles, l'ouverture d'une salle fermée depuis si longtemps n'avaient pu réussir à piquer la curiosité et l'indifférence du public.

Un prologue en vers de MM. Dumersan et Dupin sert de cadre à une intrigue fort légère, qui n'a d'autre but que de faire paraître tous les acteurs de la troupe. Si les vers de ce prologue étaient imprimés sur de petites bandelettes de papier, ils guirlanderaient avec avantage des diablotins et des flûtes à l'oignon ; c'est un ramassis de calembours hors d'âge, de plaisanteries râpées et tombées en désuétude. Il y a surtout une scène en vers cassés romantiques qui aurait pu être fort plaisante en 1827, dans *le Constitutionnel* du temps. Que MM. les vaudevillistes, dont la plupart, M. Scribe en tête, ignorent les règles les plus simples de la prosodie, l'entrelacement des masculines et des féminines, par exemple, apprennent donc une fois pour toutes que l'école romantique a surtout eu pour but la perfection du vers, la richesse de la rime, la variété de la coupe, la science des rhythmes, et que nulle autre école poétique ne peut lui être comparée de ce côté-là ! Le progrès *matériel* qu'a fait la poésie depuis quelques années doit être attribué aux persévérants efforts des novateurs. C'est donc manquer tout à fait d'à-propos que de venir, en 1841, et sur un théâtre qui prétend être le second Théâtre-Français, une arène ouverte aux jeunes talents, aux audaces qui effrayeraient le théâtre de la rue Richelieu, reproduire ce banal reproche, qu'il faut laisser aux perruques et aux bonnets de coton du vieux journalisme. Après ce morceau ingénieux, vient la tirade obligée sur Racine et sur Molière, dont ces messieurs ont l'air de se croire les héritiers directs. — Et le tout se termine par les quatre vers suivants, qui sont les quatre vers à effet de la pièce :

> Nous voulons mériter le titre qu'on nous donne ;
> Et, pour qu'il ne nous soit contesté par personne,
> Songeant que l'union fait toujours le succès,
> Style, acteurs et public, qu'ici tout soit français !

Mathieu Luc, drame en cinq actes en vers de M. Cordelier-Delanoue, a été représenté ensuite sans la moindre contestation et non sans applaudissements. Cette pièce, faite depuis longtemps et qui a vieilli en quelques portions, est versifiée avec énergie et correction ; des tirades brillantes viennent relever çà et là le fond un peu monotone de l'action, qui n'est ni bien vive ni bien dramatique. La couleur bretonne que l'auteur a répandue sur l'ouvrage est bien sentie, et Mathieu Luc, le principal personnage, ne manque ni d'originalité ni de vigueur.

Nous ne pouvons que souhaiter bonne chance à l'Odéon, car cette soirée n'a rien de décisif. S'il parvient à galvaniser ce théâtre mort, M. d'Épagny aura fait un miracle que n'essayeraient pas les thaumaturges les plus hardis.

ITALIENS. *La Cenerentola*. — Le public s'accoutume peu à peu aux Italiens de cette année et à l'absence de Rubini. Les amateurs forcenés, qui portaient le crêpe de ce veuvage incomparable, commencent à sentir la monotonie de leurs regrets et à dérider leur front sévère. On a crié tant de fois que tout était perdu à la mort ou à la retraite de chaque grand talent, que les formules sont usées et que la mode elle-même s'en rit. Après tout, nous gagerions que les femmes préfèrent de bonne foi un garçon avenant, noble et bien tourné comme

Mario, à la face d'écumoire et à l'épaisse allure du roi des ténors. Mais le dilettantisme est aveugle et n'a que des oreilles, fort grandes pour la plupart. Il attend toujours le ténor Ronzi pour formuler une opinion décidée sur ses plaisirs de cette année. Mario a toutefois obtenu un fort grand succès dans *les Puritains;* l'air de la fin a été applaudi avec un enthousiasme qui complète décidément l'inauguration de la salle nouvelle.

Quant au ténor Ronzi, il a perdu la voix en touchant le sol français, comme ces beaux oiseaux chanteurs qu'on amène d'Orient, dont le chant s'éraille et dont le plumage noircit. Il s'attache en ce moment à vaincre cette influence de notre triste climat.

On a donné la *Cenerentola*. Après les splendeurs de la *Sémiramide*, la reprise de cet autre chef-d'œuvre de Rossini complète l'hommage rendu au maître. Trop souvent les premiers talents sacrifient à des dieux nouveaux ; ils aiment les rôles faits à leur taille, et expressément selon leurs moyens ; le règne de Rubini a créé des renommées modernes qui vont retomber dans un juste oubli. Ainsi Talma soutint longtemps toute une littérature fausse et guindée, qui servait mieux son talent que les chefs-d'œuvre véritables ou reconnus. On parle déjà de la représentation aux Italiens de la *Vestale* de Mercadante.

La *Cenerentola* est fort bien exécutée par Tamburini et Lablache. Mesdames Albertazzi et Amigo sont charmantes, et l'ensemble ne laisse rien à désirer. Nous sommes fatigué de nous plaindre des costumes ; mais, véritablement, il semble qu'il y ait là une gageure éternelle. Comprend-on un théâtre qui s'est construit la plus belle et la plus riche salle de Paris, et qui expose, en face de tant de dorures, de velours et de cristaux, les plus tristes souquenilles de figurants que l'on ait pu rêver à la Comédie-Française ! Tamburini rappelle le souvenir de Rubini par le choix ineffable de son costume princier. En revanche, Lablache, toujours si soigneux de tous les détails de son art, était étourdissant dans ses accoutrements paternels. En somme, la représentation a parfaitement marché ; mais *les Puritains* ont le succès du moment.

Les premières loges sont maintenant éclairées, ainsi que nous l'avions demandé, et la salle en acquiert un grand avantage. C'est la plus pompeuse que nous connaissions, bien que la seconde galerie ne soit pas assez ornée en comparaison de la première.

XVI

NOVEMBRE 1841. — Cirque-Olympique : *Murat*, pièce militaire. — L'épopée napoléonienne. — Pif! paf! pan! pan! boum! boum! — Entraînement vers les spectacles oculaires. — Une évocation de l'Orient. — La garde-robe de Murat. — La barque à Caron. — Paradis guerrier. — Opéra-Comique : *la Main de fer*, paroles de MM. Scribe et de Leuven, musique de M. Adam. — Le pédantisme musical. — Opéra : début de Poultier dans *la Juive*. — La claque et le public. — Italiens : *il Turco in Italia*. — Début de Lablache fils. — Théâtre-Français : *Arbogaste*, tragédie de M. Viennet. — Une fausse alarme.

8 novembre.

CIRQUE-OLYMPIQUE. *Murat.* — Déjà en mainte circonstance nous avons témoigné de notre penchant pour le Cirque-Olympique, le seul théâtre national dans le vrai sens du mot.

Jamais établissement dramatique n'a mieux mérité la protection du gouvernement ; la subvention que l'on a grand tort d'accorder à l'Opéra-Comique pour y faire piteusement chanter d'assez pauvre musique, serait beaucoup mieux employée à ce théâtre épique où se traduisent en immenses mimodrames, à grand renfort de chevaux, de figurants et de décorations, les plus belles pages de notre histoire militaire.

C'est au Cirque que s'ébauche la grande épopée de l'empereur, qui, aux mains de l'Homère de l'avenir, deviendra un poëme aussi supérieur à *l'Iliade* que Napoléon lui-même est supérieur à Achille ; là se conserve la tradition de la grande armée : l'uniforme, l'attitude de tous ces vieux soldats, tout est reproduit fidèlement. Le Cirque les a suivis dans tous leurs triomphes comme un ami pieux ; il les a consolés dans leurs revers, ou plutôt il n'a jamais voulu convenir qu'ils aient été battus ; il a jonché de tant de lauriers la route blanche qui mène de Moscou à la Bérésina, que l'on n'a plus vu les cadavres : tout au plus quelque vieux grenadier, se relevant à demi sous sa couche de neige et défendant, à l'aide de son chien qui ne l'abandonne pas, son aigle enfouie et son drapeau en haillons contre une vingtaine de cosaques !

Bon et brave Cirque ! où l'on cultive encore ces honnêtes rimes, *gloire ! victoire ! lauriers ! guerriers !* que l'on a tant reprochées au vaudeville, et que, toi seul, tu avais le droit de chanter avec tes tambours, les fifres, les ophicléides, les pétards et les boîtes d'artifice ! Au moins, l'on n'entend chez toi ni plaidoyer contre le mariage, ni couplets scrofuleux, ni équivoques honteuses, ni calembours à double face, toutes deux infâmes ! Pif ! paf ! pan ! pan ! boum ! boum ! voilà qui est clair et ne trouble pas la cervelle ; cela ne vaut-il pas mieux que tous ces beaux messieurs et ces belles dames mélancoliques qui parlent d'âme méconnue, de passion incomprise, d'existence étouffée, et sont cause que tant de charmantes grisettes s'asphyxient dans leur mansarde, et que tant de braves garçons de boutique se font sauter le crâne avec un pistolet de hasard !

Nous aimerions mieux voir à Paris les places de taureaux que ces théâtres où l'on remplit la tête du peuple de littérature aussi frelatée que la mixture rougeâtre qui se verse dans l'estomac sous le nom de vin. — Il ne s'agit pas ici de censure : la pensée doit être libre ; nul n'a le droit de couper les ailes à la parole ; mais, par un attrait supérieur, il serait facile de détourner la foule des mauvais endroits qu'elle hante.

Il faudrait que le Cirque fût cinq ou six fois grand comme il est, de manière à contenir huit ou dix mille spectateurs, et qu'on y pût représenter avec une pompe extraordinaire des sujets intéressants ou glorieux de notre histoire et même de celle des autres peuples. Dans des pantomimes gigantesques, on évoquerait les fantômes des civilisations et des royaumes disparus, depuis les énormités babyloniennes jusqu'aux batailles de géants du commencement de ce siècle.

Le temps des spectacles purement oculaires est arrivé. Nous n'avons pas le courage et la franchise de faire venir d'Andalousie

Montès et son quadrille; mais l'ennui universel appelle tout bas les gladiateurs et les rugissements de l'arène antique : Martin, Van Amburg et Carter ont prouvé cette vérité par leur succès; encore trouvait-on le tigre flatteur comme un chat, le lion docile comme un caniche, et désirait-on un peu plus de péril et d'angoisse. Comme saint Augustin, on fermait bien les yeux lorsque l'homme entrait dans la cage de la bête féroce; mais on les rouvrait bien vite au premier cri, au premier grondement.

Sans aller jusque-là, il est certain que la parole ennuie et fatigue aujourd'hui; dans ce temps de dissidence générale, où il n'y a pas une idée qui ne soit mise vingt fois par jour en question, il est difficile qu'une pièce quelconque ne renferme pas des passages qui vous déplaisent et vous révoltent. C'est ce qui fait que l'on se réfugie dans la musique, dont l'expression vague et indéterminée ne choque personne et se prête aux interprétations de chacun. — Et puis l'activité moderne est si dévorante, tant de soins et de soucis divers, tant de préoccupations ambitieuses ou politiques vous assiégent dans la journée, que, le soir venu, la moindre attention est un travail de plus que l'on redoute et que l'on fuit.

Dans une telle disposition d'esprit, qu'y a-t-il de plus amusant que de voir, nonchalamment renversé dans sa loge, défiler processionnellement toute la création arrangée et découpée en tableaux, recueillant çà et là, et comme au vol, entre une fusillade et une fanfare, juste assez de mots pour n'avoir pas besoin de comprendre la pantomime.

En assistant à la pièce de *Murat*, vous faites, sans changer de place, un immense voyage. Voilà l'Égypte et les pyramides qui enfoncent dans le ciel leur grand triangle de pierre, le sphynx mystérieux qui lève ses épaules submergées comme un monstre antédiluvien échoué dans le sable, et regarde défiler l'armée française avec tout l'étonnement de ses yeux retroussés vers les tempes et de son nez camard écrasé par Cambyse; voilà les Arabes aux burnous blancs, les mameluks, qui coupaient les canons de fusil au fil de leur damas, et les soldats français avec leurs chapeaux à trois cornes et leurs pantalons tricolores, le tambour-major galonné, pomponné, panaché, portant la canne solennellement, le tambour-major, que les barbares naïfs prennent toujours, à son luxe, pour le général lui-même ! Quelle lumière chaude, ardente, poussiéreuse, pleine d'atomes d'or ! Comme ces cactus, ces aloès et ces nopals se hérissent sauvagement et bizarrement ! C'est là de l'Orient tout pur ! — Remarquons en passant que, depuis la conquête d'Alger, nous avons fait beaucoup de progrès sous le rapport oriental. Les Turcs avec turban en gâteau de Savoie, en veste de velours à soleil dans le dos, pelisses abricot bordées de renard, sont tout à fait tombés en désuétude ; c'est à peine si l'on en retrouverait le type dans *Bajazet*, à la Comédie-Française.

Du feu, nous sautons dans la glace ; de l'Égypte, dans la Russie. Tout à l'heure c'étaient les pyramides de Giseh, du haut desquelles quarante siècles, qui à coup sûr n'avaient rien vu de plus surprenant, contemplaient les prouesses de notre armée ; maintenant, c'est la redoute de la Moscova, que Murat, avec ce prodigieux entraînement auquel rien ne résistait, emporta à la tête de sa cavalerie.

Ce tableau est réellement d'un effet magique ; la fumée qui l'estompe dérobe l'invraisemblance de quelques détails, les machines trop visibles, et l'illusion devient complète.

Les scènes douloureuses du Pizzo et toute cette portion de l'histoire de Murat sont traitées avec beaucoup de délicatesse et de convenance.

Rien n'égale le nombre et la richesse des costumes et des uniformes que revêt successivement l'acteur chargé du rôle de Murat. Velours de toutes couleurs, panaches, épaulettes, décorations, cordons, crachats, brandebourgs, agréments, broderies d'or et d'argent, manteaux, bottes, épées, toques mirifiques, il y aurait de quoi habiller deux états-majors. On sait que Murat poussait à ses dernières limites la coquetterie militaire ; rien ne lui paraissait assez splendide, assez beau, assez brodé, assez ruineux pour aller au combat ; c'étaient ses bals, à lui ; et il y courait lavé, pommadé, rasé, frisé, ganté de blanc, dans des flots d'or et de dentelles, avec des sabres et des pistolets ciselés et constellés de pierreries à faire envie à un pacha ! C'était un héros tout taillé d'avance pour Franconi ! D'autres, esprits chagrins et moroses, préfèrent la redingote grise et le petit chapeau. Cette austérité pleine de fatuité, qui semble dire : « Je vaux mieux que mon habit, » ne nous a jamais beaucoup ravi pour notre part, et nous ne savons aucun gré à l'empereur de cette simplicité affectée. Cette affreuse casaque et ce hideux chapeau lui font faire sur les monuments une figure qui lui déplairait à coup sûr.

Toute pièce au Cirque se termine par une apothéose, et cela est de toute justice, puisqu'il ne prend pour héros que des héros. — Celle de *Murat* offre des particularités bizarres qui valent la peine qu'on en fasse une description particulière.

Des nuages noirs s'abaissent sur le théâtre, s'étendent, se développent, s'épaississent jusqu'à former la nuit la plus compacte. Bientôt les crêpes se dédoublent, une lueur rougeâtre commence à percer les ténèbres ; des arceaux se dessinent, des rochers s'élèvent baignés d'eaux plates et noires sur lesquelles rampe funèbrement une barque de forme antique. Dans cette barque, vous voyez debout l'ombre de Murat, appuyé sur un de ses compagnons d'armes, et un vieillard à barbe blanche qui manie la rame. — Pardieu ! c'est la barque à Caron dont parlaient tant les chansonniers de l'Empire ! c'est le nautonnier des enfers. Cette réminiscence du dictionnaire mythologique de Chompré nous a surpris en ce temps de romantisme. Murat passé par Caron ! cela n'est-il pas légèrement drolatique ? Il est vrai de dire que Michel-Ange a bien mis Caron et sa barque dans sa fresque du *Jugement dernier*, et cela, au beau milieu de la chapelle Sixtine, et que le Cirque peut bien se permettre une licence autorisée par un si grand maître !

Murat ayant atteint l'autre bord de l'Achéron et se rendant sans doute aux Champs-Élysées, les nuages s'abaissent de nouveau, et, au bout de quelques minutes, on aperçoit, comme dans une vision, l'empereur à son lit de mort, dans sa petite chambre à Sainte-Hélène, — une reproduction complète de cette grande aqua-tinta de Jazet, que vous avez dû voir à tous les carreaux des marchands d'estampes. — La nuit, encore une fois, envahit le théâtre, et, au bout d'une minute, on aperçoit le même Caron qui fait traverser à l'ombre impériale l'eau funèbre que nul ne passe deux fois.

Les nuages se referment et, en s'écartant, découvrent une décoration d'une splendeur et d'une clarté inouïes ! C'est une espèce de paradis guerrier, de Valhalla universel où sont réunies toutes les gloires militaires : Alexandre avec sa cuirasse d'or, César couronné de lauriers, Bayard dans son armure moyen âge, Frédéric le Grand avec ses bottes à l'écuyère et sa queue à la prussienne, Attila tout velu et tout hérissé, l'état-major complet des fléaux de Dieu et des tueurs illustres, ayant en tête Napoléon. Tout cela est étagé dans une babel d'arcs de triomphe et de trophées baignés d'une lumière éblouissante : Murat, transfiguré et guéri de ses blessures du Pizzo, s'avance vers l'empereur, qui le reçoit dans ses bras à travers un déluge de feux du Bengale, ainsi que cela se pratique dans toute apothéose un peu propre.

Murat est un succès pour la saison. Seulement, il est à regretter que l'arène du Cirque ait été mise en parterre. Cette disposition laisse beaucoup moins de place aux évolutions stratégiques, resserrées maintenant sur la scène.

Opéra-Comique. *La Main de fer*. — *La Main de fer*, de MM. de Leuven et Scribe, est un *poëme* d'un entortillement inextricable, sur lequel M. Adam a trouvé le moyen de broder une musique élégante, fine et spirituelle, qui n'atteindra peut-être pas la popularité un peu vulgaire de ses autres ouvrages, mais qui, si elle est moins chantée dans la rue, le sera davantage dans les salons.

Les Kreissler farouches, les musiciens hoffmaniques qui se croient savants parce qu'ils sont ennuyeux, affectent de mépriser beaucoup la musique où la mélodie part à tire-d'aile et s'élève en chantant sans tours de force et sans casse-cou, et plusieurs d'entre eux, qui ont pour cela de bonnes raisons, hochent dédaigneusement la tête quand vient un motif qu'on peut retenir et fredonner. — Grâce à ce préjugé, M. Adam a été regardé trop souvent comme un musicien *facile* et *spirituel*, épithètes presque injurieuses aujourd'hui avec cet amour du pédant, du gourmé et de l'ennuyeux qui possède les meilleurs esprits, et cette amusante prétention au sérieux que l'on apporte aux choses les plus frivoles.

Opéra. — Poultier a débuté dans la *Juive*, où il a obtenu un tel succès, qu'il a dû reparaître après le quatrième acte, tant le public mettait d'insistance à le redemander. Une sensibilité vraie, une grande fraîcheur d'organe, une accentuation parfaite, telles sont les qualités du tonnelier de Rouen. Qu'il résiste à la tentation de crier et de forcer sa voix, et il peut se mettre à la tête d'une grande réaction; car on est las de hurlements et de tapage. On peut dire aux chanteurs avec plus de justice encore qu'à Jupiter : « Vous criez; donc, vous avez tort. »

Le public semble avoir pris M. Poultier sous sa protection spéciale. — Ayant remarqué que jamais, même aux meilleurs moments, les deux paumes d'un claqueur ne se rapprochaient en faveur du débutant, les honnêtes gens de la salle, à chaque passage bien dit, à chaque éclair de talent et de sensibilité, battent des mains à tout rompre, et, aux endroits faibles, font preuve de la patience la plus bienveillante.

27 novembre.

Italiens. *Il Turco in Italia.* — Le Théâtre-Italien vient de remettre à la scène *il Turco in Italia*, un des premiers ouvrages de Rossini, et qui n'avait pas été vu à Paris depuis 1826. — Pour les uns, c'était un ouvrage nouveau; pour les autres, un ouvrage oublié, ce qui est la même chose. Tamburini représente le jeune Turc amoureux, madame Persiani la jeune femme coquette, Lablache le mari jaloux; c'est tout dire. Mirate et Campagnuoli remplissent, l'un un rôle de monsieur en frac bleu à boutons d'or, à chapeau de soie parfaitement lustré; l'autre, un poëte râpé, toujours à l'affût d'une situation d'opéra, et qui passe à travers les scènes, son carnet à la main, en prenant des notes pour son prochain livret. Cette musique, vive, légère, spirituelle, quelquefois négligée, a toutes les qualités et tous les défauts de la jeunesse. On y trouve en germe la plupart des motifs devenus célèbres sous une forme plus achevée. — Le public a paru d'abord un peu froid et avait de la peine à se décider à l'admiration, préoccupé qu'il était de quelques formes vieillies; mais les fioritures de Tamburini et la gaieté bouffonne de Lablache sont enfin parvenues à dérider ce sérieux et à fondre cette glace.

Le fils de Lablache a débuté dans *il Barbiere di Siviglia*, à l'ombre de la gloire paternelle; il a été accueilli avec beaucoup de bienveillance à cause de son nom et aussi de son talent.

Théatre-Français. *Arbogaste.* — Cette tragédie a excité une gaieté qui eût fait le succès d'une comédie; — M. Viennet, qui, hors de sa poésie, est un homme de tact et de jugement, a retiré sa pièce et s'est rendu justice. — La critique n'a donc pas le droit de lui être cruelle. — Trois autres tragédies : *Alexandre, Achille, les Péruviens*, devaient suivre *Arbogaste* et s'élancer tout armées des cartons de la Comédie-Française. Heureusement, ce n'est qu'une fausse alarme.

Arbogaste, après tout, n'est pas une plus mauvaise pièce que telle ou telle tragédie du même temps. D'abord, à part les chefs-d'œuvre de Corneille et de Racine et quelques pièces de Voltaire, toutes les tragédies se ressemblent et se valent. — C'est de l'ennui rimé et coupé en cinq actes. *Arbogaste*, joué il y a vingt ans dans l'ordre de sa réception, n'eût pas paru plus ridicule qu'un chef-d'œuvre d'Arnault ou de Jouy. Les tragédies ne sont pas comme les olives et ne gagnent pas à être pochetées. M. Viennet vient de faire recevoir à l'Odéon une comédie en cinq actes. Pourvu qu'elle ne fasse pas autant pleurer que la tragédie a fait rire!

XVII

DÉCEMBRE 1841. Opéra : Poultier dans *la Muette de Portici*. — Il pleut des ténors. — Théâtre-Français : *une Chaîne*, comédie de M. Scribe. — La curiosité, seul mobile dramatique. — Les gourmets littéraires d'autrefois. — Ce qu'on appelle une comédie. — Porte-Saint-Martin : *Jeannic le Breton*, drame de M. Eugène Bourgeois. — Bocage. — Avis aux gérants de journaux. — Vaudeville : *Tout pour mon fils*, par M. Bayard. — Variétés ; *le Vicomte de Létorières*, encore par M. Bayard, plus M. Dumanoir. — Gymnase : *les Trois Fées*, toujours par M. Bayard. — Opéra : *la Reine de Chypre*, paroles de M. de Saint-Georges, musique de M. Halévy. — La pièce et la partition. — Les acteurs.

9 décembre.

OPÉRA. Poultier dans *la Muette de Portici*. — Masaniello, rôle d'énergie et de passion, qui semble exiger les qualités d'un comédien consommé, et que M. Poultier hésitait à aborder, en artiste modeste qu'il est, par une de ces chances qu'on ne voit qu'au théâtre, a été précisément le rôle où il a obtenu le plus de succès. Il est vrai que, depuis ses débuts, M. Poultier a fait des pas de géant. — La bienveillance éclairée du public l'a mis plus à l'aise, et lui permet de montrer le talent qu'il a; admirable position! S'il fait mal, un silence indulgent lui marque, sans le déconcerter, qu'il s'est trompé; s'il a réussi dans un passage périlleux, des applaudissements donnés à propos l'encouragent et l'exaltent. — Il est suivi par le public comme par un moniteur plein de douceur et de sagesse qui lui indique la bonne voie et lui fait éviter la mauvaise. Toutes les nuances lui sont marquées; M. Habeneck le soutient du bout de son archet et ne lui permet pas de broncher; ses camarades même, chose rare! viennent à son secours dans tous ces petits embarras d'entrée et de sortie que l'habitude seule peut apprendre à surmonter.

Il a dit parfaitement *La matinée est belle*, et *Chantons gaiement la barcarolle*. Dans l'air du sommeil, qui va si bien à sa voix tendre et légère, il a mis une telle expression, une telle âme, une telle sensibilité, que les applaudissements ont éclaté de toutes parts.

La voix de M. Poultier n'est pas d'une très-grande étendue; mais elle est fraîche, jeune, argentine et pleine de larmes. L'accentuation parfaite, la netteté de prononciation vraiment étonnante du débutant, suppléent au manque de force de son organe. Ses progrès comme acteur sont déjà très-sensibles. Le nouveau Masaniello a joué la scène de folie d'une façon remarquable; et nous ne croyons pas compromettre nos prophéties en prévoyant dès aujourd'hui un fort bon comédien lyrique dans M. Poultier.

On parle mystérieusement d'un autre ténor que M. Castil Blaze a ramené d'Avignon, et qui doit, dans quelques mois, étonner le monde musical.

La fortune de Duprez a allumé bien des ambitions, et chacun aujourd'hui se tâte le gosier pour savoir s'il n'y aurait pas cent mille francs dedans. En effet, par le temps qui court, il n'existe pas de plus agréable position que celle de ténor. Maréchal de France, pair, député, ministre, grand poëte, grand peintre, grand compositeur, tout cela n'est que de l'herbe de la Saint-Jean à côté d'un ténor. Si les fées venaient encore douer les enfants qui naissent, soyez sûr que le premier don qu'elles leur feraient serait celui d'un ut de poitrine.

Théatre-Français. *Une Chaîne.* — Il est, nous en convenons, assez ennuyeux de remplir le rôle des insulteurs romains dans les triomphes, et de contredire sans cesse des succès irrécusables ; aussi abdiquons-nous à l'égard de M. Scribe notre rôle de critique. On ne peut le nier, ses pièces réussissent, ont des représentations nombreuses, font beaucoup d'argent et amusent une infinité d'honnêtes gens. — Il n'y a rien à dire à cela. *Une Chaîne* a reçu l'accueil le plus brillant et aura sans doute la vogue du *Verre d'eau.*

Quant à nous, quatre à cinq années de feuilleton, l'audition et l'analyse de trois ou quatre cents pièces de tout genre, nous ont amené à cette idée, confirmée par les succès de M. Scribe, que le théâtre, tel qu'on l'entend de nos jours, n'a rien de littéraire, et que la pensée n'y est que pour fort peu de chose.

La curiosité est réellement le seul mobile dramatique. On veut savoir la fin, et voilà tout. L'auteur qui, au bout de chaque scène, a l'art de placer une phrase qui fasse désirer la scène suivante, comme on a envie de savoir le mot de la charade placée au bas d'un petit journal, est le plus habile homme du monde. Qu'il fasse à chaque pas des accrocs à la vraisemblance, qu'il écrive en patois, que ses personnages ressemblent à tout, le public n'y fait pas la moindre attention ; tenez-le en suspens, voilà tout ce qu'il demande. Aussi Joseph Bouchardy est-il le dieu du drame moderne, comme M. Scribe est celui de la comédie. La raison en est que les femmes forment aujourd'hui en grande partie la clientèle des théâtres ; elles seules écoutent encore au spectacle. Les hommes, préoccupés de politique, d'agiotage, d'affaires compliquées, d'où dépendent leur fortune et leur honneur, fatigués par le travail et l'agitation de la journée, n'y vont guère que pour les accompagner. Ce qui leur plaît le mieux, à coup sûr, c'est l'entr'acte et la promenade au foyer, le cigare fumé devant le péristyle. Or, les femmes, dont la vie est oisive et à peine distraite par quelques soins de ménage et d'intérieur, ignorant ce qui se passe au dehors, sont avant tout curieuses de péripéties et d'événements. — Quand elles lisent, elles sautent les descriptions, les réflexions, les analyses, les morceaux de style, pour arriver au fait, au dénoûment. — L'amant épouse-t-il ou n'épouse-t-il pas? L'héroïne est-elle heureuse ou malheureuse? C'est tout ce qu'elles désirent savoir. Du reste, écrivez comme Victor Hugo ou Victor Ducange, qu'importe! le sujet est tout, le style n'est rien. Depuis Ève la blonde, la curiosité de la femme est proverbiale; il faut donc la satisfaire à tout prix. Entasser faits sur faits, événements sur événements, multiplier les petites surprises et réduire, si l'on peut s'exprimer ainsi, les pièces à l'état de pantomime parlée : on entre, on sort, on se dit deux mots à la hâte tant l'action est rapide. « Je t'aime! — Je ne t'aime plus! — O désespoir! etc. » Voilà le moyen infaillible de réussir. La pensée n'a pas le temps de se produire à travers tout ce tapage d'allées et de venues; mais les femmes suivent ces évolutions avec une attention étonnante, elles qui n'écoutent pas les plus beaux vers, à moins qu'ils ne soient dits par l'actrice à la mode. Elles feraient de très-exacts et très-excellents feuilletonistes, et nous sommes surpris que l'idée de faire écrire la revue des théâtres par une femme ne soit venue à aucun journal.

Autrefois, il y avait un parterre composé de connaisseurs, d'hommes instruits qui avaient fait leurs humanités, qui savaient le latin et n'ignoraient pas le grec, qui pesaient une pièce vers par vers, qui dissertaient sur la nuance et la portée d'un mot, qui auraient sifflé sans pitié les locutions barbares et les phrases négligées dont nul ne se fait faute à présent; ces gens-là sentaient la valeur d'une définition ingénieuse, d'une maxime bien frappée, d'une expression poétique; ils en savaient plus long sur le français que bien des académiciens d'aujourd'hui. Pour un pareil public, des gens de lettres et des poëtes pouvaient écrire; ils étaient sûrs d'être compris.

Maintenant, il n'y a pas besoin d'être lettré pour faire une pièce de théâtre; c'est une chose toute de combinaison, et presque mécanique : on peut y devenir fort comme aux échecs ou au jeu de dames.

Qu'on nous pardonne ces observations; mais, tout en reconnaissant le succès de M. Scribe, nous voulons faire nos réserves en faveur de la littérature et de la poésie. Nous proclamerons volontiers que, l'art dramatique n'étant plus qu'un exercice d'adresse l'auteur d'*une Chaîne* est l'homme le plus adroit de ce temps-ci ; mais, pour notre compte, nous avouons qu'une œuvre sans poésie et sans style nous intéressera toujours fort peu.

Voici, en quelques mots, l'analyse de cette comédie, qui risque fort d'être un drame.

M. Émeric Dalbrait ou d'Albret n'a pas le moindre goût pour le commerce ; il adore la musique et veut devenir un compositeur célèbre. Son oncle, le bonhomme Clérambault, hait les arts du profond de son cœur, comme tout honnête bourgeois doit le faire, et s'oppose de toutes ses forces aux projets de son neveu. Émeric, plein de rêves de gloire, ne s'apercevant pas qu'il a près de lui le bonheur tout trouvé sous la forme d'une jolie cousine, quitte Bordeaux et vient à Paris, ce pôle fatal vers lequel se tournent les aiguilles aimantées de toutes les ambitions. Notre enthousiaste ne tarde pas à comprendre qu'à Paris il ne suffit pas, pour se faire connaître, d'avoir du talent, qu'il faut du savoir-faire, de l'audace, une opiniâtreté enragée et la chance du bonheur. Ses mélodies ne trouvent pas d'éditeur, aucun orchestre ne veut de ses ouvertures ; il est réduit à ce triste métier de grand homme inédit, le pire de tous ! Il commence à se demander si effectivement il n'était pas né pour faire un honnête commerçant.

La tête remplie de ces noires pensées, Émeric se trouve un beau soir dans un bal fort brillant où il fait tache par sa tristesse. Fort maussadement assis dans un coin, il se dit en écoutant les contredanses d'une oreille distraite : « Et moi aussi, je suis musicien ! »

Madame la comtesse de Saint-Géran, une honnête femme d'esprit et de cœur, apercevant ce beau ténébreux qui ne danse pas, lui adresse quelques paroles de bienveillance, imaginant quelque chagrin d'amour sous cette mélancolie ; — une femme qui vous voit triste vous suppose toujours amoureux. — La conversation s'engage : Émeric finit par avouer qu'il est triste parce qu'il n'a pas de livret ! — Il crierait volontiers comme Richard III : « *Un livret ! un livret !* mon royaume pour *un livret !* »

Sans livret, comment faire un opéra ? — « N'est-ce que cela, fait la dame en souriant ? Je connais beaucoup M. Scribe, et, sur ma recommandation, il vous donnera le libretto, objet de tous vos vœux. »

M. Scribe, qui n'a rien à refuser à madame de Saint-Géran, donne, au bout de huit jours, le poëme demandé. Émeric se met à la besogne. L'ouvrage va aux nues. Rossini et Meyerbeer ont un rival.

On ne peut refuser son cœur à une femme qui vous a donné un livret de M. Scribe ! aussi Émeric devient-il amoureux de madame de Saint-Géran, dont le mari, officier supérieur de la marine, est en voyage pour le moment. Émeric, au bout de deux ou trois ans, commence à trouver cette chaîne fort pesante ! Il songe aux douceurs de l'amour légitime ; ce qui lui paraissait autrefois charmant lui devient insupportable, et les plaisirs dramatiques d'une liaison si périlleuse commencent à le fatiguer étrangement. La cousine de Bordeaux lui revient en mémoire. Émeric veut épouser Aline ; mais, pour cela, il faut rompre avec madame de Saint-Géran. C'est chose d'autant plus difficile que madame de Saint-Géran est toute jeune, fort belle (c'est mademoiselle Plessy qui la représente), et la chaîne dont elle attache Émeric, pour être une chaîne de fleurs, n'en est pas moins solide. Il met à la briser une brutalité sans exemple. Comprenant qu'elle n'est plus aimée, la comtesse écrit une lettre dans laquelle elle renonce au cœur d'Émeric. Le père Clérambault, rassuré, brûle cette lettre aux bougies allumées pour la signature du contrat de mariage. — Émeric épouse Aline et part pour Bordeaux. Madame de Saint-Géran part avec son mari pour la Martinique. — Tout cela est entremêlé d'un avoué ridicule, nommé Balandard, qui a toutes sortes de bonnes fortunes suspectes, et fait le don Juan de Marana devant sa future.

Il y avait là, assurément, une analyse de cœur, dans le genre du roman d'*Adolphe*, qui eût pu être d'une haute portée philosophique ; mais M. Scribe, selon son habitude, n'a fait que l'effleurer.

Menjaud a représenté avec beaucoup d'esprit et de convenance le rôle de Saint-Géran, mari trompé sans être ridicule, marin qui ne jure pas et ne fume pas, le personnage le mieux dessiné de la pièce, à coup sûr. Mademoiselle Plessy a été étincelante de beauté et de toilette. Mademoiselle Doze a représenté avec sa grâce ordinaire le rôle un peu négligé d'Aline. — Rey a fait tous ses efforts pour se tirer du rôle un peu odieux d'Émeric : il n'y a pas toujours réussi.

Quelques situations scabreuses, quelques mots trop risqués auraient porté malheur à tout autre que M. Scribe; mais il sait toujours s'arrêter à temps avec ce merveilleux flair dramatique qui le distingue. Il faut toute son habileté pour ne pas choquer le public dans cette guerre aux sentiments nobles et poétiques qu'il poursuit depuis *le Mariage de raison*.

26 décembre.

PORTE SAINT-MARTIN. *Jeannic le Breton*. — *Rentrée de Bocage*. — *Jeannic le Breton* doit sa principale importance à la rentrée de Bocage, acteur éminent depuis trop longtemps éloigné du théâtre.— Bocage a un talent remarquable pour composer la physionomie d'un personnage; personne ne sait mieux que lui changer ses traits, modifier sa tournure selon les besoins du rôle; au premier aspect, on a quelque peine à le reconnaître, tellement il a pris les allures du personnage qu'il représente. Dans *Jeannic le Breton*, il réalise l'idéal du vieux chouan et porte avec une aisance caractéristique le superbe costume national de l'Armorique.

Quant à la pièce en elle-même, elle n'a rien de très-particulier.— Après les guerres de la Vendée, vers l'époque du Directoire, un certain comte d'Auray, un chevalier de n'importe quoi, veulent faire un journal; le comte fournira l'argent, le chevalier l'esprit. Il ne manque plus qu'un gérant responsable pour fournir le courage dont ces messieurs paraissent médiocrement fournis. — Jeannic, à qui l'on persuade que c'est un moyen de servir la royauté et la monarchie, mettra son nom au bas du journal. Jeannic, très-fort sur la polémique à coups de fusil, a reçu une éducation des plus négligées; il ne sait pas lire; c'est un gérant tout à fait commode, surtout pour des gredins de l'espèce du comte et du chevalier, qui n'ont ni foi ni loi, et n'ont d'autre intention que de se faire acheter par le Directoire. Une calomnie infâme est imprimée dans la feuille que signe Jeannic; des explications s'ensuivent où éclate dans tout son jour l'infamie du chevalier; la personne calomniée dans l'article se trouve être précisément un jeune journaliste républicain et vertueux qui aime la fille de Jeannic, Marie, représentée par mademoiselle Valérie Klotz, cette charmante actrice, avec beaucoup de grâce et de sensibilité. Jeannic doit se battre avec lui ; mais un pareil duel est impossible. Il provoque donc le chevalier, auquel il passe fort proprement son épée à travers le corps ; puis, quittant son habit à revers et sa toilette de ville, il reprend sa veste de Breton, sa culotte à larges braies, son grand chapeau orné de bruyère, et il retourne dans sa patrie de granit et de chêne, laissant Marie à l'amour et aux soins du journaliste vertueux qu'elle s'est choisi pour époux.

La morale de cette pièce paraît être que les gérants de journaux s'attirent une foule de désagréments s'ils ne savent pas lire. Les retardataires vont se mettre à l'A B C.

On a nommé M. Eugène Bourgeois. Bocage a été rappelé au milieu d'applaudissements dont il peut s'attribuer tout le mérite.

Vaudeville. *Tout pour mon fils.* — Variétés. *Le Vicomte de Létorières.* — Gymnase. *Les Trois Fées.* — Quel homme que ce M. Bayard ! quel infatigable triomphateur ! Trois pièces dans la même semaine et trois pièces qui réussissent ! Cela s'appelle jouer de bonheur et sent fort son Polycrate. Si M. Bayard a une belle bague, nous l'engageons à la jeter à la mer pour conjurer la fortune, qui pourrait s'irriter d'un bonheur si constant ! Il pourrait bien lui arriver de la retrouver dans le ventre d'un poisson ! On doit souhaiter maintenant à M. Bayard une belle et bonne chute ; sans quoi, il va attirer sur lui le regard bifurqué du *jettatore* et exciter la jalousie des *farfadets*.

Malgré son titre un peu niaisement sentimental, *Tout pour mon fils* est un vaudeville d'une gaieté charmante. Il est vrai que mademoiselle Suzanne Brohan y joue le premier rôle, et tout paraît gai et spirituel sur ces lèvres relevées par un sourire étincelant et moqueur qui n'appartient qu'à elle.

Voici de quoi il s'agit : — Trois jeunes gens plus ou moins fats, plus ou moins ridicules, grands coureurs de mariages, en veulent à la fille de M. Derval, bourgeois débonnaire, délicieusement représenté par Bardou. Les trois aspirants sont aux petits soins pour ce digne monsieur. Ils font la cour à sa fille dans sa personne. Jamais carlin d'une tante à héritage n'a été l'objet de plus de prévenances. Veut-il faire sa partie de cartes, il trouve tout de suite trois partenaires qui ne demandent pas mieux que de perdre leur argent et qui maudissent le sort quand ils gagnent; on l'accompagne à la promenade, il n'a jamais besoin de chercher sa canne ou son chapeau ; s'il pleut, trois parapluies s'ouvrent soudainement sur sa tête; veut-il, de la jetée (car nous sommes aux bains de mer), regarder quelque vaisseau dans le lointain, trois longues-vues s'ajustent soudain au bout de son œil. — Heureux père! qui attribue toutes ces peines et toutes ces prévenances à ses avantages personnels et s'étonne d'être trouvé si aimable sur ses vieux jours. — Il se sent tout ragaillardi et veut lui-même épouser une certaine madame d'Avenay, la plus charmante et la plus spirituelle femme qu'on puisse voir et qui n'est autre que mademoiselle Brohan. Mais cette madame d'Avenay a un fils que l'on ne connaît pas et qui arrive aux bains incognito. La charmante mère a l'idée de faire épouser mademoiselle Derval par ce cher fils ; et, en moins de rien, elle a éloigné les prétendants. A l'un, elle a fait croire que le beau-père jouait à la bourse et se devait infailliblement ruiner, si cela n'était déjà fait ; à l'autre, que mademoiselle Derval avait moins d'esprit qu'une poupée de cire ; à l'autre, qu'elle devait toutes les grâces de sa taille à un corset orthopédique. Nous vous laissons à deviner la satisfaction de tous les amoureux en entendant ces belles nouvelles. Ils renoncent à la main de mademoiselle Derval, qui épouse le fils de madame d'Avenay. Tout cela est d'un comique achevé, et le spleen en personne éclaterait de rire à la triste mine que font les prétendants lorsqu'ils découvrent que mademoiselle Derval a de l'esprit, est droite comme un jonc et que la fortune du papa n'a jamais été compromise.

Au Palais-Royal, M. Bayard a obtenu encore un grand succès avec *le Vicomte de Létorières*. Ce Létorières, dont M. Eugène Sue a raconté l'histoire avec tant de grâce et d'esprit, est un homme qui a pour propriété de *charmer* tout le monde. On le voit, on est séduit; c'est comme cela! les cochers de fiacre le forcent à monter dans leur voiture, quoiqu'il n'ait pas d'argent, et s'offrent à le conduire partout où il voudra. Les tailleurs lui ouvrent des crédits illimités; il *charme* les femmes, les filles, les maris, les mères; il *charme* Louis XV lui-même.—Mais M. Bayard est encore un bien plus grand séducteur, il charme le public.

Au Gymnase, avec *les Trois Fées*, M. Bayard a remporté un nouveau triomphe. Un pauvre artiste, plein de talent, meurt de faim dans sa mansarde ; trois fées mystérieuses, trois femmes veulent enchâsser dans l'or et dans la gloire ce diamant perdu ; les commandes pleuvent de tous côtés chez le pauvre artiste ; ce ne sont qu'enchantements et surprises merveilleuses. A la fin, le jeune homme épouse l'une des trois fées ; car nous sommes malheureusement dans un pays où la polygamie n'est pas permise. — Tressez des couronnes d'or pour M. Bayard ! semez à pleines mains des roses et des lis sous ses pas ! *Date lilia !*

29 décembre.

OPÉRA. *La Reine de Chypre.* — Après une introduction courte, mais animée et d'un bon caractère, la toile se lève. Nous sommes à Venise, pays éminemment commode pour l'opéra, et dont les libretti et les romances n'ont pu encore détruire le charme ; le théâtre représente une salle de la villa de messer Andréa Cornaro sur le bord de la Brenta. De sveltes arcades laissent apercevoir librement ce beau ciel d'un azur argentin, avec lequel Paul Véronèse nous a familiarisés. Une longue galerie s'ouvre à la droite de l'acteur et mène aux appartements de la signora Catarina, pupille de Cornaro.

Cette décoration, quoique manquant un peu de lumière et trop prise en demi-teinte, est cependant d'un aspect riche et d'un effet harmonieux.

Catarina, représentée par madame Rosine Stoltz, nous explique, dans un court récitatif, que le jour fixé pour son mariage est enfin arrivé. Celui qu'elle doit épouser et qu'elle adore est Gérard de Coucy, jeune chevalier français, qui, en courant le monde pour chercher les aventures, a trouvé l'amour, — ce qui vaut bien mieux.

Un amant à Venise, fût-il Français de naissance et de caractère comme ce bon Gérard de Coucy, n'aurait garde de manquer à la couleur locale et ne saurait se dispenser, au lieu de se faire annoncer par un page ou un valet, de chanter quelque chose sous le balcon de sa maîtresse.

La sérénade devient bientôt un *duo* où les amants expriment leur ivresse et leur flamme, et où se trouve dans le couplet qui commence ainsi : *Fleur de beauté, fleur d'innocence*, une phrase excellente, de la plus suave mélodie et qui peint à merveille les délicatesses timides de l'amour pudique.

Andréa paraît et donne sa bénédiction paternelle à ces deux enfants naïvement épris l'un de l'autre et que tout semble autoriser à s'aimer. Mais le théâtre s'accommode peu des passions heureuses ; il lui faut des amours traversées, comme disent les femmes de chambre qui demandent un roman au cabinet de lecture. — Avez-vous remarqué là-bas, debout contre cette colonne, ce personnage immobile et sinistre, enveloppé d'une éclatante simarre de velours écarlate qui fait encore ressortir sa pâleur ? Il sent son conseil des Dix de plusieurs kilomètres à la ronde et vous a des airs d'Omodéi qui ne présagent rien de bon. Il doit appartenir à cette race d'êtres mystérieux qu'on entend marcher dans les murs, qui ont la clef de toutes les portes, et vous espionnent le soir par les yeux des portraits de famille.

Emparadisés dans leur bonheur, les jeunes gens se retirent sans l'avoir aperçu. Est-ce que les amoureux voient autre chose dans le monde qu'eux-mêmes ! Mais Andréa Cornaro, qui n'est pas amoureux, a fort bien remarqué le personnage énigmatique et sombre.

Ce personnage n'est autre que Mocenigo, patricien de Venise, qui vient apporter à Cornaro un message du conseil des Dix, rassemblé secrètement. Le conseil des Dix engage Andréa à rompre, dans l'intérêt de la République, le mariage de sa pupille avec Gérard de Coucy. Cornaro se récrie, allègue le serment et la foi jurée. « Venise, continue Mocenigo, réserve à Catarina un époux plus digne d'elle. — Je ne saurais accepter... quand ce serait un roi. — C'est un roi, répond froidement Mocenigo, c'est Lusignan. Le peuple de Chypre a chassé le descendant de ses rois; mais Venise, toujours secourable aux opprimés, relève son trône, et, pour contracter avec lui une alliance éternelle, lui donne une épouse de sa main. Voilà, mon très-cher ; vous avez une heure pour vous décider ; mais décidez-vous pour l'affirmative ; choisissez la grandeur... ou la mort. » Cela s'appelle parler, et Mocenigo n'y va pas par quatre chemins. Andréa ne peut que s'incliner sans souffler mot. Au reste, s'il est désespéré d'être forcé de manquer à sa parole, il n'est pas fâché de devenir l'allié d'un roi.

Là-dessus entre la noce, grandes dames magnifiques, Vénitiens et Français amis de Gérard : Petitpa et mesdemoiselles Adèle et Sophie Dumilâtre se chargent d'exprimer l'allégresse de la compagnie par un joli pas de trois. — Andréa ne sait comment s'y prendre pour annoncer à Catarina et à Gérard de Coucy que leur mariage ne peut s'accomplir ; il tranche la difficulté par une entrée soudaine et un exorde *ex abrupto :* « Arrêtez, plus d'hymen ! il le faut, je le veux ! » Voilà qui est péremptoire. « Et vos serments ? lui objectent Catarina et Gérard éperdus. — Mes serments, eh bien, *je les reprends,* » répond Cornaro avec le plus beau flegme du monde, et il ne veut pas donner d'autre raison. La fureur de Gérard et de ses amis est au comble ; les épées sont tirées, et il résulte de toute cette colère et de tout ce tumulte un finale large et d'une facture sévère.

Le second acte nous transporte dans l'oratoire de Catarina, un de ces beaux intérieurs vénitiens créés à souhait pour le plaisir des décorateurs. Larges portières de tapisserie, voûtes surbaissées et chargées de peintures sur fond d'or, colonnettes de porphyre et de jaspe à chapiteaux capricieux, larges fenêtres aux trèfles arabes, balcon s'ouvrant sur quelque canal où la lune sème sa traînée de paillettes étincelantes, avec des perspectives de palais crénelés, de ponts hardiment jetés, de felouques à l'ancre et de gondoles fuyant dans la brume bleuâtre de la nuit. Certes, cela a été peint mille fois sans compter Canaletti, ni Bonnington, ni Joyant, ni même MM. Feuchères, Séchan, Diéterle et Despléchin, dans les décorations de *Stradella;* mais cela sera toujours pittoresque et poétique, d'un charme banal si vous voulez, mais invincible et certain. Les lieux communs contre lesquels se récrient les gens d'un goût raffiné ne sont que de la poésie acceptée de tout le monde ; il ne faut pas les dédaigner, surtout en matière de théâtre, où l'on a directement affaire à la foule.

Au lever du rideau, l'oratoire est solitaire, mais non muet. Par la croisée ouverte arrive, sur les ailes de la bise nocturne, un chant lointain de gondoliers. C'est une prière à la madone protectrice des pauvres pêcheurs, qui vont la nuit jeter leurs filets dans la lagune ; quelque chose d'indéterminé et de plaintif comme le soupir de la vague, comme la respiration de la mer. Cette charmante barcarolle a été redemandée à grands cris.

Sur les dernières mesures du chœur, qui s'efface et s'éteint dans l'éloignement, entre Catarina, écoutant d'un air rêveur et triste la musique emportée sur les eaux par les rapides gondoles. Elle envie le sort des matelots et des pêcheurs qui vivent à leur guise et dont la politique ne vient pas déranger les humbles amours. Que n'est-elle la fille d'un pêcheur du Lido et pourquoi Gérard n'est-il pas un simple gondolier?

Pendant cette scène, le trémolo aigu des violons et le chant de la clarinette expriment à merveille la fraîcheur nocturne et le frémissement argenté de la lune sur les vagues. C'est de la musique azurée, si l'idée de la couleur peut s'appliquer à un son.

Catarina, de plus en plus envahie par la tristesse, s'agenouille à son prie-Dieu, ouvre son missel pour y chercher les consolations que la terre lui refuse. Que trouve-t-elle entre les pages de vélin enjolivées de miniatures de l'antique volume? Un billet de Gérard tout imprégné d'amour et de douleur, qui lui annonce qu'il sera à minuit sous son balcon avec une barque, et qui lui propose de l'enlever et de l'emmener en France, car ils doivent se regarder comme époux, et la terre ne peut délier ce que le ciel avait uni. — Catarina, forte de son amour, approuve dans son cœur la résolution de Gérard, et attend impatiemment que l'heure du rendez-vous sonne au vieux palais ducal. Mais voici qu'Andréa entre dans l'appartement de sa pupille, plaint son malheur, excuse ses larmes et se rejette sur l'implacable nécessité. Venise est vindicative, on ne lui désobéit pas impunément. Sa mort, à lui, Cornaro, et celle de Catarina, eussent assurément suivi un refus. « Mais ce n'est pas tout, ma pauvre Catarina; on t'enlève l'époux de ton choix et l'on t'en donne un autre. Demain, tu seras reine. Qu'y faire? Il faut se résigner à ce malheur. » Devenir reine est une belle chose! il n'y a qu'à l'Opéra qu'on ne se console jamais de ces malheurs-là. « Toute résistance est inutile. Gérard lui-même tomberait victime de ton obstination. » Cela posé, le père Cornaro se retire en disant : « Tu m'as compris. » Ce n'est, pardieu! pas difficile à comprendre.

Catarina, restée seule, entend prononcer son nom par une voix énergique et cuivrée; elle se retourne et aperçoit Mocenigo avec son maintien imposant et fatal qui lui dit : « Écoute, si tu veux sauver

Gérard, qui va venir, je le sais, il faut lui dire toi-même que tu ne l'aimes plus, que tu aspires à un plus haut rang, et que vous êtes à jamais séparés dans cette vie, — sinon regarde derrière cette tapisserie ces sbires et ces bravi masqués et armés jusqu'aux dents : — au moindre signe, au moindre clignement d'œil, ton Gérard, percé de coups, ira rendre visite aux poissons au fond du canal Orfano. » Cette tirade débitée, il rentre dans le mur, selon l'habitude des affidés du conseil des Dix.

Gérard arrive par le balcon et reste anéanti des discours de Catarina, qui lui dit de s'en aller, qu'elle ne l'aime plus, qu'elle a la plus grande envie d'être reine de Chypre. Dans chaque phrase, on sent le poignard des sbires de Mocenigo ; la malheureuse préfère désespérer le cœur de Gérard à le faire assassiner. Le pauvre diable, outré de douleur, s'en va maudissant le sort, ne s'expliquant pas un changement si subit et ne comprenant plus rien au caractère des femmes. — Cette scène, qui rappelle celle de Junie dans *Britannicus,* est fort dramatique.

Mocenigo, content de la docilité de Catarina, sort de sa cachette et lui dit :

Pour sécher tant de pleurs, un royaume t'attend.

Puis il ordonne aux sbires de l'emmener. Venise est obéie.

Nous voici hors de Venise pour n'y plus revenir. — Paix à Venise ! Le troisième acte se passe à Chypre, l'antique Cythère, l'île consacrée à Vénus ! Le théâtre représente un casino de Nicosie, une de ces vignes féeriques qui enlacent leurs pampres sur des colonnes de marbre et mêlent leurs vrilles et leurs grappes aux acanthes des chapiteaux. Des candélabres, des lustres d'or chargés de bougies roses étoilent ce plafond de feuillage sous lequel sont assis, buvant et jouant, des seigneurs vénitiens et cypriotes. Les Vénitiens chantent la gloire du lion de Saint-Marc en termes un peu insolents qui déplaisent fort aux Cypriotes ; heureusement, le grave et glacial Mocenigo vient rétablir le calme en annonçant l'arrivée de la reine, dont la galère a été signalée en mer. Les Vénitiens et les Cypriotes doivent désormais se regarder comme frères et jouer ensemble aux dés au lieu de jouer des couteaux. Cette motion obtient l'assentiment général, et l'orgie recommence. Mocenigo lui-même se met de la partie et chante des couplets d'un rhythme bizarre et franc qui se terminent par cette idée philosophique : *Si la vie est un songe, rêvons!* et ont été bissés comme ils le méritaient.

Mocenigo, qui est un gaillard prudent, et qui n'oublie rien, tout en faisant rouler les dés dans le cornet, glisse deux mots dans l'oreille de Strozzi, le capitaine de ses bravi. — Gérard de Coucy a été vu rôdant par là. — Catarina n'est pas encore mariée. — Lusignan pourrait être instruit de son amour pour Gérard et prendre la mouche, car il n'est guère agréable de n'épouser que le corps d'une femme, même lorsqu'elle nous apporte en dot la protection de Venise. La discrétion des morts est généralement connue, et le moyen d'empêcher l'amant repoussé de faire quelque algarade, c'est de lui casser un stylet de cristal dans le cœur.

Ces petites affaires réglées, Mocenigo se livre tranquillement aux plaisirs de la soirée. Des essaims de danseuses aux corsets d'or, aux jupes de gaze, couronnées de roses et de myrtes comme il convient dans un endroit aussi mythologique, accourent sous la tonnelle, et l'orgie devient complète. Mais bientôt on crie au secours, un cliquetis d'épées se fait entendre. Gérard de Coucy paraît, accompagné d'un inconnu qui jette son masque en entrant sur le théâtre et nous laisse voir au naturel la figure de Baroilhet, qui est destiné à jouer perpétuellement les rois délicats mais peu aimés. Il découvre que Gérard est Français lui-même, et deux Français qui se rencontrent la nuit dans l'île de Chypre, après que l'un a empêché l'autre d'être assassiné, ne peuvent s'empêcher de témoigner leur satisfaction dans un duo où ils expriment à l'endroit de la mère patrie des sentiments que le plus pur chauvinisme ne désavouerait pas. Ce duo, du reste, est fort beau, très-franc, d'un grand caractère; la phrase du cantabile est excellente. Baroilhet et Duprez y font assaut de talent et y renouvellent une de ces belles luttes de chant, comme celles entre Rubini et Tamburini qui excitaient de si grands enthousiasmes au Théâtre-Italien. Des tonnerres d'applaudissements ont accueilli ce duo, le morceau capital de l'ouvrage.

Lusignan et Gérard se séparent en se faisant les plus belles protestations, et l'on entend dans le lointain les fanfares et les volées de canon qui redoublent avec le lever du jour.

Le quatrième acte est presque tout de mise en scène et de spectacle. — Le théâtre représente la grande place de Nicosie. D'un côté s'élève une colonnade qui conduit à la cathédrale ; de l'autre, une terrasse avec des gradins ; au fond, l'on aperçoit les forts, et puis la rade et les perspectives bleues de la mer. Le peuple de Chypre se livre aux réjouissances en attendant sa souveraine ; il profite de l'occasion ; car, suivant la réflexion philosophique du livret, *les jours heureux, le peuple ne les connaît guère!* Mabille et mademoiselle Maria représentent fort gentiment l'allégresse cypriote dans un joli pas qui ressemble un peu à la valse de *Giselle*, et n'en est pas plus mauvais pour cela ; la danse achevée, paraît un héraut d'armes qui annonce que l'on signale la flotte de Venise, et qui invite la foule à prier pour l'heureux débarquement de la reine ; après le héraut vient l'archevêque suivi de son cortége religieux. — La galère royale, richement pavoisée de bannières et de banderoles au lion de Saint-Marc, apparaît dans le lointain : un chœur de matelots qui saluent joyeusement la terre vient jeter quelques notes dans l'hymne chantée par le clergé et le peuple.

Lusignan, entouré de courtisans, de seigneurs, de hérauts d'armes, vêtu d'une armure d'or et d'un manteau royal, se dirige vers le débarcadère où doit aborder la galère vénitienne qui porte Catarina ; — cette *trirème*, comme l'appelle le livret, qui rappelle les bizarres dessins de marine de Della Bella, où l'on voit des galères, des bucentaures avec des châteaux extravagants et des sculptures folles, est vraiment d'un effet majestueux et pittoresque. Catarina descend à terre par un riche escalier couvert de tapis de Turquie. Le roi lui donne la main et la présente à son peuple.

Des batteries de ces longues trompettes, dites trompettes romaines, s'abattent sur la balustrade de la terrasse et se mettent à sonner d'éclatantes fanfares auxquelles répond le canon des forts et la musique cypriote d'un autre coin de la place. — Alors commence une marche triomphale dans le goût de la procession de *la Juive*. Le roi, précédé de ses pages, de ses hérauts d'armes, de ses grands officiers, se dirige vers la cathédrale avec la reine, qu'il tient par le bout de son gant blanc. Le clergé, pressé autour de l'archevêque, défile ensuite; les bannières de Venise et de Chypre sont portées côte à côte en signe d'alliance et de bonne union. Les chefs de l'armée de terre et de mer, la députation du sénat de Venise, les grands dignitaires de l'État, les hauts personnages de la cour se suivent à de légers intervalles. Des danseurs et des danseuses animent le cortége, en l'entourant et en jetant des fleurs sur ses pas. La marche est fermée par l'armée du roi de Chypre : hallebardiers, archers, pertuisaniers qui s'avancent tambours battants, enseignes déployées; nous ne croyons pas exagérer en disant qu'il y a au moins cinq cents personnes sur la scène qui se croisent, se mêlent et se meuvent dans un désordre pittoresque, mais sans confusion pourtant.

Le cortége est entré dans la cathédrale, et la curiosité, portée ailleurs, laisse la place libre pour un monologue. Voici Gérard qui arrive, en proie à toutes sortes d'idées de meurtre et de vengeance. Il veut poignarder Catarina, poignarder Lusignan, poignarder tout le monde. Il exprime ces sentiments peu sociables dans un récitatif déclamé avec cette perfection qui n'appartient encore qu'à Duprez.

— Il demande pardon aux ombres vénérées de ses aïeux de se souiller d'un assassinat; mais, avec un roi qui n'accepterait sans doute pas un défi chevaleresque, il ne lui reste pas d'autre moyen, car il ne peut supporter cette idée, que Lusignan vive heureux, aimé de Catarina. La romance où il fait allusion à son amour trahi est d'une douceur mélancolique qui contraste heureusement avec le ton violent du récitatif et la turbulence de la scène qui va suivre.

Le mariage achevé, le cortége sort de la cathédrale, et, quand paraît Lusignan entourant sa jeune épouse d'un regard d'amour, Gérard, la dague au poing, s'élance de derrière une colonne : il va frapper... Mais il reconnaît dans Lusignan le chevalier qui l'a si vaillamment défendu contre les bravi de Mocenigo; c'est à son rival qu'il doit la vie; le poignard lui tombe des mains, les gardes s'emparent de lui, le peuple veut le mettre en pièces; mais Lusignan interpose son autorité et le fait emmener pour que la justice ait son cours. Catarina, plus morte que vive, n'ose risquer un mot en sa faveur, car Mocenigo est là qui la fascine de son jeune regard de tigre, où luisent toutes les vengeances de Venise.

Le trouble extraordinaire de Catarina n'échappe pas à Lusignan, qui la regarde avec surprise et paraît en proie à quelque réflexion née subitement. La toile tombe sur ce tableau, l'un des plus brillants que l'on ait vus au théâtre.

Le finale est fait avec énergie et talent, quoique le tapage y soit peut-être trop prodigué; mais, aujourd'hui, un simple duo, un simple trio, sont accompagnés d'un tel ouragan d'instrumentation, que, pour monter la gamme dans cette proportion, lorsqu'il s'agit de faire parler des masses aussi énormes, il faut des tonnerres et des bordées d'artillerie. — Ce prodigieux vacarme est, du reste, orchestré avec beaucoup d'art et de soin.

Du quatrième au cinquième acte, deux ans se sont écoulés. — Lusignan n'est plus ce hardi chevalier que vous avez vu marcher sans peine sous le poids d'une épaisse armure; il est plus faible et plus cassé qu'un vieillard. Il n'a pas voulu se contenter d'être l'instrument servile de la politique de Venise; pauvre roi, par un caprice assez rare, il voulait faire le bonheur de son peuple. Aussi, Mocenigo, l'homme à la simarre écarlate, lui a administré, pour le compte de la République, un de ces poisons lents et mystérieux qui ne pardonnent pas et vous tuent à un an de distance.

Catarina, qui l'aime comme une honnête femme aime toujours un mari délicat et généreux, veille sur lui avec la plus tendre sollicitude. Mais rien n'y fait, le mal empire chaque jour, Lusignan a déjà un pied dans la tombe. Au lever de la toile, nous le trouvons endormi sur un lit de repos dans une salle d'architecture byzantine. Catarina est debout auprès de lui. Il rêve; des lambeaux de phrases errent sur ses lèvres entr'ouvertes. « Triste exilé sur la terre étrangère... Gérard... Gérard, il n'est plus d'espoir sur la terre! » — La reine, à ces paroles, reste pétrifiée d'étonnement; le roi s'éveille et lui dit qu'il sait tout; que, la nuit où il a été arracher son assassin au glaive du bourreau, Gérard n'a pas voulu partir sans confier son secret à son libérateur.

Il sait tout, le sacrifice de Catarina, sa vertu inaltérable, la douleur de Gérard! Il espère qu'il va mourir bientôt et que sa mort permettra à deux nobles cœurs si cruellement éprouvés de se rapprocher et d'oublier leurs souffrances. La reine, pénétrée de tant de noblesse et de dévouement, tâche d'écarter ces idées funèbres et reconduit le roi dans ses appartements. A peine Lusignan est-il sorti, qu'un chevalier de Rhodes demande à parler à Catarina. C'est Gérard qui vient pour révéler à Catarina un secret qu'Andréa Cornaro lui a révélé au lit de mort. Mocenigo a empoisonné Lusignan lorsqu'il a vu qu'il ne voulait pas servir aveuglément les projets de la République. — Mocenigo survient sur ces entrefaites ; Gérard et Catarina lui reprochent son crime en termes amers ; mais celui-ci leur répond avec impudence : « Lorsque j'accuserai de ce crime une reine adultère et son complice, qui pourra les défendre ? — Moi ! » s'écrie Lusignan, qui a tout entendu et qui soulève la portière de tapisserie qui le cachait. Mocenigo, furieux, se retire et donne à ses Vénitiens le signal du combat. — La scène change et représente encore une fois la place de Nicosie. Grâce à la valeur de Gérard, à la présence de Lusignan, à qui le danger semble donner des forces, la victoire reste aux Cypriotes. Gérard retourne dans son couvent de l'île de Rhodes, et Catarina reste veuve et reine avec un enfant de deux ans d'une croissance disproportionnée, que l'on a bien fait de supprimer à la seconde représentation.

La cavatine entre le roi et la reine est d'une facture remarquable et d'une mélodie des plus heureuses. — Le récitatif de Mocenigo est excellent ; l'orchestre, rappelant tous les traits sombres qu'il avait fait entendre à la première entrée de ce personnage, fait merveilleusement sentir ce qu'il a d'inexorable et de fatal. — Le chant final : *Vaincre ou mourir pour sa bannière,* est très-franc et plein d'enthousiasme.

Autant que l'on peut juger d'une aussi vaste composition après deux ou trois auditions, il nous a semblé que la mélodie en était un peu pâle, mais que l'harmonie était riche, élégante, digne d'un grand maître ; l'instrumentation variée, pleine et originale. — Baroilhet a été très-beau dans le rôle de Lusignan ; Duprez a chanté Gérard avec son talent accoutumé. — Madame Stoltz a donné à Catarina l'énergie et la passion qui la caractérisent. Bouché et Massol ont rempli fort convenablement les rôles d'Andréa et de Mocenigo, un peu cousin d'Angelo, tyran de Padoue.

XVIII

JANVIER 1842. — Porte-Saint-Martin : *l'An* 1841 *et l'An* 1941, revue de MM. Cogniard frères.— Réflexions moins gaies que la pièce. — Une fiction qui sera peut-être une réalité. — Italiens : *la Vestale* de Mercadante. — Le *Stabat* de Rossini.—Des différents caractères de la musique d'église. — Exécution de l'œuvre du maître. — Tamburini et Mario, mesdames Grisi et Albertazzi. — Objurgation du critique. — Théâtre-Français : mademoiselle Rachel dans le rôle de Chimène. — Le *Cid* et ses détracteurs. — La littérature à l'espagnole. — Glorification posthume. — Mademoiselle Rachel et son jeu. — Beauvallet dans le rôle du Cid. — Comment doivent être dits les vers lyriques. — Guyon.

6 janvier 1842.

PORTE-SAINT-MARTIN. *L'An* 1841 *et l'An* 1941. — La première partie de ce vaudeville ressemble à toutes les *revues* possibles. On y fait défiler, avec accompagnement de calembours et de plaisanteries, tout ce qui a fait sensation en bien ou en mal pendant l'année qui vient de tomber sans retour dans le gouffre du temps, nouveau grain de sable ajouté à la poussière de siècles dont se compose l'éternité.— C'est la Vérité, sous les traits de mademoiselle Lorry, qui fait voir toutes ces belles choses à un bourgeois naïf et débonnaire qui s'en étonne fort. « Que serait-ce donc, si tu pouvais voir l'année 1941 ! J'ai envie de te procurer ce plaisir. » En effet, au moyen d'un breuvage quelconque, la vie du bonhomme est suspendue pendant cent ans. Nouvel Épiménide, il se relève un siècle plus tard, juste à l'âge qu'il avait lorsqu'il s'est endormi de son sommeil magique, au milieu de ce Paris de l'avenir que nul de nous ne pourra voir, hélas !

Cette fiction nous avait jeté dans une rêverie plus profonde, peut-être, qu'il ne sied à un vaudeville de l'inspirer ; mais tant pis pour MM. Cogniard frères, qui ont mis une idée dans leur revue ! Nous regardions cette salle, garnie de spectateurs de tout âge et de toute condition, et cette réflexion nous venait à l'esprit : A la date indiquée par ce vaudeville, nul de ceux qui sont ici, pas même ce petit enfant de deux ans, qui ouvre de grands yeux étonnés du haut de la galerie, sur le sein de sa mère, ne sera vivant pour voir si MM. Cogniard frères ont rencontré juste dans leur tableau de l'avenir. Tous ces gens-là, plus tôt ou plus tard, seront soigneusement enfermés dans des espèces de boîtes à violon, emmaillotés de linges, et recouverts de sept à huit pieds de terre glaise, dans quelqu'une de ces nécropoles qui finiront bientôt par envahir la cité des vivants, et qui s'étendent épouvantablement à mesure que le monde vieillit. Quelques-uns seront peut-être au fond de la mer, ballottés par les vagues, ou sous le sable de l'Afrique, mangés par les poissons ou remués par le mufle des hyènes. Qui sait! celui-ci laissera ses os sur le sommet neigeux des Cordillères, celui-là glissera par mégarde dans le cratère de l'Hécla; mais, à coup sûr, il faudra bien, ici ou là, demain ou dans vingt ans, qu'ils finissent par rentrer au grand ventre de la terre; dans un siècle, la terre aura absorbé les quatre ou cinq cent millions d'hommes qui la recouvrent, sans compter les animaux de toute espèce, et qu'on peut estimer hardiment au triple. — Quelle mangeuse! et sur combien d'étages de corruptions nous agitons-nous!

Nous pensions à tout cela en regardant se démener, et rire et chanter les acteurs, et, par une espèce de seconde vue, nous les apercevions à leur lit de mort, pâles, livides, râlant, faisant des grimaces, se roidissant et luttant contre l'athlète invisible que nul n'a vaincu.

Tout cela n'empêche pas le vaudeville de MM. Cogniard d'être fort gai, comme vous allez le voir. Mais quelques personnes ayant fait la remarque que nous étions profondément triste à cette représentation, nous serions fâché que l'on attribuât notre mélancolie à cette revue, une des plus jolies que l'on ait faites depuis longtemps.

M. Bonnichon, Falempin, Tartampion ou Patouillard, nous avons oublié son vrai nom, se réveille précisément devant la Porte-Saint-Martin, laquelle a été dorée sur tranche et considérablement embellie.

Les maisons, auprès desquelles la fameuse Cité des Italiens n'est qu'une masure borgne, élèvent de toutes parts leurs magnificences babyloniennes.

Ce ne sont que festons, ce ne sont qu'astragales!

Les rues sont parquetées en bois des îles, en palissandre, en citronnier ; il n'y a plus de balayeurs, les frotteurs les ont remplacés ; des phares de gaz sidéral jettent la nuit par toute la ville un jour bleu aussi vif que celui du soleil, dont on se passe parfaitement, et dont on n'attend plus les caprices ; les statues de marbre et d'or, de Fouyou et de Chicard, considérées par cette génération comme des mythes de la plus grande profondeur, se dressent triomphalement sur des piédestaux ornés de bas-reliefs symboliques : il est question de la reprise d'*Hernani*, pièce de Victor Hugo, ancien poëte fort célèbre de l'autre siècle, un peu obscur à cause de ses archaïsmes, et dont une jeune académicienne pleine de goût vient de refaire les vers, inintelligibles pour les spectateurs, qui ne sont pas bien familiers avec la vieille langue française. — C'est la nouvelle du jour, et les feuilles publiques opposent aux jeunes renommées ce grand nom de Victor Hugo, qu'elles auraient traîné dans la boue s'il eût vécu de leur temps. Les utopies des saint-simoniens se sont réalisées. Les femmes sont émancipées ; la terminologie inventée par madame Poutret de Mauchamps, *rédacteuse en cheffe* de la *Gazette des Femmes*, est en pleine activité, et fait partie du Dictionnaire de l'Académie. — Une *tamboure* bat le rappel ; de jeunes lionnes à tous crins font la chasse aux *grisets* (car il n'y a plus de grisettes), qui filent, le carton sous le bras et d'un air modeste, sur les trottoirs de mosaïque. Ces *mauvaises sujettes* prennent la taille de ces innocents, qui rougissent et crient : « Finissez, petites coureuses de damoiseaux ! Me prenez-vous pour un garçon de joie ou un *loret?* Allez chercher ailleurs vos concubins.

Telle est la condition des hommes ; ils cousent, tricotent et font le ménage. Les femmes sont *avocates, peintresses, écrivaines, sapeures, tamboures-majores, caporales, jugeuses, compositeures*, etc., etc.

Les enfants tettent des pipes culottées et laissent le biberon Darbo aux grandes personnes. Un jeune homme de sept ans, le Sand de ce temps-là, — ce qui annonce pour la littérature un talent bien rare dans son sexe, — se promène une pipe énorme à la bouche, et ne peut accepter la partie que lui propose un de ses camarades avec de jolis *figurants* de l'Opéra, parce qu'il doit lire aux Français une petite trilogie de sa composition.

De toutes parts se croisent des tilburys à vapeur ; quand on veut aller vite, au lieu de fouetter les chevaux, on souffle le feu. — Une trompette sonne : c'est l'omnibus de la Chine qui va partir ; il n'y a plus qu'une place, dépêchez-vous ! ou il vous faudra attendre dix ou quinze minutes le retour de l'autre waggon. Voici des Japonais, des Kirghiz, des Papous. « Comment vous portez-vous, mon cher ? — Et vous ? — Pas mal ; et madame ? — Assez bien, merci. Elle souffre un peu d'un reste d'indigestion : elle a trop mangé de lézards et de chiens gras. C'est très-lourd. — Voulez-vous accepter un petit dîner sans façon dans ma maison de campagne, près de Pékin ? Vous aurez le temps d'être revenu pour voir le nouvel opéra, *le Triomphe de l'Électricité*, dont on dit tant de bien. — Non, merci, je suis invité à une chasse aux morses, près du pôle Antarctique. Ce sera pour une autre fois. »

Des ballons vont et viennent en l'air. La chimère des hommes volants est réalisée. — Quel est cet être singulier avec des ailes de chauve-souris ? C'est un Andro-Sélénite qui vient remettre sa carte à notre planète ; car il faut que vous sachiez que, d'après la recette de Fourier, nous avons médicamenté la lune, si longtemps malade des pâles couleurs. Nous lui avons refait une atmosphère ; elle est habitable maintenant ; on y va très-facilement, et il est de bon goût d'y avoir un vide-bouteilles pour l'été ; car aller aux antipodes, cela est fade et commun. Il n'y a que des gens de peu qui osent passer là leur villégiature !

Toutes ces merveilles sont expliquées au pauvre Bonnichon par un de ses descendants, tout charmé de voir en vie un de ses aïeux de 1841.

Ce Bonnichon de l'avenir est accoutré d'une bien singulière façon. Son chapeau, forme tromblon, dépasse en hauteur *l'ourson* le plus féroce ; il a un frac à la dernière mode, c'est-à-dire boutonné dans le dos avec des boutons larges comme des tabatières ; les basques pendent par devant et font tablier. On ne saurait rien imaginer de plus bizarre que cette transposition.

M. Bonnichon de 1841 a soif ; il voit passer ce qu'il croit être un marchand de coco et demande un verre du bienfaisant breuvage ; car, lorsqu'il y a cent ans qu'on n'a bu, on peut bien avoir soif : c'est de la tisane de Champagne. Le coco a bien progressé, comme vous voyez. — Bonnichon tire ses deux liards, prix du verre de coco actuel. Le marchand retourne entre ses doigts, comme une médaille curieuse, l'humble pièce de monnaie : « Monsieur, c'est quarante francs que vous me devez. » Heureusement, son petit neveu paye pour lui.

En 1941, comme aujourd'hui, il faut se loger quelque part. Bonnichon, voyant un écriteau de bronze doré suspendu à l'angle d'une maison, sonne et demande au concierge, vénérable vieillard qui sort en simarre de velours, achevant de prendre une glace avec une cuiller d'or, de lui faire voir les appartements à louer. « D'abord, dit le concierge, nous en avons un de trois cent quarante mille francs, avec charbonnière, remise pour ballons et machines à vapeur de maître, télégraphe électrique, ventilateurs chauds et froids, rails-roads de la cuisine à la salle à manger, water-closet à la vanille, éclairage bleu ou blanc à volonté, enfin tout ce qui constitue une habitation confortable. — Diable ! c'est un peu cher, dit Bonnichon ; j'aimerais mieux une petite chambre. — Nous avons juste votre affaire ; une chambre de demoiselle un peu mansardée : vingt mille francs et douze cents francs d'éclairage, c'est à prendre ou à laisser. »

Et mille autres folies de ce genre, qui seront peut-être des réalités. La Vérité, prenant pitié de Bonnichon, le touche à l'épaule, le ramène au sentiment de la réalité, lui fait voir que toutes ces merveilles sont des décorations de théâtre et lui nomme les acteurs de la Porte-Saint-Martin, qu'il a pris pour les personnages de l'avenir. 1941 est encore au fond de l'urne mystérieuse par laquelle Dieu verse l'éternité dans l'infini.

Cette idée, quoique singulière, n'est pas neuve. Mercier a fait un livre très-bizarre intitulé *l'Année 2240*, et Rétif de la Bretonne une pièce, *le Nouvel Épiménide*, basée sur la donnée du vaudeville de MM. Cogniard, ce qui n'ôte rien au mérite de ces derniers.

ITALIENS. *La Vestale.* — *La Vestale* de Mercadante jouit d'une très-grande réputation en Italie comme une œuvre grave et sévère, et surtout remarquable sous le rapport des combinaisons harmoniques. *La Vestale* est, en effet, instrumentée avec plus de soin que les opéras italiens ordinaires et doit paraître *allemande* au delà des monts, où l'orchestre est presque toujours subordonné, et avec raison, au développement des voix. — A Paris, nous sommes accoutumés à bien d'autres complications, et, à vrai dire, nous préférerions un peu de chant ; l'instrumentation n'est pas ce qui nous manque, Dieu merci ! — Chose singulière, *la Vestale* se passe presque tout en chœurs qui, à la vérité, sont quelquefois très-beaux, et, bien que Mario ait intercalé au troisième acte un air tiré d'une autre partition, le nombre des morceaux de chant est encore très-restreint. Cela vient, à ce qu'on dit, de ce que les chanteurs de la troupe pour laquelle Mercadante composa sa partition, n'avaient que peu ou point de voix, et qu'il lui fallut se rejeter sur les ensembles.

La marche de la pièce est la même que celle de l'opéra français ; seulement, à la fin, Émilia reste bien et dûment enterrée vive, et son amant se tue sur la pierre qui la recouvre. — L'idée de Spontini est tellement attachée pour nous à celle de *la Vestale*, que les imprimeurs du livret avaient, par préoccupation, mis son nom sur le titre à la place de celui de Mercadante, rétabli après coup sur une petite bande de papier collé. Ce souvenir, présent à toutes les mémoires, a nui à l'effet de l'opéra italien.

Le duo du second acte, dont Morelli est le coryphée, est toujours redemandé ; le duo de Mario et de Tamburini obtient le même honneur, et l'air de bravoure de ce dernier excite de nombreux applaudissements. — Mademoiselle Grisi, dont la belle tête s'accommode merveilleusement des bandelettes antiques, a, dans ce rôle d'Émilia, des inspirations tragiques qui rappellent Norma et produisent un grand effet. — La scène du supplice, au troisième acte, est rendue par elle avec un pathétique, une vérité, et une poésie admirables. Sous le rapport du chant, elle n'a pas été aussi satisfaisante ; les notes aiguës ne sortaient qu'avec une peine extrême, et nécessitaient des contractions musculaires et des froncements de sourcils qui déparaient sa noble figure.

La pièce est mise en scène avec un soin et une propreté bien rares aux Italiens. C'est un progrès qu'il faut constater et dont nous faisons compliment à l'administration. Nous avons assez déclamé contre les figurants déguenillés, les costumes de chiens savants ou de troubadours de 1804, les décorations déteintes qui faisaient un si triste contraste avec la magnifique décoration de la salle et l'élégance confortable, pour parler des changements heureux.

Il y a deux fort belles décorations dans *la Vestale* : la vue du Forum et celle du Campo-Scelerato. — Mario est revêtu d'une superbe armure d'or et ressemble au dieu Mars en personne. Tamburini est fort décemment vêtu en général romain. Les chœurs, habillés à neuf, ont des boucliers proprement étamés ; les vestales portent des voiles qui viennent de la lessive.

17 janvier.

ITALIENS. Le *Stabat* de Rossini. — Depuis dix ans, Rossini gardait un silence obstiné ; et, comme on lui en demandait la raison, il répondit avec ce fin sourire italien que vous savez : « J'attends que les juifs aient fini leur sabbat. »

Le sabbat des juifs est donc fini ?

Toujours est-il qu'une affluence prodigieuse s'est portée aux Italiens pour entendre l'œuvre du cygne de Pesare, dignement exécutée par l'élite de la troupe, sous la direction de MM. Tadolini, Tilmant et Tariot.

Les difficiles et les gens à goût sévère, qui ne rêvent que style primitif, qui voudraient que l'on imitât dans les arts les formes des premiers temps du christianisme, qui n'admettent comme peintures religieuses que les christs byzantins sur fond d'or, de Bizzamano, de Barnaba ou de Margheritone, les vierges allongées de Giotto ou de Hemmeling, et, comme musique d'église, que le plain-chant grégorien, le style fugué et le contre-point fleuri, trouveront, sans doute, que le *Stabat* de Rossini n'est pas assez ennuyeux pour de la musique sacrée ; on opposera à son *Stabat* le *Stabat* de Pergolèse, et les œuvres religieuses de Palestrina, de Marcello, de l'abbé Clari, d'Haydn, de Sébastien Bach et autres grands maîtres qui ont loué Dieu selon leur génie et la mode de leur temps.

Certainement, personne n'admet plus que nous les chefs-d'œuvre anciens et n'a plus de respect pour eux ; nous pensons que le passé doit être pour le présent un sujet d'études et d'encouragement. Les hommes d'autrefois furent grands, mais ceux d'aujourd'hui le sont aussi. Ainsi, point de ridicule archaïsme. Exprimons nos idées avec les formes de notre époque en profitant toutefois de l'expérience des siècles précédents.

Nous trouvons que Rossini a donné une nouvelle preuve de ce merveilleux bon sens et de cette raison supérieure qui le caractérisent en ne s'attachant pas à la recherche de formes vieillies et surannées, respectables seulement dans les chants liturgiques. La prière de Moïse, quoiqu'elle ne soit pas dans la coupe des morceaux sacrés, n'en est pas moins un des chefs-d'œuvre de la musique religieuse. Une mélodie noble, simple et sévère, une phrase pleine d'élan et d'effusion peuvent très-bien avoir le caractère chrétien en dehors des formes compassées et, pour ainsi dire, algébriques de l'art musical du XVIe ou du XVIIe siècle.

Le caractère de notre temps, c'est l'action, le drame; tout ce qui n'a pas la coupe dramatique intéresse peu les masses; c'est une vérité que nous reconnaissons à regret, car trop souvent le drame ne s'obtient que par le sacrifice de la fantaisie et du détail. Rossini l'a parfaitement compris. Sans sortir de la couleur grave et recueillie qu'exigeait la donnée même, il a cependant conçu sa composition dans un style plus dramatique et, en quelque sorte, plus théâtral que ne le comporte ordinairement la musique d'église.

Quelques personnes habituées au catholicisme froid, sombre, sévère, presque janséniste de l'Église française, ont pu trouver que le *Stabat* manquait de profondeur et de mélancolie, et qu'on n'y sentait pas assez les pointes du glaive entrer dans l'âme de la Mère douloureuse.

Le catholicisme italien n'a pas cette teinte austère que l'inclémence du Nord a imprimée au nôtre. C'est un catholicisme heureux, souriant, presque gai, toujours en fête, qui ne craint pas de laisser entrer les violons et les airs d'opéra dans ses églises dorées, peintes de fresques azurées et blondes, revêtues de marbre de couleur, pleines d'orangers et de myrtes, de parfums et de chants d'allégresse; un catholicisme plus familier et plus humain qui se mêle à la vie et l'accepte comme elle est. — Le *Stabat* de Rossini, qui paraîtrait peut-être trop élégant sous les sombres ogives de Notre-Dame, serait parfaitement à sa place sous les plafonds splendides de Sainte-Marie-Majeure.

Dans ce temps où le culte du laid a tant de prêtres, où les monstruosités pénibles passent pour des œuvres de génie, Rossini a pour nous le mérite d'être *beau* comme un Grec d'Athènes. Avec lui, rien de difforme, rien de bizarre, rien de contourné; tout est simple, limpide, transparent, d'un dessin aisé, d'une élégance qui ne se dément jamais, d'une perfection de forme admirable. Rossini est un artiste vraiment antique. — A ce sentiment de la beauté, il joint l'*esprit*, qualité toute moderne, presque inconnue de l'antiquité souriante et sereine.

C'est donc dans ce système italien d'élégance, de beauté et de mélodie qu'est écrit le *Stabat*. Point de cris forcenés, point d'éclat tumultueux, pas d'accompagnements assourdissants; une douleur compatissante, une mélancolie voilée, une lamentation que tempère déjà la gloire du paradis entrevu! quelque chose de doux, de blanc et de suave, dans le goût de la Madeleine de Canova, où l'on pourrait désirer plus d'abattement, mais non plus de grâce et de beauté.

C'est une musique tout à fait dans la proportion de notre époque, où, sans dévotion farouche, on respecte et l'on plaint les douleurs de la Mère divine auprès de l'arbre de la croix.

Passons maintenant à un examen plus détaillé.

Le premier verset, *Stabat Mater dolorosa*, est attaqué par les quatre voix, les chœurs et tout l'orchestre. C'est en quelque sorte l'ouverture de cette lamentation dramatique où le récit des angoisses de la mère du Christ, voyant mourir son fils, se mêle à la prière du pécheur qui veut, en partageant les douleurs du crucifié, arriver à la gloire éternelle. Ce grand sanglot est d'une poésie et d'une puissance admirables, on y sent gémir tout un peuple éploré. — Les quatre voix étaient Grisi, Albertazzi, Tamburini et Mario. — Les applaudissements ont éclaté comme un tonnerre à la fin de cette strophe. Le génie de Rossini venait de prendre possession de son auditoire dominé et charmé.

Le second verset, *Cujus animam gementem*, chanté par Mario seul, avec cette voix fraîche, argentée, sympathique, élégamment élégiaque qui le distingue, est une mélodie lente et mélancolique, d'un jet si naturel, qu'il semble, en l'entendant, qu'on l'aurait inventée soi-même. C'est une de ces phrases que le talent ne trouvera jamais, et qui viennent à Rossini sans qu'il les cherche, quelque chose qui se grave invinciblement dans la mémoire comme la romance du Saule.

Le troisième verset, *Quis est homo qui non fleret*, traité en duo et chanté par mesdames Albertazzi et Grisi, exprime bien l'étonnement douloureux que doit causer le supplice d'un Dieu à l'humanité, pour laquelle il se sacrifie. Ce verset, sans doute, est beau ; mais l'enthousiasme a transporté tous les assistants, lorsque Tamburini, avec sa belle voix de basse si pleine et si bien timbrée, a récité la strophe *Pro peccatis suæ gentis*. Il est impossible d'imaginer une mélodie plus grave et plus majestueuse. Tamburini l'a dite d'une manière sobre, large et calme, tout à fait dans le style d'église, et si bien, que des *bis* furieux, vociférés de toutes parts, l'ont obligé de recommencer.

L'*Eia mater, fons amoris*, récit de basse, dialogué avec le chœur, a bien le caractère de prière plaintive du chrétien pénétré qui implore comme une faveur une part de larmes et des douleurs divines. Cependant la douleur n'altère en rien la beauté de la phrase, qui reste toujours pure et transparente comme du marbre de Paros ; car, même dans les élancements les plus abandonnés du désespoir, Rossini ne grimace jamais ; — ses plus grandes désolations ont le masque pâle et régulier de la Niobé antique.

La seconde partie du *Stabat* commence par *Sancta mater istud agas*, quatuor chanté par Albertazzi, Grisi, Tamburini et Mario, qui est peut-être un peu théâtral, quoique fort beau en lui-même. Nous n'en ferons aucun reproche à Rossini ; car, si le *Stabat* a produit tant d'effet, c'est à cause de ce *défaut* : de la musique d'*église*, dans le vrai sens du mot, nous ennuierait fort.

Madame Albertazzi s'est fait justement applaudir dans le *Fac ut portem*; mais mademoiselle Grisi a soulevé toute la salle par la sublime impétuosité avec laquelle elle a dit : *Ne flammis urar successus*. Jamais phrase plus passionnée n'a été chantée avec plus de feu et d'énergie. Ce magnifique élan du compositeur et de la cantatrice a été accompagné par des applaudissements frénétiques.

A la strophe finale, *Quando corpus morietur*, on ressent comme un souffle d'espérance céleste, et toutes les roses mystiques semblent pleuvoir d'un ciel d'or et d'azur sur les mots *Paradisi gloria.*

L'*Amen* qui termine cette admirable élégie lyrique est une figure à quatre parties que les contra-puntistes ne trouveront peut-être pas assez compliquée, mais suffisante pour donner une physionomie sacramentelle à ce mot de liturgie affirmative que le peuple jette au bout de chaque prière.

Maintenant, ô maître souverain, à l'Opéra! — Rossini, Rossini, vous avez commis le plus grand crime dont homme de génie se puisse rendre coupable : vous avez, depuis dix ans, gardé pour vous seul ce que Dieu vous avait donné pour tous. Faites cinq actes et vous obtiendrez l'absolution.

24 janvier.

Théatre-Français. Mademoiselle Rachel dans *le Cid*. — Lorsque *le Cid* parut, il souleva, comme toute belle chose, un flot d'injures et de réclamations. — Le lever d'un astre fait toujours crier les hiboux. — Dire du mal de la tragédie nouvelle était une manière de faire sa cour au cardinal-duc.

Armand de Richelieu, infatué de prétentions littéraires, voyait avec peine le succès éclatant du *Cid* éclipser celui de ses propres pièces et ne pouvait souffrir que Corneille, qui d'abord avait été un des cinq auteurs travaillant sous ses ordres, eût fait mine de s'émanciper aux yeux des raffinés du temps. Corneille ne valait pas mieux que Colletet, Bois-Robert, de l'Étoile, Rotrou, Scudéri, collaborateurs ordinaires du cardinal. — Scudéri, entre autres, fit paraître, sans nom d'auteur, des *Réflexions sur le Cid adressées à l'illustre Académie,* qui lui attirèrent de vertes réponses de la part de Corneille, qui n'était pas si bonhomme et si patient qu'on le veut bien représenter.

La critique de Scudéri, s'il pouvait y avoir quelqu'un sachant le français qui n'eût pas lu *le Cid,* paraîtrait la plus juste et la plus naturelle du monde. Il commence d'abord, comme tout critique qui entend son affaire, par vous prévenir que la pièce est tout à fait damnable, que c'est une énormité et une monstruosité morale, qu'elle est parricide et incestueuse, qu'elle viole toute convenance et

tout respect humain. Bref..., *le* Cid *est obscène et blesse les canons.*
Il explique cela fort amplement, et donne des raisons qui ne sont
pas plus mauvaises que tant d'autres que l'on a trouvées judicieuses.
Ensuite, quand il a bien établi que la pièce est immorale, infâme et
digne d'être brûlée par la main du bourreau, il vous démontre
qu'elle est absurde, impossible, et déduite en dépit du sens commun ;
il vous fait toucher au doigt la puérilité des moyens, l'invraisemblance des entrées et des sorties, le tout avec une dialectique très-
serrée, à laquelle il est difficile de ne pas se rendre. Puis il fait ressortir la fausseté et l'exagération des caractères. Il vous montre
comme quoi le comte de Gormas n'est qu'un capitan de comédie,
un avale-montagne, un Châteaufort, un Fracasse tout à fait ridicule ;
Rodrigue, un fat ; Chimène, une coureuse et une aventurière qui
n'a pas le ton qu'il faut ; don Arias, un amoureux transi ; Isabelle,
une inutilité ; le roi, un franc imbécile, etc. — Cela prouvé, il ne
reste plus qu'à porter la dernière botte, un coup fourré, et plus
difficile à parer que les autres. Non-seulement l'ouvrage est immoral, absurde, invraisemblable, mais encore il est copié d'un bout
à l'autre. — Ce *Cid* tant vanté, vous le croyez de Corneille ? Pas du
tout ; il est de Guilhen de Castro, et, comme dit élégamment Cla-
veret : « Corneille n'a eu qu'à choisir dans ce beau bouquet de jasmin
d'Espagne tout fleuri qu'on lui a apporté dedans son cabinet même ;
et encore comment a-t-il imité tout cela ? dans quels vers a-t-il enchâssé ces belles étoiles d'argent qui fleurissent au parterre de Guilhen de Castro ? Dans des vers qui manquent fort souvent de repos à
l'hémistiche, et qui sont pleins de fautes contre la langue, de barba-
rismes et d'incongruités ! » Et, pour prouver cette assertion, suivent
deux ou trois cents passages traduits, copiés ou imités.

Les réflexions critiques se terminent par une belle tirade finale où
Scudéri reproche gravement à M. de Corneille, gentilhomme depuis
peu, d'être un vrai et naïf hydropique d'orgueil, plus bouffi et plus
haut monté sur échasses que les Castillans de ses tragédies, de se
croire le premier poëte du monde pour quelques applaudissements,
et de faire le dédaigneux à l'endroit de plus illustres que lui. M. de
Corneille devrait tenir à honneur de faire partie de la république
des lettres à titre de simple citoyen, et non pas prétendre à en de-

venir le tyran. — Scudéri trouve aussi fort inconvenant que M. de Corneille, qui n'est après tout qu'un impudent plagiaire, prenne pour devise ce vers du *Cid* :

Et je dois à moi seul toute ma renommée.

Cela choque prodigieusement Scudéri, qui cependant ne se gênait pas pour se casser lui-même l'encensoir sur le nez. La modestie, au reste, n'était guère le défaut des littérateurs de cette époque; ils sont tous plus gonflés que la grenouille envieuse du bœuf. Un souffle castillan leur tend la peau jusqu'à la crever. L'hyperbolique Espagne a tout envahi, roman, tragi-comédie, ce qui est le drame d'alors, chansons, couplets, musique, danse et modes; c'est la même misère orgueilleuse, la même vanité de mendiant, le même luxe d'oripeaux. C'est le vrai temps des poëtes crottés et des fiers-à-bras de la poésie quintessenciée et fanfaronne; toutes les épigraphes et les devises sont espagnoles; tout est imité ou traduit de l'espagnol ; les fêtes, les cartels, les mascarades, les carrousels, sont aussi dans le goût espagnol : l'amour se fait à l'espagnole, la galanterie a ce caractère d'afféterie gigantesque qui distingue les commerces amoureux d'au delà des Pyrénées ; ce ne sont qu'escalades et duels à outrance ; des amants qui ne savent pas nager, se jettent dans l'eau tout bottés et tout éperonnés dans l'espoir d'attendrir leur belle, et vont ramasser un gant parfumé dans la fosse aux lions. Les madrigaux sont poussés à un point fabuleux d'exagération, et l'on a peine à croire que de pareilles choses aient pu être dites sérieusement. Chaque sonnet est un écrin qui contient plus de perles, de diamants, de saphirs et de topazes qu'il n'y en eut jamais dans la boutique d'un lapidaire ou le trésor d'un roi ; le soleil y est à toute minute, à propos du premier œil venu, traité de borgne et d'aveugle, et on lui ôte, à propos d'une Iris ou d'une Philis, la place de *grand-duc des chandelles* que du Bartas lui avait si galamment donnée. — Corneille lui-même, malgré la mâle vigueur de son génie et la fierté de son allure, n'est pas à l'abri de ce mauvais goût, surtout dans ses premières pièces ; mais, comme il s'est bien vite débarrassé de tout ce clinquant à la mode de son époque, et comme, d'un coup de sa grande aile, il s'enlève profondément dans le calme azur du sublime !

Maintenant, Corneille n'a plus de Scudéri qui le trouve orgueilleux ; comme il est mort, on n'est plus jaloux ; l'Envie elle-même, cette tigresse qui ne veut manger que de la chair sanglante, reconnaît son mérite et l'exagère pour en faire un moyen de rabaisser les poëtes modernes. Ce n'est pas nous qui nous plaindrons de cette glorification posthume. Mais nous ne pouvons oublier que Corneille, vieux et malade, se plaignait de manquer de bouillon ; il faudrait se défier de ce penchant à trop admirer les morts qui n'est guère qu'une façon d'éviter d'admirer les vivants.

La représentation du *Cid* a été des plus brillantes ; la salle était comble. La curiosité était grande de voir mademoiselle Rachel dans ce délicieux rôle de Chimène, où l'amour et la piété filiale luttent avec une si touchante énergie ; Chimène, ce charmant type espagnol plein de fierté et de pudeur, où le *devoir*, aux prises avec la passion, offre un des plus beaux spectacles que puisse présenter l'âme humaine.

Mademoiselle Rachel est surtout belle dans les sentiments concentrés ; l'ironie, le sarcasme, la perfidie, la haine, c'est là son triomphe. La vipère elle-même, lorsqu'on l'irrite, ne se redresse pas avec plus de méchanceté froide dans l'œil, avec un regard plus aigu et plus terrible.—Les sentiments d'expansion, tels que l'amour, la pitié et les affections rayonnantes n'ont pas été abordés, jusqu'à présent, par la jeune tragédienne, qui semble se défier elle-même de son succès dans les rôles pathétiques.

Cependant, quoiqu'elle ne l'ait pas encore fait, nous croyons mademoiselle Rachel très-capable de rendre les ardeurs de la passion ; elle est jeune, elle est belle ; elle a du feu dans l'œil et dans la narine, et, avec moins de calcul et de volonté dans son jeu, en s'abandonnant davantage à l'inspiration du moment, elle arrivera à compléter son talent de ce côté-là. La manière charmante, la façon pudique et passionnée dont elle a jeté le fameux vers :

> Sors vainqueur d'un combat dont Chimène est le prix,

montre de quoi elle est capable une fois l'accent rencontré, le diapason trouvé juste ; car mademoiselle Rachel est un esprit sérieux et réfléchi qui cultive ses qualités et les développe par une étude assidue. — Contrairement à de certains artistes qui jouent supérieurement les trois ou quatre premières représentations et puis se fatiguent, perdent l'inspiration et ne trouvent plus l'émotion des premiers effets, la jeune tragédienne prend peu à peu possession de ses rôles et finit par s'en rendre maîtresse. Le premier jour, quelquefois, moins sûre de ses moyens, elle n'a emporté que les principales positions, une scène, un vers çà et là ; mais, aux représentations suivantes, elle étend ses conquêtes et domine le rôle en souveraine.

Mademoiselle Rachel, qui a tout ce qu'il faut pour bien jouer Chimène, taille flexible et jeune, fine tournure, œil noir, ardente pâleur, a été faible à cette représentation, à part trois ou quatre éclairs sublimes ; elle paraissait fatiguée, presque malade, et n'était pas en voix ; ce qui n'empêche pas que Chimène ne devienne pour elle un sujet de triomphe comme Roxane, Émilie ou Andromaque. Elle a dit supérieurement le *Va, je ne te hais point!* — Nous l'engageons à changer son costume rose du premier acte, qui est de mauvais goût et lui donne l'air de la reine Ultrogothe ou de la princesse Chinda-Suinte.

Beauvallet, qui représente le Cid, était aussi malheureusement costumé. Cette espèce de blouse vert d'eau dont il était affublé, ôtait toute gravité à son extérieur. C'est un défaut bien facile à faire disparaître ; il a eu de la chaleur, de la jeunesse et de l'entraînement. Il est impossible de mieux déclamer les stances imitées ou plutôt traduites de l'espagnol : *O Dieu ! l'étrange peine !* Le récit de la bataille a été dit par lui avec beaucoup de noblesse et de poésie. Ce vers sublime, coup d'œil rêveur jeté vers le ciel à travers la hâte de l'action :

> Cette obscure clarté qui tombe des étoiles,

a pris, dans la bouche de Beauvallet, une suavité nocturne, une ampleur poétique bien rare aujourd'hui dans le débit des acteurs, qui, en général, sont embarrassés dans les morceaux purement lyriques, par l'habitude qu'ils ont de chercher le *naturel*, et de dire, autant qu'ils peuvent, les vers comme de la prose, système déplorable, selon nous ; — les vers doivent être déclamés avec leur mesure, leur rhythme et leur consonnance ; cela n'empêche pas de leur donner de l'explosion. — Dire un vers comme une ligne de prose, c'est absolument comme si l'on chantait hors du temps et de la mesure. — Les vers du *Cid*, hautains, grandioses, épiques, presque toujours au-dessus des proportions humaines, ont besoin d'être chantés sur une espèce de mélopée déclamatoire ; il faudrait, pour les bien dire, les bouches de bronze qui s'adaptaient aux masques antiques. —Guyon avait une fort belle tête de don Diègue. Il a dit avec un accent superbe : *Viens baiser cette joue...* Il représente parfaitement l'héroïque soufflelé, à part quelques éclats trop juvéniles pour un vieillard obligé de remettre à son jeune fils le soin de sa vengeance.

XIX

FÉVRIER 1842. — Vaudeville : *le Grand Palatin*, par MM. Duvert et Lauzanne. — Monseigneur Arnal. — *Le Bas bleu*, par MM. Ferdinand Langlé et de Villeneuve. — Quelques mots en faveur des femmes de lettres. — Un étudiant de dixième année. — Levassor. — Odéon : *les Philanthropes*, comédie en vers de MM. Théodore Muret et Frédéric de Courcy. — Le Tartufe du xixe siècle. — La nouvelle direction de l'Odéon. — Une spécialité pour ce théâtre.

7 février.

VAUDEVILLE. *Le Grand Palatin*. — Le grand palatin, c'est Arnal ! Arnal en habit de velours pailleté et brodé, en bas de soie à coins d'or, en perruque poudrée, en tenue de grand palatin nouvellement marié, lui à qui ordinairement sont dévolus les pantalons de nankin trop courts, les gilets à fleurs extravagantes, les breloques prodigieuses, les habits raisin de Corinthe, les carricks eau du Nil plombée, les perruques rousses ou blond-filasse, les bas chinés, les souliers lacés, les bas verts, toutes les formes et toutes les couleurs ridicules !

C'est une bien grande audace à MM. Duvert et Lauzanne d'avoir fait Arnal beau et richement habillé. Il n'y a pas d'exemple peut-être d'une telle hardiesse dans toute l'histoire du vaudeville. Aussi, lorsqu'on a vu paraître Arnal dans cette magnificence inouïe, dans cet éclat sans pareil et sans exemple, un frémissement d'admiration et d'anxiété a-t-il parcouru le public! On avait peine à le reconnaître. Eh quoi! ce nez au vent, ce petit œil effaré, cet air ahuri, cette laideur si spirituellement bête, qu'on aurait pu la croire naturelle, tout cela n'était qu'un effet de l'art? Arnal n'est pas plus laid que M. un tel qui fait les jeunes premiers; il a la taille d'un amoureux; sa main n'est pas rouge, son pied n'est pas grand; il porte l'habit de marquis aussi bien qu'un sociétaire du Théâtre-Français? — Eh! mon Dieu, oui! Arnal, tel que vous le voyez, appartient à l'illustre famille des Seringen, qui fournit des épouseurs à toutes les princesses margraves, palatines, filles ou veuves, en âge d'allumer le flambeau de l'hymen.

Vous croyez peut-être qu'Arnal, prince de Seringen, époux de la grande palatine, va être un mari ridicule, malheureux, bafoué, persécuté, mystifié, un martyr de plus sur la longue liste où figure en tête Georges Dandin; détrompez-vous : Arnal est, cette fois, le mystificateur.

Il s'aperçoit que le ministre d'Arandal pousse plus loin qu'il ne convient à un sujet le dévouement pour sa charmante souveraine. La palatine n'est pas insensible à l'amour de son premier ministre; il y a même, par une nuit de bal masqué, un rendez-vous demandé et accepté; mais Arnal, qui n'est pas si Seringen qu'il en a l'air, intercepte des tablettes, change le lieu du rendez-vous, fait attendre le comte d'Arandal dans le salon de Mercure, va lui-même au rendez-vous dans le pavillon du jardin, et s'y comporte de manière à prouver qu'après tout un mari vaut bien un amant. C'est ainsi qu'Arnal devient mari effectif, de mari honoraire qu'il était; car la jeune palatine, sous toutes sortes de prétextes d'étiquette, interdisait au pauvre Seringen l'entrée de la chambre nuptiale. Quant au comte d'Arandal, on l'envoie à la porte... c'est-à-dire en mission à Constantinople.

Ce vaudeville, qui côtoie la politique sans y entrer pourtant, a parfaitement réussi, et nous ne pensons pas que l'équilibre européen en soit un instant troublé.

Variétés. *Le Bas bleu.* — *Le Bas bleu*, sans doute ainsi appelé parce qu'il porte des bas noirs, a existé de tout temps, et il n'y a réellement pas grand mal ; ces pauvres bas bleus, les a-t-on bafoués et vilipendés ! — Qu'importe, après tout, qu'une femme barbouille quelques mains de papier ! est-il donc si nécessaire que l'homme conserve le monopole d'écrire des billevesées ? Vadius doit-il faire la guerre à Philaminte, et Trissotin à Bélise ? Ou il faut empêcher les femmes d'apprendre à lire et à écrire, et les enfermer dans des harems, comme font les Turcs, ou bien admettre, puisqu'elles participent à la vie universelle, qu'elles réfléchissent, pensent et sentent tout comme l'homme le besoin d'exprimer leurs idées. — On allègue ordinairement la question du rôt qui brûle et des légumes qui ne sont pas mis à l'heure dans le pot-au-feu, des *chausses* qui ne sont pas raccommodées. — La littérature n'a rien à voir là dedans, et les femmes qui sont capables d'écrire ont, en général, des cuisinières pour veiller sur la broche et sur les casseroles. Pour notre part, nous aimons tout autant une femme qui écrit, un bas bleu, qu'une femme qui joue du piano et étudie toute la journée des variations plus ou moins impossibles d'Herz ou de Kalkbrenner. Il est tout aussi joli de voir une blanche main courir sur le papier satiné que de la voir se retourner les ongles sur un clavier noir et blanc. La *mélomane*, dont personne ne parle, est bien autrement insupportable que le *bas bleu*, qui, du moins, fait une besogne silencieuse dans la solitude ; tandis que la tapeuse de piano nous poursuit partout, dans le monde, dans les salons, où elle empêche la causerie et qu'elle encombre de romances et de paperasses musicales.

La pièce de MM. Langlé et de Villeneuve a réussi, grâce à Levassor, qui y joue à ravir un rôle d'étudiant. Vous le voyez d'ici : béret blanc, redingote de velours, pantalon à la cosaque, blague et pipe suspendues à la boutonnière, gilet écossais, barbe moyen âge, rien n'y manque.

Cet étudiant de dixième année est tout ce qu'il y a de plus flambard, de plus chicard, chicandard, chicardisant, de plus ballochard, de plus chocnosophe au monde ; il fait, à la Chaumière, le désespoir des sergents de ville. Il chaloupe, bahute, cancanne, danse la robert-macaire et la saint-simonienne dans la dernière perfection, culotte les pipes et joue avec son nez de tous les instruments à vent, cor de chasse, cornet à piston, etc.

Tout Paris voudra voir Levassor dans ce rôle, où il est d'une gaieté et d'une vérité charmantes.

14 février.

ODÉON. *Les Philanthropes.* — L'idée de cette pièce était comique et vraiment actuelle ; il est à regretter qu'elle ne soit pas tombée entre des mains plus habiles. Le philanthrope est le Tartufe du xixe siècle, et ce ne serait pas trop du crayon de Molière pour le dessiner.

Il s'agit ici d'un de ces inventeurs de potages aux moules de boutons de guêtres, de bouillons à la gélatine (laquelle gélatine, examen fait, a été reconnue moins nourrissante que l'eau de rivière) qui, sous prétexte d'améliorer le sort de la classe la plus nombreuse et la plus pauvre, améliorent leur fortune particulière, jettent de la poudre aux yeux des sots, et se font donner des tas de places ; d'un de ces négrophiles qui battent leurs domestiques blancs ; d'un de ces amis de l'humanité qui font mourir de chagrin tous ceux qui les entourent, et ne peuvent être bienfaisants qu'au delà des tropiques.

M. Daubray, tout philanthrope qu'il est, fait saisir par huissier chez un de ses amis, à qui il a rendu un service intéressé, s'oppose au mariage de sa fille avec un honnête garçon qu'elle aime, nourrit son domestique avec de la farine fossile, de la soupe sans beurre, de la décoction de racines de buis et autres belles inventions philanthropiques, se dispute et se prend aux cheveux avec son associé Griffard, enfin se conduit en véritable... philanthrope ; cependant, après toutes sortes d'événements trop longs à raconter, Daubray, au lieu de la place d'inspecteur général des hospices qu'il sollicitait, n'obtient qu'une place purement honorifique. Griffard est nommé secrétaire également honorifique, et le tout se termine par le mariage obligé.

Certes, la donnée était bonne ; mais il fallait là une touche magistrale, et MM. Théodore Muret et Frédéric de Courcy ne sont que des gens d'esprit. Il fallait montrer le philanthrope comblé de gloire et d'honneurs, inspecteur des hospices, inspecteur des prisons, envoyé en mission pour étudier le système cellulaire ; inventant des voitures plus commodes pour les forçats, imaginant toutes sortes de délicatesses à l'usage des assassins ; nommé baron, orné de plusieurs ordres, membre de l'Institut, de la Société abolitionniste, député, gorgé de places et d'argent. Le dénoûment de *Tartufe* serait meilleur sans l'apparition de l'exempt. Aristophane, dans sa sublime ironie, n'y eût pas manqué ; il eût fini par l'apothéose et le triomphe du philanthrope ; dans sa comédie des *Nuées*, le stupide et ridicule Paisteteros épouse la belle et la puissante Basilea et devient le commensal des dieux.

Dans quelques jours, l'Odéon va changer de mains. C'est M. Auguste Lireux qui en prend la direction. Nous lui souhaitons de mieux réussir que son prédécesseur. Mais l'Odéon n'est pas un théâtre heureux.

Il y aurait cependant une belle place à côté du Théâtre-Français, presque exclusivement consacré à la représentation des chefs-d'œuvre de Molière, de Corneille et de Racine. Les œuvres des poëtes dramatiques des autres pays sont presque inconnues en France ; à peine en a-t-on lu quelques pièces dans la collection des théâtres étrangers.

Ce serait assurément un théâtre qui mériterait d'être suivi, et qui le serait, que celui où l'on représenterait chaque soir avec une pièce moderne, parce qu'il ne faut pas que les morts étouffent les vivants, une traduction ou imitation en vers de Shakspeare, de Marlowe, d'Otway, de Guilhen de Castro, qui n'a pas fait que le *Cid*, de Calderon, de Lope de Vega, de Gœthe, de Schiller, de Raupach, et de tant d'autres grands maîtres que le public ne connaît presque que de nom. — Le moment est venu : le génie moderne s'identifie aisément aux créations de tous les peuples ; nous ne sommes plus au temps où les traducteurs supprimaient les passages de leurs auteurs qui ne s'accommodaient pas au goût français, et ôtaient d'un ouvrage précisément tout ce qui en faisait le charme et la curiosité, tout ce qui lui donnait de la couleur et du cachet. — On peut appeler aujourd'hui Desdemona par son nom, et Yago a la permission de reprendre sa place à côté du More. L'invocation à la guerre, que Voltaire considérait comme fort ridicule et fort barbare, ne ferait à présent rire personne.

Il ne manque pas de jeunes poëtes, habiles versificateurs, qui, au lieu de faire de petits volumes d'élégies et de sonnets que personne ne lit, seraient enchantés de traduire soit le *Timon d'Athènes*, de Shakspeare, soit *le Médecin de son honneur*, de Calderon, soit la *Fiancée de Messine*, de Schiller, ou tout autre chef-d'œuvre étranger. — De telles imitations, faites fidèlement, dans l'esprit et le génie des auteurs, montées avec soin et jouées avec amour par des acteurs intelligents, devraient attirer et intéresser un parterre instruit et lettré comme l'est enfin le parterre de l'Odéon, rempli par les jeunes gens des écoles. — *Macbeth, Roméo et Juliette, Otello, le Marchand de Venise, Falstaff* ont déjà été traduits de cette manière, et pourraient dès à présent constituer un commencement de répertoire.

Il nous semble que, de cette façon, l'Odéon ne serait plus un second Théâtre-Français (il ne vaut jamais rien d'être le second), et pourrait conquérir une existence individuelle, une spécialité, comme on dit. — Cela vaudrait la peine de passer les ponts et d'aller chercher là-bas un honnête amusement littéraire qu'on ne trouve guère, à vrai dire, de ce côté-ci de la Seine. Les chefs-d'œuvre du Théâtre-Français sont connus de tout le monde et sus par le spectateur au moins aussi bien que par l'auteur, sur lequel on est toujours en avance d'un vers. D'autres chefs-d'œuvre moins familiers, d'une valeur moins haute peut-être, mais ayant encore quelque charme de nouveauté et de surprise, auraient chance, non pas d'attirer la foule, mais d'amener chaque soir un public curieux de s'instruire en s'amusant, et à qui les pasquinades du vaudeville et les phrases ampoulées du mélodrame semblent un médiocre divertissement.

XX

MARS 1842. — Gymnase : *L'Oncle Baptiste*, par M. Émile Souvestre. — La pièce. — Bouffé. — Considérations sociales à propos de vaudeville. — Théâtre-Français : *Lorenzino*, drame de M. Alexandre Dumas. — Fin du moyen âge. — Beauvallet, mademoiselle Doze. — Odéon : *Cédric le Norvégien*, drame de M. Félix Pyat. — Une soirée orageuse. — Le style poétique au théâtre. — Danger des pièces à contre-partie.

1er mars.

GYMNASE. *L'Oncle Baptiste*. — *L'Oncle Baptiste* n'a rien de bien miraculeux pour le fond; le jeu de Bouffé est tout. Voici la fable, qui est des plus simples et que Berquin ne désavouerait pas :

Paul et Baptiste sont frères et tous deux ouvriers mécaniciens; seulement, Paul, nature intelligente et réfléchie, s'est élevé jusqu'à la théorie du métier qu'il pratique; il ne s'est pas contenté d'être une main, il a voulu devenir un cerveau; au lieu de se borner à exécuter les différentes pièces de mécanique qu'on lui confiait, il en a étudié les forces et les combinaisons. Baptiste est resté ouvrier. C'est un cyclope qui ne fait que remuer le fer dans la fournaise et faire retentir l'enclume; la méditation n'a pas ennobli ses habitudes. Ses plaisirs sont grossiers et tout matériels; il va au cabaret et s'enivre, il fête régulièrement saint Lundi. Cependant c'est une bonne nature ronde, franche, ayant toutes les qualités de sa rudesse; mais sa vie est vulgaire comme son esprit et chaque année qui s'écoule met une distance plus grande entre lui et son frère Paul, devenu, à force d'étude, de travail et d'activité, propriétaire d'une belle fabrique.

Paul, outre sa fabrique, possède une fille; cette fille s'appelle Emma. Une fille qui s'appelle Emma ne peut avoir que des inclinations bien situées. Elle aime donc M. Arthur. — Il ferait beau voir qu'un Arthur ne fût pas aimé! — Mademoiselle Emma cache son penchant dans le recoin le plus obscur de son petit cœur; car M. Arthur est fils d'un certain baron de Bartoul fort entiché de sa noblesse et de son rang dans le monde; et ce serait vraiment hardi à la fille d'un ouvrier parvenu, dont les gants cachent mal les mains, noires encore de limaille de fer, d'oser lever les yeux jusque-là! Le tendre père a lu dans l'âme de sa fille, et, comme il sait que l'argent est le grand niveleur, il veut aller à Paris et tâcher de faire fortune, afin de jeter dans la balance une dot qui puisse l'emporter sur l'orgueil de Bartoul. Dans cette idée, il traite avec un M. Quintin de l'achat d'une vaste usine à Paris.

Au second acte, un an s'est écoulé; l'établissement de Paul a pris un grand accroissement. Ces prospérités subites ne se voient malheureusement qu'au théâtre. — Vous vous levez, vous allez faire un tour de promenade au foyer, et, pendant ce temps, les pièces de cinq francs ont engendré des philippes d'or, les philippes d'or des billets de banque; un crédit s'est établi, une maison s'est élevée.—La belle chose qu'un entr'acte! on devrait bien faire une pièce de tout ce qui se passe quand le rideau est baissé!

Mademoiselle Emma peut avouer son amour pour Arthur; elle est maintenant un bon parti. — La fille du négociant, du grand industriel Paul Dupont et Ce, peste! cela n'est pas à dédaigner; les hauts barons de Bartoul peuvent risquer la mésalliance. — Aussi le mariage est-il près de se conclure.

L'oncle Baptiste arrive en toute hâte pour assister à la noce de sa nièce. Or, vous figurez-vous M. Arthur de Bartoul et toute sa haute et puissante famille en présence de l'oncle Baptiste et de sa femme! bonnes gens au gros rire, aux façons triviales, aux allures épaisses, à la toilette endimanchée! — Fi donc! il y aurait de quoi faire rompre le mariage.

Aussi, malgré toute la joie qu'on a de les revoir, on a soin de confiner au fond de leur chambre, sous prétexte de la fatigue qu'ils doivent éprouver, l'oncle Baptiste et madame son épouse, gaillarde qui en revendrait aux marchandes de poisson pour les hardiesses et les métaphores non prévues par l'Académie. Pourtant, tout grossiers qu'ils sont, ils ne sont pas dénués de bon sens et s'aperçoivent fort bien qu'on les séquestre et qu'on les retient en chartre privée, de peur qu'ils ne fassent quelque incongruité effroyable et n'effarouchent la baronnie de M. Bartoul, par le laisser aller de leurs façons populacières. Cette idée exaspère au plus haut point l'oncle Baptiste, qui sort furieux de l'hôtel de son frère et va se loger à l'auberge avec sa femme non moins furieuse. Pour noyer son chagrin, l'oncle Baptiste a recours à la boisson, sa ressource ordinaire en pareil cas. Comme son chagrin est grand, il boit beaucoup et s'enivre. Quand il est ivre, par suite de cette préoccupation obstinée, ordinaire chez les ivrognes, qui s'attachent invinciblement à la seule idée qui surnage dans leur cerveau submergé, il veut aller faire vacarme chez son frère, lui reprocher sa fierté et son ingratitude, et lui dire tout ce qu'il a sur le cœur. Il réalise son idée et tombe au milieu de la signature du contrat, débraillé, la figure avinée, la langue pâteuse, hérissant sa marche des angles les plus inattendus.—Voilà un oncle charmant, une belle parenté pour un baron ! Paul rougit jusqu'au blanc des yeux ; les Bartoul prennent leur grand air héraldique et revêche ; Emma se trouve mal. L'effet désastreux produit par son entrée dégrise l'oncle Baptiste ; il voit le mariage de sa nièce rompu, la considération de son frère diminuée, son crédit compromis ; il pousse un cri, revient à la raison et demande pardon de sa faute avec tant de cœur et de repentir, que les Bartoul eux-mêmes s'attendrissent. L'oncle Baptiste, sentant lui-même qu'il n'est pas fait pour cette vie et pour cette société, s'exile de son plein gré à Montargis, d'où il promet de ne pas sortir. On l'ira voir. Tout s'arrange. Emma épouse Arthur.

Bouffé a montré, dans le rôle de l'oncle Baptiste, toutes les qualités que vous savez.

Le nom de M. Souvestre a été proclamé au milieu des applaudissements. S'il nous était permis d'ajouter quelques réflexions au compte rendu d'un vaudeville, nous verrions dans *l'Oncle Baptiste* une idée plus générale peut-être que celle que l'auteur lui-même a voulu y mettre.

On se plaint de l'affaiblissement de l'esprit de famille, du relâchement des liens de parenté. Les raisons en sont toutes simples. — Chacun a quelque part un oncle Baptiste qu'il est bien aise de reléguer à Montargis, quelque cousin paysan ou chevrier dans un coin de la Bretagne ou de l'Auvergne. Comme les castes sont abolies et que tout homme, s'il est intelligent et laborieux, peut prétendre à tout, il se trouve que, dans une famille où il y a deux frères, l'un devient propriétaire, grand industriel, célèbre avocat, député, tandis que l'autre, ayant moins de bonheur ou de génie, reste dans une condition tout à fait humble et garde des habitudes et des mœurs grossières. — Des parents, après avoir gagné quelque argent, et souvent au prix des plus grands sacrifices, font donner à leurs enfants une éducation supérieure à leur état; certainement, rien n'est plus légitime, plus sacré, que l'orgueil d'un père qui veut que son fils soit plus instruit que lui; mais ce fils, après avoir étudié Homère, Virgile, Horace; après s'être familiarisé avec toutes les élégances de l'esprit, si bon que soit son cœur, sera embarrassé, surtout devant témoins, d'entendre son père, digne marchand, brave fermier, traiter Vaugelas de Turc à More, et s'inquiéter, aussi peu que la Martine des *Femmes savantes*, si les mots viennent d'Auteuil ou de Pontoise. — C'est un sot amour-propre, à coup sûr; mais les hommes ne sont pas des anges, et les parents ridicules ou vulgaires sont, autant que possible, laissés à la maison quand ils n'ont pas, comme l'oncle Baptiste, le bon sens de rester dans leur ombre ou de s'exiler dans quelque province ou quelque quartier éloigné.

Autrefois, les délimitations sociales étaient profondément marquées; le fils succédait au père dans son état et son patrimoine; on savait qu'il y avait certaines bornes qu'on ne pouvait dépasser; la noblesse occupait presque exclusivement les hauts emplois. A moins d'un grand génie ou d'un rare concours de circonstances, des fortunes, comme on en voit aujourd'hui, étaient impossibles; chacun gravitait à peu près dans sa sphère; les mésalliances étaient rares, et il y avait peu d'exemples de ces audacieuses escalades où l'on voit des gens partis du dernier échelon, arriver au faîte de la richesse et du pouvoir, laissant bien loin, tout au bas, leurs parents, leurs amis et leurs relations; il n'y avait donc pas lieu de rougir entre soi ou les autres, et ces entrées de paysans du Danube, hérissés, velus, avec des sabots et un sayon de poil de chèvre au milieu d'un salon étincelant de dorures, étaient bien plus rares qu'aujourd'hui. — Maintenant, plus d'un propriétaire riche à millions est exposé à être tutoyé par son portier, naguère son ami, et qui en abuse. Plus d'une jolie comtesse peut être embrassée par un cousin de province, à gants verts, à souliers lacés, dont elle ne voudrait pas pour monter derrière sa voiture. Ces élévations subites, souvent suivies de ruines profondes, ont altéré et presque détruit l'esprit de famille, du moins dans les grandes villes. Pour éviter ces froissements d'amour-propre, on s'enferme, on cesse de se voir. La vanité des parents parvenus, la fierté de ceux qui n'ont pas réussi rendent les relations aussi rares que possible. On se lie avec ses nouveaux égaux, abandonnant, à mesure qu'on monte, les gens du cycle inférieur, et le monde devient une grande mêlée où combattent des champions isolés, avec cette devise éminemment peu sociale : *Chacun pour soi, et le hasard pour tous!*

Ces réflexions ne veulent pas dire qu'il ne faut pas essayer de devenir mécanicien lorsque l'on n'est que forgeron ; tant pis pour le frère arriéré !

7 mars.

THÉATRE-FRANÇAIS. *Lorenzino.* — Le *Lorenzino* de M. Alexandre Dumas, qui a été reçu par le public avec une grande froideur, suit assez exactement la donnée de celui d'Alfred de Musset. Le premier acte, par la complication et la rapidité des événements, rappelle la manière de *la Tour de Nesle*; mais le goût du parterre n'est plus tourné maintenant au moyen âge; il n'accepte guère que la comédie en poudre et le drame en frac. La violence et la force l'étonnent, accoutumé qu'il est aux façons bourgeoises et courantes de M. Scribe.

Beauvallet a dessiné la figure de Lorenzino avec une rare habileté : il avait l'air d'un portrait du Titien. Lorenzino lui a donné l'occasion de déployer des qualités de comédien qu'on ne lui soupçonnait pas, et que sa manière énergique et sombre ne lui avait pas encore donné occasion de faire voir. Mademoiselle Doze était charmante, et elle a fort bien joué malgré quelques *oh !* trop répétés, qui ont excité un instant la bonne humeur du public.

ODÉON. *Cédric le Norvégien.* — Cette représentation a été orageuse, et rappelait les temps les plus tumultueux de l'école romantique; les paisibles échos de l'Odéon, depuis *Christine à Fontaine-*

bleau, n'avaient pas entendu un pareil vacarme. Un retard d'une heure environ, par suite d'un accident arrivé au machiniste, avait mis le public en mauvaise disposition ; et il n'y a rien de cruel comme un public qui s'ennuie et s'impatiente.

On n'a pas d'abord écouté *Cédric* avec le calme et l'attention que l'on doit à une œuvre de longue haleine et consciencieusement travaillée, où l'auteur a voulu développer une idée, un système, une philosophie, ou même seulement un certain parti pris de style. Ce qui a nui surtout au drame de M. Pyat, c'est une certaine tension de la phrase, une abondance de métaphores qui semble toujours appeler le rhythme et les ellipses de la poésie. Ce style poétique est presque impossible au théâtre, et le vers lui-même a besoin, pour être admis, de rogner un peu l'envergure lyrique de ses ailes. — M. Félix Pyat, en écrivant son drame en vers, se fût épargné bien des difficultés.

Le drame commence d'une manière grandiose et antique. Deux types sont en présence : le roi, l'esclave. — Chacun agira-t-il selon sa naissance ou selon son caractère ?... Voilà la question ! comme dirait Hamlet. Et déjà un souffle vague de la poésie shakspearienne vient animer ces abstractions sociales. Le maître commande sans dignité, l'esclave obéit avec la patience d'un homme de cœur. Toutefois, on verra bientôt que cet esclave est de haute naissance, ce qui prouverait que l'auteur n'a pas voulu s'enfermer dans une froide théorie révolutionnaire. Il s'agit de nationalité plutôt. Thorer est un Danois qui règne sur la Norvége, que son père Abel a conquise. Cédric est le rejeton inconnu d'Harold, le roi vaincu et dépouillé. La reine, sa mère, contrainte d'épouser l'usurpateur, n'a pu sauver son premier fils et le conserver auprès d'elle qu'en le faisant élever dans la plus basse condition.

Or, une grande cérémonie se prépare pour le couronnement de Thorer. Tous les ordres de l'État doivent se présenter au nouveau roi et lui soumettre leurs doléances, et l'usage est alors qu'il les reçoive couvert de son armure de bataille. Mais Thorer est un prince efféminé qui préfère la soie et le velours à l'acier des gens de guerre. Élevé dans les cours d'Italie, il en a pris les mœurs lâches et la politique cauteleuse. Aussi veut-il d'abord se dérober aux vieux usages, et recevoir ses sujets en pourpoint taillardé ; mais il apprend bientôt qu'un complot s'est organisé parmi les nobles norvégiens, et qu'il pourrait bien recevoir quelque coup de poignard ou d'espadon pendant la cérémonie. L'alternative est dangereuse. Thorer imagine alors de faire revêtir la lourde armure des rois norvégiens à son esclave Cédric. On l'habille rapidement, et, la visière baissée, c'est lui qui prend place devant le trône et qui écoute tous les discours sans y répondre. Les Norvégiens s'étonnent et s'indignent à loisir devant ce masque immobile, et l'un des nobles le frappe d'un coup d'épée, pensant que ce n'est qu'une statue. Cédric ne tressaille même pas.

Que devient cet esclave-roi pendant que le maître s'applaudit de sa ruse? Il profite d'une heure de liberté dérobée à la bonne humeur de Thorer, pour aller voir une femme qu'il aime, la blonde Suavita, beauté couronnée de chêne, rêve de poëte mystique, princesse de ballade, courtisée par trois nobles chevaliers qui ne servent la patrie qu'en espérant la main de la jeune fille. L'esclave est préféré, selon la logique amoureuse, à ces superbes capitans qui font grand bruit dans la maison du vieux Berthor, père de Suavita. Il arrive qu'au milieu d'une conspiration qui s'ourdit dans le château, Cédric sort tout à coup d'une cachette où Suavita l'a fait entrer. Indignation générale! On va massacrer Cédric comme espion, et avec quelque raison, car son maître, qui connaît ses amours, l'a chargé, en effet, d'observer ce qui se passe chez Berthor. Cédric demande à s'expliquer. Les paroles qu'il a entendues ont réveillé sa dignité d'homme, et l'esclave est devenu un citoyen. C'est alors que Berthor apprend à tous le secret de la naissance de Cédric, et le fait reconnaître pour Haynard, fils d'Harold. Les prétendants à la main de Suavita refusent leur concours; il faut donc agir de ruse encore.

Cédric s'en va reprendre près du roi sa position d'esclave. Mais Thorer, informé de la beauté de Suavita, l'a fait enlever et transporter à son palais; il veut la faire reine; il veut, de plus, assurer son pouvoir en faisant assassiner le prétendant, dont on parle déjà partout depuis ce qui s'est passé chez Berthor; et il ignore, aveugle qu'il est, que l'esclave à qui il commande ce meurtre n'est plus Cédric, mais Haynard lui-même. Ce dernier accepte avec un sourire le poignard qui lui est donné pour le crime et s'en sert à menacer son maître, qu'il terrasse d'un seul effort. Au dehors du palais, la révolte gronde, les portes se brisent, et, devant ses partisans vainqueurs, Cédric annonce qu'il fait grâce à Thorer, mais en prenant sa place et en lui donnant la sienne.

Désormais, comme on voit, les rôles sont changés. Cédric bientôt se réveille roi absolu, mais triste et accablé déjà de ses devoirs nouveaux. Tout le contrarie et l'opprime sous une forme nouvelle. Le vieux Berthor ne veut donner sa fille ni à un esclave ni à un roi ; la politique ordonne, d'ailleurs, que Cédric s'affermisse par une alliance étrangère. On comprend tout l'effet que l'auteur a dû tirer de cette contre-partie de l'action première; malheureusement, c'est là aussi qu'a éclaté la mauvaise disposition des spectateurs. On n'a pu saisir le développement nouveau du caractère de Thorer, esclave souple et perfide de celui qui le servait noblement jadis. Dissimulant sa haine, il conseille à son maître tout le mal qu'il eût fait lui-même en restant roi.

L'amour de Suavita entraîne Cédric aux excès qui ont fait haïr Thorer, et Berthor, inflexible patriote, ameute contre lui les mêmes conjurations.

C'est une belle scène que celle où ce vieillard voit ses amis l'abandonner un à un quand il s'agit de frapper. Lui donc se dévoue seul, et, au moment où Cédric, enivré d'orgueil, d'amour et aussi de vin, veut faire asseoir de force Suavita à sa table d'orgie, il vient frapper celui qu'il a élevé au trône. Mais, de son côté, Thorer n'échappe pas à la vengeance populaire, et meurt au milieu du tumulte.

On voit que cette action présente une sorte de symétrie fatigante parfois, mais de conception noble et poétique. A part quelques exagérations tyrannicides, dont le talent de M. Félix Pyat aurait pu se passer, il y a dans sa pièce tous les éléments d'une œuvre puissante et digne de succès.

XXI

AVRIL 1842. — Cirque-Olympique : *le Chien des Pyrénées*, par MM. Ferdinand Laloue et de Comberousse. — Émile. — Ses talents variés, ses brillantes qualités, ses hauts faits. — Réponse à ceux qui nient l'âme des bêtes. — Le cirque de Gavarnie. — Présomption d'un spectateur. — Théâtre-Français : *Oscar, ou le Mari qui trompe sa femme*, comédie de M. Scribe. — L'auteur chéri des dames et des bourgeois. — Cours de morale au goût du jour. — Le règne de la médiocrité. — Effacement général. — Le Théâtre-Français et sa mission. — Porte-Saint-Martin : *Paris le Bohémien*, par M. Bouchardy. — Poétique de ce dramaturge. — Frédérick Lemaître.

5 avril.

Cirque-Olympique. *Le Chien des Pyrénées.* — Après l'éléphant du roi de Siam, les lions de Martin, les tigres de Carter, les singes comédiens, le succès d'un acteur quadrupède semblait vraiment chose difficile au Cirque-Olympique. Émile vient de surmonter heureusement cette difficulté. Ce nom d'Émile, qui ne se trouve pas sur le calendrier des noms de chiens, et qui rappelle celui de l'élève idéal de Rousseau, a-t-il été donné à l'intelligent animal dans une intention symbolique? C'est ce que nous ignorons; mais Émile ferait, à coup sûr, l'orgueil de tous les patients professeurs qui enseignent aux caniches bien doués par la nature à parler le sanscrit, donner le *la*, faire la révérence et jouer aux dominos.

La pièce dans laquelle Émile joue le principal rôle n'est guère justifiable de la critique : Aristote et sa docte cabale n'ont rien à voir là. C'est tout simplement un cadre où les bipèdes sont sacrifiés au quadrupède, comme cela devait être. Il s'agit d'une jeune fille innocente et persécutée par un traître avec l'accompagnement obligé d'amoureux, de niais, de serviteur dévoué, d'enfant au berceau; il y a un incendie, un souterrain, un pont du torrent! — Rien n'y manque.

Parlons d'Émile, dont l'entrée était attendue avec beaucoup d'impatience par toute la salle, qui ne prêtait qu'une fort médiocre attention aux obscurités de l'exposition... Un *ouah! ouah!* très-accentué se fait entendre à la cantonade; la porte s'ouvre et le niais paraît se frottant les jambes, car Émile ne peut pas le souffrir et ne manque pas une occasion de lui sauter aux mollets, bien heureux quand son antipathie ne va pas plus haut et ne met pas le pauvre diable dans l'obligation de se tenir debout pendant quinze jours. Après cette petite préparation scénique, Émile fait son entrée comme un comédien consommé; son maître le suit en costume de berger des Pyrénées, béret de laine, espadrilles, sayon de poil de chèvre. — Émile est un chien-loup croisé de griffon, qui n'a rien de remarquable comme race, mais dont la tête, les yeux, la physionomie, l'attitude étincellent d'intelligence et d'esprit, si ce mot, trop prodigué aux auteurs dont les pièces tombent, peut s'appliquer aux chiens qui réussissent. Le regard d'Émile est vraiment *humain;* ce n'est plus l'instinct qui éclaire ces yeux-là, c'est quelque chose qui ressemble à faire peur à la pensée; Émile embarrassera fort les philosophes qui refusent une âme aux bêtes.

La première scène se compose de l'exercice du déjeuner : le berger tire du pain de son bissac. « Je n'ai pas de couteau, va chercher le couteau. » Le chien va au buffet et apporte le couteau demandé. « Et le vin? et l'assiette? et la viande? » Tous les ordres sont exécutés avec une prestesse et une obéissance d'autant plus admirables que le maître ne désigne par aucun geste les objets qui lui sont nécessaires. Vient ensuite le déjeuner du chien lui-même. « Comment! un chien bien élevé comme toi, qui mange sans assiette! » Émile, qui comprend l'incongruité qu'il vient de commettre, va au buffet prendre une assiette pour lui; puis il reporte chaque chose à sa place, le verre, la bouteille, le panier, comme le ferait ou plutôt comme ne le ferait pas un véritable domestique. Si le maître d'Émile voulait se charger de *dresser* des domestiques, il rendrait un grand service à l'humanité.

Nous glisserons légèrement sur des billets remis avec l'exactitude du facteur le mieux appris, sur un enfant sauvé d'un incendie; ce ne sont là que des bagatelles pour un chien de la force d'Émile; mais, dans le second tableau, il fait vraiment des prodiges. L'héroïne a été enlevée par le traître, il s'agit de lui faire parvenir une lettre. Émile se blottit dans une hotte qu'on recouvre d'une toile, et qu'on envoie par un porteur dans l'endroit où l'on suppose que l'infortunée est retenue. Émile, introduit de la sorte au milieu de ce camp ennemi, attend qu'il ne reste plus dans la chambre que Laurence (c'est le nom de la jeune personne), et sa vieille mère; alors il s'agite et se démène dans sa hotte de manière à attirer leur attention; on le déballe, on le démaillotte. Il donne sa lettre aussi bien qu'une utilité du Théâtre-Français, et nous ne voudrions pas jurer qu'il n'ait aboyé le vers sacramentel :

Une lettre,
Madame, qu'en vos mains l'on m'a dit de remettre.

Un bruit de pas se fait entendre; Émile, d'un bond, saute dans la huche au pain, où il s'arrange de façon à n'être pas vu. On vient prévenir Laurence qu'il faut qu'elle s'apprête à partir et qu'elle doit être emmenée à Barno. Par un hasard assez peu naturel, se trouvent là des lettres détachées qui servent à faire apprendre à lire à la fille de l'hôtesse; Laurence fait voir au chien le nom de l'endroit où les persécuteurs la conduisent; le chien prend une mine rêveuse et fait un signe de tête pour montrer qu'il a compris. Laurence est emmenée, le chien rentre dans sa huche, et ici sont placées quelques scènes fort bouffonnes de l'hôtesse, qui va prendre du pain et s'étonne, en plongeant le bras dans le coffre, d'y trouver du pain avec des pattes et des oreilles. Et notez que, pendant tout ce temps, Émile, séparé de son maître, est absolument livré à lui-même et ne subit plus aucun ascendant. Chose merveilleuse! il n'hésite jamais, ne se trompe jamais, et fait ce qu'il doit, juste à la réplique, comme un acteur ordinaire du roi. Assurément, cette bête comprend la parole humaine; en ce cas, il n'a pas dû être satisfait du style de M. Ferdinand Laloue. Mais qui diable aurait été penser qu'un chien belge entendrait si bien le français!

Le berger, suivi de l'amoureux de Laurence, arrive enfin à l'auberge : Émile aboie d'une manière très-significative, et, tout aussi adroit que Djali, la chèvre d'Esmeralda, il écrit avec les lettres de bois *Barno*. Pour voir si ce n'est pas un effet du hasard, le berger brouille les lettres, écrit le nom sur une ardoise et le présente au chien en lui disant : « Est-ce bien cela? » Le chien fait un signe d'acquiescement et retrace encore une fois le mot avec les lettres mêlées à dessein pour mieux faire ressortir son intelligence. Que dites-vous de cela? Le berger et le comte de Rosambert, c'est ainsi que se nomme l'amoureux de Laurence, partent pour Barno avec l'espoir de délivrer Laurence.

Leurs efforts sont déjoués par le traître. Rosambert est enfermé dans un cachot; le berger, attaché avec de bonnes cordes à une colonne; Émile, bien et dûment enchaîné. La position est critique; des hommes ne s'en tireraient pas; mais, pour un chien comme Émile, ce n'est qu'un jeu. Il sort d'abord sa tête de son collier, porte son pain à son maître, défait les cordes qui le retiennent, vole les clefs du cachot de Rosambert, et, chose plus merveilleuse encore, se remet son collier et sa chaîne avec l'aplomb et l'adresse d'un vieux forçat, lorsqu'il entend les pas du geôlier. Il faut voir la mine innocente, désœuvrée et détachée de toute chose qu'il prend en présence du gardien. Le geôlier parti, Émile ouvre la porte de Rosambert, et achève de délier son maître, qui s'est procuré une lime, et scie les barreaux de la fenêtre. Tout le temps que dure cette opération, le chien jappe pour empêcher qu'on n'entende le grincement du fer, et reste bravement le dernier pour couvrir la retraite. Tout cela est joué par l'acteur à quatre pattes avec un sentiment dramatique extraordinaire; il varie ses aboiements selon la circonstance; il prend le ton plaintif ou joyeux très à propos; hurlant aux endroits lamentables, jappant aux endroits gais, frétillant de la queue aux rencontres heureuses, la tenant basse dans les situations pathétiques, usant de toutes les ressources de la mimique canine, et s'associant aux passions du drame d'une manière incroyable. Comme il aime l'héroïne! comme il hait le traître! comme il se plaît à inspirer au niais des terreurs comiques! comme il est toujours en scène, toujours à son affaire, sans distraction, sans préoccupation, l'œil en éveil, l'oreille et le nez au vent, attendant que son tour vienne, et n'oubliant pas le plus petit jeu de scène!

On nous a raconté de lui un trait vraiment étrange : à l'une des répétitions, dans un endroit de la pièce où il doit ouvrir une porte, l'acteur à deux pieds avait oublié de la fermer; comment ouvrir une porte ouverte? Le chien, dans sa logique, fit ce raisonnement, alla fermer la porte avec soin, revint à la place qu'il devait occuper en scène, et partit à l'instant donné pour l'ouvrir, réparant ainsi la négligence de l'acteur. Quel monde de pensées dans cet acte, en apparence si simple!

Au dernier tableau, le digne chien fait tomber le traître au fond de l'abîme, en tirant la clavette qui soutient le *pont du torrent*, avec une précision et une intelligence extraordinaires; puis il se jette à l'eau et pêche dans la poche du gredin le portefeuille où sont les papiers qui doivent servir à faire reconnaître Laurence pour la fille d'un grand et faciliter son mariage avec celui qu'elle aime; puis il va prévenir la maréchaussée et fait empoigner toute la bande du traître, car la chute du tronc d'arbre dans la cascade rend la fuite impossible. — Laurence tombe dans les bras de son amant, le vieux berger lève les bras au ciel, les gendarmes s'attendrissent, le rideau tombe, et le chien, après avoir fait les trois saluts d'usage aussi bien qu'un régisseur en habit noir, vient jeter au public les noms de MM. de Comberousse et Ferdinand Laloue.

La dernière décoration, représentant le cirque de Gavarnie, est d'un assez bel effet; les montagnes du fond sont vigoureuses et d'une bonne couleur; seulement, la cascade est trop rapprochée et manque de perspective. — Une autre décoration représentant une vallée est d'un ton clair, limpide et transparent qui fait plaisir à voir, maintenant surtout que le désir d'atteindre à une grande vigueur pousse les décorateurs à la crudité et à la bizarrerie de nuances et d'effets.

En résumé, Émile est au-dessus des chiens instruits vulgaires qui ne savent que danser le menuet, passer dans un cerceau ou réciter des fables allemandes au commandement d'un cornac qui leur fait des signes gravés à coups de fouet dans leur mémoire. Il joue, abandonné à lui-même, des scènes fort longues avec des acteurs qui lui sont parfaitement étrangers, et n'ayant pour le guider que les derniers mots de la réplique, dont il comprend le sens ou, au moins, dont le son se lie pour lui au souvenir de l'action qu'on lui a enseigné à faire. Cela est réellement plus étonnant que les tours de passe qu'exécutent les animaux savants. Décidément, Émile est un chien phénoménal. Un de nos amis prétendait, en voyant ses exercices, qu'il en ferait bien autant; mais cette prétention a été réduite à sa juste valeur, attendu que notre ami n'a jamais rien pu remettre à sa place et qu'il serait, d'ailleurs, incapable de pêcher un portefeuille dans la cascade de Gavarnie. Émile continuera, au Cirque-Olympique, les beaux jours de Murat. Il a sur l'Achille de l'empire l'immense avantage d'être muet.

27 avril.

Théatre-Français. *Oscar, ou le Mari qui trompe sa femme.* — Tout a été dit sur M. Scribe, — tout et le reste : il lasse la critique, ce Briarée aux cent bras. — Que n'a-t-on pas écrit sur lui! que de feuilletons! que d'analyses! que d'appréciations! que de dépréciations! quelle averse de prose à chaque pièce nouvelle!

Comment se fait-il qu'un auteur dénué de poésie, de lyrisme, de style, de philosophie, de vérité, de naturel, puisse être devenu l'écrivain dramatique le plus en vogue d'une époque, en dépit de l'opposition des lettrés et des critiques?

Le succès de cet auteur est incontestable; il dure depuis trop longtemps et se répète sur trop de théâtres pour qu'on puisse le nier. — D'illustres poëtes, de grands esprits qui ont tenté la scène n'ont pu, malgré de magnifiques efforts, atteindre à cette popularité. Sur quoi se fonde donc cette réussite immense, universelle? — M. Scribe est bourgeois (qu'on nous permette de nous servir ici de ce terme emprunté à *l'argot* des ateliers et qui rend notre pensée mieux que tout autre), c'est-à-dire qu'il n'entend rien à aucun art, n'a le sentiment ni de la forme ni du style, est dénué d'enthousiasme, de passion, et n'admire pas la nature. — Son mobile dramatique est l'argent; sa philosophie consiste à démontrer qu'il vaut mieux épouser un portefeuille de billets de banque qu'une femme qu'on aime, et que les intrigues d'amour offrent beaucoup d'inconvénients tels que coryzas, chutes, sauts périlleux, surprises et duels. La raison suprême, suivant M. Scribe, est un égoïsme douillet que rien ne doit faire sortir de sa chambre matelassée et de ses pantoufles de fourrure. — Il n'a pas assez de sarcasmes contre les dupes, qu'un enthousiasme ou une foi quelconque entraînent dans des démarches inconsidérées et compromettantes; son admiration sans réserve est acquise aux Bertrand qui font tirer les marrons du feu par des complices naïfs, aux caractères froids, prosaïques, ennemis de la jeunesse et de l'amour, qui ne s'occupent que de bons contrats de mariage, d'inscriptions sur le grand livre et de placements de capitaux.

Ces sentiments commerciaux, exprimés en prose assortie, doivent faire et font réellement le charme d'une société avant tout industrielle, pour qui la probité se résout dans l'exactitude aux échéances, et dont la rêverie est de gagner le plus d'argent possible dans le plus bref délai : Hamlet viendrait aujourd'hui, pâle et le front dans sa main, agiter la fameuse question d'être ou de n'être pas, on l'enverrait se promener; on lui dirait : « Mon cher prince de Danemark, retournez à Elseneur. » La question est d'épouser un million ou de trouver cinq cent mille francs pour le payement du 15. — Voilà qui est dramatique, intéressant, qui remue l'âme humaine jusque dans ses profondeurs. Au noble spectacle de ce banquier inquiet de sa fin de mois, tous les gens qui ont des billets à échoir s'agitent d'aise dans leur stalle et disent : « Comme c'est cela! »

Et puis, il faut l'avouer à la honte de notre temps, le public, en fait d'art, n'aime pas la beauté. La forme lui est au moins indifférente et même elle lui déplaît. La hardiesse de jet, la décision de la touche, la force du dessin le contrarient et le choquent. Il y a dans le style des maîtres quelque chose de net, de franc, de voulu, d'insouciant et d'original qui alarme le bourgeois tout de suite; à cette familiarité hautaine, à ce laisser aller grandiose, à cette allure formidablement aisée, qui sont les caractères du génie, les natures vulgaires entrent en inquiétude. Elles sentent qu'elles vont être rudement secouées dans leur honnête quiétisme; la médiocrité a quelque chose d'obséquieux et de patelin qui leur convient, et beaucoup de gens préfèrent les chiens caniches aux lions, sous le prétexte que ces derniers ont le poil rude et fauve, la crinière hérissée, des ongles d'airain, des regards jaunes d'un éclat insupportable et avalent quelquefois les personnes les plus honorables sans se soucier de leur position sociale. — La multitude, par une de ces secrètes jalousies dont on ne se rend pas compte, mais qui, pour être inavouées, n'en subsistent pas moins, haït la forme qui spécialise une idée, un objet, le tire du néant et le fait vivre d'une vie particulière. Il est douloureux pour les êtres qui doivent tomber inconnus dans l'éternel oubli de voir un type réalisé par la plume, le crayon ou le ciseau attirer les yeux, se graver dans les mémoires et acquérir parmi les hommes une importance qu'ils n'auront jamais. — Ce sentiment misérable se traduit de mille manières dans les civilisations modernes : l'amour du niveau et de l'alignement, la conformité de costume en sont les principaux symptômes.

La ligne droite, qui efface toute forme et peut être tracée par le premier venu aussi bien que par le plus grand génie, sera toujours la ligne chérie du vulgaire. — Sous l'habit moderne, un prince, un millionnaire, ne se distinguent pas d'un portier endimanché, et c'est pour cela qu'il est conservé avec tant de rigueur, quoiqu'il soit d'une laideur et d'une incommodité rebutantes, glacial l'hiver, étouffant l'été, ridicule en toute saison ; mais, avec cet habit-là, soyez grand seigneur ou avocat, fait comme Thersite ou comme Achille, vous serez également horrible. Douce consolation pour l'envie universelle! La civilisation va donc ainsi, comprimant les originalités, détruisant les formes, et donnant aux villes, aux édifices, aux individus, le même aspect émoussé et morne. Quelle chose singulière, quand on y réfléchit de sang-froid! Il serait impossible de porter dans Paris, sans risque, un manteau écarlate et une plume à son chapeau. — Il reste pourtant un moyen de n'être pas un autre, vous ou moi, ou le premier venu. C'est la forme, c'est le style ; car, ainsi que l'a dit Buffon, en retroussant ses glorieuses manchettes de dentelles : « Le style, c'est l'homme. » Aussi la multitude aime-t-elle fort peu le style, dernier moyen de distinction laissé à l'individualité humaine. Ce qu'il lui faut, c'est une idée commune dans une phrase commune, et que tous pourraient faire. C'est là le secret du grand succès de M. Scribe. Ses idées sont celles de la foule, il aime ce qu'elle aime, ne la domine pas et ne lui est pas inférieur ; il n'est ni en avant ni en arrière, aussi est-il compris de tout le monde, excepté des poëtes et des artistes. — Le bourgeois qui assiste à une pièce de M. Scribe se dit en lui-même (et il a raison) qu'avec de l'habitude et beaucoup de collaborateurs il en ferait bien autant ; et cela le flatte, car M. Scribe gagne cent cinquante mille francs par année. — Il ne trouve pas là de mots *difficiles*, car rien n'y dépasse le patois actuel, et le style ressemble à une conversation familière de gens qui ne parleraient pas bien. Les maximes qui s'y débitent : « Évitez les mariages d'inclination ! Il est bon de faire fructifier son argent ! On doit toujours penser à soi. L'enthousiasme est ridicule. Ne trompez pas votre femme parce que cela est incommode. N'ayez pas de maîtresses parce qu'elles sont difficiles à quitter et peuvent nuire plus tard à votre position ; » tout cela paraît parfaitement sage à l'honnête spectateur qui partage lui-même ces aimables idées, et ne peut s'empêcher de dire à sa femme : « Ce gaillard-là connaît le cœur humain à fond. »

Ajoutez à cela que M. Scribe, à force de faire des pièces, d'en arranger, d'en retoucher, a dû acquérir une habileté pratique très-grande, semblable à celle de l'homme qui a beaucoup joué aux dominos. Il ne fait jamais de ces gaucheries scéniques qui souvent compromettent les œuvres originales. Il joue presque toujours à coup sûr, ne hasardant rien qui n'ait été déjà éprouvé ailleurs et en mainte occasion. — Pour notre compte, nous aimons mieux la route contraire. Nous préférons Phaéthon précipité du ciel, Icare tombant dans la mer pour n'avoir pas voulu voler dans les régions du milieu. Il est plus beau de verser en conduisant le char du soleil que d'arriver à bon port avec un cabriolet. Mais le public et les directeurs ne sont pas de cette opinion ; aussi M. Scribe est-il et sera-t-il toujours, jusqu'à la dernière goutte de son encre, leur auteur favori.

Cela ne veut pas dire qu'*Oscar* soit une plus mauvaise pièce qu'*une Chaîne* ou toute autre de M. Scribe. M. Scribe est comme Dieu, toujours égal à lui-même ; il n'a ni faiblesses ni intermittences. *Oscar* aura le même sort que ses aînés ; il fera ses soixante représentations avec aisance et facilité. Les poëtes hausseront les épaules et continueront leur lecture de Shakspeare ; les critiques jetteront feu et flamme, et les femmes, accompagnées de maris, de pères, d'amants, mettront pour l'aller voir leur plus belle robe, leur plus frais chapeau, et sortiront du Théâtre-Français en disant leur grand mot : « C'est charmant ! »

L'analyse d'*Oscar* peut se réduire à ceci : Oscar, jeune mari exalté par la lecture des romans à la mode (ô pauvres romans modernes, de combien de crimes ne vous charge-t-on pas!), veut absolument tromper sa femme. — Une jeune cousine, mademoiselle Athénaïs, paraît à M. Oscar une complice fort agréable. Il lui demande un rendez-vous; le rendez-vous est accordé, et, dans la grotte du parc, à la faveur de l'ombre et de l'orage, Oscar croit devenir le plus coupable des maris. Mais mademoiselle Athénaïs, jeune personne fort bien élevée, a prévenu madame Oscar, et, si le brave homme a été heureux, ce n'est pas aux dépens de sa fidélité conjugale. Il y a dans la maison une servante fort gentille, fort éveillée, à qui l'on apprend une phrase mystérieuse qui fait croire au pauvre Oscar qu'il a pris Manette pour Athénaïs, toujours à la faveur des ombres complaisantes de la grotte. Au moyen de cette phrase par laquelle elle menace de tout révéler, Manette devient un moyen puissant d'action sur l'infortuné mari, qui regrette amèrement sa prétendue escapade. On lui tire de l'argent, on le malmène, on le rend le plus malheureux des hommes. A la fin, tout se découvre. Oscar demande pardon de son projet d'infidélité, car vous l'avez déjà deviné, ce n'était ni Athénaïs, ni Manette, mais bien sa propre femme qu'Oscar avait trouvée au rendez-vous de la grotte. — Cela a semblé très-moral à une foule d'honnêtes bourgeois qui réservent toute leur indignation vertueuse pour le drame moderne.

Le Théâtre-Français est-il donc devenu l'asile des vaudevilles trop longs et qui n'étaient pas assez poétiques pour qu'on y fît des couplets? — Les sociétaires répondront à cela qu'ils font de l'argent avec M. Scribe. Mais ce n'est pas pour faire de l'argent avec des pièces où l'art n'entre pour rien qu'on leur accorde une grosse subvention : ils ne devraient ouvrir leur scène qu'à des ouvrages conçus d'une façon littéraire ou poétique auxquels manquerait le succès vulgaire. — Que le Théâtre-Français s'en souvienne ; il est à la fois un musée et un gymnase où l'art ancien et l'art moderne doivent être dignement représentés.

Porte-Saint-Martin. *Pâris le Bohémien*. — La réputation de Bouchardy — il est assez célèbre pour être débarrassé du *monsieur* sacramentel — est plus qu'européenne, elle est africaine et même asiatique; ses drames ont atteint des chiffres de représentations vraiment fabuleux, et, dans tous les endroits de la terre où l'on pose quatre planches sur un tréteau dans une intention de théâtre, on voit resplendir sur l'affiche le nom gigantesque de Joseph Bouchardy. C'est l'Eschyle, l'Euripide, le Sophocle du boulevard. Là, il est roi, il domine, il est maître absolu. Il fait parler les muets, voir les aveugles, ressusciter les morts, et personne n'y trouve rien à redire.

Pâris le Bohémien, que les journaux ont moins bien traité que les autres drames de l'auteur, vaut cependant *le Sonneur de Saint-Paul*, *Gaspardo* et *Lazare le Pâtre ;* le procédé est identiquement le même. L'exécution n'est ni pire ni meilleure, et, malgré son apparente complication, *Pâris le Bohémien* n'est au fond qu'un honnête mélodrame : Pâris, batelier, soldat, artiste, à l'aide de plusieurs déguisements, artifices et stratagèmes, parvient à défendre contre le mauvais vouloir du régent Galéas, le jeune Giovanni, que l'on croit être le fils du duc Visconti, et qui n'est, en effet, que le fils du bohémien. Ce dévouement merveilleux a sa source dans l'amour paternel. Le duc n'a eu qu'une fille, qu'épouse à la fin du drame Giovanni, le fils de Pâris. — Galéas porte la peine de toutes ses félonies ; le duc Visconti, qui avait passé pour mort, et que l'usurpateur tenait en prison dans un des cachots de la tour Saint-Jérôme, reparaît tout à point pour punir le crime et récompenser la vertu.

Tout cela est entremêlé de testaments pris, repris, déchirés, brûlés ; d'actes de naissance perdus, retrouvés ; de marches, de contre-marches, de surprises, de trahisons, de resurprises, de retrahisons, de poisons, de contre-poisons, et de toutes les machines mélodramatiques si habilement manœuvrées par l'auteur. Il y a de quoi devenir fou. Ne tournez pas la tête un instant, ne fouillez pas dans votre poche, ne nettoyez pas le verre de votre lorgnette, ne regardez pas votre jolie voisine ; il se sera passé dans ce court espace de temps plus d'événements extraordinaires que n'en comporte la vie d'un patriarche ou la durée d'un mimodrame en vingt-six tableaux, et vous ne pourriez plus rien comprendre à ce qui suit, tant l'auteur est habile à ne pas laisser un instant de répit à l'attention. Quel terrible homme ! ni développements, ni explications, ni phrases, ni dialogue ; des faits, rien que des faits, et quels faits, grand Dieu ! de vrais miracles, qui semblent à tout le monde très-simples et très-naturels.

— La poétique des pièces de Bouchardy est basée sur l'exemple suivant : « Toi ici ! par quel prodige ? Mais tu es mort depuis dix-huit mois... — Silence ! c'est un secret que je remporterai dans la tombe ! » répond le personnage interpellé ; et l'action continue. Rien n'est plus expliqué que cela ; il faut convenir que les héros de M. Bouchardy sont peu curieux et peu questionneurs de leur nature. — Tout cela n'empêche pas *Pâris le Bohémien* de former un spectacle d'un intérêt soutenu et qui vous tient en suspens pendant cinq heures d'horloge. Il y a là-dessous, à travers le fatras et l'incohérence, les boursouflures et le mauvais style, une certaine grandeur, une puissance incontestable et un sentiment poétique très-réel. L'amour paternel, la fidélité, le dévouement, la reconnaissance, la loyauté, toutes les belles passions de l'âme humaine sont traitées par M. Bouchardy comme par un homme qui les comprend et sait les rendre.

Frédérick Lemaître a été admirable dans le rôle de Pâris. Aux adieux du premier acte, lorsqu'il reprend son épée et sa mandoline et part pour échapper aux poursuites des émissaires de Galéas, qui ont déjà assassiné son manteau sur les épaules d'un pauvre diable qu'ils prenaient pour lui, il a déployé une sensibilité, une noblesse incomparables. — C'était grand et superbe comme une fin d'acte de Shakspeare. — Dans le personnage du capitan Lelio, sous lequel se cache le bohémien, il s'est montré d'une verve et d'une turbulence éblouissantes. Mais, à notre avis, son triomphe a été dans l'imitation du vieux général vénitien Leonessa. C'était un tableau de grand maître marchant hors de son cadre. Jamais portrait de Giorgione ou de Titien n'eut plus mâle aspect, plus fière et plus franche tournure. — La caricature du juif Mazarès était aussi fort spirituelle ; et, dans la scène de l'esclave empoisonné, il s'est élevé à la hauteur des plus grands tragédiens anglais ; il a eu un mouvement superbe quand, cessant une feinte devenue inutile, il saisit d'une main vigoureuse la gorge de Galéas, qui croyait contempler une agonie.

Les autres... nous n'en dirons rien... Ce serait commettre un acte de férocité que d'en parler.

XXII

MAI 1842. — Théâtre-Allemand : *Jessonda*, opéra de Spohr. — Mesdames Walker et Schumann. — Théâtre-Français : *Ariane*, tragédie de Thomas Corneille. — Le poids d'un grand nom. — La mythologie revue et corrigée. — Ce qu'on entend au théâtre par un beau rôle. — De la diction dans la tragédie. — Mademoiselle Rachel. — Progrès de son talent. — Décadence du théâtre. — Tableau synoptique à l'usage des dramaturges. — Barbarie de la civilisation. — Théâtre-Allemand : le *Fidelio* de Beethoven. — Un opéra sans orchestre, sans chanteurs... et sans public.

5 mai.

Théâtre-Allemand. *Jessonda*. — Une volée de chanteurs allemands, profitant de l'absence des Italiens, vient de s'abattre à la salle Ventadour, et elle s'est fait entendre cette semaine dans l'opéra de *Jessonda*. Le sujet de cette pièce est celui de *la Veuve du Malabar*. C'est une femme indienne dont le mari est mort et que les brahmes veulent faire brûler sur la tombe du défunt, cérémonie pour laquelle la pauvre créature montre naturellement fort peu de goût. — Se faire cuire soi-même en l'honneur d'un mari qu'on ne pouvait souffrir est un régal des plus médiocres, surtout lorsque l'on est, comme Jessonda, amoureuse d'un officier portugais. — Le livret allemand est coupé avec une insouciance dramatique parfaite, et qui laisse bien loin ce que les poëtes italiens ont pu faire de mieux en ce genre : la situation est toujours la même. Brûlera-t-on Jessonda ? ne la brûlera-t-on pas ? Ce n'est ni gai, ni varié. Aussi la musique de maître Spohr se ressent-elle de la monotonie du poëme ; quoique bien faite, écrite avec soin et selon toutes les règles de l'art, elle n'a rien de saisissant, de vivant, et semble conçue plutôt dans le style d'oratorio que dans le style dramatique. Les mélodies manquent de nouveauté et d'inattendu. L'orchestre est peu sonore, et le dessin des accompagnements pèche par la lourdeur et la mollesse. Il y a aussi abus du mode mineur, ce qui jette dans tout l'ouvrage un ton plaintif, languissant et par trop élégiaque. Malgré des morceaux fort bien faits, la musique de *Jessonda* est dénuée d'animation, le libre souffle de la vie et de l'inspiration n'y circule point. C'est, dans toute la force du terme, de la musique estimable ; mais, malheureusement, en fait d'art, l'estime est un sentiment bien froid.

Madame Walker a chanté admirablement son grand air, où elle a été applaudie à plusieurs reprises. — Madame Schumann, dans son rôle d'Amazili, a fait preuve de beaucoup de gentillesse et de légèreté de vocalise ; cependant, le désir de montrer ses dents, qui sont superbes, lui a fait oublier parfois que sa sœur était sur le point d'être brûlée, ce qui n'a rien de comique en soi-même.

22 mai.

Théatre-Français. Mademoiselle Rachel dans *Ariane*. — Ce pauvre Thomas Corneille vient d'être assez maltraité par la critique à propos d'*Ariane*. C'est une mauvaise recommandation pour un littérateur que d'être le frère d'un poëte illustre. Eût-on tout le talent du monde, une originalité incontestable, on passera toujours pour le pâle Sosie, pour l'ombre et le parasite du grand frère. Il y a cependant une position pire encore, c'est d'être le fils d'un homme de génie, et le sort de Louis Racine est plus misérable sans doute que celui de Thomas Corneille. *Ariane* vaut tout autant que bien des tragédies qu'on est convenu d'admirer, et même, chose rare pour une tragédie, elle contient deux ou trois situations dramatiques. Au temps de sa première apparition, *Ariane* balança le succès de *Bajazet*, et cela n'a rien qui doive surprendre.

Le sujet est connu de tous ceux qui ont lu le *Dictionnaire mythologique* de Chompré. Thésée est sorti vainqueur du labyrinthe par le secours d'Ariane, qu'il doit épouser. Mais il ne l'aime déjà plus. Il lui doit trop pour cela. La reconnaissance le fatigue ; il lui semble s'acquitter d'une obligation. Sa flamme brûle sur un autre autel. C'est Phèdre, c'est la sœur d'Ariane qu'il aime, et cet amour est partagé. Ariane, qui ne peut croire à tant de perfidie, confie ses chagrins à Phèdre même, dont le trouble, la pâleur et l'effroi devraient bien éveiller ses soupçons ; mais la passion l'aveugle : elle cherche bien loin la rivale qui est tout près d'elle, et il faut qu'un animal de confident vienne lui signifier la chose de la part de Thésée, qui trouve plus commode de se sauver avec Phèdre sur sa trirème.

Nous nous attendions à voir paraître, au dénoûment de la pièce, le jeune Bacchus sur son char attelé de tigres, avec sa coupe d'oubli et ses pampres qui invitent au sommeil ; car, s'il faut en croire la Fable, Ariane se consola de la perte de Thésée en épousant le dieu du vin, ce qui veut dire qu'elle se consola de l'amour par l'ivresse. Ce dénoûment peu tragique a été remplacé par le coup de poignard obligé, en sorte que tout le sens du mythe est perdu.

Il ne s'agit plus que d'une princesse abandonnée et trahie, situation qui, pour être des plus vulgaires, n'est pas moins intéressante et favorable au talent d'une actrice.

Mademoiselle Rachel a obtenu un grand succès dans *Ariane*, et cela nous confirme dans une idée que nous avions déjà, que les pièces médiocres sont plus favorables aux acteurs que les chefs-d'œuvre. La raison en est fort simple : un rôle parfaitement tracé, bien soutenu d'un bout à l'autre, écrit fermement et revêtu d'une poésie brillante, est une chose complète en soi-même, où il est impossible, ou du moins fort difficile de rien ajouter. — Chacun des spectateurs s'est fait un idéal que le mieux doué des comédiens ne pourra jamais réaliser entièrement ; à de tels rôles la lecture est toujours plus favorable que la représentation. Le génie est absolu de sa nature ; il consacre tout ce qu'il touche, et rien ne peut effacer son empreinte. Ce qu'il y a de plus sage à faire pour une tirade de Corneille, c'est de la déclamer à haute et intelligible voix avec le moins d'inflexions possible. Un rôle vague ou faiblement écrit est un canevas commode que le comédien nuance à sa fantaisie et où il peut placer des intentions et des effets. L'ébauche du poëte est achevée par son jeu ; c'est un dessin qu'il enlumine à son gré ; il est, pour ainsi dire, de moitié dans la création du personnage, ce qui n'a pas lieu dans les pièces remarquables où les types vivent par eux-mêmes et se passent des commentaires et de la traduction de l'acteur. Aussi n'avons-nous pas partagé un instant les inquiétudes que semblait inspirer la représentation d'*Ariane*; nous étions sûrs que, malgré la faiblesse relative de la pièce, mademoiselle Rachel y serait au moins aussi bonne, sinon meilleure, que dans ses autres rôles.

On ne saurait contester à mademoiselle Rachel d'éminentes et rares qualités, et nous croyons que, lorsqu'elle abordera de nouveaux rôles (par nouveaux rôles, nous entendons des rôles expressément écrits pour elle), elle deviendra une admirable actrice. Nous n'avons pas envie de faire du paradoxe; mais nous pensons que mademoiselle Rachel est née pour jouer le drame moderne. La tragédie, malgré les succès qu'elle y a obtenus, n'est pas le vrai milieu de son talent.

La tragédie, quoi qu'on en dise, est une forme usée, abolie, aussi impossible maintenant que les moralités et les sotties du moyen âge. Cela n'empêche pas les chefs-d'œuvre d'être des chefs-d'œuvre ; mais leur place est dans les bibliothèques et non sur les théâtres : ils influent sur l'esprit des lettrés et des gens de goût, comme Virgile, comme Homère, d'une manière tout idéale et tout intellectuelle ; l'action s'est retirée d'eux ; ils n'ont plus la vie et ne remuent plus la foule. — La curiosité de voir mademoiselle Rachel a été prise, par certains louangeurs excessifs du temps passé, pour une réaction en faveur de la vieille tragédie. C'est un tort, et rien ne prouve mieux que la réussite de mademoiselle Rachel à quel point sont perdus les instincts et les traditions classiques.

Qu'est-ce qu'une tragédie ? Un poëme dialogué, en style épique, où se déroulent les malheurs des rois et des héros, où la terreur et la pitié, φοβος χαὶ ελεος, doivent être mélangées à dose égale, dans la même salle de palais, pendant une durée de vingt-quatre heures, le tout avec accompagnement obligé de confidents, de confidentes, de gardes et de comparses. Le style n'y descend jamais jusqu'aux familiarités de la conversation ; tous les mots sont choisis, élégants, poétiques ; les vers conservent toujours leur cadence ; l'hémistiche est invariable. Point de rejet, point d'enjambement, point de variété de coupe ni de rhythme.

De tels sentiments, de tels vers doivent être débités sur une espèce de mélopée, en faisant sonner l'hémistiche et la rime, à peu près comme les récitatifs d'opéra. — En fait de tragédie, la diction ne suffit pas, il faut la déclamation. — Que diriez-vous d'un chanteur qui *parlerait* ses rôles ? Cela vous paraîtrait ridicule, assurément. Eh bien, les poëtes qui entendent *dire* des alexandrins héroïques, comme ceux des tragédies, sur le ton de la conversation ordinaire, sont aussi choqués que les musiciens devant qui on jouerait un air sans mesure. — Le public n'est pas de cet avis ; le rhythme des vers lui déplaît, et il admire surtout les acteurs qui leur donnent l'allure et le son de la prose. C'est par ce côté-là que mademoiselle Rachel a produit une si vive impression. Comme elle ne s'arrête qu'aux virgules et aux points, s'inquiétant seulement du sens de la phrase et fort peu de la période poétique, elle fait de chaque vers une ligne dont il est difficile à l'oreille la mieux exercée de saisir l'hémistiche et la rime. Cela s'appelle un débit naturel, sans doute; il est bien de chercher la vérité, mais la difficulté est tournée et non vaincue; le beau serait de concilier la prosodie avec l'accent vrai. La chose est difficile, mais elle est faisable. Mesdames Pasta et Malibran ont su être naturelles et tragiques, malgré bien d'autres entraves, sans faire tort à la justesse, à la pureté et à la perfection de leur chant. On peut donc déclamer et donner l'accent juste, le cri du cœur et la césure! Dans certains récitatifs, qui se rapprochent de la mélopée, Delsarte et Duprez ont prouvé qu'un rhythme ajoutait plutôt qu'il ne nuisait à l'expression des passions et des sentiments humains. Mademoiselle Rachel a de l'énergie, de l'ardeur, de l'emportement même, une grande puissance d'ironie et de haine ; elle rend à merveille les fureurs de la jalousie; et, bien que l'opinion contraire soit généralement répandue, elle ne manque ni de sensibilité ni de tendresse; seulement, elle n'est pas lyrique, et le drame lui conviendrait à coup sûr beaucoup mieux que la tragédie.

Sa façon de dire nette, serrée, saccadée, *rageuse*, si l'on peut s'exprimer ainsi, est en opposition avec les amples périodes, les circonlocutions élégantes, les phrases à longs plis de la poésie classique, et c'est de ce contraste même que résulte son succès. On a été étonné de trouver cette énergie et ce mouvement dans des poëmes solennels et symétriques, et admirables sans doute, mais assez peu récréatifs, et la preuve de ceci, c'est que mademoiselle Rachel a obtenu dans Marie Stuart et dans Ariane les mêmes effets que dans les plus beaux rôles des plus belles pièces de l'ancien répertoire. C'est donc l'actrice et non la pièce qui attire la foule, et, si elle attire la foule, c'est que sa manière est précisément l'opposé de la manière classique. En quoi cette fille frêle, au regard noir, au visage pâle, à la contenance nerveuse et fébrile, aux gestes contenus et violents, avec son amer sourire, ses narines gonflées de dédain, sa férocité de diction et ses explosions de rage, ressemble-t-elle au masque de marbre de la Melpomène antique, à cette grande et noble figure qui ne laisse pas la douleur altérer sa beauté, et qui, même en tombant un poignard dans le cœur, s'inquiète des beaux plis de sa tunique, et garde la pureté de son contour jusque dans la suprême convulsion?

Il y a vraiment un grand progrès chez mademoiselle Rachel. Elle a gagné en souplesse, en impétuosité, en force. — Il y a quelques mois, elle n'était que mineure; maintenant, elle est jeune, ce qui vaut mieux. La vie lui arrive, l'enfant devient femme; servie désormais par une organisation plus généreuse, obligée à moins d'efforts et à moins de contention d'esprit pour concevoir par intuition des sentiments qu'elle n'avait pas éprouvés, elle se laissera aller davantage à l'inspiration du moment, et deviendra une merveilleuse actrice, si elle fait alterner avec ses rôles de l'ancien répertoire des rôles nouveaux, où elle ne sera gênée par aucun souvenir, ni par aucune tradition, et dans lesquels il lui sera possible de déployer les qualités toutes modernes et toutes *romantiques* de son talent.

29 mai.

DÉCADENCE DU THÉATRE. — On ne peut le nier, le goût des spectacles semble s'affaiblir en France. — Entrez dans un théâtre quelconque à la cinquième ou sixième représentation d'une pièce qui aura eu toutes les apparences du succès; vous verrez les loges vides bâiller d'un air ennuyé, et à peine quelques rares spectateurs disséminés dans le désert des banquettes. Sans doute, il est des exceptions. De temps à autre, un ouvrage s'empare de la vogue et entraîne la foule sans qu'il soit possible de se rendre compte de cette attraction extraordinaire; car souvent c'est une pièce qui n'avait que médiocrement réussi au premier tour, et que la critique du feuilleton avait fort maltraitée; — ou bien c'est un acteur excentrique que l'on vient voir pour la curiosité personnelle qu'il excite.

Les théâtres sont très-nombreux et font une énorme consommation de pièces. Les formes dramatiques n'admettent qu'un certain nombre de combinaisons qui ne peuvent manquer de s'user au bout d'un certain temps; on les retourne de cent façons; mais tout finit par s'épuiser, même l'absurde et l'invraisemblable. — Un de nos amis, homme d'un esprit original s'il en fut, s'était amusé à réduire l'art du drame en tableau synoptique; tous les cas d'adultère, d'assassinat, de jalousie, d'inceste, de conspiration, de supposition d'enfants, de reconnaissances, étaient rangés par colonnes et se variaient à volonté en faisant monter ou descendre une bande chargée de noms de personnages, de telle façon que nous ne pûmes jamais venir à bout de trouver une pièce qui fût en dehors des combinaisons prévues par la fatale table. Une armée d'auteurs dramatiques promènent depuis trop longtemps leurs personnages sur les cases de ce damier qu'on nomme la scène pour que tous leurs coups ne soient pas prévus d'avance par le spectateur le plus inactif. Cet état de choses est d'autant plus désastreux que le théâtre aujourd'hui ne vit, comme nous l'avons déjà dit, que par la *curiosité*. Personne ne fait la moindre attention au style, et l'on a presque l'air d'un pédant lorsqu'on remarque que les comédies de M. Scribe sont écrites en français douteux, et non prévu par le Dictionnaire de l'Académie.

Aussi le théâtre n'a-t-il plus rien de commun avec la littérature. C'est une industrie à part où la poésie, la philosophie et la critique n'ont rien à voir. Hugo fait à peine un drame tous les trois ou quatre ans; Alexandre Dumas écrit des impressions de voyage; Lamartine garde en portefeuille son *Toussaint Louverture;* Alfred de Musset, faute de théâtre, donne le spectacle dans un fauteuil; Jules Janin fait tous les lundis d'inutiles mais louables Saint-Barthélemy de vaudevilles; Balzac, après deux tentatives violentes, va sans doute retourner au roman; de Vigny s'est arrêté à *Chatterton;* bref, tout ce qu'il y a de célèbre, de poétique, de passionné, d'ingénieux, de brillant, de spirituel et de délicat dans notre littérature, tout ce qui fait notre gloire à l'étranger, se tient éloigné de la scène.

Les gens d'un goût un peu superbe et dédaigneux, qui ne prennent aucun plaisir aux trivialités du vaudeville ni aux férocités du mélodrame, et bâillent sincèrement aux sublimes vieilleries du Théâtre-Français, chefs-d'œuvre que tout le monde sait par cœur, excepté les comédiens qui les représentent, sont forcés de se rejeter sur l'Opéra ; — là, du moins, la scène est grande, le spectacle magnifique ; les pauvretés du livret sont couvertes par les riches vêtements de la musique ; et puis, il faut le dire, c'est là seulement que l'on est un peu à son aise, assis d'une manière confortable, que l'on peut aller et venir, respirer et se remuer. — Croira-t-on, dans une centaine d'années, lorsque la *barbarie*, appelée aujourd'hui *civilisation*, aura disparu sans retour, qu'un peuple réputé le plus spirituel de la terre, allait, par manière de divertissement, s'enfermer dans des cavernes méphytiques, au fond de trous noirs qu'on ne saurait mieux comparer qu'à des tiroirs de commode, sur des banquettes mal rembourrées, sans pouvoir bouger les coudes ni les jambes, les genoux meurtris, la poitrine suffoquée, au milieu des miasmes du gaz et des claqueurs, le tout pour voir un vaudeville de trois quarts ou de profil. Et cela, précisément après le dîner, à l'heure où l'on aurait besoin d'air pur, d'odeurs suaves et d'exercices faciles !

THÉATRE-ALLEMAND. *Fidelio*. — Ces pauvres diables de chanteurs allemands, dans toute leur naïveté germanique, étaient venus à Paris sur la foi d'un entrepreneur hasardeux, croyant qu'il suffirait de mettre sur leur affiche les titres de beaucoup de chefs-d'œuvre pour attirer la foule. Annoncer *Freyschutz*, *Fidelio*, Weber et Beethoven, cela est fort bien, mais ce n'est pas tout, il faut un orchestre, des chanteurs, et même un public.

Et quel public que celui de Paris ! Les plus grands, les plus sûrs d'eux-mêmes, ceux qui ont été portés en triomphe, couronnés d'or fin, traînés par des attelages d'admirateurs, n'abordent Paris qu'en tremblant ; ils gardent pour Paris leur roulade et leur pirouette la plus légère. — Ronzi, ténor célèbre en Italie, ne se sentant pas encore assez sûr de lui-même, a mieux aimé être enrhumé toute la saison que de paraître au dépourvu sur ces formidables planches ; et vous osez vous montrer dans cette salle radieuse où vibrent encore les notes d'or de Rubini et de Mario, où scintillent dans les frises les roulades d'argent de Grisi et de Persiani, braves et débonnaires Allemands, sans comprendre toute l'audace d'une pareille tentative !

Madame Walker a chanté avec son talent et sa méthode accoutumés ; le reste, à l'exception du célèbre chœur des prisonniers, a été d'une faiblesse désespérante. — Malgré le respect dû au nom de Beethoven, on peut dire que *Fidelio* n'a rien de bien dramatique. Le livret est d'une innocence depuis bien longtemps oubliée chez nous ; il prête peu au développement. Les dessins harmoniques et l'orchestre révèlent toute la supériorité du maître ; mais nous croyons que c'est dans ses symphonies et ses morceaux de musique instrumentale que son génie brille de tout son éclat.

Du reste, une pareille exécution ne saurait être prise au sérieux, et l'on peut dire que *Fidelio* est encore inconnu au public parisien.

Nous souhaitons que cette représentation ait été fructueuse et donne à ces pauvres artistes le moyen de retourner dans leur pays.

XXIII

JUIN et JUILLET 1842. — Porte-Saint-Martin : reprise de *Kean*, de M. Alexandre Dumas. — Frédérick Lemaître. — Odéon : clôture d'été. — Espoir de subvention pour la saison prochaine. — Le comité de lecture. — Où se rencontrent des hommes de goût. — Variétés : *la Pipe cassée*, par MM. Rochefort et Bernard Lopez. — Vadé inventeur du peuple au théâtre. — Mademoiselle Boisgoutier. — Opéra : *la Jolie Fille de Gand*, ballet de M. de Saint-Georges, musique de M. Adam. Madame Carlotta Grisi. — Ambigu : *Paris la nuit*, drame de MM. Dennery et Grangé. — Où est allée se nicher la vertu. — Matis, mademoiselle Eugénie Prosper. — Porte-Saint-Martin : *les Marocains*, par M. Paul de Kock. — Les hercules arabes.

15 juin.

PORTE-SAINT-MARTIN. Reprise de *Kean*. — Sans être un chef-d'œuvre, le *Kean* de M. Alexandre Dumas est une pièce hardie, d'une allure libre et franche, et qui sort du moule habituel. Jamais rôle plus heureux n'a été tracé pour Frédérick, qui a lui-même de nombreux rapports avec l'acteur anglais. Nous doutons que *Kean* en personne eût mieux joué son propre rôle. Frédérick est vraiment à cette heure le plus grand acteur du monde ; jamais comédien n'eut plus d'octaves à son clavier : il a tout à la fois les pleurs et le rire, l'énergie et la souplesse, l'emportement et le calme, le lyrisme de la rêverie et la brutalité de l'action, l'élégance et la trivialité; il peut représenter avec une égale supériorité les princes et les voleurs, les marquis et les portefaix, les amoureux et les ivrognes, les fils prodigues et les usuriers rapaces. C'est un véritable Protée, un acteur tout à fait shakspearien, grand, simple, et varié comme la nature. Depuis longtemps, nous n'avions éprouvé au théâtre une émotion pareille ; Frédérick a été sublime ce soir-là.

21 juin.

Odéon. *Fermeture.* — L'Odéon est fermé, mais il a la prétention de ne mourir que pour mieux revivre. Content d'avoir marché toute une saison, le voilà qui se fait chrysalide et qui file sa soie pour mériter d'avoir des ailes l'an prochain. La subvention réalisera ce prodige, il faut l'espérer. Cela est déjà si beau, que l'Odéon tout ouvert, projetant comme un phare la lueur de ses trois becs de gaz sur sa vaste place et ses longues rues alignées, où le tire-laine, habitué de ces solitudes, se transforme dès lors en innocent marchand de contre-marques ! c'est déjà quelque chose de si rassurant pour ce fatal Paris de la rive gauche, situé entre un chemin de fer et des catacombes, qu'une brave troupe bien résolue à s'embusquer dans ce monceau de pierres pour y attirer les honnêtes gens, sans autre intention que de les divertir le mieux possible ! Comment ne pas reconnaître de si louables intentions ! Eh bien, cette subvention si contestée, si tardive, on l'obtiendra parce qu'on n'en a presque plus besoin. Elle servira à faire des cadeaux, à améliorer le sort des ouvreuses, et à fournir des jetons au comité de lecture, qui n'a pas toujours fait son devoir assez sévèrement. Un bon comité de lecture est plus difficile à composer qu'on ne croit. Sous l'ancienne direction de l'Odéon, lorsque tous les membres ne s'étaient pas rendus à leur poste, le secrétaire descendait sous les galeries pour réunir quelques *hommes de goût ;* on les prenait au hasard, parmi les lecteurs de journaux, les gens qui se faisaient cirer ou les plus vulgaires passants. Ils arrivaient comme les conviés de l'Évangile, pour remplacer M. Sainte-Beuve, M. Janin, M. Burette, M. Pillet ou toute autre notabilité négligente. Eh bien, ces gens-là écoutaient et jugeaient fort bien ; c'était déjà le parterre, déjà le vrai public. Nous recommandons à qui de droit cette idée progressive et digne d'un pays constitutionnel.

VARIÉTÉS. *La Pipe cassée.* — Cette pipe est comme la cruche du satyre, qui, en se réveillant de son ivresse de la veille, s'écrie si douloureusement : « Elle est cassée, elle est cassée, la plus belle des cruches ! en voici les morceaux autour de moi ! » Ici, c'est un brave marin, à qui une jeune nymphe de l'Opéra arrache en folâtrant l'objet sacré, qu'elle jette impitoyablement par la fenêtre ; vous allez savoir pourquoi.

Le marin a couru le monde, c'est son état ; l'actrice a beaucoup couru les planches, c'est aussi le sien. Seulement, la demoiselle avait un oncle fort riche, qui, peu enchanté de sa conduite, l'a déshéritée en faveur d'un inconnu qui lui a sauvé la vie dans un combat naval. La reconnaissance ne peut avoir lieu qu'au moyen d'une pipe d'écume de mer donnée par le vieillard, et que Belamour, le héros du vaudeville, a conservée fort précieusement. Ce Belamour est un ingrat, il ne reconnaît pas, sous trois ou quatre costumes qu'elle revêt successivement, une ancienne amante éplorée, trahie et re-trahie, qui peut chanter comme la blanchisseuse de Vadé :

> Pour sa dévergondée,
> Sa Madelon Friquet,
> De pleurs tout inondée,
> J'ai rempli mon baquet !

Est-il étonnant qu'après avoir longtemps pleuré, la délaissée ait cherché refuge au théâtre, ce couvent des aimables filles, cette chartreuse des cœurs souffrants ! Le navigateur volage finit pas comprendre l'avantage de posséder une femme qui est à elle seule *tout un sérail*. La pipe est cassée, il n'a plus moyen pour faire valoir ses droits sur l'héritage du millionnaire qu'il a sauvé ; mais on comprend que la comédienne n'est autre que la nièce déshéritée qui rentre dans ses droits, seulement pour en favoriser Belamour.

Nous venons de citer Vadé, c'est qu'il joue un rôle dans la pièce, et surtout dans le titre, qui est celui d'un de ses poëmes badins. Vadé fut à la fois le Scribe et le Paul de Kock de son temps; il inventa le peuple au théâtre : les anciens le représentaient par l'esclave facétieux, les Italiens par des types masqués; Molière lui-même n'avait fait entendre sur la scène que le patois de quelques paysans. Vadé fit parler le fort de la halle, la revendeuse, l'écaillère; il mit à la mode ce qu'on appela le style poissard. Les seigneurs et grandes dames du temps prirent plaisir à imiter ce jargon populaire, comme on va s'amuser de notre temps à répéter les mots d'argot recueillis par nos romanciers. On s'entassait chez Ramponneau pour singer la populace; on ne peut plus guère descendre que jusqu'aux voleurs.

Mademoiselle Boisgontier joue avec quelque monotonie les quatre rôles que les auteurs ont faits pour elle. Du reste, la pièce est pleine de *mots d'esprit* et de détails piquants.

2 juillet.

OPÉRA. *La Jolie Fille de Gand.* — La donnée de *la Jolie Fille de Gand* est la même que celle de *Victorine, ou la Nuit porte conseil*, ce rêve ou plutôt ce cauchemar qui obtint, il y a quelques années, un succès de vogue à la Porte-Saint-Martin. M. de Saint-Georges a bâti là-dessus un ballet *d'action* s'il en fut jamais, car les incidents et les péripéties n'y manquent pas. — Que Carlotta Grisi dansât parfaitement ses pas, cela n'était douteux pour personne : elle est à présent la première danseuse de l'Europe; mais on aurait pu craindre que les scènes dramatiques et violentes du livret, conçu tout en pantomime, ne convinssent pas à sa nature simple et poétique. Elle a dépassé toutes les espérances. Son chaste étonnement à la vue de toutes les orgies et de toutes les querelles qu'elle traverse, sa sensibilité pénétrante, son énergie dans les scènes à situation; sa terreur si vraie et si pathétique sous la malédiction paternelle n'ont rien laissé à désirer.

Dès le premier acte, au tableau de la kermesse, elle avait déjà décidé le succès. Comme elle vole, comme elle s'élève, comme elle plane! qu'elle est à son aise en l'air! Lorsque, de temps à autre, le bout de son petit pied blanc vient effleurer la terre, on voit bien que c'est par pure complaisance, et pour ne pas trop désespérer ceux qui n'ont pas d'ailes. Il faut dire aussi que la musique de ce pas est d'une originalité délicieuse : à travers les dessins de l'orchestre éclatent, comme des fusées, des carillons de notes étincelantes, imitant à ravir les musiques de ces horloges flamandes qui ont inspiré à Victor Hugo une si jolie pièce de vers dans les Rayons et les Ombres. — Carlotta, c'est, en effet, la danseuse aérienne que le poëte voit descendre et monter l'escalier de cristal de la mélodie dans une vapeur de lumière sonore! elle parvient sans vaciller jusqu'à la dernière marche de cette échelle de filigrane d'argent que le musicien lui dresse, comme pour mettre au défi sa légèreté, et le public, émerveillé, l'applaudit avec furie lorsqu'elle redescend, déjà tout consolé de Taglioni, qui est en Russie dans la neige, et de Fanny Elssler, qui est en Amérique dans les feux de l'équateur. Il est impossible de danser avec plus de perfection, de vigueur et de grâce, avec un plus profond sentiment du rhythme et de la mesure, une physionomie plus heureuse et plus souriante. Nulle fatigue, nul effort; ni sueur, ni respiration entrecoupée; ces merveilles accomplies, Carlotta retourne s'asseoir sous les grands arbres séculaires de la place de Gand, comme une jeune femme qui viendrait de danser une contredanse dans un salon.

La partition de M. Adam est écrite avec le soin que ce compositeur apporte à ses musiques de ballet. Il y a là dedans, en motifs, la matière de trois opéras-comiques; le pas des clochettes dont nous parlions tout à l'heure, le galop du bal masqué, qui deviendra populaire comme le galop de *Gustave*, sont des morceaux d'une mélodie charmante et d'un rhythme très-heureux.

13 juillet.

AMBIGU-COMIQUE. *Paris la nuit.* — Si la morale se perdait sur la terre, on serait sûr de la retrouver à l'Ambigu? Voici *Paris la nuit*, dont le titre faisait soupçonner bien des *mystères*. Allait-on y traverser encore les sentiers du crime foulés tant de fois sur ce boulevard? les auteurs nous promèneraient-ils dans tous ces conduits impurs fréquentés jadis par les Frédérick, les Francisque et les Stokleit? verrions-nous encore les *souricières*, les bagnes, les tavernes borgnes, les geôles, les coupe-gorge et tous les mille cloaques étalés tant de fois dans *les Six Degrés du crime*, dans *les Faussaires*, dans *Poulailler*, dans *Newgate*? entendrions-nous ce bel *argot* qui faisait les délices d'un public auquel il n'était pas nécessaire de souligner les mots ou de les traduire? Hélas! le temps de ces débauches dramatiques est bien passé; le boulevard s'épure et veut des bergeries comme *la Grâce de Dieu*, comme *Paul et Virginie*. A peine supporte-t-il une fille séduite, un neveu mauvais sujet. Cherchez vos *chourineurs* autre part! dans le *Journal des Débats*, où Eugène Sue peint si énergiquement ces mœurs excentriques; mais l'Ambigu s'arrangera, si l'on veut, d'une charmante *goualeuse* comme mademoiselle Hortense Jouve, qui est presque une cantatrice distinguée et qui chante beaucoup dans *Paris la nuit*.

Imaginez donc une nuit bien claire, bien débarbouillée, bien honnête, où l'on *pince* tout au plus son petit *cancan* au bal de l'Ambigu, où les plus criminels sont deux aimables étourdis poursuivis pour des lettres de change et forcés de faire de la nuit le jour, et réciproquement; c'est là tout le mystère. Six heures sonnent (six heures du soir), les voilà qui s'éveillent, qui se détendent, et qui songent à s'habiller. La portière a-t-elle monté les bottes? n'est-il pas un peu de bonne heure pour aller déjeuner? Telles sont leurs préoccupations. En effet, le soleil n'est pas encore levé, couché voulons-nous dire; l'heure est malsaine, et la preuve, c'est qu'il entre un huissier parfaitement en règle. Mais, par un tour d'écolier, on l'enferme dans un cabinet. Premier crime; cela n'est pas bien noir.

Au dehors, les masques passent, les marchands de tisane sonnent, les marchands d'oranges glapissent; un maraîcher normand cherche son coquin de neveu, Julien Guichard, et sa nièce Louise, paysanne un peu pervertie, pour les ramener dans le droit chemin à coups de manche de fouet. Le jeune homme soupe avec ses amis dans un restaurant d'où ils s'échappent sans payer la carte. Second crime, fort indélicat, mais nullement sanglant.

Quant à Louise, elle revêt un domino et se rend au bal à l'effet d'intriguer l'infidèle Julien, qu'elle aime pour le bon motif. Ce dernier est victime des séductions de la jolie chanteuse (ne pas lire goualeuse); son oncle le reconnaît parmi les masques et commence une longue exhortation à laquelle le jeune homme se dérobe par un chassé croisé! C'est immoral, mais excusable dans une nuit de carnaval.

Dans le tableau suivant, nos étourdis font une bonne action en se mettant à la chaîne (non pas à celle du bagne) pour sauver de l'incendie la maison de leur créancier.

Le public avait besoin de cette scène touchante pour supporter les mâles émotions du tableau suivant. La scène se passe dans le fournil d'un boulanger. L'oncle malheureux vient souper chez son ami; les jeunes gens égarés se réfugient dans cette maison, poursuivis par la pluie après avoir combattu le feu; là, toute une peinture de Greuze, d'une sensibilité orageuse. Pour le finale, l'oncle lance une petite malédiction; c'est la touche la plus sombre du drame et l'instant le plus noir de la nuit.

L'approche du matin ramène des émotions plus douces; les voitures de la banlieue affluent vers le marché des Innocents. On s'arrête chez Paul Niquet pour avaler un verre d'*eau-d'af*, pardon, d'eau-de-vie; ce spiritueux réchauffe les sentiments paternels dans le cœur du maraîcher. Il tend les bras à son neveu repentant, à sa nièce, qui a failli *se périr* par vertu et par chagrin, mais qui retrouve enfin le cœur de Julien; puis on s'embrasse généralement, et le soleil levant éclaire ce touchant tableau.

Cette pièce fort simple, a produit beaucoup d'effet. Matis et mademoiselle Eugénie Prosper l'ont jouée avec talent. C'est tout bonnement Paris nocturne et légèrement tapageur; mais il y a tant de Paris différents! et aussi tant de publics qui ne se ressemblent guère! *Paris la nuit* aura les spectateurs bourgeois de *la Grâce de Dieu;* nous souhaitons qu'il les ait tous.

PORTE-SAINT-MARTIN. *Les Marocains.* —Après tant d'inventions, tant de tableaux variés de la vie humaine, ou de ce que nos auteurs croient lui ressembler; après cette furieuse consommation d'esprit, d'émotions, d'amours, dont Paris a besoin pour amuser ses heures du soir, que dire d'une pauvre troupe de comédiens sauvages, qui tombent en pleine civilisation avec des divertissements remontant aux siècles des patriarches et guidés par les sons d'une musique contemporaine du déluge ? Ces hommes, qui nous ressemblent si peu par les traits, par la couleur et par l'attitude, cette grave tribu de princes du désert, vient s'emboîter dans un vaudeville de Paul de Kock, heureux écrivain qu'on traduira en idiome *berbère* dès que cette langue arrivera à posséder le moindre manuscrit. En attendant, les braves gens qui la parlent donnent la réplique par des gestes et des pirouettes aux lazzi éventés de l'illustre romancier. Voilà ses grisettes favorites qui se promènent à Tivoli ; un de ses Turcs de mardi gras fait la cour à une modiste qui ne veut le suivre que pour être épousée. Cette condition ne peut embarrasser un de ces musulmans, les plus grands épouseurs du monde que rêvent la grisette et M. Paul de Kock.

Orosmane jette le mouchoir à Zaïre et l'embarque pour Alger. Là, l'imprudente Parisienne se voit enfermée dans un sérail, et ne doit sa délivrance qu'à un amant longtemps dédaigné, qui emploie l'adresse des Marocains à tirer sa belle de captivité. Cela est de la couleur orientale du siècle passé ; cela sent *Tarare* et *la Caravane du Caire;* mais les Marocains sont de vrais arabes pur sang. Dès qu'on les voit se mouvoir, on oublie Paul de Kock et les planches de la Porte-Saint-Martin ; on oublie même qu'on est venu là pour se divertir. Il y a dans ces exercices quelque chose de mâle et de sévère qui inspire des idées belliqueuses. Ces hommes sont beaux, forts, énergiques, et semblent non des jongleurs, mais des guerriers qui se délassent en des jeux homériques. Les yeux noirs et brillants des plus jeunes ont une séduction toute féminine ; les cris sauvages qui animent la danse, les postures dignes de la statuaire, les groupes animés de ces dix hommes, offrent un spectacle du plus haut intérêt. Depuis les bayadères, dont les danses pleines de caractère furent si peu comprises à Paris, nous n'avons rien vu qui nous ait plus frappé. Cela ne vaut peut-être pas une bonne pièce ; mais cela vaut tous les succès de ce moment-ci.

XXIV

AOUT 1842. — Théâtre-Français : *le Dernier Marquis*, drame de M. Hippolyte Romand. — De l'avénement du drame. — Difficulté de l'acclimater au Théâtre-Français. — La tentative de M. Romand. — Variétés : *Arlequin*. — Les mimes anglais. — Gymnase : *Talma en congé*, par M. de Biéville. — *Le Premier Chapitre*, par M. Léon Laya. — Un directeur excommunié. — Début de mademoiselle Rose Chéri. — Le boulevard du Temple. — Jadis et aujourd'hui. — Le Gymnase-Maritime. — Les Folies-Dramatiques. — L'aristocratie du Marais. — *Sur la Rivière*, par M. Paul de Kock. — Le peuple et les pièces populaires. — Une vieille connaissance. — Les Délassements-Comiques. — *Le Droit d'aînesse*, par M. Albéric Second. — Mademoiselle Fréneix. — Les Funambules. — *Pierrot en Afrique*, pantomime. — Jean-Gaspard Deburau. — Le Petit-Lazary. — La main chaude et le cheval fondu. — *Camilla, ou la Femme capitaine*. — Curtius.

14 août.

THÉATRE-FRANÇAIS. *Le Dernier Marquis.* — *Le Dernier Marquis* ne serait-il pas le dernier des drames en cinq actes et en prose? Il sied bien au drame, ce dernier venu qui s'en va, d'annoncer la fin des marquis! Le jour où il est entré sur la scène française, vêtu d'un habit sombre orné de pleureuses, chaussé de bottes à revers, et sans manchettes et sans épée, les marquis n'assistaient déjà plus au théâtre; ils s'étaient retirés depuis qu'on avait fait disparaître leurs banquettes, situées des deux côtés de la scène, depuis qu'il ne s'agissait plus, dans les pièces, des mœurs de la belle compagnie ou des amours tragiques des héros grecs ou romains. La Chaussée, Diderot, Sedaine, venaient d'imaginer la *vérité* dramatique, la comédie larmoyante; Lamotte et Mercier préparaient la tragédie bourgeoise, et trouvaient un public nouveau pour ces sombres inventions. Qu'avaient à faire désormais les marquis, ces derniers défenseurs de la convention dramatique, eux qui avaient protégé

Rotrou contre Corneille, déjà trop raisonneur et trop logique, Pradon contre Racine, déjà trop simple et trop vrai selon eux, Boursault contre Molière, leur ennemi personnel? Hélas! la bourgeoisie triomphante envahissait le théâtre comme la société; elle allait imposer aux poëtes ses tristes passions, ses douleurs banales : l'art dramatique véritable était perdu depuis ce jour-là.

Que dire du nouvel essai que M. Romand vient de tenter sur la scène française? Après Victor Hugo, après Dumas, dont le beau répertoire ne peut s'y fixer, aura-t-il résolu le problème qu'imposent à la fois le public et les comédiens? La tragédie moderne y paraît impossible; le drame à spectacle et à fortes émotions est renvoyé aux boulevards; la comédie n'essaye plus guère de se produire, et, il faut l'avouer, la pièce hybride de M. Romand n'a pas satisfait tout le monde, malgré l'incontestable mérite de certaines parties. Il s'agissait de peindre la lutte, non pas du dernier marquis, mais du dernier seigneur, du plus hardi représentant de l'aristocratie de 1789; cette idée a séduit l'auteur, à juste titre, et devait dominer son œuvre; mais il s'est effrayé d'un drame purement politique, et a senti le besoin de joindre à l'action principale l'intérêt romanesque d'une séduction, de plusieurs reconnaissances d'enfants perdus et d'amis oubliés, si bien qu'on a eu peine à saisir le lien principal de l'ouvrage.

En traçant la figure de son principal personnage, M. Romand a eu, dit-on, en vue le marquis de Favras. Il est à regretter que le caractère soit posé d'une manière douteuse dans les premiers actes. Outre que les grands événements dont il est question sans cesse écrasent par le contraste les incidents intimes que l'auteur met en jeu, ces derniers n'ont pas une importance suffisante; la dissertation politique intervient à tout propos dans leur développement, et substitue un cours d'histoire au drame de la famille.

Après tout, on a applaudi plusieurs scènes très-belles et très-hardies; le style a quelque valeur littéraire, et l'auteur du *Bourgeois de Gand* ne perdra rien de l'estime qu'on faisait de lui.

VARIÉTÉS. *Arlequin*. — Les Variétés, privées d'Odry, donnent asile à de véritables saltimbanques venus d'Angleterre et sautant en fort bon français. Nous ne cachons pas notre prédilection pour ce genre de spectacle. A tout prendre, le théâtre étant un délassement, nous ne comprenons guère qu'on s'y fatigue à démêler les réseaux d'une intrigue pénible, à surveiller les hasards d'un casse-tête où les mêmes figures vulgaires amènent des combinaisons infinies. L'esprit actif du public parisien se plaît à ce travail, si bien que l'on dirait que les spectateurs sont payés pour écouter le spectacle ou retirent quelque avantage de cette étude assidue. C'est évidemment un peuple qui ne pense pas; des esprits ingénieux seraient distraits par leurs idées; des têtes vides se remplissent entièrement de ces inventions banales, qui les étonnent toujours. Assurément, par un temps où la haute littérature dramatique n'est ni encouragée ni comprise, il vaut mieux, à la place, des bouffons, des musiciens et des jongleurs. Le peuple de Shakspeare ne prostitue pas à de fades compositions les applaudissements qui ont salué le génie : aurons-nous comme lui le bon goût d'en revenir aux coups de batte d'Arlequin ou aux coups de bâton de Polichinelle?... Arlequin! ce brillant favori de nos pères, qu'il y a longtemps qu'on ne l'avait vu passer si fringant, si alerte, si amoureux toujours! Le théâtre des Variétés nous l'a rendu.

Au début de la pièce anglaise, nous avons craint un instant qu'on n'eût abusé de son costume et de ses couleurs. Il y avait en scène Arlequin père, Arlequin fils, Arlequin valet; la maison était peinte des quatre nuances de ses habits; les meubles, les rideaux les répétaient encore. Puis voici qu'Arlequin père, gonflé comme une outre, quinteux et goutteux, s'en va boitant et geignant d'une façon fort triste; il bat son valet, rudoie son fils et sa servante, et ce n'est pas drôle encore; il donne des coups de pied et des coups de batte, et l'on ne rit pas. Le public se préoccupait évidemment de la dignité du théâtre des Variétés, et regrettait MM. Bayard et Mélesville; les acteurs, qui voyaient le danger, ménageaient les coups de pied et ne les adressaient pas bien; les soufflets se donnaient de manière à respecter le caractère de divinité empreint sur la face de l'homme; peu à peu cependant le parterre a pris goût à la chose, et, quand Arlequin fils eut dérobé à son père la batte enchantée douée d'une puissance de transformation peu commune, les nouveaux costumes dans lesquels reparaissaient les acteurs ont provoqué les premiers applaudissements. Le clown Matthews surtout porte un habit chinois d'une rare fantaisie; c'est une bonne figure de charge anglaise, un visage habilement bariolé, une expression de traits toute réjouissante. L'Arlequin brodé, pailleté, éblouissant; le Pantalon rappelant assez le don Guritan de *Ruy Blas;* puis enfin une fraîche et blonde Colombine alerte, gracieuse, une Anna Thillon dansante, voilà les principales ressources de la troupe anglaise. Ajoutez à cela que déjà le tableau change, et que la reine des fées, la reine Mab peut-être, ou Titania, apparaît à Colombine au milieu d'une gloire surmontée d'un soleil tournant. Cette divinité s'exprime en vers anglais, très-gracieusement prononcés, mais qui ont choqué une petite partie de l'auditoire qui voulait comprendre. A quoi bon comprendre? La fée promet sa protection aux amants poursuivis par un prétendant ridicule, escorté d'un valet peureux, larron et gourmand. Ce thème est éternel et monotone comme la nature et l'amour; nos vaudevilles ne le varient guère davantage. Il faudra bien que Cupidon paraisse avec sa torche au dénoûment : nous pouvons donc nous amuser en attendant.

Tout se succède au hasard comme dans la vie, ou plutôt comme dans le rêve : des places publiques, des jardins, des chambres d'auberge. Ici, le clown rencontre deux coqs et leur chante une chanson dont ils accompagnent le refrain avec un cocorico fort intelligent; là, Pantalon tombe dans une malle élastique qui s'est élevée jusqu'aux frises et dont il a voulu inspecter l'intérieur à l'aide d'une échelle : le valet se met à scier la malle et coupe en deux son maître; plus loin, ce malencontreux garçon veut se faire arracher une dent : l'opérateur lui coupe la tête afin d'extraire plus commodément la canine, et le clown, habitué à fourrer dans ses grègues tout ce qu'il rencontre, ressaisit machinalement sa tête et l'introduit très-vite dans sa poche. On finit par la lui recoller fort artistement.

Une parodie de la cachucha, dansée par Matthews, est ce qui a obtenu le plus de succès parmi toutes ces bouffonneries. Pourtant l'opération qui consiste à mettre Arlequin en bouteille, est d'une fort plaisante invention. Au dénoûment, Pantalon recouvre sa batte magique volée par Arlequin, et va punir ce suborneur, lorsque la bonne fée se présente et sauve les amants qu'on allait séparer. Le dieu d'hymen les unit dans un jardin magnifique, et il est censé qu'ils deviennent heureux.

A cela, l'on nous dira qu'il serait fort simple d'aller aux Funambules et qu'on en verrait tout autant ; cela n'est point douteux ; mais les gens qui en parlent n'iraient pas ou n'iraient qu'une fois par prétention d'originalité ; c'est donc une heureuse idée d'avoir transporté les tréteaux sur la scène, en face d'une salle élégante et commode. Que le souvenir de notre grand Bilboquet soit en aide aux saltimbanques étrangers !

GYMNASE. *Reprises.— Talma en congé.— Le Premier Chapitre.*
— Par suite de difficultés avec la commission des auteurs dramatiques, le Gymnase est mis au ban de la république des lettres ; c'est un lieu maudit et condamné solennellement. Il est défendu à tout auteur et à nous-même, sous peine de six mille francs d'amende, de lui fournir la moindre bribe de dialogue, la plus légère pointe de couplet. Force lui a été de remonter au vaudeville de l'Empire et de trouver sa vie avec les morts.

Picard, Joseph Pain et Désaugiers ont déjà paru sur l'affiche. Ensuite viendra sans doute le répertoire de Dorvigny, l'auteur des *Jocrisse*, d'Aude, l'auteur des *Cadet Rousselle;* et, de là au théâtre de la foire de Piron et de Fuzelier, il n'y a plus que l'épaisseur d'un flonflon. Mais faut-il remonter si loin ? et n'est-il pas bizarre qu'un théâtre interdit ne puisse compter sur des talents nouveaux, sur des imaginations vierges encore ? Qui sait si les études d'avoués et de notaires ne couvent plus le germe d'aucun Scribe, d'aucun Bayard ? Des Duvert et des Mélesville ignorés épanchent peut-être, à l'heure qu'il est, leurs parfums au désert ! Mais M. Poirson ne compte, dit-on, que sur les auteurs dissidents ; il a déjà séduit MM. Laya et de Biéville, dont l'un a produit le *Premier chapitre*, et l'autre *Talma en congé*, ce qui représente douze mille francs de dédit et ne les vaut pas. *Talma en congé* n'est autre chose que *Lekain à Draguignan*, du Palais-Royal. Talma est attendu dans une ville de province ; un cabotin quelconque arrive avant lui et est pris pour l'illustre acteur ; il excite l'enthousiasme dans le rôle d'Oreste, dont les bravos et les trépignements empêchent qu'on n'entende un mot... Mais pourquoi raconter encore une fois cette histoire ? — Enregistrons seulement les heureux débuts de mademoiselle Rose Chéri, dont le nom charmant et le talent délicat ont favorablement disposé toute la critique.

18 août.

Le boulevard du Temple. — Les grands théâtres n'ont pas donné de premières représentations, sûrs de n'avoir, par cette température plus qu'algérienne, d'autre public que les claqueurs et les feuilletonistes. Les premiers sont payés et les seconds ne payent pas : il n'est donc pas d'une nécessité bien urgente de jouer des pièces nouvelles pour la consommation particulière de ces deux estimables classes de la société; nous avons profité de cette intermittence pour aller voir un peu ce qui se passait dans ces petits théâtres où la critique ne met jamais le pied, qui dédaignent de poser des affiches, et font obscurément leur fortune avec la même pièce et le même acteur.

L'aspect du boulevard du Temple a varié déjà bien des fois depuis une soixantaine d'années, mais sa spécialité a toujours été d'être garni de petits théâtres et de saltimbanques, même dans ses époques les plus brillantes. — Pourtant, on ne le reconnaîtrait guère dans cette peinture qu'en fait un pamphlétaire contemporain d'Audinot et de Nicolet :

« Si le temps est beau, quel coup d'œil agréable! deux triples rangées de chaises occupées par autant de Vénus que d'Adonis. Que de bons mots dits, rendus! que de fines agaceries! quelle ample matière d'anecdotes à donner au public! quelle piquante variété de modes sans cesse renouvelées! — Hier, on se coiffait en hérisson; aujourd'hui, c'est le tour de la coiffure à l'enfant. — Les panaches énormes sont quittés pour les coiffures basses... Mais, quelle que soit l'affectation du jour, c'est une grande satisfaction de voir toutes ces belles passer çà et là, vous clignoter d'un œil assassin; une autre vous faire remarquer, en affectant de rire, une petite bouche qu'elle pince en retirant ses joues; une autre serre de ses deux mains son mantelet pour montrer l'élégance de sa taille; celle-ci, dans sa voiture, cause avec un élégant qui, tout en ricanant, lui déclare le feu qu'elle a su lui inspirer, tandis que, par-dessus sa tête parfumée de l'odeur la plus forte, et accompagnée de plusieurs boucles flottantes, elle fait signe à d'autres qui passent devant elle. — Quel agréable tableau ! O Athènes, tu crois ne plus exister, et l'on te retrouve chaque jour sur nos boulevards ! »

A coup sûr, aujourd'hui, si l'on retrouvait Athènes, ce ne serait pas au boulevard du Temple. Des marchandes de pommes, d'oranges et de glaces à *deux liards* ont remplacé cette triple rangée de chaises occupées jadis par les Vénus en panier et les Adonis poudrés à blanc. Les débitants de hannetons, les promeneurs de chiens convalescents, les employés aux trognons, les culotteurs de pipes et autres industriels de même farine, se prélassent en maîtres dans ce royaume, qui s'étend depuis l'estaminet de l'*Épi-Scié*, lequel, par parenthèse, n'a plus son enseigne (un homme sciant un épi), jusqu'à l'emplacement occupé autrefois par le Panorama dramatique, dont le rideau de glaces fit courir tout Paris. Hélas ! le siècle se fait sérieux, la parade en plein vent tombe en désuétude. — Il n'y a plus, sur ce boulevard, le théâtre des triomphes de Bobèche, la première queue rouge du monde, qu'un seul établissement devant lequel puissent stationner les militaires et les bonnes d'enfants en extase : c'est le Gymnase maritime, pittoresque et dramatique, où nous avons vu *Esmeralda ou la Chèvre acrobate, le Savetier et le Fils du Militaire, la Prise du fort de Dureinstein*. Un grotesque caché derrière le balcon d'une fenêtre fait mouvoir une poupée difforme de manière à représenter un nain, et soutient avec son maître, placé sur le perron, des conversations plus ou moins pointues dont la verve est absente.

En hasardant cette excursion, plus lointaine que celle du capitaine Ross, nous étions soutenu par l'espoir secret d'échapper au vaudeville : nous avons été bien vite détrompé, comme vous allez voir.

Voici d'abord les Folies-Dramatiques.

Le théâtre des Folies-Dramatiques est une création nouvelle ; il s'est élevé sur les ruines fumantes de l'ancien Ambigu ; ainsi tout passe. Là où rugissait le crime, où gémissait l'innocence, où sifflait la trahison ; entre ces mêmes murailles qui ont vu, qui ont entendu les Frénoy, les Stokleit, les Gougibus, le vaudeville musqué du Gymnase a implanté sa succursale ; c'est comme un de ces châteaux à la moderne qu'on rebâtit avec les débris de quelque manoir féodal. Le peuple y vient apprendre à se modeler sur les mœurs des banquiers, des colonels et des veuves de M. Scribe, ou plutôt, — car le peuple possède deux autres Gymnases d'un numéro inférieur : les Délassements et le Petit-Lazary, — c'est à la haute société du Marais et des faubourgs que ce théâtre doit son lustre ; la veste y est mal vue, la blouse consignée : le gant à dix-neuf sous règne le long des avant-scènes et des premières loges. A vrai dire, presque tout est avant-scènes et premières dans cette salle, les habitués ayant la prétention de ne pas se montrer ailleurs qu'aux *plus belles* places ; le parterre est presque vide. C'est pourtant là qu'a été joué *Robert Macaire* ; mais le théâtre n'avait pas alors ces balcons splendides, ces galeries blanc et or, ce velours rouge répandu à profusion sur les rampes et les banquettes, où vient s'étaler l'aristocratie des bureaux, des manufactures et du haut commerce. Aujourd'hui, de telles débauches d'esprit y seraient moins comprises que partout ailleurs. Un vaudeville assez gai de M. Paul de Kock, intitulé *Sur la Rivière*, y est chuté tous les soirs. « C'est trop canaille ! disent les dandys de l'endroit ; cela devrait être joué chez Lazary. » Mais Lazary serait fier à son tour, et renverrait cela aux théâtres royaux.

Il y a pourtant des frais de mise en scène dans ce vaudeville. La rivière couvre le théâtre, et les acteurs ont pied dans un bateau de blanchisseuses ; un employé au mont-de-piété vient pêcher là tous les matins vertueusement, de six à neuf heures. Les blanchisseuses font le désespoir de ce brave homme, qui se plaint toujours de ce qu'on effraye le poisson ; mais, pour cela, il faut que le poisson existe, et la Seine n'est plus peuplée, à ce qu'il paraît, que de chats morts, de souliers, de chapeaux et autres ingrédients aussi peu ichthyologiques. Ces diverses découvertes répandent quelque gaieté à travers l'intrigue principale. Une jolie blanchisseuse aime un galant marinier, qui vient sur un train de bois lui faire sa déclaration ; mais sa mère, madame Javelle, préfère à cet amoureux un dandy de la rue de l'Arcade, qui l'éblouit par le luxe de ses bouts de manche et de ses faux cols. Malheureusement, ce prétendant a eu l'imprudence de laisser, dans un gilet qu'il donne à blanchir, une reconnaissance du mont-de-piété. Cette page l'accuse doublement, comme capitaliste et comme fiancé ; car l'objet engagé est un portrait de femme dont l'original un peu mûr finit par retrouver son perfide, et l'oblige à l'épouser. — M. Paul de Kock ne sait peut-être pas que sa principale situation rappelle *le Joueur* de Regnard, avec cette différence que le mont-de-piété représente ici la bonne madame la Ressource. Après tout, il est peu gai de parler de cet établissement à un public qui le connaît trop. Et n'allez pas vous y tromper, le peuple n'aime pas les vaudevilles populaires ; il aime l'illusion, et non la vérité. Un parterre couronné, comme celui d'Erfurth, devait peu se plaire à voir toujours en scène des rois et des héros. Les cours européennes d'aujourd'hui adorent le répertoire des Variétés et du Palais-Royal ; en revanche, le vaudeville et le drame des petits théâtres doivent étaler bien des broderies pour satisfaire l'idéal de leur public.

Nous avons retrouvé aux Folies-Dramatiques une ancienne célébrité du Gymnase, Bernard-Léon, jouant, nous ne savons plus quel rôle grotesque, tandis que son camarade Paul joue à Belleville les pièces qui firent sa gloire ou dont il fit la gloire au Gymnase. Ainsi s'en vont les acteurs de M. Scribe ! ainsi s'en va le vaudeville, qu'il nous faut poursuivre aujourd'hui dans des régions inconnues et dans des théâtres sans nom !

Des Folies-Dramatiques, passons aux Délassements-Comiques. Hélas ! Quelles folies dramatiques ! quels délassements comiques ! Rien n'est moins fou et plus fatigant que ces vaudevilles qui en valent au moins cinq des grands théâtres, que ces acteurs que nous y avons vus hier ou que nous y verrons demain ! C'est bien la peine de pénétrer dans ces limbes, qui sont aussi des catacombes, pour rencontrer partout le même ennui, mêlé de couplets, la même médiocrité de comédiens qui se valent à peu près tous. On se demande pourquoi celui-ci gagne trente mille francs là-bas, cet autre douze cents francs ici ; pourquoi ce vaudeville a été refusé place de la Bourse et pourquoi celui-là y est représenté. La seule différence admissible, c'est que, dans ces petits théâtres, les acteurs et les actrices sont, en général, plus jeunes et probablement aussi les auteurs. La coalition des vieillards a lieu plus que jamais partout. On devrait agir envers les acteurs et les auteurs hors d'âge comme certains sauvages font envers les plus anciens de leur tribu. Le spectacle de la décrépitude dramatique est le plus affligeant de tous.

Par exemple, nous ne pouvons comprendre pourquoi le *Droit d'aînesse*, de M. Albéric Second, a été relégué aux derniers confins de l'empire théâtral, dans une sorte de Nouvelle-Zélande à peine découverte et nommée. Si l'auteur a travaillé exprès pour ce théâtre, nous le trouvons bien modeste.

Le sujet est légèrement paradoxal.

On a cru jusqu'à présent aux avantages du droit d'aînesse. L'auteur nous met en scène un aîné fort malheureux de sa position. Ce n'est pas qu'il ait, comme Ésaü, professé pour les lentilles une tendresse extravagante; lord Fingal est un homme qui n'a point de défauts. En amour, c'en est un bien grand. La scène se passe à Cambridge. Ce lord va épouser miss Silvia Warbock; son jeune frère Lionnel, qui s'est fait aimer autrefois de la jeune fille sous le nom de lord Henry, arrive incognito à Cambridge et jure de tuer son rival, qu'il ne connaît pas. Il apprend que c'est son frère, et promet de s'éloigner, mais non pas avant d'avoir revu Sylvia.

Lord Fingal, qui passe son temps à payer les dettes et à réparer les folies de son frère, est obligé de se battre avec un médecin que Lionnel a insulté. Pendant qu'il expose sa vie pour son frère, Lionnel s'introduit nuitamment chez Sylvia, dans l'intention éminemment vertueuse de lui faire ses adieux éternels. Fingal, qui a été blessé, les surprend : scène fort dramatique. Et, comme, en définitive, son droit d'aînesse consiste à se sacrifier toujours au bonheur de son frère, il consent au mariage et se contente d'exciter l'admiration. — Ce rôle est noble, touchant et parfaitement tracé. Le médecin duelliste, qui blesse Fingal, le panse et vient ensuite réclamer le prix de sa note, est un caractère plein d'originalité. Mademoiselle Fréneix, qui joue Sylvia, est une actrice pleine de charme et presque une cantatrice.

On jouait ensuite *M. Martin*, vaudeville vertueux où un père revenu des Indes millionnaire se fait passer pour pauvre, afin de sonder le cœur de ses enfants. Ceci est trop connu pour le boulevard du Temple; mais les familles du Marais ne se lassent pas de ces tableaux touchants.

Entrons maintenant au théâtre des Funambules, qui ne mérite

plus son nom; car on n'y danse plus sur la corde. — Tout s'en va! les dieux, les rois et les danseurs de corde! — Nous regrettons beaucoup les derniers. Qu'y a-t-il de plus agréable à voir qu'une jeune fille en jupe à paillettes, l'étroite semelle de son petit soulier frottée de blanc d'Espagne, essayer du pied si le câble est suffisamment tendu, puis s'élancer bravement sur l'abîme du parterre, et bondir jusqu'aux frises du théâtre comme un volant poussé par une raquette; rien n'est plus aérien, plus léger, et d'un péril plus gracieux; mais le vaudeville envahit tout, et, sans le talent hors ligne et la réputation européenne de Debureau, l'illustre paillasse, la pantomime aurait déjà disparu du boulevard du Temple.

Nous ne parlerons pas d'un vaudeville intitulé *la Bague de la Vierge*, fort joli petit *ours* qui n'eût pas déparé une scène plus haute, et nous passerons tout de suite à la pantomime à grand spectacle, ornée de combats réglés à *l'hache* et au bancal, intitulée *Pierrot en Afrique*.

La toile se lève après une ouverture courte mais animée. Le théâtre représente une caverne où sont réfugiés les Turcs, les Arabes, les Bédouins, avec leurs chastes épouses. La fusillade pétille dans le lointain. Tout à coup, emporté par sa valeur, un soldat français pénètre dans la grotte. Mais quel étrange guerrier! loin de s'être bronzé au soleil d'Afrique, son teint est d'une entière blancheur, d'une blancheur de farine! — Ce triomphant tourlourou (pardon du mot) n'est autre que Pierrot lui-même, celui dont vous avez admiré si longtemps le masque de plâtre embéguiné d'un serre-tête de taffetas noir, Pierrot le valet de Cassandre, Pierrot le gourmand, le voleur, le poltron; il est devenu tout bonnement un héros, rien que cela! Il fallait la conquête d'Alger tout exprès! — Cependant, nous l'avouerons, nous avons éprouvé, dans les premières minutes, une sensation pénible en voyant travesti de la sorte ce type si caractérisé, si profondément symbolique dans sa pâleur blafarde et son mutisme éloquent. Changer les caleçons de toile blanche de Pierrot contre le pantalon garance du soldat d'Afrique, sa casaque à gros boutons contre l'habit de drap croisé de buffleteries, c'est un sacrilége à faire frémir d'horreur les ombres de Trivelin, de Scaramouche, de Tartaglia, de Brighella, du docteur Bolonais, de Pantalon, de Tagliamonte, et de tous ces charmants types de la farce italienne immortalisés par le crayon de Callot.

Pourtant c'est bien toujours Pierrot, malgré les deux énormes moustaches de capitan dont la longueur et la noirceur contrastent si comiquement avec la bénignité maligne de sa figure enfarinée. Debureau existe, ce n'est pas un paradoxe de Jules Janin. — Revu à dix ans d'intervalle, il nous a fait le même plaisir : c'est toujours la même finesse, la même vérité, le même sang-froid.

Les Bédouins, étonnés d'abord, se ravisent lorsqu'ils voient que le courageux Pierrot n'est suivi de personne : ils se jettent sur lui, le désarment, l'attachent par les bras à un poteau, et se préparent à le faire périr au milieu des plus affreux tourments; mais les Bédouins, ne connaissant pas les mystères du chausson, ont eu l'imprudence de laisser libres les pieds de leur prisonnier, qui se démène si bien des jambes, qu'il fait voler en l'air leurs kandjars et leurs yatagans, et leur poche les yeux avec la pointe de ses souliers. Pendant ce temps, l'armée française arrive, délivre Pierrot, qui se fait rendre tout ce qu'on lui avait pris, et même plus qu'on ne lui avait pris, accompagnant chaque restitution faite par les Bédouins prosternés, de quelques-uns de ces merveilleux coups de pied dont il a seul le secret, et que jamais clown ne donna mieux que lui. — L'officier français devient, comme vous pouvez l'imaginer, amoureux de la sultane favorite, prise, reprise, perdue, reperdue à travers des nuages de fumée et des pluies d'étincelles; mais ce n'est là que le côté épisodique de la pièce; les exploits de Pierrot en forment le côté important. Pierrot, après un incroyable carnage de Kabyles, de Bédouins, de Béni-Moussas et autres gaillards plus ou moins frottés de jus de réglisse, pénètre dans un harem et se plonge comme un Sardanapale dans les délices de la vie d'Orient. Il se promène triomphalement, vêtu en pacha et monté sur une girafe, suivi d'un cortége d'eunuques blancs et noirs, de femmes odalisques et de négrillons.

Heureux Pierrot! il fume de l'opium dans de l'ambre; il consomme infiniment de sorbets, s'assoit sur des multitudes de coussins; il a pris toutes les allures d'un pacha à plusieurs queues. — Les almées paraissent et exécutent devant lui des poses si voluptueuses, qu'il rejette ses coussins à droite et à gauche, se lève et mêle à la danse orientale quelques-unes des figures de cette cachucha parisienne dont les sergents de ville sont chargés de modérer le brio dans les bals publics.

Mais la voix de l'honneur vient bientôt arracher l'Annibal enfariné aux mollesses de cette Capoue; — effrayé, d'ailleurs, par le développement monstrueux de son abdomen, Pierrot, malgré sa gourmandise, éprouve le besoin de pratiquer de nouveau la sobriété et la tempérance militaires. Au quatrième acte, son ventre est fondu, et la gloire couvre de couronnes son shako à visière retroussée. Pour dernier exploit, il enlève un drapeau à l'ennemi et cloue contre un rocher le traître de la pièce, dont l'âme noire était symbolisée par une couche de suie plus épaisse sur la figure et un gilet de filoselle d'un chocolat plus féroce! Ainsi, Pierrot, devenu soldat français et comprenant qu'il serait invraisemblable s'il était lâche, a déployé un courage martial digne d'un des premiers rôles du Cirque!

Le théâtre du Petit-Lazary, situé dans l'ordre hiérarchique et géographique sur les dernières limites du boulevard du Temple, semble avoir succédé à l'ancien théâtre *sans prétention*, de si ébouriffante mémoire. Lorsque nous sommes entré dans la salle, les loustics du parterre jouaient à la main chaude, avec autant d'abandon que s'ils se fussent trouvés dans une réunion particulière. Mais bientôt les spectateurs du poulailler, se mettant de la partie, s'avisèrent de désigner au patient chacun de ceux qui tour à tour le frappaient, et, de telles indiscrétions rendant alors ce jeu impossible, il fut immédiatement remplacé par celui du cheval fondu, lequel dura sans interruption, sinon sans vacarme, jusqu'au moment où le régisseur frappa ses trois coups, espèce de *quos ego* qui fit aussitôt tout rentrer dans l'ordre.

C'était la seconde représentation de la soirée; car le théâtre du Petit-Lazary, qui, au rebours de bien d'autres, est toujours plein jusqu'aux combles, donne chaque jour deux représentations, voire même trois, les dimanches et fêtes. Imagine-t-on quel supplice ce doit être pour ses pauvres acteurs; obligés de jouer deux et trois fois, coup sur coup, les mêmes pièces, de se costumer et redécostumer, quand surtout le thermomètre marque 35 degrés de chaleur!

Camilla, ou la Femme capitaine, que nous avons vu représenter là, est un vaudeville dont l'idée est assez drôle, et que ne désavouerait pas M. Scribe, qui en a certainement fait de pires. — Un jeune homme et une jeune fille, restés orphelins, ont été recueillis par des membres de leur famille, qui leur ont donné une éducation bien différente. Le jeune homme, élevé chez une vieille tante dévote, est timide et naïf comme une pensionnaire : il brode, il coud, en un mot, il a tous les goûts d'une demoiselle. La jeune fille, au contraire, dans la société d'un oncle bon vivant, a pris toutes les allures d'un garçon : elle chasse, fait des armes et monte à cheval en véritable lionne. C'est Camilla, notre héroïne. Comme elle vient d'atteindre ses dix-huit ans, on songe naturellement à lui donner un mari. Le futur est un de ses amis d'enfance, nommé Alfred, dont elle garde le souvenir au fond du cœur, bien qu'elle ne l'ait pas revu depuis plusieurs années. Tout va donc pour le mieux. Mais, lorsque Alfred arrive, et qu'il apprend quel est le caractère de sa future, quels sont ses goûts, ses façons cavalières, sans renoncer à l'union projetée, il se propose de donner à Camille une leçon dont il espère qu'elle saura profiter. A cet effet, lorsqu'il se trouve en présence de la jeune fille et de son frère, il feint de croire que, par plaisanterie, l'une a pris les habits de l'autre, et fait l'empressé, le galant, auprès du pauvre garçon tout confus, tandis qu'il traite Camilla comme un camarade et avec une liberté, un sans gêne, qui met celle-ci dans une colère fort amusante. En vain cherche-t-elle à détromper Alfred, en vain lui déclare-t-elle sa qualité de femme, l'entêté ne veut rien croire ; il lui détaille même complaisamment toutes les raisons qui lui font supposer qu'elle n'est qu'un homme. Il ressort de cette situation des effets très-comiques, et elle amène le résultat qu'avait prévu Alfred. Camilla veut lui prouver qu'elle n'a pas complétement abdiqué les grâces de son sexe, et, dans une scène de coquetterie très-gentiment filée, elle oblige l'imprudent, qui méditait de lui donner une leçon, à venir implorer à genoux un pardon qu'elle n'a pas de peine à accorder.

On voit que ce vaudeville, écrit pour des spectacles à quatre sous, vaut tous ceux que nous connaissons, et même que nous ne connaissons pas.

Pour terminer cette promenade au boulevard du Temple, nous

sommes entré chez Curtius, dont les figures de cire ont fait l'étonnement et la joie de notre première enfance. Dans ce siècle qui marche toujours, Curtius est seul resté immobile. Seulement, la prise du Trocadero est devenue la prise d'Alger. Papavoine est changé en Éliçabide. La chaste Suzanne a conservé son nom, mais elle a considérablement jauni et sa perruque blonde a perdu bien des boucles!

XXV.

SEPTEMBRE 1842. — Opéra-Comique : *le Conseil des Dix*, paroles de MM. de Leuven et Brunswick, musique de M. Girard. — L'ex-*Gueule du lion*. — *Les Harangueuses* d'Aristophane. — La partition de M. Girard. — Mocker. — Palais-Royal : *la Dot d'Auvergne*, par MM. Dennery et Grangé. — *L'Omelette fantastique*, par MM. Duvert et Royer.— Spectacle pour les enfants et spectacle pour les grandes personnes. — Leménil, mademoiselle Aline Duval, Ravel. — Gymnase : *Céline, ou la Famille de l'absent*, par M. Fournier. — M. Fournier traître à ses frères et infidèle à M. Arnoult. — Tisserant, mademoiselle Rose Chéri.

15 septembre.

Opéra-Comique. *Le Conseil des Dix*. — Ce titre formidable et mélodramatique n'est pourtant que l'étiquette d'un petit opéra bouffon. Les Dix ne sont nullement les dix magnifiques seigneurs de la république de Venise, mais le travestissement des *Harangueuses* d'Aristophane.

Ce détail, renouvelé des Grecs, est pourtant la portion la plus neuve du libretto de MM. de Leuven et Brunswick, qui a déjà servi de vaudeville aux Variétés sous le titre de *la Gueule de lion*. C'est donc une sorte de reprise, revue et augmentée, que le théâtre nous a offerte ; mais la musique de M. Girard a remplacé avec avantage les airs de M. Pilati, qui accompagnaient la première édition.

La pièce a beaucoup gagné elle-même depuis que nous ne l'avons vue, et nous paraît tout à fait digne des auteurs du *Postillon de Longjumeau*; et, si l'ombre d'Aristophane a quelque chose à réclamer dans leur succès, nous nous plaindrons seulement de ce qu'ils ne lui ont pas emprunté davantage. Nos lectrices ignorent peut-être que les Harangueuses sont des femmes d'Athènes qui, fatiguées de la dépendance conjugale où elles vivaient, imaginèrent de se lever toutes une nuit, de prendre les habits de leurs maris et de se rendre au sénat pour voter et établir un ordre de choses tout opposé. Si les femmes de nos députés ou de nos pairs de France concevaient la même idée, il leur serait difficile de l'exécuter, attendu que les séances n'ont lieu que de jour. Mais il en était autrement à Athènes. Le plus amusant, c'est que les maris, en s'éveillant le lendemain, sont obligés, pour sortir, de prendre la robe de leurs femmes. Ils arrivent ainsi sur la place publique, demandent ce qu'il y a de nouveau, et apprennent que le Code civil est retourné ; sur quoi, ils s'en vont faire la soupe et bercer les enfants.

A Venise, les choses ne se passent pas tout à fait de même ; les épouses des Dix n'empruntent les habits de leurs maris que pour juger sévèrement un séducteur, un perfide, un Français, pour tout dire, que pourtant elles ne veulent pas abandonner à la justice trop expéditive du tribunal masculin.

Voilà des dames bien vertueuses de se cacher de leurs maris pour congédier un amant! Mais vous verrez que ceux-ci ne leur laisseront pas accomplir une œuvre si morale. En effet, chacun des nobles Vénitiens est averti que le vicomte français convoite la femme de son collègue ; aucun d'eux n'y voit d'inconvénient, et ils trouvent le moyen de retenir le séducteur, qui déjà faisait ses paquets. Quelques scènes d'un marivaudage assez compliqué laissent comprendre que tout s'arrange pour le mieux dans l'intérêt de ce dernier ; c'était le dénoûment forcé en pareille aventure, car la comédie n'a que deux faces : des amants qu'on marie, et des maris qu'on trompe ; l'une est le correctif de l'autre, à ce qu'il paraît.

La musique de M. Girard offre de très-jolis morceaux. L'habile chef d'orchestre de l'Opéra-Comique s'est fait applaudir pour son compte fort chaudement. Le duo des deux femmes, les couplets de Sylvia et surtout l'air du ténor défendant sa cause devant le tribunal sont pleins de charme et de mélodie. — Mocker a parfaitement rendu le rôle principal.

PALAIS-ROYAL. *La Dot d'Auvergne.* — *L'Omelette fantastique.*
— On sait que, cette saison étant celle des vacances, les parents ont l'usage de mener au spectacle la génération en herbe qui aspire à nous remplacer. Ces bambins, souvent fort bouchés au collège, ont l'esprit très-ouvert au théâtre, et il convient de ne faire nullement fermenter ces jeunes imaginations. Cela explique le drame simple, le vaudeville naïf. Mais, comme il y a aussi des grandes personnes que cela amuserait peu, on compose des spectacles mi-partis de morale et de gravelure; au Palais-Royal, par exemple, la soirée commence par *Bruno le Fileur* et *la Dot d'Auvergne,* pièces vertueuses et édifiantes; mais, à neuf heures, on peut envoyer coucher les enfants, et se repaître, entre personnes majeures, d'une littérature plus épicée: *L'Omelette fantastique* troublerait les rêves de l'innocence, *la Dot d'Auvergne* en provoque l'aimable sommeil.

Ce sont toujours les éternels *cinq sous* de *la Grâce de Dieu* qui persistent, en dépit du nouveau barème, à nous étourdir les oreilles sous toutes sortes de formes et de prétextes. Si la dot de cinq sous fait le bonheur d'un couple d'Auvergnats, dont le ménage se compose absolument d'une marmite et d'une cuiller de bois, cela peut bien valoir les cinq sous en effet, et le mari prétend que sa femme ne lui a pas apporté autre chose en mariage, non pas même une assiette, pas même une seconde cuiller de bois; ce qui fait que les deux époux sont forcés de manger comme à la gamelle, en se repassant la cuiller à chaque bouchée. Ce détail d'églogue, exécuté entre Leménil et mademoiselle Aline Duval, n'a pas ravi les spectateurs. Que Daphnis et Chloé égrènent à deux une même grappe de raisin, cela ne manque pas d'une certaine grâce bucolique, assurément; mais ce détail des amours primitives perd beaucoup à être traduit en cuillerées de soupe; et quelle soupe! Du reste, la vertu la plus pure règne dans ce ménage, jusqu'à l'arrivée d'un autre couple auvergnat, qui mange dans des assiettes et dans de l'argenterie. Ces sybarites se rient de leurs compatriotes et font honte à la jeune épouse de son chapeau de paille, de son tablier d'indienne et de ses sabots. Ils lui apprennent que sa dot était, non de cinq sous, mais de mille écus, et la poussent à une foule de dépenses de luxe. Surprise et colère du porteur d'eau économe, qui trouve à son retour sa femme habillée en princesse et son ménage de cinq sous mis en pièces. Il incline à démancher un balai de bouleau; mais la jeune Auvergnate reconnaît sa faute; les parents vaniteux qui l'ont poussée à la désobéissance ne tardent pas à être ruinés et poursuivis pour dettes. Alors le porteur d'eau trouve dans son épargne de quoi venir à leur secours, et démontre le mythe profond de son ménage de cinq sous, bienheureuse affabulation où l'honneur de la gamelle laisserait à désirer encore une vertu plus distinguée consistant à manger avec ses doigts.

Quant à *l'Omelette fantastique*, elle ne se mange pas du tout, elle échappe aux doigts, à la fourchette, et presque à l'analyse. Il suffit d'imaginer une omelette servie sur un plat et un gaillard bien affamé s'apprêtant à la dévorer, quand une série d'incidents troublent ce régal agréable. Le convive en question s'appelle Cotillard, et l'omelette est une attention de mademoiselle Rose, jolie cuisinière qu'il vient voir en l'absence de ses maîtres. Un coup de sonnette résonne; c'est madame qui rentre : Cotillard se réfugie dans un cabinet; mais, au premier coup d'œil, il reconnaît une fière beauté qu'il a fait danser dans un bal champêtre. Il lui déclare que c'est pour elle qu'il s'est introduit dans la maison; la dame s'effarouche d'abord, puis s'adoucit enfin jusqu'à offrir une part de l'omelette convoitée : ici, le mari rentre et Cotillard se dissimule dans une armoire. M. Durandin est un gros reptile, selon l'expression des auteurs, qui, croyant sa femme absente, a donné un rendez-vous à une modiste. Il lui offre le déjeuner qu'il croit préparé pour lui-même. Justement, la modiste est encore une des conquêtes précédentes de Cotillard; pendant que Durandin descend à la cave, Cotillard, paraissant, revendique ses droits; madame Durandin surprend son mari, Rose surprend Cotillard; c'est un triple imbroglio fort rude à démêler, mais dont l'omelette est le centre d'intérêt et d'unité.—Ravel fait beaucoup rire dans le rôle du Tantale gastronomique imaginé par M. Duvert. Le dialogue de cet auteur est toujours semé de coq-à-l'âne fort réjouissants.

GYMNASE. *Céline, ou la Famille de l'absent.*—O monsieur Fournier, qu'avez-vous fait? Vous avez trahi vos serments, vous avez abjuré votre religion d'auteur dramatique, et encouru la terrible amende de six mille francs; vous chassez devant vous les vaudevilles spectres évoqués par le Gymnase, et vous pénétrez dans ce lieu interdit aux vivants et redoutable même aux morts ! Hélas ! n'aurez-vous pas entraîné dans votre révolte, dans votre chute, dans votre succès peut-être, votre fidèle collaborateur Arnould ? Que sera M. Arnould sans vous ? Nous l'ignorons ; mais que serait-il avec vous ? Un félon, un renégat ! Espérons que vous aurez fui seul, comme Coriolan ou comme le comte de Bonneval, et que la république ou l'empire dramatique ne périra pas pour cette défection.

Après vous avoir maudit comme confrère, nous devons sans doute vous être indulgent comme critique. Nous pourrions même faire observer, en votre faveur, que la pièce donnée par vous au Gymnase n'est pas une nouveauté. Ce sont *les Deux Gendres*, c'est *l'Habitant de la Guadeloupe*, c'est *l'Homme gris* ; le Gymnase en est à la littérature de l'Empire, rien n'est donc changé dans sa position. Mais n'évoquons pas ; le succès a été réel et légitime, et seulement, à peu près comme Molière, qui prenait son bien où il le trouvait, vous avez pris le bien des autres où vous l'avez trouvé.

Cette pièce de *Céline* fournit deux rôles heureux pour Tisserant et pour mademoiselle Rose Chéri. Cette jolie débutante réussit beaucoup parce qu'elle est simplement une jeune fille toute naturelle, et n'a pas trop l'air d'une actrice ; c'est le plus rare des talents. Ses beaux yeux feront plus de tort à l'association des auteurs que les vaudevilles transfuges de M. Fournier.

XXVI

OCTOBRE. — Porte-Saint-Martin : *Mathilde*, drame tiré du roman d'Eugène Sue, par M. Félix Pyat. — La question du xixe siècle. — Le feuilleton mis en pièce. — Mesdemoiselles Fitzjames et Valérie Klot. — Clarence, Raucourt, Grailly, Jemma. — Odéon : *l'Héritage du mal*, drame en vers de feu Camille Bernay. — Avis à ceux qui n'ont pas la conscience nette. — *Falstaff*, traduit de Shakspeare, par MM. Auguste Vacquerie et Paul Meurice. — Justice distributive. — Louis Monrose. — Italiens : réouverture. — Mademoiselle Grisi, madame Viardot-Garcia. — Opéra-Comique : *le Roi d'Yvetot*, paroles de MM. de Leuven et Brunswick, musique de M. Adam. — La pièce, la partition, les acteurs. — Représentation au bénéfice de madame Dorval. — La bénéficiaire dans le rôle de Phèdre. — La *Phèdre* de Racine et la *Phèdre* de Pradon. — Gymnase : *le docteur Robin*, par M. Jules de Prémaray. — Bouffé, madame Volnys.

5 octobre.

PORTE-SAINT-MARTIN. *Mathilde.*—Nos lecteurs connaissent sans doute de longue main Mathilde, Ursule, Gontran, Lugarto, Sécherin, Rochegune, tous ces types si vivants et si réels, qu'il semble qu'on les ait rencontrés hier et que tout le monde en parle comme de gens de connaissance. — Que fait Mathilde aujourd'hui? A-t-elle bien pleuré? Telle est la première demande que Paris s'est adressée pendant dix mois. Il faut une singulière puissance pour tenir ainsi en suspens une ville qui ne s'étonne de rien, que le scandale même n'émeut pas, qui oublie tout, ses gloires et ses hontes, et ne connaît plus demain son grand homme de la veille. — Ce succès, qui pouvait être après tout une de ces bonnes fortunes littéraires comme il s'en trouve dans la vie des gens de talent, M. Eugène Sue vient de l'obtenir encore avec ses *Mystères de Paris*, avec *Thérèse Dunoyer*, avec *Paula Monti*, vogue triple et simultanée; car M. Eugène Sue, Géryon du roman, semble écrire avec trois mains; on le retrouve partout; l'œuvre est diverse, la réussite est pareille. — Tous les autres romanciers, auteurs de nouvelles et de contes, gardent le silence, comme convaincus de l'inutilité de leurs efforts pour lutter contre cette improvisation sans repos, cette imagination inépuisable, cet intérêt toujours croissant. A quoi bon travailler ? M. Eugène Sue n'est-il pas là ? Il ne procède guère que par six volumes in-8º ; et c'est bien peu, au dire de ses lecteurs de toutes classes, depuis la duchesse jusqu'à la grisette, depuis l'artiste jusqu'au portier. « Quoi ! c'est déjà fini ! s'écrie tout le monde, après une de ces merveilleuses histoires que ne peuvent épuiser d'innombrables colonnes de feuilleton. Nous ne reverrons plus ces charmants héros, ces délicieuses héroïnes, ces effroyables scélérats qui venaient chaque matin se mêler à notre existence et en varier la monotonie ! » Quel désœuvrement chez l'abonné quand vient le jour funeste où il ne lit plus au bas de son journal : *La suite à demain !* Pour la génération moderne, le feuilleton de M. Eugène Sue est comme la charade ou l'énigme du *Mercure* pour les lecteurs du xviiie siècle. Il s'agit de deviner ce que feront au prochain article Gontran ou Lugarto, le chourineur ou le maître d'école. « Comment pensez-vous que Rodolphe sortira de là ? Madame la princesse de Hansfeld remettra-t-elle ou non l'épingle à la terrible mulâtresse Iris ? » Voilà la question du xixe siècle, et non plus le *To be or not to be* d'Hamlet. — Il s'agit bien de cela, vraiment !

Pour satisfaire cette passion du public, qui ne peut se rassasier des prodigieuses légendes de M. Eugène Sue, sous la forme de feuilleton et sous la forme de livre, M. Félix Pyat a transporté *Mathilde* au théâtre avec un rare bonheur d'arrangement. Ainsi, ceux-là mêmes qui ne savent pas lire n'ont plus d'excuse pour ignorer cette étrange épopée si vraie et si fabuleuse, d'une observation si minutieuse et d'une invention si vagabonde et si fertile.

Pour ajuster au théâtre ce mahâbarata romanesque qui a nom *Mathilde, ou les Mémoires d'une jeune femme*, M. Félix Pyat a été obligé à de larges coupures, à de grands sacrifices. — Le diabolique, l'infernal personnage de mademoiselle de Maran, ce diable guenon, coiffée, même au lit de mort, d'un chapeau carmélite, a disparu tout à fait, ainsi que le mystérieux M. de Mortagne : la scène s'ouvre à l'instant où la vieille madame Sécherin, avertie par le reflet de la glace, voit Ursule recevoir une lettre de M. de Lancry, et la lui prend avec une prestesse digne de l'escamoteur Philippe. A partir de là, le roman est suivi aussi exactement que possible : chaque acte est un volume ; on y retrouve la scène où Mathilde, jalouse, veut assister cachée à une entrevue d'Ursule et de M. de Lancry ; celle où elle signifie à sa perfide amie de partir sur-le-champ. La présentation de Lugarto, le bal, la provocation non suivie d'effet, le narcotique dans la maison isolée, l'arrivée de Rochegune le libérateur, la fuite d'Ursule avec Gontran, le désespoir de Sécherin, le repentir d'Ursule, tout est reproduit très-habilement et très-fidèlement. Le dénoûment seul diffère : M. de Lancry se bat en duel avec Sécherin et tombe frappé d'une balle. « Allons, du courage ! tu as encore la force de tenir ton pistolet, dit l'infâme Lugarto en soutenant le blessé. Venge-toi ! — Oui, je vais me venger ! » murmure le malheureux. Et, pressant la détente de son arme, il fait jaillir la cervelle du damné mulâtre.

Un très-beau mot termine la pièce. Mathilde et Ursule, réconciliées désormais, arrivent sur le lieu du combat, mais trop tard pour l'empêcher ; elles se jettent toutes deux à genoux. « Est-ce pour moi qu'elle priait ? » dit Sécherin d'un ton de doute mélancolique. — Mathilde épousera Rochegune, telle est l'idée consolante qu'emporte le spectateur.

Mathilde est représentée convenablement par mademoiselle Fitzjames. Mademoiselle Valérie Klotz prête au personnage d'Ursule une charmante figure ; mais elle manque de scélératesse, du moins lorsqu'on pense à l'Ursule du roman, beaucoup plus consommée en roueries que celle de la pièce. Clarence est un Rochegune parfait ; élégance, noblesse, chaleur respectueuse, il ne laisse rien à désirer. Raucourt a fait de Lugarto une espèce de Méphistophélès mulâtre dont tout Paris voudra admirer l'habit noir doublé de satin blanc. Grailly, dans le rôle de M. de Lancry, a une certaine frisure en coup de vent que les garçons de café ont abandonnée depuis longtemps comme de mauvais goût. Jemma a parfaitement rendu Sécherin, ce mélange de susceptibilité ardente et de manières bourgeoises, cette noble passion traduite en phrases vulgaires, qui rendent ce personnage si intéressant et si original. Madame Sécherin n'est pas assez vieille ;

elle perd ainsi ce magnifique cachet de sibylle biblique, de prophétesse de l'amour maternel, qui produit tant d'effet dans le livre.

Tout Paris voudra voir *Mathilde*, qui, après avoir eu deux cent mille lecteurs, aura deux cent mille spectateurs. — Ce succès donnera le temps à M. Félix Pyat d'écrire quelque nouveau drame, tiré cette fois de son propre fonds, où il pourra appliquer les qualités d'invention et de style qui le distinguent. Le monologue de Lugarto est un morceau littéraire plein de verve et d'esprit.

Odéon. *L'Héritage du mal*. — *Falstaff*. — Non, l'Odéon n'était pas mort : il avait patiemment filé sa coque, emmailloté sa chrysalide glorieuse, et voilà qu'un beau jour il s'en est élancé, bruyant, joyeux, paré, ouvrant de larges ailes sombres semées d'yeux éclatants. Comme le paon de nuit aux attributs funèbres, il était à la fois, ce jour-là, l'emblème de la mort et de la résurrection. Mais qui pourrait dire ce que rêve l'insecte dans sa coque et l'homme dans son tombeau? Si l'âme n'est, comme pensaient les anciens, qu'un papillon invisible, peut-être celle de Bernay aura-t-elle pu assister à son succès posthume; peut-être les applaudissements l'ont-ils porté au rang des dieux; que peut donc le simple critique, sinon tirer le chapeau à son tour devant le mort qui passe en triomphe? Personne n'a osé siffler pendant la représentation, et bien des gens peut-être en avaient envie; les feuilletons n'ont pas montré moins de respect pour la tombe, et se rattraperont sur quelque vivant au premier jour.

L'Héritage du mal est bien l'œuvre d'un poëte prédestiné à mourir jeune. Il est impossible de réunir plus d'éléments funèbres, plus d'inspirations ténébreuses et de combinaisons fatales. Ce drame sera, en littérature, ce qu'est en peinture le tableau de Prudhon qui représente *la Justice divine poursuivant le Meurtrier;* cela est de même, gris, blafard et sinistre. Les procureurs du roi en peuvent permettre le spectacle à leurs criminels; mais ce serait une aggravation de peine assurément. Nous conseillons à ceux de nos lecteurs qui auraient le plus léger assassinat sur la conscience de se priver de l'Odéon pendant quelque temps. Et si, comme le prouve l'auteur, le crime des pères rejaillit à jamais sur leur postérité, qui peut se flatter d'être tout à fait innocent?

A notre avis, le drame de Camille Bernay eût enfermé un plus grand enseignement en se rapprochant davantage des possibilités vulgaires. C'est l'héritage du crime et non l'héritage du mal. Il eût été beau de voir l'injustice, transmise à plusieurs générations, faire éclater ses résultats sur des héritiers insouciants et paisibles, fiers d'une possession incontestée; mais il est clair que le héros de la pièce ne peut honnêtement accepter les bénéfices d'un crime immédiat et évident pour lui, et ses combats n'ont d'intérêt qu'à cause de la rivalité amoureuse que l'auteur a créée entre lui et le fils de la victime. Du reste, les vers offrent des détails d'une grande magnificence. Comme dans le *Ménestrel*, la facture est large et abondante, et, ainsi que tout le monde le dit aujourd'hui, la France vient de perdre un véritable poëte... Mais pourquoi ne l'avoir pas reconnu plus tôt!

Si la critique a été légère au pauvre Bernay, qui vient de mourir, elle n'a guère épargné le vieux Shakspeare, mort depuis longtemps. Pourquoi cette différence entre les morts des diverses époques? On salue le mort d'hier, on craint d'en dire du mal, d'offenser sa cendre, son ombre, et l'on se permet tout avec les trépassés d'un siècle ou de vingt siècles, peu importe; on déshabille les momies, on les vend, on en fait des curiosités de salon, et l'on se préoccupe solennellement de ce qui est en décomposition récente, comme si les morts avaient un âge. Il y a, dans *Falstaff* même, une scène qui a risqué de compromettre l'imitation : c'est celle où le gros poltron de chevalier s'amuse à larder de coups d'épée Hotspur, tué un instant auparavant par son maître, et place le corps dans diverses positions en philosophant sur le courage et la mort. Pourquoi son action semble-t-elle plus révoltante que la curiosité de ces Anglais qui dernièrement ont mis à nu et disséqué les membres embaumés de Tennora-Rhions, prêtresse d'Osiris?... Mais nous poursuivrons cette digression une autre fois.

Le *Falstaff* a donc été représenté; traduit avec intelligence, joué fort agréablement, écouté par le public avec respect et plaisir. Maintenant, des gens difficiles trouvent cette gaieté grossière, ce type commun et grotesque, et demandent s'il était convenable d'exhumer, et poli d'offrir à nos spectateurs instruits et délicats des scènes qui faisaient les délices d'un public ignorant et sauvage... qui était tout bonnement la cour d'Élisabeth et de la reine Anne, s'il vous plaît. Le public de Mayeux et de Robert Macaire s'effaroucherait des facéties du bon chevalier Falstaff, qu'on croyait jusqu'ici un type littéraire inviolable, comme Thersite, Panurge ou Sancho Pança! Mais pourquoi chercher à prouver la lumière?

Les spectateurs ont accueilli Shakspeare comme Molière, riant ici, admirant là, écoutant toujours! On sait qu'il ne s'agit pas ici du comique banal de nos vaudevilles; la poésie creuse des profondeurs sous cette folle superficie, et l'on pense plus qu'on ne rit, à voir ces bouffonneries immortelles. Nous n'essayerons pas d'analyser les scènes que MM. Vacquerie et Meurice ont tirées de l'*Henri IV* de Shakspeare. C'est une œuvre d'étude et de poésie qui sera appréciée par toute la jeunesse, et dont l'art dramatique tirera grand fruit. Il faut remercier l'intelligente direction de l'Odéon d'être venue en aide à une aussi noble tentative. Louis Monrose l'a dignement soutenue, et, en faisant comprendre Shakspeare, il s'est montré digne de son père, l'acteur de Molière et de Beaumarchais.

19 octobre.

ITALIENS. — Nous avons épuisé toutes nos ressources de poëte, toutes nos malices de romancier, tous nos paradoxes de critique pour avoir l'air de dire quelque chose, à chaque nouvelle rentrée des artistes italiens, à chaque représentation nouvelle de leurs trois ou quatre chefs-d'œuvre, qui finiront par nous rendre monomanes à force de les entendre retentir dans nos oreilles nuit et jour, comme le glas funèbre d'une cloche d'airain. Il y a une fin à tout, et nous déclarons être à bout avec ce théâtre, qui, au lieu de changer d'artistes et de répertoire, se borne à changer de salles et de directeurs; qui nous fait courir de Favart à l'Odéon, de l'Odéon à Ventadour, de Dormoy à Janin, de Janin à Vatel, pour nous faire entendre et admirer partout et toujours le même opéra et le même chanteur.

On annonçait cependant pour cette année beaucoup d'améliorations. On parlait de nouveaux engagements, de mystérieux voyages exécutés par un des premiers artistes de la troupe, pour rapporter d'Italie une cargaison de talents nouveaux, capables de relayer les anciens, passablement essoufflés. Eh bien, il se trouve, comme à l'ordinaire, que les nouveaux chanteurs ont tous perdu la voix en touchant les bords de la Seine. Le ténor n'a plus une note, le contralto est alité, et le mezzo-soprano jouit d'une bronchite plus ou moins caractérisée.

Sémiramide a donc été jouée devant un public assez froid, bien que cette représentation offrît la curiosité du début de madame Pauline Garcia-Viardot dans le rôle d'Arsace. Madame Pauline Garcia est une musicienne consommée; sous ce rapport, la digne sœur de cette Malibran, trop vite oubliée, dont Alfred de Musset a si poétiquement déploré la perte, et qui a eu le génie de mourir toute jeune, dans la fleur de son talent et de sa beauté, avant qu'il soit tombé une perle de sa couronne, un rayon de son auréole. — Faisons d'abord compliment à madame Pauline Garcia de la manière intelligente dont elle avait arrangé son costume. La tunique bleue, à étoiles d'argent, le pantalon assyrien et le manteau blanc étaient portés par elle avec beaucoup de convenance. D'abord un peu intimidée, elle a bientôt repris ses avantages. Le duo d'Arsace et de Sémiramide a été couvert d'applaudissements, dont elle avait sa bonne part. Seulement, nous trouvons qu'elle ne donne pas assez de valeur aux notes basses, et cherche trop à faire valoir les cordes hautes de sa voix. A certains instants, dans le duo, l'on aurait cru entendre deux sopranos. — Mademoiselle Grisi a reparu dans tout l'éclat de sa beauté, avec toute la puissance de ses moyens; on lui a jeté des bouquets, dont plusieurs sont tombés sur madame Pauline Garcia. Les morceaux favoris ont été bissés comme à l'ordinaire. — Tout s'est passé dans les règles; mais, pour Dieu, un opéra nouveau, fût-il mauvais, fût-il détestable : cela ne doit cependant pas être difficile à trouver. — En vérité, les Parisiens, que l'on taxe de légèreté d'esprit, dépassent en patience, en longanimité, en pesanteur, le plus épais public allemand. A quel autre public eût-il été possible de faire jouer pendant si longtemps un répertoire si borné? — Du nouveau, du nouveau, n'en fût-il plus au monde!...

Opéra-Comique. *Le Roi d'Yvetot.* — La chanson de Béranger est éminemment populaire. — Cette joviale figure de paysan-roi, un peu enluminée sous la blancheur du bonnet de coton qui lui sert de couronne, a pris place dans toutes les mémoires à côté du roi de

Cocagne, de Sancho dans l'île de Barataria et autres caricatures macaroniques. On le voit à califourchon sur son âne, suivi de son chien et faisant, après boire, le tour de ses États, causant avec celui-ci, embrassant celle-là, recevant et renvoyant un brocard absolument comme s'il n'était pas roi. Grâce à la chanson de Béranger, le royaume d'Yvetot était devenu d'une géographie fabuleuse et vague, et l'on ne s'inquiétait guère plus de la latitude sous laquelle il se trouve que de la position précise de l'Eldorado ou de la fontaine de Jouvence. Cependant les savants et les chroniqueurs prétendent que la royauté d'Yvetot existe depuis treize ou quatorze cents ans, ce qui en a fait, à coup sûr, la plus antique monarchie du monde.

MM. de Leuven et Brunswick ont pris le sujet au sérieux, et bâti là-dessus un poëme où la couleur locale et moyen âge n'est pas épargnée, quelque chose dans le genre de *Gandinot, roi de Rouen*, joué par Bouffé au Gymnase, qui alors n'était pas sous le coup de l'interdiction.

La chanson si connue du *Roi d'Yvetot*, intercalée dans le troisième acte, est orchestrée et arrangée avec une adresse rare qui ne surprend pas dans M. Adam, qui est à la fois mélodique et spirituel, deux qualités trop méprisées aujourd'hui dans cet engouement de fausse science et de faux sérieux qui atteint même les jugements les plus sûrs.

Chollet, Mocker et surtout Grard, une vraie basse, ont chanté avec le goût et l'habileté qu'on leur connaît. Mademoiselle Darcier a été charmante sous les deux costumes les plus coquets et les plus galamment troussés du monde ; elle a même fort joliment chanté.

Le succès a été complet. C'est une réussite de plus à inscrire sur la liste déjà nombreuse de M. Adolphe Adam, un des musiciens les plus populaires qui soient.

25 octobre.

OPÉRA-COMIQUE. *Représentation au bénéfice de madame Dorval.* — Cette représentation avait vivement excité la curiosité. — Exciter la curiosité de Paris, voilà qui est difficile, — surtout lorsqu'il s'agit de ce monde blasé des premières représentations, qui a tout vu, tout entendu, pour qui nulle surprise n'est possible, et dont les mains gantées de blanc se rapprochent si rarement ! Mais madame Dorval devait jouer le rôle de Phèdre dans la pièce de Racine; madame Dorval, l'actrice de *Trente ans, ou la Vie d'un Joueur*, de *Peblo*, d'*Antony*, d'*Angelo* et de tous ces drames violents et terribles, pleins de sanglots, de larmes et de convulsions; Phèdre, cette élégante et chaste pâleur, cette passion contenue qui ne s'échappe que par un cri, cette physionomie grecque, un peu trop arrangée à la mode de Louis XIV, mais toujours reconnaissable cependant, et qu'Euripide ne désavouerait pas pour sa fille ! pour beaucoup, c'était une grande audace; pour quelques-uns, rigides conservateurs de l'étiquette dramatique, une profanation, un sacrilége. Après avoir joué le mélodrame, venir jouer la tragédie, et une tragédie de Racine encore, et la plus belle ! — Eh ! mon Dieu, oui; *Phèdre* n'en restera pas moins un chef-d'œuvre, et madame Dorval un grand talent.

Cette idée de jouer Phèdre a longtemps poursuivi madame Dorval. Déjà, il y a quelques années, dans une représentation aussi à son bénéfice, qui eut lieu à l'Opéra, elle avait abordé ce rôle; mais elle n'avait pas osé, pauvre grande actrice de mélodrame qu'elle était, s'en prendre tout à fait à la *Phèdre* de Racine : elle avait modestement laissé à mademoiselle Duchesnois le beau rôle, la vraie tragédie, et gardé pour elle la *Phèdre* de Pradon, de ce pauvre Pradon tant décrié, tant bafoué, et qui avait pourtant pour lui la coterie de madame de Sévigné, composée de gens de goût et d'illustres personnages, et qui, après tout, ne vaut ni plus ni moins que tant d'autres faiseurs de tragédies, pour lesquels il a payé. Madame Dorval, avec cet esprit qui la caractérise, ne s'était pas costumée à la grecque; elle avait une belle jupe de damas vert-pomme ramagée d'argent, un corsage à pointe, une coiffure haute, un superbe habit qui eût fait bonne figure sur l'escalier de l'orangerie de Versailles; et, en effet, c'est là le costume qui convient pour jouer la tragédie de cette époque, thème antique brodé d'ornements tout modernes, et qu'on ne doit pas habiller de draperies trop exactes. Le rigide pli étrusque, le péplum éginétique tombent mal sur un vers Louis XIV. — Hippolyte, lui, avait un justaucorps de satin rose, relevé de feuillages pour indiquer son humeur sylvestre; ses cothurnes étaient galamment ornés de nonpareilles et de passequilles. — Madame Dorval joua son rôle avec une passion demi-moqueuse d'un charme extrême, et fut très-applaudie, — bien plus que mademoiselle Duchesnois, qui représentait la véritable Phèdre avec les cris, les hoquets et les grands bras d'après toutes les traditions classiques. Une tirade de Pradon et une autre de Racine, exprimant la même idée, servaient alors à faire ressortir la supériorité de la victime de Boileau. — En effet, là où Racine dit, avec une élégance un peu affectée peut-être :

> Mon arc, mes javelots, mon char, tout m'importune;
> Je ne me souviens plus des leçons de Neptune.

Pradon disait tout familièrement et tout bourgeoisement :

> Depuis que je vous vois, j'abandonne la chasse,
> Et, si j'y vais, ce n'est que pour penser à vous.

Il y avait aussi, dans l'acte de Pradon que l'on représenta, un vers qui fit perdre toute l'estime qu'une versification facile et naturelle lui avait fait regagner. — Voici cet alexandrin malencontreux :

> Ne vous étonnez pas de ma stupidité!

Stupidité ne signifiait là que *stupéfaction;* mais il fut pris par le public dans sa méchante acception actuelle, et le pauvre Hippolyte n'y résista pas.

A cette dernière représentation, où elle essayait la véritable Phèdre, la Phèdre consacrée, madame Dorval nous a paru préoccupée d'une chose, c'est-à-dire de jouer d'une façon toute classique, comme si elle était une tragédienne de la rue Richelieu. Ce n'était pas là ce qu'on attendait d'elle. Elle a accentué les vers, fait sonner les rimes et marqué les hémistiches, de façon qu'on ne pût l'accuser de se souvenir de la prose du drame. On croyait qu'elle apporterait dans tout ce calme épique la turbulence et la passion du théâtre moderne; au contraire, elle a été timide, presque froide, et comme embarrassée. Il est vrai que, pendant la représentation, il s'était déclaré un effroyable orage, pluie, grêle et vent; la rafale se promenaît sur les combles du théâtre comme un chariot plein d'armures ; un bruit étrange, inexplicable, enroué, plaintif, quelquefois strident comme un sifflet, et qui a dû souvent déconcerter l'actrice, n'a pas cessé de se faire entendre pendant les cinq actes de la tragédie. — C'était la girouette qui se plaignait là-haut, à sa manière, d'être trop lutinée par le vent, et protestait de sa voix la plus enrouée et la plus glapissante. — Il a fallu fermer l'ouverture du lustre pour amortir un peu ce grincement importun. — Milon a été un Hippolyte assez convenable ; seulement, il était coiffé à la mécontent, mode tout à fait inconnue du temps de Thésée.

Ce n'est pas dans les rôles antiques que le talent de madame Dorval peut se développer à son aise ; sa qualité est d'être moderne, actuelle, de n'avoir pas de tradition, de trouver de ces cris soudains dont l'accent fait toute la valeur, d'être *nature* enfin comme on dit en style d'artistes. Comme elle est intelligente, elle peut sans doute, par hasard ou caprice, jouer un rôle de tragédie, et le jouer bien, mais ce n'est pas là sa vocation véritable.

Gymnase. *Le Docteur Robin*. — Si nous nous escrimons contre la moralité du vaudeville, c'est que nous savons bien qu'en lui ôtant ce prétexte d'usurper les planches et de se recommander à la patience des familles, on lui rendrait la vie très-dure et l'invention malaisée. Les vaudevillistes sont comme les marchands de savon du pont Neuf, qui tiennent à vous prouver qu'il y a des taches sur votre habit ; il leur faut absolument des préjugés à combattre, des travers à signaler. Hors de là, tout pivote sur cinq ou six sujets exploités sans cesse, avec de nouveaux costumes et de nouveaux détails, si l'on peut. Nous sommes fatigué de tracer la généalogie de chaque pièce et d'être obligé de récrire dix fois la même analyse, et presque sans avoir rien à y changer. *Le Docteur Robin*, qui le croirait ? c'est encore l'histoire éternelle de Garrick, de Talma, de Kean, guérissant quelque pauvre fille qui les aime comme acteurs en se montrant à elle comme hommes et sous l'aspect le plus déplaisant. C'est encore miss Smithson, ou l'actrice de *Tiridate*, jouant le même rôle à l'égard d'héritiers ingénus qu'il s'agit de rendre aux douceurs d'un mariage raisonnable. En entendant d'avance attribuer cette pièce à un auteur nouveau, nous comptions sur une idée un peu inattendue, dont le dénoûment ne sautât pas aux yeux dès la seconde scène, et qui ne provoquât pas dès lors le critique érudit à faire un tour dans le foyer ; mais, hélas ! à qui se fier ? M. Jules de Prémaray, un nom plus vierge encore que la neige de l'Himalaya, un bon et studieux jeune homme sans doute, celui peut-être qui dernièrement demandait dans *les Petites Affiches* un collaborateur de bonne famille « pour faire ensemble de jolis vaudevilles, » eh bien, ce débutant, ce poëte, ce génie naissant, vole une idée de Bouchardy, publiée en nouvelle il y a six ans, et *traitée* déjà par sept ou huit faiseurs ! Non, nous ne pouvons admettre cet éternel retour des mêmes sujets sur les théâtres ; nous voudrions voir le fond du sac, la fin des idées dramatiques, et obliger l'association des auteurs en corps à venir nous dire un jour : « Messieurs, vous n'aurez plus de vaudevilles ; tous les sujets sont traités, toutes les idées sont connues, et il n'y en a plus d'autres. » Mais la chose est ainsi déjà, et les auteurs se gardent bien de l'avouer, par pitié pour les pauvres comédiens.

Le Docteur Robin, grâce au talent de Bouffé et à celui de madame Volnys, a obtenu une sorte de succès. Pourtant Bouffé est loin de valoir Frédérick dans la même situation. Frédérick a, dans *Kean*, le côté noble et grandiose, que Bouffé manque tout à fait. Plein de bonhomie et de grâce dans le docteur, quand il reprend les traits de l'acteur inspiré, il est encore Robin comme devant.

XXVII

NOVEMBRE 1842. — Odéon : *Henri VIII*, tragédie de Marie-Joseph Chénier. — La dernière expression du bon goût académique. — *Le Bourgeois grand seigneur*, comédie de MM. Alphonse Royer et Gustave Vaez. — Un compagnon de Bolivar. — Louis Monrose, mademoiselle Bertaud. — *Les Deux Impératrices*, par madame Virginie Ancelot. — Ce qu'une femme peut oser. — Mesdames Dorval et Mathilde Payre. — Opéra : *le Vaisseau fantôme*, paroles de M. Paul Fouché, musique de M. Dietsch. — Le *Hollandais Spectre*, d'Henri Heine. — Marié, madame Dorus. — Odéon : *Venceslas*, tragédie de Rotrou. — De la composition et du style de ce chef-d'œuvre. — Bonne fortune littéraire. — Italiens : *Linda di Chamonni*, opéra de Donizetti. — Réclamation de *la Grâce de Dieu*. — Palais-Royal : *les Ressources de Jonathas*, par MM. Varin et Davrecourt. — Ravel.

8 novembre.

ODÉON. *Henri VIII*. — L'Odéon n'a point de parti pris; il concilie tous les genres; il ferait embrasser l'abbé d'Aubignac et Guillaume Schlegel. Le romantique Falstaff va coudoyer dans la coulisse les héros académiques de Chénier. En voilà qui sont roides, froids, compassés! la situation ne change jamais : déjà condamné au premier acte, le héros en met cinq à se draper convenablement pour mourir; d'action, d'intérêt, de passion, pas un mot; mais de belles maximes de place publique, comme on en pourrait mettre dans la bouche des statues, voilà la tragédie telle qu'elle était devenue à force d'épuration, de convention et de bon sens scolastique. Otez à Corneille l'exagération espagnole, à Racine la galanterie maniérée des romans du temps, à Voltaire la pompe mélodramatique empruntée à la scène anglaise, et vous réduirez, à force de goût, ces trois grands poètes à la nudité prétentieuse d'un Alfiéri ou d'un Chénier. Cela prouve seulement que les défauts sont une partie intégrante du talent, et qu'on ne fait pas de la poésie avec des poétiques. L'Odéon aurait pu, d'ailleurs, mieux choisir parmi les œuvres du conventionnel poète. Sans parler de *Charles IX*, qui a fourni deux belles scènes aux auteurs des *Huguenots*, la fameuse tragédie de *Tibère* méritait mieux que

Henri VIII les honneurs de l'exhumation. Le style de *Tibère* est d'une grande netteté ; c'est du Tacite assez purement rendu. Dans *Henri VIII*, la périphrase académique domine : la haine des tyrans s'exhale en déclamations boursouflées ; les tristes plaintes des femmes souffrantes ou condamnées répandent seules quelque intérêt sur une action toujours la même, dont les personnages tournent, comme des chevaux de manége, autour d'un pilier de prison.

Tout cela n'est, d'ailleurs, que jouer à la comédie. L'Odéon ne vivra qu'avec des pièces vivantes, et il l'a si bien compris, qu'il vient d'en donner deux en deux jours : l'une a obtenu un grand succès, l'autre une grande réussite ; on nous pardonnera de nuancer différemment ces deux mots.

Le Bourgeois grand seigneur offre une idée que bien des gens ont conçue, mais qu'il fallait beaucoup d'esprit et de tact pour exécuter de notre temps. Les auteurs ont abordé franchement par l'affiche la question de ressemblance avec *le Bourgeois gentilhomme*, et n'ont même pas craint d'entourer le nouveau M. Jourdain de personnages titrés qui vivent à ses dépens, de fournisseurs qui se moquent de lui, de subordonnés qui le raillent ; c'est l'éternelle situation du vilain qui se nettoie, du premier venu qui parvient à faire écailler un million sous le soleil. M. Turcaret était déjà le Jourdain du XVIII° siècle ; seulement, lui ne songeait guère à se donner des airs de gentilhomme ; la prétention était si commune alors, qu'il valait certes mieux être réputé financier. Aujourd'hui, les choses ont changé, la noblesse s'est retrempée dans les persécutions, et, si elle n'est plus un privilége, elle offre une distinction incontestable, où tend toute vanité vulgaire.

L'analyse du *Bourgeois grand seigneur* ne pourrait donner qu'une idée imparfaite du mérite de cet ouvrage, rempli de détails d'une haute portée comique. Un type de général américain jeté dans la pièce est une caricature charmante. Il place à tout propos l'histoire d'une grande bataille où il a combattu avec Bolivar et reçu une balle qu'il tire de sa poche et fait passer de main en main. Un certain vicomte escamote adroitement cette preuve des exploits du général ; mais, à l'acte suivant, le guerrier recommence son histoire.

« Vous avez servi ? dit-il à un nouveau venu. — Oui, j'ai servi. —

Dans les armées impériales?... » Et le général se découvre sur la réponse affirmative. « Fûtes-vous blessé? — Non. — Moins heureux que vous, je reçus à la bataille de Bayaca, en combattant sous les ordres de l'illustre Bolivar, cette balle... » Ici, le général tire de son gilet et fait circuler un nouveau projectile, que le vicomte recueille et qu'il remet au héros avec celui qu'il a soustrait déjà en disant : « Rendons à César *tout* ce qui appartient à César! »

Beaucoup d'autres scènes non moins comiques ont fait le succès de cette comédie, où revit tout le talent des auteurs du *Voyage à Pontoise*, MM. Alphonse Royer et Vaez. Monrose a rendu fort habilement le principal rôle, auquel son physique convenait peu cependant. Mais où trouver un acteur avec plus de verve et d'intention comique? En se vieillissant un peu dans ce personnage, Monrose fils sera parfait. Mademoiselle Berthaud est charmante dans le rôle d'Amanda; mais elle pourrait encore y obtenir plus d'effet. En somme, cette comédie rappelle les beaux jours de l'Odéon à l'époque de Picard. On lui reprochera de toucher à la farce parfois, mais non pas aux banalités du vaudeville. L'Odéon ne servît-il qu'à représenter de pareils ouvrages, impossibles peut-être ailleurs, son existence serait suffisamment justifiée.

Quant à la pièce de madame Ancelot jouée sous le titre des *Deux Impératrices*, elle pouvait être donnée partout et partout obtenir un gracieux accueil. Madame Ancelot n'a pas la prétention de marcher sur les pas de Molière ou de Lesage; c'est une aimable écolière de Sedaine et de Marivaux. Un écrivain de l'école moderne eût tremblé devant l'idée de réunir dans une pièce en trois actes la grande Catherine et la grande Marie-Thérèse; madame Ancelot s'est dit qu'avec des femmes une femme pouvait beaucoup oser. Donner un amant à Marie-Thérèse! L'histoire, le roman, les mémoires secrets ne l'ont jamais fait; mais une femme a bien le droit de nous dire : « Pourquoi pas? » Quoi! cette grande reine, qui portait son enfant dans ses bras et l'offrait aux acclamations latines d'un peuple de hussards?... quoi! celle-là même qui seule a reconquis l'empire d'Autriche aujourd'hui subsistant à cause d'elle? « Pourquoi pas? » Allez à Schœnbrunn, parcourez ses vertes allées, ses collines de frais gazon; admirez en passant les blanches statues qui se jouent autour de ses fontaines; consultez la nymphe dans sa grotte et le faune dans son buisson ; visitez ces palais de féerie, ces pavillons perdus dans les bocages, brodés et festonnés d'attributs de gloire et d'amour, et dites si cette demeure que s'est faite l'illustre impératrice n'est point celle d'une femme qui a aimé !

Le rôle de Marie-Thérèse a fourni à madame Dorval un type chaste et noblement contenu qui rappelait par certains côtés sa création de Ketty Bell. Madame Payre, chargée du rôle de Catherine, a soutenu dignement une dangereuse comparaison et un personnage difficile.

15 novembre.

OPÉRA. *Le Vaisseau fantôme.* — Henri Heine raconte quelque part l'histoire du *Hollandais Spectre*, de ce vaisseau fantôme, qui, suivant la tradition, n'a jamais pu atteindre au port, et qui, depuis un temps infini, est errant sur les mers. S'il rencontre un autre navire, quelques hommes de l'équipage maudit viennent prier qu'on se charge d'un paquet de correspondance. Il faut alors clouer ces lettres au grand mât; sans quoi, le vaisseau est menacé d'un malheur, surtout s'il ne se trouve aucune Bible à bord, ou bien si l'on n'a pas eu soin de suspendre un fer à cheval au mât de foc ; les lettres sont toujours adressées à des hommes qu'on ne connaît pas, ou qui sont morts depuis longtemps. Parfois une arrière-petite-nièce rencontre dans le paquet quelque lettre d'amour adressée à son aïeule, qui gît depuis cent ans dans le tombeau. Ce spectre de bois, navire fatal, a pris son nom de son capitaine, un Hollandais qui, un jour, jura par tous les diables qu'il doublerait un certain cap des mers du Nord, malgré un violent orage, dût-il voguer jusqu'au jugement dernier. Le diable a pris note de ce serment, et il faut qu'il erre sur les mers jusqu'au dernier jour du monde, à moins qu'il ne soit délivré par la fidélité d'une femme. Le diable, qui, dans sa sottise, ne peut croire à la constance éternelle des femmes, permet au capitaine maudit de descendre à terre tous les sept ans pour se marier, et de tenter ainsi d'arriver à sa délivrance. Pauvre Hollandais! que de fois il s'estime heureux de se sauver du mariage lui-même, et d'abandonner sa *rédemptrice* pour remonter librement à son bord !

« Cette fable, ajoute Heine, était le sujet d'une pièce que je vis représenter au théâtre d'Amsterdam. Sept ans se sont encore écoulés, et le pauvre Hollandais, plus fatigué que jamais de son voyage sans fin, aborde à terre et lie amitié avec un marchand écossais qu'il rencontre, lui vend des diamants à un très-vil prix, et, comme il apprend que son chaland est père d'une jolie fille, il la lui demande en mariage. Cette affaire est bientôt convenue. Nous voici dans la maison de l'Écossais, dont la fille attend, le cœur ému, le fiancé promis par son père. Elle regarde souvent avec mélancolie une peinture délabrée suspendue à la muraille, et qui représente un beau cavalier, vêtu de l'ancien costume espagnol; c'est un héritage de famille, un portrait fidèle, selon le dire de sa grand'mère, du célèbre Hollandais maudit, tel qu'il avait été vu en Écosse un siècle auparavant, du temps du roi Guillaume d'Orange. Avec cette peinture s'est transmise une tradition héréditaire qui avertit les femmes de la famille d'avoir à se garder de l'original. En conséquence de cette idée, la jeune fille s'est gravé dans le cœur, avec d'autant plus d'intérêt, les traits de l'homme fatal. Au moment donc où le sombre capitaine se présente à elle en personne, la jeune fille se récrie; mais ce n'est pas de crainte. Lui aussi est tout interdit à la vue du portrait. Cependant, lorsqu'on lui dit quel personnage il représente, le capitaine s'applique à éloigner tout soupçon; il se raille de la vieille légende, il plaisante sur le compte du Hollandais maudit, ce *juif errant* de la mer. Mais bientôt, prenant involontairement un ton plus grave, il se demande quelle ne serait pas la souffrance inouïe de cet homme perdu sur le désert des eaux, dont le corps ne serait qu'un *cercueil de chair*, où l'âme se désole, aussi séparée de la vie que de la mort, semblable à une tonne vide, dont les vagues se jouent en se la rejetant l'une à l'autre; ainsi le pauvre Hollandais se verrait ballotté entre la vie et la mort, dont aucune ne veut de lui, avec une souffrance profonde comme la mer où il est entraîné, avec un vaisseau sans ancre et un cœur sans espérance : ce sont, je crois, à peu près les paroles qui servent de conclusion au fiancé. La jeune fille l'écoute sérieusement, et en jetant souvent les yeux à la dérobée sur le portrait. On voit qu'elle a compris déjà son secret, et, quand il demande ensuite : « Catarina, veux-tu m'être fidèle? — Oui, répond-elle d'un ton résolu : fidèle jusqu'à la mort... » Bientôt, debout sur un écueil, la femme du Hollandais errant se tord les mains de désespoir, pendant que son malheureux époux, prêt à regagner la haute mer, paraît encore sur le tillac de son navire maudit. Il l'aime, et se résout à la fuir pour ne pas l'entraîner dans sa damnation ; il lui avoue toute sa destinée et l'épouvantable malédiction qui pèse sur lui. Mais elle s'écrie d'une voix éclatante : « Je t'ai été fidèle jusqu'à cette » heure, et je connais le moyen le plus sûr de garder ma foi jusqu'à » la mort. » A ces mots, la généreuse épouse se précipite dans la mer et rompt ainsi le charme dont le capitaine était victime ; au même instant, le vaisseau spectre s'enfonce et disparaît sous les eaux. »

Voilà l'opéra du *Vaisseau fantôme*, tel que Henri Heine, le plus remarquable écrivain de l'Allemagne moderne, l'avait conçu il y a dix ans, — car la pièce dont il donne l'analyse n'est pas moins fantastique que son vaisseau.

La morale de la fable est, selon lui, qu'on est toujours (passez-nous le terme) enfoncé par les femmes, même dans le cas de leur plus parfaite fidélité. Le mot est dur, mais l'image est vraie, et nous l'avons vue exactement reproduite à l'Opéra, où tous les détails de cette analyse ont été rendus fidèlement.

L'auteur du libretto, M. Paul Fouché, a cependant imaginé un personnage accessoire, rival du capitaine, et qui se fait prêtre au second acte pour déjouer les desseins de l'enfer. Le dialogue poétique et les chœurs lui laissent encore, d'ailleurs, quelque honneur à recueillir, ainsi que l'adresse et l'expérience apportées à l'agencement total de l'ouvrage. Ajoutons qu'au moment où l'épouse du capitaine, résolue à partager son sort, se précipite dans la mer, et provoque ainsi l'engloutissement du vaisseau, on voit un nuage s'élever de l'abîme et transporter au ciel les deux âmes rachetées.

La musique de M. Dietsch a été vivement applaudie par les connaisseurs. Le chœur d'introduction du premier acte a tout d'abord bien disposé le public. Le duo entre Marié et madame Dorus fournit un motif charmant qui revient au deuxième tableau ; la prière dans l'orage et le finale où luttent deux chœurs de matelots, d'un caractère différent, ont tour à tour produit grand effet. Le chœur des moines et le finale de l'apothéose, sont des morceaux de musique savants où brille le talent de M. Dietsch, plus connu encore à l'église qu'au théâtre. Il peut désormais, comme l'abbé Pellegrin, dîner de l'un et souper de l'autre.

23 novembre.

ODÉON. *Venceslas.* — Il importe aussi peu, par le temps qui court, de s'inquiéter de ce que devient l'art dramatique, que des vieilles lunes ou des neiges de l'an passé. Les mots succès, gloire, applaudissements n'ont pas plus de valeur que les politesses et les effusions cordiales des lettres qu'on écrit ou des conversations qu'on tient. Un critique qui dirait de tout sa façon de penser, serait aussi déplacé, aussi insupportable que le Misanthrope exprimant tout haut dans un salon ses antipathies et ses colères, disant à celle-ci : « Vous êtes laide, » à celui-là : « Vous êtes sot, » à tous : « Vous êtes ennuyeux. » Ne faut-il pas, pour supporter tel vaudeville, pour s'amuser de tel acteur, pour vanter tel compositeur ou s'enthousiasmer de certains tours de force lyriques et autres, se placer au point de vue de la foule et ne porter ainsi qu'un jugement relatif ? Pourtant, lorsqu'on a occasion de parler des choses vraiment belles, on regrette d'avoir à se servir des mêmes superlatifs prodigués à des mérites précaires ; l'applaudissement rend le même son pour l'œuvre immortelle et pour la farce de tréteaux ! Tout cela est si vrai, que c'est à peine bon à dire ; mais comment nettoyer nos plumes avant de parler du père de la tragédie française, du maître de Corneille, dont le chef-d'œuvre, que l'Odéon vient de reprendre, n'aura pas le succès de *l'Omelette fantastique!*

On prétend que le public revient à la tragédie, qu'il y a réaction positive en faveur de l'ancienne école, et que les succès de mademoiselle Rachel en sont le signe évident. Nous en serions charmé, car cela indiquerait, du moins, aux auteurs modernes une route à suivre, un avenir à tenter. Mais que dire quand on voit le Théâtre-Français crever de monde pour *Ariane* ou *Marie Stuart*, comme pour *Andromaque*, et quand *Venceslas*, qui n'a pas été joué depuis vingt ans, reparaît devant une salle aux trois quarts pleine, qui d'acte en acte s'éclaircit ?

Toutefois, le théâtre n'aura pas à regretter cette belle tentative littéraire que le succès a fini par couronner. L'œuvre du vieux poëte a été comprise et appréciée, et le talent des acteurs n'a pas été impuissant à la faire valoir. C'était une surprise générale de reconnaître tout le style de Corneille dans une pièce antérieure aux siennes, et de rencontrer une peinture de caractères si ferme, un mouvement dramatique si puissant, une composition irréprochable dans la plus ancienne tragédie du répertoire, dépouillée même des corrections académiques de Marmontel.

Après tout, *Venceslas* n'est pas encore la tragédie comme on l'a comprise à partir de Racine. Cet ouvrage, de même que le *Cid*, tient au drame espagnol par bien des côtés; les caractères de Venceslas et de Ladislas offrent, dès le premier acte, un développement large et coloré qui manque aux héros tragiques de l'école française ; la pièce s'expose par l'action sans confidents et sans récits, dans un style sans périphrases; le second et le troisième acte rappellent davantage la forme classique ; et pourtant le rôle de Cassandre, princesse aimée par les deux fils de Venceslas s'y dessine avec une fierté plus proche des infantes de Caldéron que des princesses de Racine. Mais, au quatrième acte, la grandeur de la mise en scène, la rêverie mélancolique ajoutée à la passion, la variété des surprises et des tableaux, ne trouveraient d'égales que dans certains actes de Shakspeare ou de Victor Hugo.

La scène s'ouvre au milieu de la nuit ; Ladislas rentre dans sa chambre, pâle, blessé, se soutenant à peine; sa sœur, qui se doute qu'un crime s'est passé dans l'ombre, l'arrête à sa porte et le croit victime d'un assassinat ; mais Ladislas lui confie que c'est lui qui a tué un homme, et a été blessé seulement dans la lutte. Cet homme, c'est le duc de Courlande, son rival, qui se rendait au lit de Cassandre, son épouse depuis la veille. Ici, l'on entend du bruit dans la galerie; c'est le roi Venceslas, suivi d'hommes qui portent des flambeaux : « Qui vous réveille donc si tôt, mon fils? dit-il au prince. — Mais, mon père, vous êtes bien vous-même éveillé déjà ! » répond Ladislas frémissant.

LE ROI.

Oui ; mais j'ai mes raisons qui bornent mon sommeil.
Je me vois, Ladislas, au déclin de ma vie;
Et, sachant que la mort l'aura bientôt ravie,

> Je dérobe au sommeil, image de la mort,
> Ce que je puis du temps qu'elle laisse à mon sort.
> Près du terme fatal prescrit par la nature,
> Et qui me fait du pied toucher ma sépulture,
> De ces derniers instants dont il presse le cours,
> Ce que j'ôte à mes nuits, je l'ajoute à mes jours...

Ladislas avoue bientôt qu'il a tué le duc, le favori de son père. Au même instant, le duc lui-même se présente pour remplir le devoir de sa charge. Le roi, d'abord emporté par la colère, se calme et ne peut comprendre l'erreur de son fils. — Mais, dit Ladislas à part,

> M'as-tu trompé ma main ? me trompez-vous, mes yeux ?
> Si le duc est vivant, quelle vie ai-je éteinte ?...

Alors entre Cassandre, qui va se jeter aux pieds de Venceslas et qui lui dénonce l'assassinat commis, non sur le duc, mais sur Alexandre, le second fils du roi.

> C'est votre propre sang, seigneur, qu'on a versé,
> Votre vivant portrait qui se trouve effacé...
> Voyez, voyez ce sang dont ce poignard dégoutte,
> Et, s'il ne vous émeut, sachez où l'on l'a pris :
> Votre fils l'a tiré du sein de votre fils !

Là commence une lutte grandiose, où l'amant se défend mal contre l'amante accusatrice, comme fera plus tard Rodrigue dans le *Cid* :

> Cassandre veut ma mort, il faut la contenter..
> Et j'estimerai plus une mort qui lui plaise,
> Qu'un destin qui pourrait m'affranchir du trépas
> Et qu'une éternité qui ne lui plairait pas !

La plus belle scène est peut-être encore celle où Venceslas, après avoir condamné son fils, le fait sortir de prison et l'embrasse avant de lui apprendre sa résolution.

> Avecque le dernier de mes embrassements
> Recevez de mon cœur les derniers sentiments.
> Savez-vous de quel sang vous avez pris naissance ?
> — Je l'ai mal témoigné, mais j'en ai connaissance.

— Sentez-vous de ce sang les nobles mouvements?
— Si je ne les produis, j'en ai les sentiments!...
Est-il temps de partir, mon âme est toute prête.
— L'échafaud l'est aussi ; portez-y votre tête ;
Plus condamné que vous, mon cœur vous y suivra ;
Je mourrai plus que vous du coup qui vous tuera!...
Mais, pour les intérêts d'une mortelle flamme
Abandonnant le corps, n'abandonnons pas l'âme ;
Tout obscure qu'elle est, la nuit a beaucoup d'yeux
Et n'a pas pu cacher votre forfait aux cieux !
Adieu ! sur l'échafaud portez le cœur d'un prince,
Et faites-y douter à toute la province
Si, né pour commander et destiné si haut,
Vous mourez sur un trône ou sur un échafaud !

De nouvelles péripéties font revenir le roi sur cette condamnation, et ménagent encore de beaux effets jusqu'au dénoûment, où le héros coupable ne périt pas, comme dans les tragédies ordinaires. Il est vrai que *Venceslas* porta dans l'origine, comme le *Cid*, le titre de tragi-comédie.

Les acteurs de l'Odéon rendent avec ensemble cette pièce, belle encore, en ce sens qu'aucun rôle n'y écrase les autres, ainsi que dans les pièces plus modernes faites à la taille de certains acteurs. Nos grands comédiens d'aujourd'hui n'aiment pas ces sortes de chefs-d'œuvre, qui ont souvent la chance, de même que *Venceslas*, d'être oubliés et perdus pendant quelques générations, faute d'acteurs qui les prennent en affection. Il a fallu toute l'intelligence et la ferveur littéraires du nouveau directeur de l'Odéon pour nous rendre ainsi une de ces soirées qui satisfont l'esprit, élèvent l'âme et font comprendre quel abîme il y a entre les productions dont, aujourd'hui, la foule se rassasie, et les nobles idées qui régnaient au théâtre, il y a juste deux cents ans.

ITALIENS. *Linda di Chamouni.* — Cet opéra a été composé *espressamente* pour le théâtre de la Porte-de-Carinthie, à Vienne. C'est donc une importation allemande, de facture italienne, brodée sur un canevas français. Qui eût dit, en voyant jouer *la Grâce de Dieu* à la Gaieté, que cette idée ferait tant de chemin! car *la Grâce de Dieu*, c'est *Linda*, moins la musique de Donizetti; de même que

Linda, c'est *la Grâce de Dieu*, moins la musique de mademoiselle Loysa Puget. N'oublions rien : il y a eu tout un album de cette gracieuse *maestra* qui s'est versé dans *la Grâce de Dieu* et n'a pas peu contribué au succès. Mademoiselle Clarisse, avec sa voix touchante, avec ses yeux si tendres et ses belles grappes de cheveux blonds, prêtait un grand charme à ces simples mélodies, dont quelques-unes, il est vrai, sont devenues triviales à force de traverser les gosiers avinés de notre population des faubourgs. Maintenant, il ne s'agit plus d'airs de vielle, de rondes montagnardes et de sentimentales romances jetées au vent en dépit du solfége et du Conservatoire ; c'est de la grande et belle musique d'opéra qui s'est chargée de faire valoir les idées de MM. Dennery et Lemoine. Aussi ces messieurs se sont-ils montrés très-fiers et très-jaloux de leur production. Ils ont sommé le Théâtre-Italien d'avoir à leur payer des droits d'auteur pour un sujet composé de *Marianne*, de *la Paysanne pervertie*, de *Claudine*, de *Fanchon la Vielleuse*, de *Clary*, et à laquelle ils n'avaient guère ajouté que le personnage épisodique de Chonchon. Il faut l'avouer, Chonchon était agréable, Chonchon valait son prix ; mais le Théâtre-Italien a cru devoir se priver de Chonchon ; il a même dédaigné la scène du souper, celle où la belle Savoyarde paraît dans une soirée en costume de son village, le rôle de la grande dame, etc.; reste donc l'histoire éternelle qui faisait les délices de nos pères et dont on a bercé encore notre pâle génération :

> Aux montagnes de la Savoie,
> Je naquis de pauvres parents ;
> Voilà qu'à Paris l'on m'envoie,
> Car nous étions beaucoup d'enfants, etc.

O montagnes ! que vous ont fait les plaines pour les accabler de vos vertus ? ô campagnes ! que vous ont fait les villes ? ô Savoie ! que t'a fait la France, où tu n'apportes que des marmottes en vie, et d'où tu remportes tant de petits sous ? Est-il besoin que les Savoyards viennent à Paris pour se corrompre ? et n'y a-t-il pas des Claudine, des Kettly, des Nathalie qui s'en laissent conter par des Arthurs en chaise de poste et autres lions de passage ? Soit donc que la Savoyarde reste dans ses montagnes, soit qu'elle apporte à Paris son espérance et ses quinze ans, elle ne peut échapper aux écornifleurs de vertu... au théâtre s'entend ; car, en réalité, les Savoyardes qu'on nous envoie sont plus laides que leurs marmottes, et doivent avoir bien de la peine à se créer des raisons de pleurer leur innocence.

Le premier acte représente la vallée de Chamouni, au moyen d'une fort belle décoration de M. Ferri. Antoine et Madeleine sont de braves paysans, dont la fille, Linda, dort encore en rêvant d'amour. Un certain étudiant, qui n'est autre qu'un vicomte déguisé, lui fait la cour en secret, et, d'un autre côté, un marquis, seigneur du village, tend des filets à sa vertu. Le seul moyen de lui échapper est de quitter le pays, et Linda se résigne à accompagner plusieurs enfants du pays qui émigrent vers Paris, et parmi lesquels se trouve Pierrotto, le joueur de vielle, son frère de lait.

Plus tard, nous retrouvons Linda richement vêtue, logée chez la mère de son amant, le vicomte de Sirval, et déjà fiancée à lui. Là, malheureusement, intervient le marquis, oncle du vicomte, qui a feint de servir les projets de son neveu, et tient ainsi la villageoise à sa discrétion. Il pénètre chez elle pendant la nuit, et se voit outrageusement repoussé ; mais la lutte a été forte, et bientôt une autre scène vient troubler la raison de la jeune fille. Son père, Antoine, en la retrouvant à Paris sous un riche costume, la croit déshonorée et lui donne sa malédiction ; Linda tombe évanouie, et ne se réveille que folle, dans les bras de Pierrotto, qui le ramène au village.

Le marquis et le vicomte l'y rejoignent : le premier, honteux du mal qu'il a causé ; l'autre, libre désormais d'épouser Linda, mais voyant sa folie sans remède ; elle ne reconnaît ni sa mère ni lui-même ; seulement, il conçoit l'idée de lui chanter une ballade qu'elle chérissait du temps de leurs amours, et la raison revient à Linda en l'écoutant et en la répétant à son tour.

On voit que ce livret ressemble à tout, autant qu'à *la Grâce de Dieu*, et que le musicien ne doit le succès qu'à lui-même. Il est aisé de reconnaître aussi que la partition a été faite pour un public qui écoute d'un bout à l'autre, et qui ne se contenterait pas de quatre à cinq morceaux brillants. A Vienne, on se permet de siffler la plupart de nos chefs-d'œuvre de l'Opéra et de l'Opéra-Comique, et beaucoup de partitions célèbres de l'Italie. Donizetti s'est préoccupé de cette sévérité et a produit une œuvre presque irréprochable à l'égard de laquelle le public s'est montré peut-être un peu froid. La ballade pour l'entrée de madame Persiani est ravissante, et a été adorablement chantée. Le duo final de Lablache (le curé) et de Tamburini (le père) est un morceau de la plus grande énergie. La scène de malédiction du second acte est un triomphe pour Tamburini, et le quintette sans accompagnement du troisième produit un merveilleux effet. On n'a peut-être pas assez remarqué le charmant morceau du retour des Savoyards, puis la scène qui guérit la folie, et généralement les chœurs de montagnards; tout cela offre des beautés qu'on appréciera de plus en plus, et qu'une admirable exécution met en relief presque partout. Nous doutons que *Linda* soit mieux rendue à Vienne qu'à Paris, et c'est beaucoup dire probablement.

PALAIS-ROYAL. *Les Ressources de Jonathas.* — Cette pièce sert à faire valoir les talents de Ravel, qui aspire à rappeler au théâtre la tradition des Jocrisses. Ambitieux!... A ce type de bonhomie niaise exploité déjà par Alcide Tousez, Ravel ajoute de son chef une certaine finesse campagnarde assez réjouissante. C'est une bonne figure à voir, un masque pourvu d'une grimace originale. Il va falloir encore faire des pièces pour celui-là, et, bien plus, les écouter et les raconter, car c'est encore un de ces comédiens qui ne s'accommoderaient pas du premier rôle venu. Aujourd'hui, vous le savez, chacun a ses pièces, faites selon sa taille et ses moyens, et où les autres acteurs ne font que donner la réplique, car un acteur en vogue ne veut pas seulement avoir des *effets* dans son rôle, il tient encore à ce que les autres n'en aient pas.

Jonathas est le valet d'un artiste qui est venu à Bade pour faire des études et suivre une intrigue d'amour. Ce jeune homme, forcé de faire un petit voyage, laisse son domestique dans l'hôtel en lui recommandant de l'attendre huit jours et de ne se laisser manquer de rien. Cependant, il arrive un voyageur âgé, accompagné de sa nièce et de sa femme de chambre, lequel a besoin d'un domestique pour huit jours. Jonathas, amoureux de la femme de chambre, accepte cette nouvelle condition, qui ne l'obligera pas de quitter l'hôtel. A peine a-t-il commencé son service, que voilà son premier maître qui revient! Cette situation du valet à deux maîtres est fort piquante et amène une foule de quiproquos. — La pièce a obtenu un succès de rire qui rappelle celui de *l'Omelette fantastique*. Les auteurs sont MM. Varin et Davrecourt.

XXVIII

DÉCEMBRE 1842. — Théâtre-Français : *le Fils de Cromwell*, comédie de M. Scribe. — La caricature de l'histoire. — Nouvelle édition de *Cléveland*. — Le Larochefoucauld du théâtre. — Variétés : *Halifax*, par M. Alexandre Dumas. — Un héros bien apparenté. — La comédie romanesque. — Lafont, madame Bressan. — Cirque-Olympique : *Eugène Beauharnais*. — Si nous étions gouvernement! — La consolation du pauvre. — Le nouveau mimodrame. — Un personnage qui brille par son absence. — Observation au metteur en scène. — Combats et apothéoses. — Vaudeville : *l'Hôtel de Rambouillet*, par madame Virginie Ancelot. — *Le Magasin de la graine de lin*, par MM. Bayard et Regnault. — Le vaudeville s'en va. — Les farces de nos pères. — Arnal.

6 décembre.

THÉATRE-FRANÇAIS. *Le Fils de Cromwell*. — M. Scribe a parfaitement raison d'écrire en jargon quelconque des canevas dramatiques qui lui rapportent beaucoup d'argent et font pâmer d'aise les bourgeois de tous les pays, et nous ne saurions lui en faire un crime, bien que nous eussions peut-être le droit de lui chercher des querelles de langage, vu sa qualité de membre de l'Académie française. « Il ne serait pas mauvais, disait ce bon M. Charlemagne, que les députés de la France parlassent quelquefois français. » On pourrait adresser cette observation avec encore plus de justesse aux académiciens. Mais nous avons déjà dit tant de fois notre pensée sur le style filandreux, sans trait, sans relief, sans correction de M. Scribe, qu'il est bien inutile de revenir encore là-dessus. Nous lui ferons un reproche plus grave, c'est la négation constante de tout enthousiasme, de toute poésie, de toute probité intellectuelle et morale. Le monde n'est-il donc composé que de niais, d'égoïstes et de lâches? — Les têtes-rondes, caractérisés par vous dans le personnage d'Éphraïm, l'homme aux vingt-deux voix, étaient d'austères et sombres fanatiques tout imprégnés de la Bible, pleins de rudesse et d'exaltation, mais sincères, convaincus, souvent sublimes et toujours poétiques. Qu'en avez-vous fait? Cependant Walter Scott et Victor Hugo vous offraient des types tout tracés et que vous n'aviez qu'à suivre. Cette insipide et dégoûtante caricature, avec ses allusions électorales, n'est-elle pas une calomnie contre l'histoire et contre la nature humaine? Monk, qui préparait la restauration de Charles Stuart, et qui, d'ailleurs, avait dans les veines du sang des Plantagenets, était-il, ainsi que M. Scribe nous le représente, un coquin hasardeux, signant des proclamations de toutes mains? Tout homme d'État est-il nécessairement un traître et un lâche? Charles Stuart, dont on a écrit que, s'il avait fait bien des sottises, il n'en avait jamais dit une seule, a-t-il le moindre rapport avec ce gros garçon aviné, courtisant la brune et la blonde comme un séducteur d'opéra-comique? Devait-il être si gai et si franc luron en remettant le pied, à travers mille périls, sur le sol encore rougi du sang de Charles 1er ? — La figure de Penruddock, la plus réjouissante de cette comédie un peu morne, tend à ridiculiser le dévouement et la fidélité au malheur. M. Scribe envisage tout au point de vue de l'intérêt personnel, et c'est un triste point de vue. Sa pièce n'est ni amusante ni consolante : qu'est-elle donc?

Nous cherchons le moyen de raconter, avec le moins de paroles possible, cette étrange et inextricable histoire, non moins embrouillée que celle de *Cléveland*, dont elle emprunte le héros. *Cléveland*, quel souvenir ! qui n'a eu les oreilles rebattues dans son enfance des touchantes infortunes de ce pâle rejeton de Cromwell? Découpez soigneusement ce cavalier romanesque chéri de nos mères, de nos tantes et de nos grandes cousines, conservez-lui ses habits sombres, sa tenue mélancolique, son irrésolution perpétuelle et sa propension aux tartines sentimentales, et posez-le délicatement sur la scène du Théâtre-Français, dans le salon de lady Régine Terringham. Fidèle à ses habitudes de mystère, le fils de Cromwell est connu là sous le simple nom de Clarke. Lady Régine a un faible pour lui, sans se douter qu'il aime en secret une orpheline nommée Hélène Newport, recueillie dans la maison. Lady Régine est une brave royaliste qui rêve le retour des Stuarts, du vivant même de Cromwell; on apprend bientôt la mort de ce dernier, et la châtelaine ignore encore qu'elle a chez elle et qu'elle aime le fils de l'usurpateur, destiné à gouverner l'Angleterre au mépris des droits de Charles II.

Richard Cromwell, en apprenant la mort de son père, ne songe qu'à sacrifier sa position à son amour; mais Hélène, avertie de ce projet, ne veut pas être un obstacle au repos de l'Angleterre, et persuade à Richard, étonné, qu'une ancienne affection l'attache au général Monk. L'amant, désappointé, consent à prendre les rênes de l'État, ce qui est peu flatteur pour l'État. Pendant qu'il retourne à Londres présider le parlement, le général Monk lui-même vient tenir ses quartiers au château de lady Régine. Celle-ci espère rattacher le général des armées républicaines au parti du prétendant, et miss Hélène se voit forcée, d'après ce qu'elle a déclaré, de donner des espérances au général.

A cette réunion de politiques damerets vient s'ajouter un nouveau personnage non moins mystérieux que Richard. C'est Charles II lui-même, qui joue à peu près là le rôle d'Édouard en Écosse avec infiniment moins d'intérêt. Pendant qu'il se cache ou, du moins, se déguise sous le nom du frère d'Hélène, Richard revient dans le château, toujours sous le nom de Clarke. Mais un château si rempli d'êtres mystérieux ne peut tarder à devenir suspect; les républicains y font une visite et l'on va arrêter le prétendant, quand Richard lui-même le sauve et l'emmène à Londres dans sa voiture.

Cette voiture casse à la porte d'une taverne. Richard, qui voit toujours dans Charles II le frère d'Hélène, boit avec lui sans défiance; mais on apprend que Monk a déjà trahi, que Charles II va être secouru par ses partisans et que Richard lui-même court les plus grands dangers. Hélène alors vient déclarer à celui-ci que l'inconnu qui l'accompagne n'est pas son frère et que le général Monk n'est pas son amant. Richard, furieux de tant de ruses et de trahisons, s'emporte, se déclare, et dit qu'il va se montrer digne du sang d'Olivier Cromwell.

Rentré victorieux à Londres et maître, à peu près, du sort de ses ennemis, Richard s'aperçoit qu'on ne le sert que par intérêt, que ses partisans sont des lâches, que ses amis sont des traîtres ; le peuple lui-même crie tantôt « Vive Stuart! » et tantôt « Vive Cromwell! » Lady Régine est une intrigante; Hélène seule aime le jeune lord protecteur pour lui-même, et désormais il doit la croire. Richard abdique le pouvoir et laisse à Charles II une couronne lourde à porter. Si l'or est une chimère, la royauté n'est qu'un rêve. Soyons bergers !

Telle est l'éternelle moralité des ouvrages de M. Scribe. Ils ne portent pas bien haut la dignité humaine et ne prêchent qu'une philosophie bien triste et bien arriérée surtout. C'est le Larochefoucauld du théâtre quand il vise au sérieux. Ne ferait-il pas mieux de se borner à être amusant, du moins pour ceux qui le trouvent tel?

Variétés. *Halifax.* — Pendant que M. Scribe envisageait l'époque de Charles II dans le sens du drame historique, l'auteur de *Henri III* faisait une excursion dans les domaines du roi des vaudevillistes; mais, au fond, *Halifax* n'est un vaudeville que grâce à huit couplets, chœurs et ensembles; le reste appartient à la vieille et bonne comédie d'imbroglio; c'est une pièce de *cape et d'épée*, un peu dépaysée dans notre époque, où il n'y a plus d'épée ni de cape, mais accessible à tous par l'originalité des caractères et le comique des situations.

Vous savez l'histoire de ce bon Figaro du *Mariage,*

Disputant sans pudeur son épouse à son maître !

comme disait un vers du temps; eh bien, notre Halifax est aussi de la grande famille des drôles, des marauds, des fourbes qui échappaient, par l'intrigue, à la toute-puissance des seigneurs; pauvres esprits ingénieux qui gagnaient bien ce qu'ils volaient; mais qu'ils avaient de peine à mettre à part quelque jour leur femme et leur bien ! On sait ce qu'il advint de la fille de Triboulet, de la femme de Brusquet, et de tant de Lisettes épousées par des Pasquins! Si Figaro lui-même a sauvé sa Suzanne jusqu'au jour de ses noces, il n'est guère prouvé que son bonheur se soit soutenu au delà ; puis combien c'est encore une idée moderne que l'honneur conjugal de M. Figaro ! Le Dave de l'antiquité n'eût pris femme que pour la vendre ; mais nos mœurs sont devenues telles, que Figaro, le barbier, l'entremetteur, le valet hâbleur et fripon, du moment qu'il se range et se marie, est déjà presque un citoyen. Halifax n'a que la prétention de passer pour un gentilhomme ; simple estafier d'un seigneur anglais nommé lord Dunbar, il court les rues et les cabarets, vêtu splendidement, portant l'épée et les éperons; insinuant, joyeux, moqueur, bel esprit même, il lie connaissance avec un cavalier qui semble attendre quelqu'un dans une taverne, où la foule boit et joue. Halifax propose au susdit cavalier de faire comme tout le monde, ce que celui-ci accepte, voulant n'être pas remarqué.

Il y a des joueurs habiles qui se laissent gagner les premières parties ; Halifax trouve plus simple de gagner toujours. A chaque coup de dés, si l'un amène sept, l'autre amène huit ; si l'un fait onze, l'autre fait douze invariablement. Une chance si régulière provoque surtout l'impatience du joueur malheureux ; il traite Halifax de fripon : « J'en suis peut-être un, dit l'autre ; mais je n'aime pas qu'on me le dise en face. »

Un duel s'ensuit, au pistolet, sur le lieu même. Pour simplifier les moyens, les deux adversaires conviennent de marcher l'un sur l'autre, une des armes étant chargée. L'inconnu tire et la pierre seule fait feu. Halifax tient donc le bon pistolet et peut tuer son adversaire, mais il n'a pas de rancune, et, s'il vient d'être traité de fripon, ce n'est pas la première fois. « Mon avis, dit-il froidement, est que la balle qui se trouve dans ce pistolet vaut deux cents guinées. — Je les donne, » dit l'autre, content au fond d'en être quitte à ce prix.

Il emmène Halifax pour le payer, puis revient dans la taverne, que tous les habitués ont quittée ; mais Halifax est rentré lui-même sur ses pas et le surveille. Cet inconnu n'est autre que lord Dudley, célèbre par ses débauches et ses scandaleuses amours. Une jeune fille qu'il poursuit s'est réfugiée dans la maison ; il pénètre, grâce à la nuit, dans le cabinet qu'elle habite ; elle appelle au secours, et Halifax, paraissant tout à coup, protége sa fuite ; la belle enfant lui jette un portrait et une chaîne d'or pour récompense, et disparaît. Halifax croise l'épée avec le lord, qui veut la poursuivre, et la toile baisse. — Tel est le prologue, entraînant, comique, idéal, et dont le succès montre que le public comprendrait volontiers la comédie romanesque à la manière de Calderon et de Shakspeare, si les directeurs en admettaient le mouvement et la composition. Mais, sans les changements à vue fréquents et rapides, sans le développement humoristique des caractères et une certaine liberté fantasque dans les détails, le théâtre en sera toujours réduit aux pâles ébauches du vaudeville et aux monotones comédies de nos jours.

Alfred de Musset a écrit tout un théâtre charmant de douze à quinze pièces, pleines d'idées originales, d'un style étourdissant, et qui seraient impossibles avec les conditions de l'unité de lieu. Alfred de Vigny, Mérimée surtout, ont composé d'excellentes études dans ce système, et les directeurs repoussent impitoyablement ces œuvres spirituelles et neuves que les faiseurs pillent à l'envi. Les conditions bizarres auxquelles le théâtre est soumis écartent toute imagination élevée et poétique ; le talent lui-même se fausse à entasser une multitude de scènes, bon gré mal gré, pendant une heure entre les quatre pans d'une sotte décoration ; le prologue d'*Halifax* a plu à tout le monde, non-seulement pour son mérite, mais peut-être aussi comme un de ces traits d'indépendance dramatique qui ne sont permis qu'au talent.

Revenons à la pièce. Après le prologue, qui avait quelque chose du hasard, de l'imprévu, du décousu de la vie réelle, nous rentrons dans les fatalités arrangées et régulières du théâtre. Soyez sûr dès lors d'avoir votre exposition, votre nœud et votre dénoûment satisfaisants, comme tout bon public doit le désirer. Là aussi, notre auteur va se sentir moins à l'aise, et mêlera parfois aux riches développements de sa fantaisie personnelle les prudentes banalités de nos charpentiers dramatiques.

La scène représente un cottage d'un vert délicieux. Deux jolies filles l'habitent en compagnie d'un jardinier bouffon, nommé Tom Rik. L'une s'appelle Jenny, l'autre Anna ; quant à leurs noms de famille, ils sont restés couverts d'un voile épais. Toutes deux soupirent comme des colombes délaissées, l'une aimant le neveu de lord Dunbar, qu'elle n'espère pas épouser, et l'autre un brillant capitaine qu'elle n'a pas revu depuis plusieurs années. Mais voici lord Dunbar lui-même, vieux séducteur émérite, qui fait la cour à cette dernière et qui en est pour ses frais de galanterie. En ce moment, Halifax, notre héros du prologue, arrive et vient se mettre à la disposition du noble lord, dont il est simplement le factotum, l'intendant, presque le valet. Une idée traverse la tête de lord Dunbar, c'est de faire épouser la vertueuse Jenny par Halifax. Une villageoise peut se tenir fort honorée d'épouser un intendant ; mais elle aime déjà quelqu'un. Bon! il se trouve que celui qu'elle aimait presque depuis l'enfance et qu'elle avait perdu de vue, est justement Halifax, qui ne l'a point reconnue au premier abord ; de sorte qu'ayant promis à son maître d'épouser la jeune fille dont il croyait être refusé, il s'est mis lui-même, comme on dit, au pied du mur. Pénétrant l'intention de son maître et le rôle qu'on lui propose, Halifax refuse sérieusement ; sur quoi, lord Dunbar tire de sa poche une lettre de Londres qui révèle l'action du prologue, c'est-à-dire les deux duels d'Halifax avec lord Dudley, lequel a succombé à la seconde rencontre. Il n'y avait pas de témoin ; donc, judiciairement, c'est un assassinat. Halifax, menacé de la corde s'il n'épouse pas Jenny, l'épouse en se flattant de trouver un moyen d'échapper plus tard à lord Dunbar. En vain a-t-il fait naître des difficultés, des retards, le crédit du lord a tout aplani.

En revenant de l'autel, Halifax espère, du moins, rester seul avec sa femme ; mais ce n'est pas le compte du maître. Il faut qu'il parte pour Londres, et il emmène les deux époux. Halifax comprend le danger : « Trouve-toi mal! » dit-il à sa femme ; et l'épouse obéissante tombe dans les bras de ses compagnes. « Ah! c'est ainsi! s'écrie lord Dunbar, qui pénètre la ruse sans pouvoir la déjouer entièrement ; eh bien, mon beau marié, tu vas m'accompagner à Londres, à cheval devant ma voiture, à cinquante pas, pour que je ne te perde pas de vue d'un seul instant. »

Halifax ne peut refuser ; il endosse son manteau de voyage et cherche une idée dans son front fertile en expédients. L'idée se présente sous la forme de Tom Rik, honnête et crédule garçon, dévoré du désir d'aller à Londres. Halifax lui met ses habits sur le dos, son chapeau sur la tête, lui fait monter son cheval, et rentre chez sa femme en se frottant les mains.

Le lord, furieux, ne tarde pas à revenir. Halifax prévoit ce qui l'attend et ne songe plus qu'à faire partir Jenny pour la France ; mais, n'ayant point d'argent, il lui donne la chaîne d'or dont on lui a fait présent dans le prologue. Lord Dunbar a fait cerner la maison et personne ne peut sortir. En entrant, il voit dans les mains de Jenny le bijou qu'elle vient de recevoir et demeure frappé d'effroi. La jeune fille qu'il songeait à séduire et qu'il a fait épouser à son valet est sa propre enfant, qu'il a longtemps cherchée et qu'il devait reconnaître à ce gage d'un amour de sa jeunesse. Ici arrive une scène dramatique, que le public des Variétés a eu peine à admettre, celle où Halifax, profitant de l'erreur de son maître (car la jeune fille qu'il a défendue et qui lui a remis la chaîne n'est pas Jenny, c'est Anna), lui reproche l'infâme idée qu'il avait conçue en l'obligeant à ce mariage et en voulant se faire livrer ainsi une femme qui se trouve être sa propre fille. Lord Dudley, effrayé, confus, déchire les papiers qui lui donnaient tout pouvoir sur Halifax, et ce dernier, après les avoir coupés encore en plus petits morceaux, se relève et déclare que sa femme n'est nullement la fille en question; Anna survient pour reconnaître le bijou et déclarer que Halifax l'a sauvée du déshonneur; elle épouse le neveu de lord Dunbar, condamné à sacrifier ses passions aux dignités de bon père, d'oncle parfait et de vertueux maître et seigneur, qu'il accepte avec assez peu de satisfaction.

Cette comédie, d'une verve singulière et d'une originalité qui a triomphé aisément de quelques sifflets, obtiendra un succès de vogue.

Lafont a été étourdissant d'entrain et d'esprit dans le rôle d'Halifax.

La jolie madame Bressan a joué le rôle de Jenny avec cette ingénuité charmante et cette grâce enfantine qui n'appartiennent qu'à elle, et le public n'a pas été étonné que ce damné coquin d'Halifax redevînt presque honnête pour la défendre contre la protection un peu trop chaude du vieux sir John Dunbar.

20 décembre.

CIRQUE-OLYMPIQUE. *Eugène Beauharnais.* — Le Cirque-Olympique veut fermer le cycle napoléonien qu'il a si brillamment commencé. Après la grande figure de l'empereur apparaissent successivement les personnages épisodiques; les chants épars du grand poëme homérique qu'on appelle l'Empire sont déclamés à grand renfort de coups de fusil et de décorations. Nous avons vu Murat, qui aimait tant la cavalerie ; c'est à présent le tour d'Eugène Beauharnais, qui ne méprise pas l'infanterie.

Si nous étions gouvernement (gouvernement absolu s'entend), nous accorderions au Cirque une subvention de trois ou quatre millions et nous lui donnerions pour directeur Chateaubriand, Lamartine ou Victor Hugo, ou de plus grands poëtes que ceux-là s'il pouvait s'en trouver ; pour décorateurs, nous prendrions Ingres, Delacroix, Decamps, Jules Dupré, Marilhat, Cabat, Isabey, Joyant, Paul Huet, Roqueplan, tous les génies et toutes les fantaisies de la peinture actuelle ; nous forcerions Rossini à écrire des marches militaires et des ouvertures, dussions-nous, pour cela, lui donner l'estrapade et le faire mettre à la question, et, sur une scène sept ou huit fois grande comme celle qui existe aujourd'hui, nous ferions exécuter les gigantesques épopées nationales qui seraient comme le fond du répertoire. — A ces tableaux, si bien faits pour exciter l'enthousiasme, nous ajouterions des mimodrames épiques où l'on traduirait, par des suites de décorations grandioses, des poëmes anciens ou étrangers, *l'Iliade*, *l'Odyssée*, *le Paradis Perdu*, *Roland furieux*, *les Lusiades*, les énormités bibliques ébauchées par Martynn, *les Mystères* de lord Byron, *le Feu du ciel* d'Hugo, *la Chute d'un ange* de Lamartine ; les existences démesurées qui ont jeté le monde dans les épouvantes et les étonnements ; Sardanapale, avec son bûcher de parfums, de pourpre, de femmes et de chevaux ; Néron, avec ses luttes de gladiateurs, ses combats de tigres et d'éléphants éclairés par des flambeaux vivants ; Cléopâtre, l'idéal de l'impossible, le caprice inépuisable dans la toute-puissance, Cléopâtre, reine par la beauté, par l'esprit, par la grâce ; les prodigieux voyages d'Alexandre le Grand à travers l'Inde bizarre et monstrueuse. On pourrait même représenter les pérégrinations des grands navigateurs, les pays et les peuples qu'ils ont visités, les monuments célèbres, les sites remarquables, etc., etc. Nous pensons que cela serait plus amusant et plus intéressant que de savoir que M. Arthur est parvenu, après bien des traverses, à lever tous les obstacles qui s'opposaient à son union avec mademoiselle Cœlina. De tels spectacles élargiraient l'imagination du peuple, lui donneraient une idée des splendeurs de la création, qu'il ne soupçonne même pas, confiné qu'il est dans des rues étroites et sombres, élèveraient son âme par des images grandioses et nobles et combattraient efficacement les idées de vie mesquine et bourgeoise qui sont à l'ordre du jour.

« La France s'ennuie, » a dit un grand poëte : rien n'est plus vrai. — Et tout gouvernement doit amuser son peuple, soit par des guerres, soit par des expéditions aventureuses et lointaines, soit par des conquêtes industrielles, soit par le spectacle d'existences gigantesques, soit par les représentations du théâtre. Les pauvres aiment plus qu'on ne pense à voir leurs rêves mis en action, même par d'autres. Les riches de nos jours ne le sont qu'entre cour et jardin. La façade de leurs maisons, mouchetée par la boue de la rue, n'a pas même d'apparence architecturale ; c'est un mur, voilà tout. Ils sont riches là derrière, sourdement, sournoisement. Dehors, ils sont vêtus comme vous, comme moi, comme un avocat, un poëte ou un portier, de cet horrible costume moderne, domino funèbre inventé par l'envie et la laideur, sous lequel on ne reconnaît ni les riches ni les beaux, à ce grand bal masqué de l'existence constitutionnelle. J'obligerais M. de Rothschild à ne marcher par la ville que précédé de vingt-quatre timbaliers vêtus de drap d'or, et suivi d'estafiers et de pages montés sur des chevaux magnifiques ; lui-même devrait porter sur la poitrine des plastrons de pierreries, comme le grand prêtre Aaron. Les colonnes de marbre de son palais devraient laisser apercevoir, au passant émerveillé, des scènes à la Paul Véronèse, des valets portant des aiguières et des vases ciselés, des faisans dans leurs plumes, fumant sur des plats d'or, des négrillons tenant en bride des chevaux arabes à la croupe tigrée et bleuâtre, toute une existence féerique où la richesse serait traduite en beauté et en splendeur. En laissant ainsi aux misérables le spectacle de leur opulence, les riches les amusent, les consolent et les y font participer en quelque sorte. Celui qui se promène dans un beau palais, dans un beau jardin en jouit autant que le maître. Je n'ai pas de Raphaël ni de Titien chez moi ; mais j'ai tous ceux du Louvre, et personne n'en jouit autant que moi, même les princes qui les ont payés des sommes folles. Une belle statue n'est ni diminuée, ni usée par les cent mille regards qui la caressent, et tout homme qui possède une belle statue est un criminel, s'il n'en laisse pas la vue à tout le monde.

Si la civilisation continue sa marche, dans un siècle, personne ne voudra vivre, et les populations iront par bandes se jeter à la rivière, ou se feront sauter dans la lune avec de la poudre fulminante. Cela arrivera lorsque tout le monde aura douze cents livres de rente, un habit noir et une chambre de six pieds carrés. — La prodigieuse fortune de Napoléon s'explique ainsi : il représentait l'idéal de chacun sous des proportions gigantesques, et le moindre soldat adorait en lui son propre rêve, comme il n'aurait jamais osé le concevoir. A défaut de ces individualités colossales, de cette opulence voyante, de ces scènes variées et multiples au développement desquelles s'oppose la mesquinerie jalouse de nos mœurs, le théâtre pourrait assouvir ce besoin de merveilleux qui est un des plus invincibles instincts de l'homme. Lorsqu'on fait tant pour les oreilles, pourquoi ne fait-on rien pour les yeux? pourquoi sommes-nous condamnés à ne voir que formes pauvres, anguleuses, que couleurs ternes, noirâtres, désolées? pourquoi la pourpre, qui est le sang et la vie, l'or, qui est la richesse et la lumière, sont-ils bannis de nos vêtements? — O bon goût! qu'as-tu fait de l'écarlate, du jonquille et du bleu de ciel, qui n'ont plus pour asile que les fracs extravagants de Carnaval? — Par ce temps de paletots et de makintosh, un théâtre où défilent de splendides uniformes tout chamarrés de dorures, des chevaux richement harnachés, où l'œil, attristé par tant de laideurs, s'arrête sur des décorations magnifiques, sur des groupes heureusement arrangés, n'est-il pas un centre attrayant, un besoin, une chose indispensable? Sans doute, avec ses proportions et son budget restreint, le Cirque est loin encore de ce qu'il pourrait être; mais, pour une entreprise particulière, ses efforts sont vraiment surhumains.

La nouvelle pièce du Cirque est fort simple quant à la contexture; la scène représente alternativement un salon et une bataille; on est tantôt rue de la Victoire, tantôt au Saint-Bernard, à la Malmaison et à Smolensk. — A l'ouverture de la pièce, Eugène est en apprentissage chez un menuisier. Joséphine, sur les prédictions d'une vieille mulâtresse, fait des rêves de grandeur qui ne tardent pas à devenir des réalités : la fortune d'Eugène monte et grandit, et se développe simultanément avec celle du héros qui a épousé sa mère. — L'écueil et le défaut de la pièce, c'est l'absence de l'empereur, qui ne paraît pas, et que l'on a évité de mettre en scène parce qu'alors tout l'intérêt se serait concentré sur lui. L'ombre de l'empereur se projette à chaque instant sur le seuil de l'action sans qu'il y entre jamais. Cette attente, toujours trompée, finit par être désagréable. De cette manière, le rôle de Joséphine tourne nécessairement au monologue, et l'intérêt de cœur ne peut naître. Le grand drame du divorce est encore à faire ; mais l'étude physiologique n'est guère du ressort du Cirque, et ce n'est pas de ce côté qu'il faut se montrer difficile à son endroit. — Le passage du Saint-Bernard, où le jeune Eugène Beauharnais conduit un détachement chargé d'occuper l'ennemi et de faire diversion, est un tableau pittoresque et militaire d'un grand effet. *La Marseillaise* y est chantée avec une verve irrésistible. — La révolte de Rome, la bataille de Smolensk, sont merveilleusement rendues. La déroute de Russie, qui rappelle le beau tableau de Charlet exposé il y a quelques années, est d'un effet saisissant ; nous adresserons pourtant au metteur en scène une petite observation : les haillons des Français sont tout enfarinés de neige comme des paysages de Malbranche ; les uniformes russes en sont parfaitement exempts. — Est-ce un symbole pour faire comprendre que les indigènes ne souffrent pas des rigueurs de l'hiver et que la neige ne peut rien contre eux ? Cela serait un peu subtil. — La pièce se termine par une apothéose ou plutôt par une suite d'apothéoses. Joséphine morte, un rideau noir s'abaisse sur la scène, et l'on aperçoit, lorsqu'il se relève, la cérémonie du sacre exécutée en grand d'après le tableau de David, mais avec le vaporeux et le fantastique indispensables à une scène de vision. A cette toile succède une imitation de la magnifique lithographie de Raffet représentant, d'après la ballade du poëte allemand Sedlitz, la revue nocturne passée aux Champs-Élysées par le *César décédé*. — Après un sanglant coucher du soleil derrière l'Arc de Triomphe, l'astre des morts se lève dans la brume azurée, où commencent à s'ébaucher des formes d'hommes et de chevaux. Les escadrons s'ébranlent, les casques étincellent, les épées lancent des éclairs, les yeux luisent sous les visières, et l'empereur apparaît sur son pâle coursier argenté par la lune. — Un troisième tableau d'une richesse vraiment magique fait voir, dans un paradis d'une architecture étincelante, peuplé d'élus et de héros, l'empereur groupé avec Joséphine et Eugène Beauharnais. La toile baisse trop vite sur cette merveilleuse décoration. — En voilà pour cent représentations, tout au moins.

VAUDEVILLE. *L'Hôtel de Rambouillet. — Le Magasin de la graine de lin.* — Une chose certaine, une chose heureuse, une chose flatteuse, une chose mirobolante, ébouriffante et même singulière (et nous pourrions emprunter une kirielle d'adjectifs à madame de Sévigné), c'est que le vaudeville s'en va, c'est que le vaudeville se meurt, comme tout ce qui fut une chose, comme tout ce qui fut un nom !

« Hélas ! trépieds, pleurez ! votre Apollon est mort ! » s'écria une fois l'oracle de Delphes ; et nous, de l'antre fatidique que nous nous sommes creusé sous les pieds de cette Renommée aux mille voix qu'on appelle la presse, nous redirons : « Hélas ! pleurez, banquettes ! cachez votre bourre qui pourrit sous votre velours qui verdit, car l'enfant de vos peines, le joyeux vaudeville est mort, n'en doutez plus ! »

Comprenez combien c'est une chose grave qu'un directeur de l'Académie soit aussi celui du Vaudeville-théâtre ; voici déjà de l'érudition, de la comédie, du bon goût, un Théâtre-Français en miniature ; l'enfant malin n'agite plus ses grelots qu'autour de quelques pasquinades d'Arnal : c'est l'enseigne grossière et gothique laissée sur le fronton d'un magasin élégant et que la mode a transformé. Allez plus loin, le théâtre des Variétés ouvre les bras à Dumas, à Félix Pyat, au drame, à la comédie, à la farce anglaise ; là encore, le vaudeville n'a plus que le nez d'Hyacinthe pour fiche de consolation. Au Gymnase, le vaudeville, abandonné à des faiseurs en bas âge, pâlit et s'efface, après avoir tenté en vain de s'assimiler Bocage et madame Dorval. Où donc trouver encore le vaudeville ? Allez plus loin. Suivez le boulevard ; au delà de trois ou quatre étapes dramatiques, vous rencontrerez une foule de nouveaux théâtres, ou plutôt de théâtres rajeunis et renouvelés ; ce sont les Folies-Dramatiques, les Délassements-Comiques, le Petit-Lazary, le théâtre Beaumarchais ; là, des vaudevilles inconnus font encore les délices d'un public ignoré ; une Nouvelle-Zélande dramatique s'est formée dans ces parages ; près de nous, le vaudeville se meurt ; là-bas, il bégaye encore. Ne serons-nous jamais délivrés de ce vieillard enfant?

Car c'est encore de vaudevilles qu'il faut parler, quoi qu'on fasse et quoi qu'on dise.

Après *l'Hôtel de Rambouillet*, de madame Ancelot, où l'esprit éclate, où l'amour gémit, après ces scènes d'un marivaudage aimable, que viennent gâter sans propos des couplets, des ensembles et des sourdines fatigantes, la toile se relève et l'on assiste à quelque chose d'incroyable : *le Magasin de la graine de lin*. Qu'est-ce que cela? On pourrait dire : une œuvre sans nom, si le titre même n'emportait une triste idée pharmaceutique. Le comique consiste, dans cette pièce, à faire d'Arnal un garçon grainetier. La scène représente des sacs de haricots, de pois et de lentilles ; — il n'y a pas encore là le germe d'une idée, car tout le monde a vu Vernet garçon herboriste dans *Prosper et Vincent* ; — les accessoires se composent, en outre, d'un sac vide et d'une hotte ; on comprend déjà qu'Arnal s'enveloppera du sac ni plus ni moins que Scapin et portera une femme dans la hotte comme autrefois Brunet. C'est pourtant avec ces trois idées que M. Bayard vient d'écrire un nouveau vaudeville ; mais, à ce compte-là, on en fera toujours ! Est-ce comique? nous dira-t-on. Mais un homme dans un sac, mais une femme dans une hotte, cela sera drôle, en effet, tant qu'on voudra.

Don Japhet d'Arménie était fort amusant quand, la nuit, en tunique intime sur le balcon de sa belle, il recevait de l'étage supérieur un liquide suspect ; le Janot de Dorvigny a mis toute une génération en liesse avec le fameux *C'en est*, qui se rapportait à une facétie analogue ; mais ces pièces avaient aussi d'autres scènes d'un vrai comique dont celles-là n'étaient que l'épanouissement excessif : *Don Japhet* est rempli de vers dignes de Regnier, *Janot* est une pochade délicieuse, pleine de fantaisie et d'observation ; pourquoi ne pas reprendre ou imiter directement ces vieilles farces inspirées, qui trouveraient dans nos comédiens modernes des organes intelligents? C'est un conseil que nous donnerions à M. Ancelot, le directeur académicien, car la farce est un genre tout aussi littéraire que d'autres ; la moitié de Molière est de la farce de tréteaux ; les comédies de

Machiavel, de Gozzi, fourniraient d'excellents modèles encore, si l'on adoptait le système de changements à vue, qui permettrait, en outre, de traduire Calderon et Lope de Vega... Mais à quoi pensons-nous ici? Il s'agit toujours de la triste réalité, c'est-à-dire d'un grossier vaudeville de M. Bayard, sans attrait, sans esprit, sans style, où ce qui choque, ce n'est point ce sac ennobli par Scapin et par Triboulet, ce n'est point cette hotte où madame Doche se trémousse d'une manière fort gentille; c'est la nullité des moyens, l'absence d'observation et de vérité comique, la sottise d'un dialogue lardé de coq-à-l'âne dont le meilleur est le suivant : « Tu as les yeux rouges comme un lapin... — Je n'en ai pourtant pas mangé ! » Du reste, l'intrigue se réduit à ceci : Arnal est amoureux de la nièce du grainetier dont il est le commis; il dépose les lettres qu'il lui écrit dans un tiroir, où son patron les trouve: ce dernier le croit amoureux de sa femme; il chasse Arnal, qui, au lieu de partir, se cache dans un sac qu'on enlève au grenier par une poulie. On le découvre, il réclame ses gages et ses effets, et, sous couleur d'emporter sa malle, il emporte dans une hotte la jeune fille qu'il aime. Bientôt après, le quiproquo s'explique et l'harmonie renaît dans le magasin. — En définitive, on rit beaucoup, c'est une pièce pour les cuisinières; mais il y en a tant!

XXIX

JANVIER 1843. — Odéon : *la Main droite et la Main gauche*, drame de M. Léon Gozlan. — Les hommes littéraires au théâtre. — Obstacles qu'ils rencontrent. — Bocage, madame Dorval, Milon. — Italiens : *Don Pasquale*, opéra de M. Donizetti. — Le libretto et la partition. — Lablache, Mario, madame Grisi. — Théâtre-Français : retraite de Monrose. — Mademoiselle Rachel dans le rôle d'Hermione. — Le mouchoir de Thalie et les pleurs de Melpomène. — Monrose-Figaro. — Vaudeville : *Derrière l'alcôve*, monologue pour Arnal. — Abus des pièces à un seul personnage. — Théâtre-Français : mademoiselle Rachel dans *Phèdre*. — Voie nouvelle où est appelé son talent. — Opéra-Comique : *la Part du Diable*, paroles de M. Scribe, musique de M. Auber. — Madame Rossi. — Porte-Saint-Martin : *les Mille et une Nuits*, féerie de MM. Cogniard frères. — Un collaborateur qui n'a pas été nommé. — Mademoiselle Valérie Klotz, Raucourt, Moëssard. — Deux nouveaux virtuoses.

9 janvier 1843.

ODÉON. *La Main droite et la Main gauche.* — Nous avons bien souvent appelé de tous nos vœux l'avénement des hommes littéraires au théâtre. En effet, n'était-il pas singulier que la plupart des noms connus se tinssent en dehors de la scène? George Sand a fait, il y a deux ou trois ans, une tentative avec *Cosima*, qui, malgré d'éminentes qualités d'analyse, une donnée fine et vraie, n'a pas eu la réussite qu'on était en droit d'espérer; M. de Balzac a dépensé en pure perte beaucoup d'esprit dans deux drames aux destinées orageuses. Cet insuccès modéra pour quelque temps l'ardeur du mouvement qui portait la littérature vers le théâtre. Mérimée, Alfred de Musset, tous deux si dramatiques; Alphonse Karr, doué d'un esprit si fin et si observateur; Jules Janin, qui, à force d'avoir défait des pièces, doit savoir mieux que personne comment elles se font ; tous ces esprits charmants, toutes ces hautes fantaisies, tous ces styles hauts en couleur, qu'un succès eût peut-être décidés, se retirent, désespérant de dérober à MM. Francis Cornu, Anicet Bourgeois et Dupeuty ce grand arcane de *la connaissance des planches*, faute duquel le public sifflerait Molière et Shakspeare s'ils revenaient au monde. — M. Léon Gozlan, sans se laisser intimider par des obstacles et des difficultés de plusieurs sortes et de beaucoup d'autres, est enfin parvenu à rompre le sort : il a donné une pièce qui a réussi pleinement, franchement, comme si elle n'était pas spirituelle, comme si elle n'était pas bien écrite, comme si elle n'était pas originale. C'est un succès, non pas d'estime, le plus méprisé de tous les succès, mais d'argent, un succès à queue déjà double et qui sera bientôt triple. Qui sait si l'Odéon ne brillera pas au milieu de la constellation des théâtres, entouré de six queues disposées en éventail comme celles de cette comète bizarre dont les astronomes ont conservé le souvenir? Aussi nous n'avons pas mis à faire notre feuilleton cet empressement fiévreux du critique qui sent que le public ne saura pas de quoi on veut lui parler, au bout de quelques jours de retard : ce n'est pas là un de ces triomphes sans lendemain, qui ne sont connus que des claqueurs et des journalistes, et des *dames* d'avant-scène que leur profession oblige à tout subir.

Voilà presque quinze jours que la pièce de Léon Gozlan a été jouée pour la première fois, et non-seulement elle n'est pas morte, enterrée, oubliée dans ce grand cimetière dramatique du feuilleton dont les comptes rendus sont les croix, mais elle vit, elle prospère, elle se corrobore et menace l'autre côté de la Seine d'une invasion de Parisiens. — C'est que, quoi qu'on en dise, l'esprit est un grand aimant, un puissant levier; l'esprit, qu'on affecte aujourd'hui de mépriser, l'esprit qui, prétend-on, court les rues, mais qui, à coup sûr, entre bien rarement dans les théâtres, est une qualité éminemment française, et M. Léon Gozlan est avant tout un homme d'esprit. Nous espérons qu'il ne regardera pas, de notre part, cette dénomination comme une injure. Depuis deux ans et plus, il éparpille dans les journaux en menue monnaie plus de verve, de style, de gaieté incisive et mordante qu'il n'en faudrait pour remplir le trésor d'un maréchal de lettres. Il a suffi à ce terrible métier. A toute heure, sur tout sujet, il a trouvé des pages étincelantes, et, chose bien naturelle pour nous, mais qui étonne les faiseurs, ce qui a fait la vogue de ses feuilletons et de ses romans a fait la vogue de sa pièce. — Des traits d'esprit, des cris du cœur, des phrases acérées et bien faites, voilà ce que la foule va entendre chaque soir à l'Odéon. — Ce n'est pas que le drame en lui-même ne soit aussi compliqué, aussi enchevêtré dans sa charpente que s'il était construit par un auteur dramatique de profession.

Une reine qui, avant son mariage de la main droite avec un prince Hermann, a contracté un mariage de la main gauche avec un aventurier; — un prince Hermann qui, par une anthithèse théâtrale assez comique, est uni morganatiquement, de son côté, à une certaine Rodolphine; — un jeune homme qui se croit amoureux de la reine et qui n'aime en réalité que la fille de la reine, fille inavouée et connue sous le nom de comtesse de Lovemberg; — deux ministres en rivalité, marionnettes dont le major Palmer, le premier mari de la reine, revenu tout exprès des grandes Indes, tire et fait mouvoir à son gré les ficelles, voilà des éléments d'imbroglio, de surprises, de péripéties saisissantes, de nœuds plus que gordiens, qu'Alexandre eût coupés et que M. Léon Gozlan délie avec beaucoup d'adresse. Cette grande réussite encouragera M. Léon Gozlan et les autres à se risquer; le public n'est pas si opposé qu'on le dit au beau style, à l'élégance du langage, à la fine observation du cœur, au lyrisme, à la philosophie, au caprice même; il accepterait volontiers de bonnes pièces, si les directeurs voulaient en laisser jouer. — Si une bonne fois ces marchés où les fournitures d'un théâtre sont arrêtées d'avance, comme s'il s'agissait de ballots de sucre ou de tonnes de suif à livrer, pouvaient être résiliés, la littérature dramatique se relèverait bientôt en France du discrédit où elle est tombée. — L'époque est favorable, les querelles romantiques et classiques sont assoupies, les susceptibilités ridicules ne subsistent plus, on peut appeler maintenant les choses à peu près par leur nom, et, si un gentilhomme parlant de son blason ne doit pas encore dire *champ de gueules*, — il est permis de mettre dans un vers : « Quelle heure est-il? — Minuit, » au lieu de : « Le temps va parcourir sa douzième demeure; » c'est un progrès. — On a aussi conquis le droit de changer de décoration d'un acte à l'autre. Mais ce n'est pas assez; tant que l'on n'aura pas la liberté de promener l'action et de montrer le sujet sous différentes faces, on retombera inévitablement dans le vieux moule ; de là viennent les récits qui n'en finissent plus, les expositions interminables, les scènes forcées, les entrées invraisemblables, et, pour les yeux, l'ennui de n'avoir devant soi que la même perspective. La vie est essentiellement ambulatoire, diffuse et variée.

Il faudrait aussi qu'une part plus large fût laissée au hasard dans les œuvres dramatiques. Le hasard est le grand arrangeur, ou, si vous l'aimez mieux, le grand dérangeur des existences humaines. Tout dépend d'un regard, d'une rencontre fortuite ; vous vous trouvez quelques jours avec un personnage qui traverse votre cercle et disparaît, et votre vie est changée. Le dénoûment en rapport, si impérieusement exigé au théâtre, n'existe guère dans la comédie du monde ; mille choses commencent et ne finissent pas. Avec la rigueur des combinaisons actuelles, on fait de la stratégie et non du drame, des parties d'échecs et non des scènes. Un spectateur un peu exercé peut, dès les premières phrases d'une pièce, en déduire toutes les conséquences, et rien au monde n'est plus assommant. Les Français, qui traitent légèrement toutes les affaires sérieuses, sont, en revanche, d'une gravité et d'une pesanteur admirables dans les choses futiles. Ils veulent être amusés, selon les règles ; ils ne rient ou ne pleurent que par tradition. En France, on peut tout se permettre : créer de nouvelles religions, détruire la morale, renverser le gouvernement ; on peut tout faire, excepté inventer une nouvelle scène de vaudeville. Essayez un peu, à la fin d'une comédie, de ne pas marier M. Oscar à mademoiselle Zinzoline ; à la fin d'un drame, de ne pas faire tuer M. le héros ; supprimez le poignard de fer-blanc et la fiole d'acide prussique, et le public, effarouché d'une telle audace, n'aura pas de clefs assez forées, de projectiles assez crus, pour vous en punir. Quand on pense que les plus grands génies, les plus bustes, les plus couronnés de lauriers de nos grands hommes, que Corneille, Racine, Voltaire ont passé toute leur vie à se débattre contre une prétendue règle des trois unités qui n'a jamais été dans Aristote, et qui, à coup sûr, n'est pas dans Eschyle, lequel change deux ou trois fois au moins de décorations dans la même pièce, on ne peut s'empêcher d'être étonné de cette inflexibilité d'étiquette dramatique qui ferait honneur à des Chinois.

Les littérateurs proprement dits, qui abordent le théâtre, loin de chercher à prendre les habitudes des *charpentiers* ordinaires, doivent, avant toute chose, revendiquer cette liberté de pensée et d'exécution sans laquelle les pièces de théâtre ne sont, à vrai dire, que des casse-tête et des jeux de patience. Nous féliciterons donc M. Gozlan d'avoir laissé à son esprit sa liberté d'allure, et à son style son pétillement habituel. Sa réussite vient de ce qu'il a été lui ; car on ne conserve ses qualités qu'à condition de conserver aussi ses défauts. Dans une nouvelle œuvre, M. Gozlan, nous l'espérons, plus sûr de lui-même, moins préoccupé des exigences scéniques, laissera s'ouvrir toutes grandes les ailes de sa fantaisie. S'il tombe, qu'importe ! il vaut mieux tomber du ciel que s'embourber dans les ornières.

Les acteurs ont eu une large part dans le triomphe de M. Gozlan. Bocage et madame Dorval se retrouvaient là sur leur véritable terrain. Quelque talent que Bocage ait pu déployer au Gymnase, quelque intelligence que madame Dorval ait pu montrer dans ses excursions tragiques, ni le vaudeville, ni la tragédie ne sont leur fait ; ce sont tous les deux des acteurs essentiellement modernes, des talents fougueux, excentriques, inégaux, tantôt le pied dans la réalité la plus triviale, tantôt le front dans le nuage de la plus haute rêverie, pleins de cris et d'éclairs soudains, mêlant le sarcasme à la passion, faisant frémir avec un accent de comédie et lançant les mots les plus terribles, absolument comme, vous et moi, nous les dirions dans une situation pareille. Aussi il fallait voir quelle aisance parfaite, quel aplomb consommé, quelle puissance dominatrice avait Bocage dans ce rôle fait pour lui ; comme il commandait, comme il menait à son gré tout le drame, le précipitant, le ralentissant, s'en faisant obéir comme un écuyer habile d'un cheval bien dressé, mais qui ronge son frein ! comme il allait et venait à travers les situations la tête haute, le nez au vent, les mains dans ses poches, en homme sûr de lui-même ! Cuirassé de son secret comme d'une armure sans défaut, avec quelle assurance il offrait sa poitrine à tous les événements ! comme il cognait les ministres l'un contre l'autre, et comme il engloutissait les verres de vin d'Espagne ! C'était bien là l'aventurier qui a erré quinze ans dans les forêts de l'Inde, qui a plongé son bras dans la gueule du tigre, qui a enlevé aux nababs des femmes bien vite rendues, qui s'est agenouillé devant les monstrueuses statues de Wishnou et que rien ne peut plus étonner, ni le ciel ni la mer, ni le chaud ni le froid, ni le peuple ni la cour.

Jamais peut-être madame Dorval ne s'est élevée si haut, jamais une pluie de bouquets si épaisse n'est tombée sur une actrice; il semblait que le public, dans sa cruauté d'admiration, voulût l'ensevelir sous les fleurs, comme Néron faisait de ses convives. C'étaient des cris et des trépignements à n'en plus finir. L'amour maternel ne saurait trouver d'accents plus pathétiques, plus touchants et plus vrais; c'est le cœur tout entier qui jaillit dans un mot; c'est tout un monde d'angoisses et de douleurs révélé par une simple inflexion de voix. La charmante phrase « Que vous êtes belle ! » dite par Rodolphine à la comtesse de Lovemberg, a fait courir dans toute la salle un frisson électrique. Les critiques eux-mêmes, si secs d'habitude, ont trempé de larmes les verres de leurs lorgnettes, et le rôle est plein de mots comme cela !

Seulement, il est à regretter que Milon, dans le but louable de paraître plus passionné et plus intéressant, ait jugé à propos de se blanchir le visage et de se peindre le nez en bleu de ciel tendre. Dans cette pièce diurne ou éclairée par des bougies, il avait l'air d'un clair de lune personnifié, et il en eût admirablement rempli le rôle dans *le Songe d'une nuit d'été*.

ITALIENS. *Don Pasquale*. — Le Théâtre-Italien, à qui nous avions reproché de ne changer que de directeur, et d'être plus varié sous le rapport administratif que sous celui du répertoire, semble s'être piqué d'émulation.

Depuis l'ouverture, deux opéras nouveaux ont déjà été représentés, et tous deux avec succès : *Linda di Chamouni* et *Don Pasquale*, objet du présent compte rendu.

Pour vous donner une idée suffisante de la fable, nous allons transcrire l'indication des personnages du livret italien :

DON PASQUALE DI CORNETO, *vieux célibataire, taillé à l'antique, économe, crédule, obstiné, bonhomme au fond.*

LE DOCTEUR MALATESTA, *homme de ressources, plaisant, entreprenant, médecin et ami de don Pasquale.*

ERNEST, *neveu de don Pasquale, jeune enthousiaste, amant payé de retour de*

NORINE, *jeune veuve d'un caractère vif, peu endurante, mais franche et affectueuse.*

UN NOTAIRE.

Il ne faut pas une imagination bien pénétrante pour deviner, avec ces quatre personnages ainsi posés, quelle peut être la comédie qui en résulte. L'oncle, représenté par Lablache de la façon la plus ébouriffante, avec accompagnement de robe de chambre en basin blanc, de pantalon de nankin et de bonnet de soie noire, est, comme tous les oncles possibles, fort mécontent de son coquin de neveu. Suivant l'usage antique et solennel, il veut le déshériter. C'est bien juste ; pourquoi serait-on l'oncle de quelqu'un ? Don Pasquale, malgré ses soixante-huit ans et sa goutte, se trouve un gaillard encore assez vert pour se créer des héritiers moins collatéraux que M. Ernest. Il consulte sur ce point délicat le docteur Malatesta, qui promet à son client de lui amener une jeune fille charmante, douce et timide, auprès de qui Agnès n'est qu'une effrontée coquine. Le neveu, bien et dûment maudit, est soigneusement campé à la porte, et le médecin rentre, accompagné d'une jeune personne vêtue d'une robe du carmélite le plus virginal et d'un voile de dentelle noire qui laisse à peine soupçonner sa jolie figure.

Pour recevoir cet ange de jeunesse et de beauté, don Pasquale a fait une toilette des plus extravagantes : une superbe perruque ronce d'acajou se contourne sur son chef en boucles trop frisées, un frac vert à boutons d'or ciselés, dont les basques ne peuvent se rejoindre à cause de l'énorme rotondité de sa personne, lui donne l'aspect d'un monstrueux scarabée qui voudrait ouvrir les ailes pour s'envoler et n'y peut réussir. De l'air le plus galant, il s'avance l'œil écarquillé, la bouche en cœur, pour prendre la main de la jeune fille, qui pousse un cri d'effroi comme si elle était mordue par la langue d'une vipère. Cette pudeur enchante don Pasquale, et, comme l'Arnolphe de Molière, il se promet d'avoir bientôt apprivoisé cette autre Agnès. Le contrat se signe et dans le ciel conjugal du pauvre vieux, au lieu de la lune de miel, se lève une affreuse lune rousse aux cornes menaçantes ; l'agneau s'est changé en tigresse ; l'ange est devenu démon.

« Quoi ! vous n'avez que trois domestiques ? Il m'en faut vingt. Quoi ! votre écurie ne renferme que quatre chevaux ? Il m'en faut dix. Votre calèche est trop vieille. Allons, vite, qu'on se dépêche ; qu'on m'aille retenir une loge au théâtre. Prévenez la modiste, la couturière, le bijoutier ; je veux des diamants, des fleurs, des dentelles. »

Don Pasquale trouve à peine, à travers ce torrent de commandes, le moyen de placer une timide objection. « Vous raisonnez ? Un mari n'est fait que pour nous obéir en tout ! » Et un soufflet vigoureusement appliqué tombe de la jolie petite main blanche de la jeune femme sur les joues cramoisies du vieillard. Un soufflet, ce n'est rien ; mais voici qui est plus grave : de la poche de Norine s'échappe un billet ainsi conçu :

« Ma Sophronie adorée, entre neuf et dix heures du soir, je serai derrière le jardin, du côté qui regarde le septentrion. Pour plus de précautions, tâche de m'introduire par la porte. L'ombre du bosquet nous donnera un abri sûr. J'oubliais de te dire que j'annoncerai ma présence en chantant. Aime-moi ! Ton fidèle. Adieu ! »

Voilà qui est explicite.

Don Pasquale, furieux, va chercher son ami Malatesta pour se mettre avec lui en embuscade dans le jardin et surprendre les coupables. Il fait une belle nuit italienne, une blanche nuit d'avril, avec un clair de lune moitié azur, moitié argent. Les frênes et les peupliers du jardin tremblent sous les rayons de l'astre nocturne comme les paillettes d'une robe de danseuse. Une voix douce et mélancolique s'élève du milieu du silence, pareille à une fusée d'or. Mario tient la promesse de son billet et s'avance en chantant une délicieuse romanesca, à laquelle il donne un grand charme d'ingénuité et de rêverie. Norine ne tarde pas à paraître. La grille s'ouvre ; les amants se pressent les mains, et, pour les empêcher de se livrer à des démonstrations plus intimes, don Pasquale se présente soudain, suivi de Malatesta, et se répand en invectives et en reproches. « Que donneriez-vous à qui vous débarrasserait d'une pareille femme ? dit le docteur en voyant la fureur du vieillard portée à son comble. — La moitié de ma fortune. — Eh bien, donnez-la à votre neveu ; car votre mariage n'était qu'une supercherie, et le contrat n'est pas valable. » Nous vous laissons à penser quelle est la joie du bonhomme lorsqu'il se voit délivré de cette adorable furie, comme dirait Corneille. Quant à nous, si nous étions le neveu, nous ne laisserions pas que d'être un peu alarmé de la vérité apportée par Norine à jouer son rôle de jeune femme prodigue, colère, et donnant des rendez-vous derrière le jardin.

L'ouverture de M. Donizetti se fait remarquer par la fraîcheur des motifs et la facilité de l'instrumentation. Le quatuor est un morceau fait de main de maître. Le chœur des soubrettes, des modistes et des valets, sur un mouvement de valse, est un morceau d'une facture originale et qui produit un bon effet. La sérénade du rendez-vous est pleine de couleur et deviendra bien vite populaire.

Lablache, Mario et madame Grisi ont été applaudis et rappelés.

16 janvier.

THÉATRE-FRANÇAIS. *Retraite de Monrose.* — La représentation de retraite de Monrose se composait d'*Andromaque*, avec mademoiselle Rachel, du *Barbier de Séville*, par le bénéficiaire, et d'un intermède de chant où devaient figurer Duprez et mademoiselle Dobrée, de l'Opéra. Le programme a été exécuté de point en point, chose assez rare dans les représentations à bénéfice.

Jamais le comte Almaviva n'avait été plus en voix que ce soir-là ; car c'était Duprez qui chantait à sa place dans la coulisse la fameuse romance *Je suis Lindor*. Cette singularité d'un acteur empruntant la voix d'un chanteur rappelle et fait comprendre cet usage du théâtre antique de faire réciter des poëmes par deux comédiens, dont l'un disait les paroles et l'autre faisait les gestes.

Le rôle d'Hermione est le triomphe de mademoiselle Rachel ; c'est là qu'elle trouve à placer avec le plus de bonheur les qualités violentes qui caractérisent son talent : l'âcre ironie, le sarcasme insultant, l'amour si farouche, qu'il ressemble à la haine à s'y méprendre, tous les sentiments amers, dont l'expression parfaite étonne dans une si jeune âme. Si nous louons ici ces qualités, ce n'est pas que nous pensions mademoiselle Rachel incapable d'exprimer la tendresse et l'amour, comme on le croit trop généralement. Elle a, dans plusieurs rôles, et notamment dans Ariane, jeté des mots avec beaucoup d'âme et de sensibilité. Mais son talent mâle et vigoureux ne donne pas dans les afféteries pleurnicheuses qui séduisent une certaine portion du public. C'est par cette sobriété de moyens qu'elle imprime à ses créations ce cachet antique et ce style sculptural.

La tragédie achevée, vint le tour de la comédie; car, au Théâtre-Français, on conserve toujours l'usage de donner la pièce gaie après la pièce triste, afin que les spectateurs puissent rentrer chez eux l'âme sereine et satisfaite, et dormir sans avoir le sommeil hanté par des rêves tragiques, pleins de spectres, de poignards et de coupes empoisonnées. Telle était la bonhomie de nos aïeux : les *s* qui hérissent le fameux vers :

Pour qui sont ces serpents qui sifflent sur vos têtes ?

leur donnaient d'affreux cauchemars, et il ne fallait pas moins que la gaieté de l'Intimé et les plaisanteries de Petit-Jean pour les remettre dans leur assiette. Une telle naïveté est bien loin de nos mœurs; nous avons entendu, sans en être troublés le moins du monde, des vers pleins de *k*, de *w* et autres consonnes féroces bien plus alarmantes que les *s* de Racine, et pourtant l'on continue à faire essuyer par le rire des pleurs qu'on n'a pas versés; Thalie est toujours censée passer le mouchoir sur le masque de Melpomène, si la pudeur permet d'employer des expressions d'une mythologie si surannée.

Cette fois, on attendait la comédie avec un sentiment d'anxiété pénible, une curiosité inquiète, que nous sommes loin de ranger au nombre des plaisirs. Monrose, le joyeux bouffon que vous savez, devait paraître pour la dernière fois dans ce rôle de Figaro où il a jeté tant d'esprit, de gaieté et de verve, qu'il en a fait sa création et s'est, en quelque sorte, incarné en lui. Monrose, c'était Figaro, comme Frédérick est Robert Macaire, et Bocage Buridan. Il ne jouait pas ce rôle, il y vivait, il y couchait, il y dormait; il parlait avec ses inflexions, gesticulait avec ses gestes, se servait de ses phrases et ne savait plus s'il était Monrose, comédien ordinaire du roi, ou Figaro, barbier de Séville et factotum du comte Almaviva. Ainsi Monrose, qui avait oublié jusqu'à son nom sous le coup de la terrible maladie dont il est remis à peine, n'avait pas oublié une ligne de son rôle de

Figaro. Vous l'appeliez Monrose, il ne vous répondait pas; mais, en lui adressant une phrase du *Barbier*, vous étiez sûr d'obtenir une réplique prompte, incisive, avec l'éclat de rire et la grimace, absolument comme s'il eût été là, debout, devant le feu de la rampe, la tête du souffleur à ses pieds. — Un tonnerre d'applaudissements a ébranlé la salle lorsque Monrose a paru; la crainte seule de lui causer une émotion trop violente a pu les faire cesser. Pourtant, l'impression générale a été triste; plus l'acteur était gai, plus le public se sentait attendri par l'idée de le perdre. Les adieux des spectateurs au bouffon se sont résumés en dix-huit mille francs, somme assez ronde, et qui prouve l'affection qu'il inspirait.

Vaudeville. *Derrière l'alcôve.*— *Derrière l'alcôve* est un monologue arnalesque, à l'audition duquel on n'a point appelé la critique; aussi nous garderons-nous d'en trahir le secret. Que les auteurs l'emportent dans la tombe!

Nous ferons seulement observer que ce genre de pièces à un seul personnage se multiplie outre mesure depuis quelque temps, et que, s'il flatte la vanité de certains acteurs, il est toujours fort ennuyeux pour le public, à de rares exceptions près. Réduire une action dramatique de manière à la faire entrer, tant bien que mal, avec son exposition, ses péripéties et son dénoûment, dans un soliloque de vingt ou trente minutes, c'est, si l'on veut, résoudre un problème, vaincre une difficulté, tout comme de faire des acrostiches et des poëmes sur une seule rime; mais nous ne trouvons pas un grand mérite à cela et nous n'avons jamais eu de goût pour de semblables tours de force.

23 janvier.

Théatre-Français. Mademoiselle Rachel dans *Phèdre*.— Depuis longtemps déjà, mademoiselle Rachel méditait le rôle de Phèdre; mais, par un sentiment d'hésitation bien naturel, elle semblait reculer devant cette épreuve suprême. Une tragédienne donne sa mesure dans *Phèdre*; elle fait voir en une soirée si elle est une actrice de génie ou seulement une actrice de talent. Tout un avenir se joue sur ce coup de dé.

Phèdre est, en effet, le plus beau rôle tragique, la passion la plus contenue et la plus véhémente, la physionomie la plus franchement grecque du théâtre de Racine; c'est de l'Euripide presque pur, mélangé çà et là d'un peu de Sénèque. — Jamais pastiche de l'antiquité ne fut exécuté plus habilement, et c'est à peine si, sur la tête d'un hémistiche ou d'un tour vieilli, on voit par instant se contourner quelques boucles de la majestueuse perruque de Louis XIV. — Il s'y fait un usage infiniment plus modéré des *yeux*, des *feux*, des *cœurs*, des *vainqueurs*, des *flammes* et des *âmes* que dans les autres pièces du grand poëte, et il est vraiment difficile d'échapper plus complétement au maniérisme de son époque. — M. de Chateaubriand a dit que Phèdre était chrétienne; malgré tout le respect que l'on doit au génie, cette incarnation de la divinité, nous avouerons que la Phèdre de Racine nous paraît complétement païenne, et c'est là son mérite; sa passion a la force et l'impétuosité antiques. Il y a chez elle absence entière de coquetterie, sentiment tout moderne que les femmes de l'ancien monde ne semblent pas avoir connu.

Une fois la honte du premier moment passée, Phèdre avoue, en face, à ce glacial Hippolyte, qu'elle l'aime, parce qu'il est beau, parce qu'il est jeune, parce qu'il est charmant, excellentes raisons d'aimer assurément, mais dont une femme de nos jours ne conviendrait jamais; malgré toute la chasteté de Racine, la passion de Phèdre n'a rien de spiritualiste. Elle transit, elle brûle, elle pâlit et rougit; elle éprouve tous les symptômes si bien décrits dans ces strophes immortelles de Sapho, qui sont encore, après deux mille ans, ce qu'on a dit de plus beau et de plus neuf sur l'amour. Elle erre la nuit comme une insensée, cherche la fraîcheur des marbres et des sources; comme elle le dit elle-même :

C'est Vénus tout entière à sa proie attachée,

c'est la fille de Minos et de Pasiphaé, la mère la moins platonique qui fût jamais. — Il est vrai que d'abord elle veut mourir, ce qui n'a rien de fort catholique; mais, aussitôt qu'Œnone fait luire à ses yeux la moindre espérance, comme elle s'y précipite! comme elle accepte ardemment ce moyen offert! comme tout est vite oublié, époux, enfant, devoir, pudeur! comme ce n'est bien qu'après avoir épuisé toutes les formes de la prière et de la supplication qu'elle se résout à tirer de la ceinture d'Hippolyte cette épée qui, au quatrième acte, servira à faire condamner le Joseph de cette autre Putiphar ! — Ces yeux égarés, ce teint livide, cette démarche brisée, cette fièvre ardente, ces tremblements, ces frissons, qui font de la passion antique une espèce de maladie, de délire, de manie, punition envoyée par la Vénus vengeresse, n'ont aucun rapport avec les quintessences et les idéalités chrétiennes.

L'entrée de mademoiselle Rachel a été vraiment sublime. Au premier pas qu'elle a fait hors de la coulisse, le succès n'était plus douteux ; jamais physionomie d'un rôle ne fut mieux composée. Quand elle s'est avancée pâle comme son propre fantôme, les yeux rougis dans son masque de marbre, les bras dénoués et morts, le corps inerte sous ses belles draperies à plis droits, il nous a semblé voir non pas mademoiselle Rachel, mais bien Phèdre elle-même, et notre surprise a été profonde lorsque nous avons entendu tomber de sa bouche aux coins arqués, non pas un ïambe grec, mais bien un alexandrin français.

Son costume était d'une élégance sévère et d'un style qu'on ne saurait trop louer. Les anachronismes de costume se peuvent excuser lorsqu'ils sont naïfs. Les joueurs de basse et les habits vénitiens de *la Cène* de Paul Véronèse font doucement sourire ; mais, aujourd'hui, il n'est plus permis d'être inexact, parce qu'il n'est plus permis d'ignorer. — La tâche d'un acteur ne se borne pas à réciter convenablement les paroles d'un rôle, il faut qu'il en réalise la physionomie, la configuration extérieure ; il faut que le public puisse s'imaginer que c'est le personnage même qui parle ; autrement, il vaut beaucoup mieux se donner le spectacle dans un fauteuil, les pieds sur la braise et la tête coiffée d'un bonnet plus ou moins philosophique. Le diadème, le voile, le péplum moucheté d'étincelles d'or, la tunique, le manteau de pourpre, tout était du meilleur goût.

Notre intention n'est pas d'analyser vers par vers, couplet par couplet, comme on dit en argot de théâtre, les inflexions de mademoiselle Rachel. Les amateurs émérites qui ont vu mademoiselle Duchesnois et les autres, attendaient la jeune tragédienne embusqués au détour de chaque hémistiche fameux pour la prendre en défaut, et ils n'y ont pas réussi. — Quant à nous, nous ignorons si elle a bien ou mal dit :

Suivre de l'œil un char fuyant dans la carrière ;

si elle a respecté ou méconnu la tradition; nous ne savons qu'une chose, c'est que, pendant deux heures, elle nous a représenté Phèdre sans que l'illusion cessât une minute, malgré cette abominable colonnade dans le goût messidor qui sert, ou plutôt qui ne sert pas de décoration, malgré ces affreux fauteuils de comptoir qui ont des serviettes dans le dos, malgré la nuance intermédiaire entre l'abricot et le potiron de la tunique d'Hippolyte, malgré les rideaux de salle à manger qui formaient le vêtement d'Œnone.

En rentrant dans la coulisse, mademoiselle Rachel semblait emporter toute la tragédie avec elle; les spectateurs se mouchaient et causaient comme s'il n'y eût eu personne en scène : des rhumes de cerveau, ou, pour parler plus correctement, des coryzas subits se déclaraient par toute la salle. Peut-être le public a-t-il manqué en cette occasion de l'atticisme et de la politesse qui caractérisent le public parisien. C'est faire sentir trop durement à de pauvres diables d'acteurs, qui n'en peuvent mais, que l'on ne se soucie d'eux en aucune façon. — S'ils avaient été bien habillés, on se serait amusé à regarder leurs costumes en attendant.

Le succès a été immense. Redemandée après le quatrième acte, mademoiselle Rachel a eu le bon goût de ne pas reparaître, de peur de détruire l'illusion en se produisant sous sa propre physionomie. Des tonnerres d'applaudissements l'ont récompensée de cette réserve, à la chute du rideau.

Maintenant, mademoiselle Rachel a parcouru le cercle des rôles tragiques du vieux répertoire, et, dans tous, elle a laissé des traces lumineuses; elle a épuré son talent dans ces études chastes et sévères, il ne lui reste plus qu'à prêter son aide aux poëtes actuels, à se mêler à l'art vivant. — Elle a fait assez pour les morts illustres; qu'elle mette en lumière les créations nouvelles, qui certes ne lui manqueront pas. — N'est-il pas triste que, dans cette France, qui s'honore de noms tels que ceux de Lamartine, de Victor Hugo, de Vigny, d'Alfred de Musset et de tant d'autres, il n'y ait qu'une seule jeune fille qui sache dire les vers et que jamais elle n'en ait prononcé un seul de tous ceux que la génération présente répète et sait par cœur? Mademoiselle Rachel a senti elle-même la fausseté de cette position. Sans doute, elle a bien fait de commencer par l'ancien répertoire : elle avait besoin d'un public impartial et calme, le bruit qui se fait autour des œuvres contemporaines eût pu effaroucher sa vocation naissante; mais, maintenant qu'elle a reçu le baptême du succès, qu'elle est assise dans sa gloire, il faut qu'elle aborde la lutte : il faut qu'elle impose, non-seulement son jeu, mais son rôle.

OPÉRA-COMIQUE. *La Part du Diable.* — Ferdinand VI s'ennuie; c'est bien naturel pour un roi d'Espagne. Il maigrit, il jaunit à faire honte aux citrons andalous les plus dorés; si le mot n'avait pas une couleur britannique trop foncée, nous dirions que Ferdinand VI a le *spleen.* Ce spleen touche presque à la folie. Au fond de l'ennui d'un roi espagnol, il doit nécessairement y avoir du prêtre, du moine et de l'inquisiteur. Fray Antonio, confesseur du roi, cherche à tourner cette humeur noire en dévotion, et veut en profiter pour augmenter son influence. La reine n'aime pas Fray Antonio, et cherche, tout en soignant son époux, à neutraliser l'ascendant du moine. Fray Antonio, avisé comme un grand inquisiteur qu'il est, se dit que le meilleur moyen de contre-carrer la reine est de donner une maîtresse au roi. Il n'y a que ces grands inquisiteurs-là pour connaître à fond le cœur humain! — Ferdinand est, du reste, assez bien préparé. En se promenant dans les jardins du palais, il a vu, encadré dans la fenêtre d'une maison voisine, un charmant visage; au milieu de ce charmant visage, une jolie petite bouche épanouie, d'où s'échappait, dans la fraîcheur du matin, une folle et gracieuse chanson. Regarder la jeune fille, écouter la chanson, cela distrait le pauvre roi de cette mélancolie particulière que donne le séjour des Escurials. L'inquisiteur, qui a remarqué ce commencement d'amour, cette pauvre petite fleur éclose sur le morne tuf de l'âme du monarque, fait enlever la jeune fille par un gardien subalterne, et la fait conduire à Aranjuez dans l'intention malhonnête et machiavélique qu'elle devienne la maîtresse de Ferdinand VI. Heureusement, la jolie Casilda, qui méprise infiniment les rois, comme toutes les fillettes d'opéra-comique, trouve le moyen de s'évader. Cette fuite est fort louable;

mais le mérite n'en revient pas tout entier à la vertu. Vous seriez un lecteur bien peu perspicace, si vous n'aviez déjà deviné une amourette là-dessous. Casilda aime un jeune étudiant, nommé don Rafaël de Zuniga ; cet étudiant n'a ni sou ni poche, comme tous les étudiants possibles, de Salamanque ou du quartier latin. Le grand inquisiteur, ne voulant pas avouer qu'il a eu la maladresse insigne de laisser échapper Casilda, fait accroire au roi qu'elle est morte. Ferdinand, se croyant coupable de cette mort, s'imagine voir, dans ses hallucinations, le fantôme de celle qu'il aimait, et sa tristesse prend une teinte encore plus sombre ; il laisse pousser sa barbe en signe de désespoir et se livre à des abrutissements qui rappellent Nabuchodonosor.

Don Rafaël, quoique plus joyeux, n'est pas fort à son aise; il n'avait pas d'argent; mais, avec l'argent qu'il n'avait pas, il achetait des rubans, des jarretières à devise, des robes, pour se procurer des occasions de voir la gentille couturière Casilda. Un coquin d'oncle, sur la mort duquel il comptait, se portant à merveille par esprit de contradiction, notre Rafaël se trouve fort au dépourvu et voudrait bien se donner au diable. Par malheur, le diable n'est pas aux ordres de tous les vauriens amoureux qui n'ont pas le sou.

Casilda a un frère, Carlo Broschi, pauvre garçon qui gagne sa vie à aller toucher de l'orgue dans les couvents. Ce frère, jaloux de l'honneur de sa sœur, la place dans un lieu de sûreté, à l'abri du roi et de don Rafaël. Après avoir pris cette précaution, il s'assoit comme le comédien de Gil Blas dans la forêt, au pied d'un arbre, et trempe des croûtes dans la fontaine pour dire qu'il ne déjeûne pas de pain sec. Ce repas frugal le met en voix comme s'il eût mangé une livre de bonbons mauritains. Il chante une romance que sa mère lui a apprise. Le roi Ferdinand, qui passe par là, entend la romance, et le timbre de voix du chanteur lui rappelle la pauvre Casilda, qu'il croit morte. Attendri et charmé, il prie Carlo Broschi de vouloir bien recommencer. Le Carlo ne se fait pas prier, et, quand il a fini, le roi lui demande ce qu'il désire. « Que vous fassiez votre barbe et que vous ayez l'air gai ! » Cette réponse déride un peu le roi, qui se prend d'amitié pour le musicien.

Voilà donc Carlo Broschi, qui, plus tard, sera Farinelli, établi à la cour et en grand train de devenir un favori. Un beau jour, il entend au carrefour de l'Invocation, don Rafaël qui appelle le diable à tue-tête, faute de meilleure protection. Carlo, qui a reconnu en lui l'amant de sa sœur, apparaît tout à coup et promet son secours à l'étudiant, à condition qu'il aura dans les bénéfices la part du diable, — c'est-à-dire la moitié. — Fort de l'idée qu'il est protégé par un pouvoir magique, don Rafaël ose tout, réussit à tout ; officier, il prend des bains de mitraille qui ne font que le rafraîchir ; amoureux, il saute par les fenêtres sans se rompre les os, il gagne au jeu, etc., etc. Mais ici commencent les désagréments ; le diable veut la moitié de tous les bénéfices. — Un soir, don Rafaël, se trouvant seul avec Casilda, dont il va devenir l'époux, lui prend la main, — le diable prend l'autre. Rafaël embrasse la joue droite, le diable embrasse la joue gauche ; voilà qui est un peu inquiétant. Où cela s'arrêtera-t-il ? — A la fin, tout se découvre, tout s'arrange : le roi reconnaît qu'il a été trompé, et n'en est pas fâché. Rafaël reconnaît qu'il a été joué, et il en est bien aise. Cependant, tout le monde est enchanté, même le public, roi peu débonnaire qu'on trompe difficilement et à qui il ne suffirait pas de conseiller de se faire la barbe pour le mettre en gaieté. — Cette scène de Carlo-Asmodée réclamant sa part de la fiancée de Rafaël, quoique fort épineuse et hasardée, s'achève sans encombre, grâce à la prodigieuse adresse de M. Scribe, qui peut bien quelquefois ne pas mettre assez, mais qui ne met jamais trop.

Sur ce canevas, non pas original, car il rappelle plusieurs pièces de M. Scribe lui-même, M. Auber a brodé une musique brillante et légère où se retrouvent toutes ses qualités. La romance de Carlo, au premier acte, est une mélodie charmante. Le morceau d'ensemble qui ouvre le second acte, a été aussi justement applaudi ; mais ce qui a surtout assuré le succès de l'ouvrage, c'est le magnifique cantabile dit par madame Rossi et le joli duo de Rafaël et de Casilda au troisième acte.

31 janvier.

PORTE-SAINT-MARTIN. *Les Mille et une Nuits.* — Il nous répugne de nous mettre à crier comme le marquis de Mascarille : « Au voleur ! au voleur ! au voleur ! » Cependant nous ne pouvons nous empêcher de reconnaître que le premier acte des *Mille et une Nuits* offre beaucoup de ressemblance avec une nouvelle de nous, publiée il y a quelques mois dans *le Musée des Familles*, sous le titre de *la Mille et deuxième Nuit*. Nous supposions que la sultane Schéhérazade était arrivée au bout de ses histoires, et qu'un beau matin, elle n'avait plus su que répondre à l'interpellation de Dinarzade : « Ma bonne sœur, si vous ne dormez pas, contez-nous donc un de ces beaux contes que vous contez si bien ! » Montée sur le tapis des quatre Fakardins, la sultane venait à Paris et se présentait chez les littérateurs les plus en vogue, à peu près comme les éditeurs de Revues, quand ils manquent de copie. Elle leur demandait une nouvelle, un roman capable de piquer la curiosité de Schariar. Chaque chapitre intéressant représentait pour elle un jour de plus. Comme vous le pensez bien, elle ne pouvait rien obtenir ni de Balzac, ni d'Eugène Sue, ni d'Alexandre Dumas, ni de Léon Gozlan, ni d'aucun des conteurs à la mode ; ces messieurs étaient en train d'écrire chacun six romans simultanés dans six journaux différents, et les libraires ne leur laissaient pas un instant de relâche. Nous seul, moins occupé ou plus paresseux, nous lui dictions, par l'entremise de notre nègre, un petit conte oriental de notre invention, qui avait pour résultat de lui faire couper fort proprement la tête, à son retour à Samarcande ; car le sultan Schariar, fin connaisseur en matière de conte, découvrait incontinent la fraude.

Cet exposé succinct du sujet de notre nouvelle nous dispense de donner l'analyse du premier acte de la pièce de MM. Cogniard. Seulement, ils ont supposé que Bramah, indigné de la cruauté de Schariar lui apparaît et lui donne pour pénitence de poursuivre à travers tous les déguisements de la métempsycose l'âme de la sultane, si cruellement immolée, jusqu'à ce qu'il l'ait reconnue et se soit fait aimer d'elle. A partir de cette exposition, le drame devient ambulatoire et abuse de la permission qu'il a de faire plusieurs fois le tour du monde. Le féroce Schariar et son lâche favori Boudroul-Boudour, pauvres, misérables, à peine couverts de haillons douteux, sont au service d'un pêcheur qui les rosse à outrance, sans le moindre souci de leur grandeur passée. En jetant leurs filets à la mer, ils en retirent une urne de bronze, scellée du sceau de Salomon, cette empreinte mystérieuse contre laquelle se brise le pouvoir des esprits, mais qui ne résiste pas aux imbéciles. Ils rompent le cachet ; une fumée noire sort en tourbillonnant du vase et s'élève jusqu'au ciel ; puis la vapeur se condense, en un affreux gredin verdâtre qui se prétend le génie Terrible. Pour récompenser Schariar et Boudroul-Boudour de l'avoir délivré, il leur apprend qu'ils ne pourront retrouver l'âme de Scheherazade qu'au moyen de la lampe merveilleuse d'Aladin, laquelle lampe est aux mains d'un génie assez mal noté dans son quartier. Ce génie est singe vert pour le quart d'heure et a fixé son domicile légal au pays de Singerie, dont les géographes ont négligé de fixer bien nettement la position. Teniers, Decamps et plus récemment Dorschwiller ont fait dans cette contrée grimaçante plusieurs voyages fructueux, sans toutefois nous dire quel chemin ils avaient pris pour y aller.

Ce tableau est assez réjouissant. Ces singes de toutes grandeurs et de toutes espèces, orangs-outangs, mandrilles, babouins, papions, macaques, sapajous, cercopithèques, callitriches, guenons, guenuches, parodient la vie humaine avec cette profonde ironie qui caractérise la gent quadrumane. Cela broche des babines, montre les dents, fait tourner ses yeux du blanc au noir ; cela glapit, sautille, fourmille, babille, s'habille, se déshabille avec une vivacité étourdissante. Comme ils s'assoient sur le dos des fauteuils ! comme ils marchent sur la table ! comme ils s'interrompent au milieu d'une déclaration pour se gratter l'aisselle ou retirer une noisette de leur bajoue ! Comme ce maître de violon et ce maître à danser sont humainement ridicules ! Et ce petit cuisinier, qu'en dites-vous ? n'eût-il pas été digne de figurer, avec un uniforme de basin blanc, dans le corps d'armée de Carême ? — Schariar et Boudroul-Boudour sont reçus dans ce monde grotesque avec force salutations prosternées, force contorsions et force grimaces. Le singe vert, qui semble deviner leurs intentions, se livre à une foule de sauts périlleux et exprime l'inquiétude de son esprit en courant à quatre pattes le long des corniches ; il tâche de soustraire la lampe aux recherches des deux poursuivants. Ne se trouvant pas en sûreté dans la ville singesque, il se réfugie au fond d'une espèce de forêt vierge excessivement embrouillée de lianes, de bambous, de mangliers et autres végétations primitives, sous lesquelles grouillent d'horribles formes fantastiques de crapauds, de lézards, de caïmans, de boas plus ou moins constrictors, à défrayer les ménageries de toile des Champs-Élysées pendant plusieurs fêtes de Juillet. Malgré les griffes des crocodiles et les épines des plantes vénéneuses, Schariar et Boudroul-Boudour, aidés par le génie Terrible, parviennent à s'emparer du précieux talisman.

Ce que tout homme raisonnable doit faire quand il a en sa possession la lampe merveilleuse, c'est de s'en aller tout droit en Chine, ce pays de laque et de porcelaine, peuplé de dragons verts, de chimères bleues, de mandarins ventrus, de magots, de poussahs, de femmes aux pieds impossibles, de cormorans pêcheurs, de grues à mine pensive, à l'aigrette d'or épanouie, et de toutes ces créations fabuleuses qui animent les paravents, les éventails et les tasses à thé. Quelle délicieuse contrée ! les reines marguerites ouvrent leurs couronnes d'argent dans les vases de céladon ; les fleurs de pêchers jettent leur parfum doucement amer ; la clochette d'or frissonne et babille à l'angle des toits recourbés en parasol, pendant que les lettrés, assis dans des fauteuils peints en cinabre pur, composent des strophes sur des rimes données d'avance et célèbrent les charmes du printemps et le retour de l'hirondelle.—Scheherazade et sa sœur reparaissent sous la forme de deux jeunes esclaves. Le gouverneur de Nankin est naturellement épris des charmes des deux jeunes filles, et surtout de ceux de l'ex-sultane Scheherazade, à qui il tient les discours les plus passionnés, et dans le cœur de laquelle il cherche à faire revivre les souvenirs d'une existence antérieure. Ici se trouve reproduite une des principales scènes du *Diable amoureux*. Le gouverneur et Schariar enchérissent à l'envi. Schariar, à sec de monnaie, fait la bêtise de céder sa lampe pour une somme assez médiocre, qui ne suffit même pas à couvrir l'enchère du gouverneur. Il faut convenir que ce Schariar est un grand sot : au moyen de son quinquet merveilleux et de son tapis magique, rien ne lui était plus facile que d'enlever non-seulement Scheherazade, mais le gouverneur et la ville tout entière.

La pauvre sultane n'est pas trop flattée de devenir madame la gouvernante, bien que le vénérable Mogol soit représenté fort dodument et fort chinoisement par l'illustre et vertueux Moëssard, dont la pudicité aura dû souffrir plus d'une fois de l'égrillarderie de certains passages de son rôle. « Plutôt mourir que d'épouser un homme si gras ! » s'écrie Scheherazade. Cette résolution doit flatter infiniment les gens maigres. Pour échapper à l'embonpoint de Moëssard, elle respire un bouquet de ces fleurs de Java, au parfum enivrant et mortel, et Dinarzade s'asphyxie par le même moyen.

Jusqu'à présent, tout cela, quoique assez peu réjouissant, n'est cependant pas trop inintelligible ; mais, à partir de cet acte, le chaos commence : les transformations se succèdent sans motif ; Pythagore lui-même, qui inventa la métempsycose, n'y verrait que du feu. Nous sommes dans un cimetière oriental : il fait clair de lune ; les cyprès, longs soupirs de feuillage, s'élancent tristement dans l'air bleu et froid de la nuit ; quelques rayons d'argent font miroiter çà et là les dalles de marbre ; un tombeau gigantesque, dont l'architecture, composée d'éléphants, d'idoles à plusieurs bras, rappelle les monstrueuses pagodes de Jagernaut et les bas-reliefs symboliques des souterrains d'Ellora, élève sa façade mystérieuse et menaçante au-dessus des autres monuments ; c'est là que sont déposées les cent soixante victimes de Schariar, condamné par le destin à évoquer leurs ombres. Les portes de bronze du tombeau s'ouvrent avec fracas, et il en sort une longue procession de pâles fantômes qui jettent un chœur de malédictions au sultan terrifié, et l'entraînent dans les profondeurs du mausolée. Mais n'ayez aucune crainte : Schariar a retrouvé sa lampe, il peut déjouer la colère des fantômes. Le Gange s'enfle, inonde le cimetière et le tombeau de Scheherazade se change en barque ; sur cette barque, Schariar et son confident se sauvent, guidés par deux charmantes petites flammes bleues, tremblotantes et papillonnantes, qui ne sont autres, comme vous le pensez bien, que les âmes de Scheherazade et de Dinarzade...

En ce moment, il est une heure et demie du matin, c'est l'instant où les spectres sortent, mais où les bourgeois rentrent. Qui peut se vanter d'avoir un portier assez clément pour se risquer à entendre jusqu'au bout une féerie en onze tableaux ? — Nous avouons donc en toute humilité n'avoir pas vu le dernier acte des *Mille et une Nuits* ; mais nous tenons du spectateur unique qui assistait, vers deux heures un quart, à la chute du rideau (ô louable entêtement!) qu'il était question de la métamorphose des deux sœurs en roses du Bengale et en colombes. C'est sous cette dernière forme que Schariar reconnaît Scheherazade, et Boudroul-Boudour, Dinarzade. Cette reconnaissance opérée, Bramah pardonne et le sultan rentre glorieusement dans son palais de Samarcande, éclairé de feux verts et rouges, comme il convient à tout palais qui comprend sa position de décor féerique.

Mademoiselle Valérie Klotz a été fort jolie sous les costumes de Scheherazade ; c'est tout ce qu'on pouvait tirer du rôle. — Raucourt n'a guère le physique d'un sultan amoureux. Quant à Moëssard, il a été très-réjouissant dans le personnage du gouverneur de Nankin.

DEUX NOUVEAUX VIRTUOSES. — Nous avons entendu, à une soirée donnée par *la France musicale*, M. Dreyschock, pianiste de Prague : nous avions d'abord cru que ce n'était qu'un pianiste de première force comme tout le monde, comme vous, comme le petit garçon ou la petite fille de madame ***. — Qui est-ce qui n'est pas pianiste de première force aujourd'hui ? — Nous, peut-être, et c'est là ce qui fait notre spécialité. — Notre erreur n'a pas duré longtemps. Dès que Dreyschock (nous lui faisons peut-être tort, sans le vouloir, d'un *h* ou d'un *k*) s'est assis devant le piano, attendant pour commencer que le silence se fût rétabli, notre attention était puissamment éveillée. — Quoique de taille fort ordinaire, Dreyschock a un air de vigueur qui étonne, ses traits sont empreints d'une résolution et d'une audace étranges. On le prendrait plutôt pour un jeune lutteur que pour un simple pianiste. — Aux premières notes, nous fûmes presque renversé ; les mains de l'artiste s'enfonçaient dans l'ivoire du clavier comme dans une pâte molle, un ouragan de sonorité s'échappait de la caisse de l'instrument et faisait frissonner les vitres comme des feuilles au vent, le parquet tremblait sous les pieds, les blancs pistils des bougies vacillaient dans leur calice de cristal. Une vraie tempête musicale était déchaînée dans le salon. Le piano ronflait comme les orgues sous les voûtes d'une cathédrale, et Dreyschock, calme au milieu du tumulte, roidissait ses bras de gladiateur et martelait les touches de façon à les faire voler en éclats. — Jamais nous n'avions rien entendu de si violent, de si fougueux, de si sauvage, de si féroce ; tout est flasque à côté de cela. La seule épithète raisonnable que nous puissions appliquer à une pareille exécution est celle de foudroyante.

On donne familièrement à Dreyschock le sobriquet de *Samiel*. Jamais surnom ne fut mieux mérité. Si le diable se faisait pianiste, il jouerait de la sorte ce morceau intitulé *Caprice* et de la composition de Dreyschock. Dans un second morceau, *les Clochettes*, le jeune pianiste bohême a prouvé victorieusement une vérité dont nous n'avons jamais douté pour notre compte : c'est que la force contient la grâce. Rien n'est plus léger, plus coquet que cette composition ; à chaque instant, des notes lumineuses, claires comme l'argent, pures comme l'air, jaillissaient du piano et sautaient dans la chambre ; on eût dit des étincelles électriques arrachées à la bouteille de Leyde. Le trémolo, outre sa prodigieuse difficulté, est plein d'harmonie et d'effets charmants.

Dans la même soirée, nous avons entendu un jeune violoniste italien, Camillo Sivori, élève de Paganini, qui lui légua son violon, son âme et son talent, et dans lequel il semble s'être incarné. M. Sivori a joué un morceau inédit de son maître ; et, de sa propre composition, une fantaisie sur *le Carnaval de Venise* pleine d'originalité et de caprice. C'est un spectacle touchant et bizarre de voir ce tout petit jeune homme pâle et frêle tirer de son *guarnerius*, presque aussi grand que lui, des sons d'une ampleur et d'une puissance incroyables. — Nous ne parlons pas de Ronconi, de Baroilhet et de Géraldy, qui ont parfaitement chanté différents morceaux. Ils sont habitués à cela. Mais nous avons voulu être des premiers à faire savoir au public ces deux noms encore inconnus et qui seront célèbres dans quinze jours, Dreyschock et Camillo Sivori.

XXX

FÉVRIER 1843. — Les directeurs de théâtre et la critique. — Escamotage des premières représentations. — Procédés divers. — Les critiques blonds. — Francesco-Abdallah Pergialla, nègre abyssin. — Son opinion sur le mélodrame en général et sur l'Ambigu en particulier. — Erreur profonde de MM. les directeurs. — Les feuilletonistes ne sont pas si noirs... — C'est la faute à Voltaire. — Odéon. — M. Auguste Lireux et son messie littéraire. — Reprise de *Lucrèce Borgia.* — Mesdemoiselles Georges et Émilie Volet. — Lucrèce valait-elle mieux que sa réputation ?

8 février.

LES DIRECTEURS DE THÉATRE ET LA CRITIQUE. — MM. les directeurs de théâtre semblent avoir conçu l'idée d'exclure MM. les critiques des premières représentations. C'est une idée délicate et dont, pour notre part, nous leur savons un gré infini. Jusqu'à présent, le feuilletoniste était une espèce de pierre de touche sur laquelle on essayait les pièces avant de les livrer aux spectateurs payants. Nous remplissions l'emploi des échansons du moyen âge, forcés de goûter de tous les breuvages offerts à leur suzerain. Lorsque la liqueur se trouvait être du poison ou quelque liqueur frelatée, le public, averti par nos grimaces et nos coliques, détournait la coupe de ses lèvres et évitait ainsi l'affreux déboire que laisse à la bouche un plat vaudeville ou un mélodrame sanguinolent. — Les premières représentations ont été escamotées d'abord sous le titre de *représentations à bénéfice.* Il n'est pas difficile de deviner la caisse derrière ce prétexte transparent ; car c'est réellement à son profit que se donne la représentation. — Ensuite, on a choisi pour ces sortes d'exercices le dimanche, jour de recette forcée, et auquel les bourgeois, enivrés de veau et de salade, ne manquent pas de terminer leur soirée en allant écouter les flonflons du vaudeville ou les mugissements du mélodrame ; le dimanche est, d'ailleurs, l'unique jour où les feuilletonistes travaillent, contrairement à Dieu, qui s'est reposé au bout de la semaine. Cette différence n'est sans doute pas la seule qui existe entre le Créateur et les feuilletonistes ; mais elle a été remarquée par MM. les directeurs de théâtre. Les vaudevilles passent donc inaperçus ; on épargne ainsi des loges, et l'on évite des critiques : le calcul n'est pas maladroit. — Une troisième manière, c'est de n'envoyer de places aux journaux que pour la troisième ou la quatrième représentation des ouvrages nouveaux, lorsque les coupures conseillées par l'ennui et les sifflets du public ont eu le temps d'être pratiquées. Les vaudevilles n'en sont pas meilleurs ; c'est un triste moyen d'embellir les gens que de leur couper le nez ou les oreilles ! Scier un morceau d'une jambe trop longue ne la rend pas mieux faite. — D'autres fois, enfin, les directeurs, toujours dans le but d'échapper aux critiques, se donnent le mot pour faire jouer leurs premières représentations toutes le même soir, — un samedi, par exemple. Il y a mélodrame à la Gaieté, hippodrame au Cirque, comédie en cinq actes en vers à l'Odéon, vaudeville partout ! On a beau être le feuilletoniste le plus consciencieux du monde, il est impossible d'assister à la fois à quatorze premières représentations. Ces jours-là, les jeunes critiques blonds sont hors de prix. A leur défaut, on tâche d'induire en littérature les personnes les plus respectables. Dans une de ces circonstances difficiles, ayant envoyé tous ceux de nos amis soupçonnés d'orthographe chacun à un théâtre différent, il ne nous restait plus de disponible qu'une espèce de brigand nègre nommé Francesco-Abdallah Pergialla, au service duquel nous étions à cette époque, sous le frivole prétexte qu'il cirait nos bottes et devait battre nos habits. Le poste de l'Ambigu-Comique lui fut assigné. Il me raconta qu'il s'agissait d'un monsieur qu'on voulait tuer, et qu'effectivement on tuait, mais au bout de deux heures. Il s'étonnait beaucoup de la lenteur apportée à cette opération, et prétendait que la pièce eût été beaucoup plus jolie si l'on eût égorgé le monsieur tout de suite. Il aurait aussi désiré que les acteurs fussent plus grands. Ce détail tenait à ce qu'ayant emporté ma lorgnette pour se donner des airs d'élégance, il avait constamment regardé la scène par le petit bout. Tout bien considéré, il aimait beaucoup mieux voir appliquer la bastonnade sous la plante des pieds, comme la chose se pratique au Caire, que d'aller à l'Ambigu-Comique. Telle était sa conviction, que nous ne sommes pas loin de partager. Bref, il trouva son service littéraire trop rude, — car il n'y a guère que les blancs qui puissent résister au feuilleton, — et, après avoir subi une autre représentation, il nous quitta.

Pour en revenir aux directeurs de théâtre, s'ils s'imaginent que le peu de succès des pièces qu'ils donnent vient des critiques qu'en font les journaux, ils se trompent. Il arrive souvent qu'un feuilletoniste, aux prises avec un compte rendu coriace et filandreux, ajoute de son cru toutes sortes d'inventions agréables pour déguiser la pauvreté du canevas qu'il brode. Beaucoup de pièces ont été créées par les feuilletons: Il n'est pas de critique un peu exercé qui n'ait inventé deux ou trois acteurs, une cantatrice et onze instrumentistes. Les journalistes, que l'on accuse d'être jaloux, sont, au contraire, les meilleures gens du monde. Ils mettent au service du premier venu leur esprit, leur temps, leurs démarches; ils sont toujours occupés des affaires des autres, jamais des leurs. Sous le moindre prétexte de bruit vocal ou instrumental, par la pluie, par la neige, par le verglas, par la tempête, les voilà partis, en socques, en parapluie, en cabriolet, en fiacre, selon leur opulence respective, pour les quartiers les plus lointains et plus extravagants. A chaque minute, on les dérange : on vient les prendre au milieu de leurs rêves, de leurs joies ou de leurs peines. Celui-ci vous montre son tableau, celui-là sa tragédie en cinq actes en vers, ou, ce qui est moins gai, sa comédie encore plus en cinq actes et encore plus en vers. L'un vous joue un morceau sur la quatrième corde, l'autre vous en joue deux sur pas de corde du tout. « Monsieur, je suis un grand homme ! vous crie-t-on par ici. — Monsieur, je suis un grand homme ! » vous crie-t-on par là. C'est le cri général. Qui n'est pas grand homme aujourd'hui? qui n'est pas un prodige? Et le journaliste écoute tout cela avec un sourire demi-ironique. Il reçoit la confession de tous ces amours-propres en souffrance. C'est à lui que l'on vient chuchoter mystérieusement dans le tuyau de l'oreille : « Mon très-cher, faites-moi donc le plaisir d'*échigner* mademoiselle X...; dites qu'elle est maigre, qu'elle a de fausses dents et de fausses notes, » ou telle autre aménité dramatique; car on vous sait bien moins de gré de l'éloge que du blâme. Écrivez que madame *** est charmante, vous lui ferez plaisir; mais vous l'enchanterez si vous dites que mademoiselle Amanda n'a pas de talent. Le journaliste, être débonnaire s'il en fut, affirme dans son papier que toutes deux sont charmantes, ce qui le brouille avec l'une et avec l'autre, qui le déclarent immédiatement vendu.

Au milieu de ce déluge de réclames qui se résolvent, pour les comédiens, en applaudissements et en traitements monstrueux, c'est à peine s'il trouve le temps de placer quatre lignes sur le livre d'un ami, sur l'œuvre qu'il admire et qu'il étudie. L'ouvrage dont il espère sa gloire reste sur la table, inachevé et poudreux, et, pendant qu'il travaille sans relâche à la fortune des histrions et des baladins, sa fortune, à lui, ne grandit pas, au contraire : il a fait des rois, et n'a pas voulu l'être ! Si l'on demande quel est le motif qui peut pousser d'honnêtes écrivains à cette indulgence universelle et menteuse, c'est tout bonnement la crainte de paraître envieux. Fréron, si indignement insulté par Voltaire, est resté comme le type du journaliste. Un critique, pour beaucoup de gens encore, est un être jaunâtre et livide qui mange du fiel et boit de l'absinthe ; au lieu de gilet de flanelle, il porte un tricot de vipères entrelacées qui lui déchirent la poitrine. Du fond de la niche qu'on lui a creusée au bas des grands journaux, il ne fait que japper et aboyer contre les réputations qui passent. Nous sommes cependant, en général, assez gras, assez frais, assez dodûment entripaillés, comme dirait Molière. La gloire des vaudevillistes et des romanciers de cabinet de lecture nous fait médiocrement sécher sur pied. Ainsi, les directeurs ont tort d'éviter la critique, car la critique n'est plus aujourd'hui qu'une réclame qu'on ne paye pas, tant les écrivains ont peur d'être pris pour des hibous offusqués par le soleil. Quoi qu'il en soit, par suite des mesures exclusives récemment mises en vigueur, nous sommes privés du plaisir d'épancher notre venin sur plusieurs vaudevilles, joués incognito, — relativement du moins à la critique.

14 février.

Odéon. *M. Ponsard.* — Reprise de *Lucrèce Borgia.* — L'Odéon vient d'inventer M. Ponsard. Tel est le nom du prodige, du lion, de l'astre, dont tout le monde s'occupe et dont, jusqu'à présent, nous ne connaissons qu'un seul vers. Admirable situation !

Elle vécut chez elle et fila de laine.

Traduction assez exacte de l'épitaphe d'une dame romaine :

Domum mansit, lanam fecit.

M. Ponsard, jeune Dauphinois, nous apporte, dit-on, un chef-d'œuvre, lequel n'est autre qu'une tragédie de *Lucrèce*, et il a trouvé l'hospitalité la plus cordiale chez M. Lireux, l'intelligent directeur du second Théâtre-Français. Madame Dorval remplira le rôle de Lucrèce, Bocage celui de Brutus. — M. Ponsard, s'il faut en croire les bruits que l'on fait courir sur son compte, par malveillance sans doute, doit, du premier coup, s'asseoir entre Racine et Corneille, quelques-uns même, plus enthousiastes encore, disent entre Homère et Virgile.

Pour notre compte, nous souhaitons de tout notre cœur la réalisation des bruits que l'on fait courir sur ce jeune prodige. Quelle joie ce serait si, un matin en se levant, on voyait dans le ciel un nouveau soleil, ou si, le soir, une lune bleue ou verte venait montrer inopinément sa face à côté du masque d'argent de l'antique Phœbé ! Un nouvel astre qui s'allume au firmament de l'intelligence est pour nous un événement tout aussi considérable, et nous ne demandons pas mieux que de l'adorer à son orient. Le dieu Ponsard n'aura pas de dévot plus fervent que nous, s'il prouve son origine céleste par des pensées congrues et des rimes assorties.

Du dieu Ponsard, dieu inédit, passons au dieu Hugo, olympien de la vieille roche.

On a repris à l'Odéon *Lucrèce Borgia*. Ce drame gigantesque, peut-être plus près d'Eschyle que de Shakspeare, a produit son effet accoutumé. Mademoiselle Georges s'y est montrée sublime comme à son ordinaire, et jamais, depuis la création, le petit rôle de la princesse Negroni n'avait été rendu avec plus de grâce, de beauté, d'esprit et de jeunesse. C'était mademoiselle Volet qui était chargée d'attirer, dans les pièges de la vindicative Lucrèce, les trop confiants amis de Gennaro. On comprend qu'ils ne se soient pas fait prier pour la suivre.

Quelle étrange destinée que celle de Lucrèce! Célébrée par tous les poëtes contemporains, chantée par le divin Arioste, qui la proposa comme le modèle de toutes les vertus, elle a en quelque sorte une réputation double : ange chez les poëtes, démon chez les chroniqueurs. Lesquels ont menti? Elle était blonde, et de la physionomie la plus douce qui se puisse imaginer. Lord Byron raconte avoir trouvé, dans une bibliothèque d'Italie, nous ne savons plus si c'est à Ravenne ou à Ferrare, un recueil de lettres autographes de Lucrèce Borgia, entre les feuillets desquelles était placée une boucle de ses cheveux. Ces lettres parlaient d'amour platonique, de tendresse idéale ; les cheveux étaient doux, pâles et soyeux : on eût dit le rayon de l'auréole d'un ange. Le grand poëte en déroba quelques-uns qu'il emporta et conserva soigneusement. Maintenant, cette femme est devenue un type de scélératesse titanique, de même que, par les calomnies de Virgile, Didon, la prude la plus refrognée, la bégueule la plus sèche de son temps, subsistera éternellement comme le type de l'amour et de la passion.

FIN DU DEUXIÈME VOLUME

TABLE DES MATIÈRES

I

JANVIER 1840. — Vaudeville : *la Première Ride*. — Sens mythique de la pièce. — Italiens : *Inès de Castro*, opéra du maestro Persiani. — Théâtre-Français : *l'École du Monde*, par M***. — Qu'est-ce que le monde ? — Le monde réel et celui de la comédie. — Les poëtes et les grands seigneurs. — Opéra : *le Drapier*, paroles de M. Scribe, musique de M. Halévy. — L'Opéra et le réalisme. — La nouvelle partition de M. Halévy. — Mademoiselle Nau, Massol, Levasseur. — Gymnase : *les Enfants de troupe*, par MM. Bayard et de Biéville. — Klein et Bouffé. — Porte-Saint-Martin : *le Tremblement de terre de la Martinique*, par MM. Ch. Lafont et Ch. Desnoyers. — Un public allumé. — Humble requête à MM. de l'Académie. — Ambigu : *l'Ouvrier*, par M. Frédéric Soulié. — Boutin. — Gaieté : autre *Tremblement*. — Madame Gautier. 5

II

FÉVRIER 1840. — Opéra : représentation au bénéfice de mademoiselle Fanny Elssler. — *Le Bourgeois gentilhomme* transformé en vaudeville à tiroirs. — Ballet rococo. — *La Smolenska*. — Duprez italianisé. — Mademoiselle Pauline Garcia. — *Nina, ou la Folle par amour*. — Palais-

Royal : *la Famille du fumiste*, par MM. Duvert, Varner et Lauzanne. — L'habit et le bourgeron. — Leménil, Achard. — Variétés : *le Chevalier de Saint-Georges*, par MM Mélesville et Roger de Beauvoir. — Lafont, Lepeintre aîné, mademoiselle Eugénie Sauvage. — *La Fille du régiment*, paroles de MM. Bayard et de Saint-Georges, musique de M. Donizetti. — Mademoiselle Borghèse. — Théâtre-Français : *la Calomnie*, comédie de M. Scribe. — La critique désarmée par le rire du public. — Un peu de grammaire, s'il vous plaît ! 25

III

MARS 1840. — *Le Zingaro*, paroles de M. T. Sauvage, musique de M. Fontana. — Perrot. — Portrait en pied. — Madame Carlotta Grisi. — Opéra-Comique : *Carline*, paroles de MM. de Leuven et Brunswick, musique de M. Ambroise Thomas. — Madame Henri Potier. — Cirque-Olympique : *la Ferme de Montmirail*, par MM. Ferdinand Laloue et Labrousse. — L'envers de la gloire. — Porte-Saint-Martin : *Vautrin*, drame de M. de Balzac. — Interdiction de la pièce. — Sa prétendue immoralité. — Scapin et Robert Macaire. — Frédérick Lemaître. — Opéra : rentrée de mademoiselle Falcon. — Théâtre-Français : *Chatterton*, par M. Alfred de Vigny. — Madame Dorval. — Renaissance : *la Fille du Cid*, par M. Casimir Delavigne. — Le talent et le génie. — Guyon, mademoiselle Émilie Guyon 33

IV

AVRIL 1840. — Opéra : *les Martyrs*, paroles de M. Scribe, musique de M. Donizetti. — Corneille revu et *corrigé*. — La partition. — Duprez, madame Dorus. — Les décorations. — Cirque-Olympique : *Mazagran, ou 123 contre 12,000*. — L'armée à un franc et l'armée à un franc vingt-cinq centimes. — *La Nouvelle Geneviève de Brabant*. — La vraie légende de Geneviève. — Opéra-Comique : *l'Élève de Presbourg*, paroles de feu Vial et de M. Théodore Muret, musique de M. Luce. — Concert de Listz. 46

V

MAI 1840. — Théâtre-Français : *Cosima*, drame en cinq actes, de madame George Sand. — Analyse de la pièce. — La clémence sur la scène et la cruauté au parterre. — Préoccupation malheureuse de l'auteur. — Vérité philosophique du caractère de Cosima. — Les personnages de convention. — L'habit ne fait pas le traître, mais il le rend vraisemblable. — Madame Dorval, Beauvallet, Geffroy 52

VI

NOVEMBRE 1840. Ambigu : *Lazare le Pâtre*, par M. Bouchardy. — Caractère des pièces de ce dramaturge. — Mademoiselle Théodorine,

Mélingue. — Italiens : *Lucrezia Borgia*, imitation du drame de Victor Hugo, musique de M. Donizetti. — Effacement du côté tragique de la pièce originale. — Mario, mesdemoiselles Grisi et Blanchi. — La mise en scène. — Théâtre-Français : *le Verre d'Eau*, comédie de M. Scribe. — Partout et toujours M. Scribe. — La raison de ses succès. — Catégories de spectateurs. — Les naïfs, les délicats, les blasés. — Idée philosophique du *Verre d'Eau*. — Parenthèse à propos d'économie. — Ni verre, ni eau. — Madame Plessy. — Mesdemoiselles Doze et Mante. 61

VII

DÉCEMBRE 1840. — Opéra : *la Favorite*, paroles de MM. Alphonse Royer et Gustave Vaez, musique de M. Donizetti. — La pièce et la partition. — Baroilhet. — Duprez. — Madame Stoltz. — Levasseur. — Les costumes et les décorations. — Porte-Saint-Martin : réouverture. — Malechance de ce théâtre. — Deux directeurs et pas d'acteurs. — *Le Comte de Mansfeld*. — Théâtre-Français : mademoiselle Rachel dans le rôle de Marie Stuart. — L'actrice et le personnage. — A propos de bottes de fleurs. — Mademoiselle Dubois. — Ligier dans Leicester. — M. Pierre Lebrun et sa néotragédie 76

VIII

JANVIER 1841. — Opéra : début de mademoiselle Catinka Heinefetter dans *la Juive*. — Ce qu'on n'apprend pas à l'École de déclamation. — Encore une averse de fleurs. — Théâtre-Français : rentrée de Monrose. — Opéra : représentation au bénéfice de Mario. — Le bénéficiaire dans le rôle de Raoul des *Huguenots*. — *Torquato Tasso*. — *Guillaume Tell*. — *Les Noces de Gamache*. — Élie et Barrez. — Rossinante. — Gaieté : *A la grâce de Dieu !* par MM. Gustave Lemoine et Dennery. — Les miracles de la lyre d'Orphée dépassés par les prodiges de l'orgue de Barbarie. — Mademoiselle Clarisse Miroy. 90

IX

MARS 1841. — Vaudeville : *une Nuit au Sérail*. — *Un Monsieur et une Dame*. — Pauvreté de la saison dramatique. — Ce qui ruine les théâtres. — Les pièces de carnaval. — Une comédienne pour Marivaux. — L'Orient dépoétisé. — Lepeintre jeune, Arnal, mademoiselle Suzanne Brohan. — Italiens : début de Mario dans *Beatrice di Tenda*. — Madame Persiani. — *Il Matrimonio segreto*. — La musique de Cimarosa. — Opéra : début de madame Carlotta Grisi. — Opéra-Comique : *les Diamants de la couronne*, paroles de MM. Scribe et de Saint-Georges, musique de M. Auber. — La pièce et la partition 100

X

AVRIL et MAI 1841. — Renaissance : *Zacharie, ou l'Avare de Florence*, drame de M. Rosier. — La petite pièce avant la grande. — Une scène oubliée par Daumier et Philippon. — Le Zacharie de M. Rosier. — L'Harpagon de Molière. — Les voluptés de l'avare. — Frédérick Lemaitre, son rôle et son jeu. — Théâtre-Français : *le Conseiller rapporteur*, prétendue comédie posthume de Lesage, précédée d'un prologue en vers libres par M. Casimir Delavigne. — Un masque transparent. — Les vieux types de la comédie et la peinture des mœurs contemporaines. — *Le Gladiateur*, tragédie de M. Alexandre Soumet et de madame d'Altenheym. — La pièce et les acteurs. — *La Protectrice*, comédie de MM. Émile Souvestre et Brune. 109

XI

JUIN 1841. — Théâtre-Français : *un Mariage sous Louis XV*, comédie de M. Alexandre Dumas. — Quelques mots sur le talent de l'auteur. — Les œuvres de sa jeunesse et celles de son âge mûr. — La pièce nouvelle et ses interprètes. — Porte-Saint-Martin : *les Deux Serruriers*, drame de M. Félix Pyat. — Clarence, Raucourt. — Opéra : le *Freyschutz* de Weber, traduction de M. Émilien Pacini, récitatifs de M. Berlioz. — Faiblesse de l'exécution. — Le chœur des chasseurs. — Théâtre-Français : début de mademoiselle Émilie Guyon dans *Hernani*. — Ressouvenirs de nos campagnes littéraires. — La débutante. — Beauvallet, Guyon, Ligier. — Ambigu : *Fabio le Novice*, drame de MM. Noël Parfait et Charles Lafont. — Mademoiselle Davenay, Alexandre Mauzin, Albert 116

XII

JUILLET 1841. — Opéra : *Giselle*, ballet de MM. de Saint-Georges, Théophile Gautier et Corally, musique de M. Adolphe Adam. — A M. Henri Heine, à Cauterets. — Les trois Grâces de l'Opéra. — M. Cicéri. — Opéra-Comique : *la Maschera*, paroles de M***, musique de M. Kastner. — *Les Deux Voleurs*, paroles de MM. de Leuven et Brunswick, musique de M. Girard. — *Frère et Mari*, paroles de MM. Humbert et Polak, musique de M. Clapisson. — Ambigu : *les Bains à quatre sous*, par MM. Dennery et Brisebarre. — Les auteurs moraux malgré eux 133

XIII

AOUT 1841. — Palais-Royal : *la Sœur de Jocrisse*, par MM. Duvert et Lauzanne. — Métamorphose d'un perroquet. — Alcide Tousez. — Opéra-Comique : reprise de *Camille, ou le Souterrain*, paroles de Marsollier, musique de Dalayrac. — La beauté réelle et la beauté de mode. — Abandon du vieux répertoire lyrique, ses conséquences. — Le poëme de Marsollier. — Madame Capdeville, Mocker, Sainte-Foy. — Ambigu : *le Marchand d'habits*, par MM. Charles Desnoyers et Antony Béraud. — Restauration du pont du torrent et réapparition de l'effet de neige. — Le costume à deux fins de Saint-Ernest. 146

XIV

SEPTEMBRE 1841. — Folies-Dramatiques : *les Amours de Psyché*, féerie de MM. Dupeuty et Delaporte. — La saison où fleurit l'esthétique. — Noble audace d'un petit théâtre. — La fable de Psyché. — Voyage au ciel et sur la terre. — Respect aux dieux détrônés! — Mademoiselle Angélique Legros, madame Mina Roussel. — Ambigu : *la Lescombat*, drame de MM. Antony Béraud et Alphonse Brot.— Une main et un masque de plâtre. — Une Hermione bourgeoise. — Les Ahasvérus dramatiques. —Gaieté : *la Citerne d'Alby*, drame de MM. Dennery et Gustave Lemoine. — Un titre alléchant. — Théorie des fantômes. 150

XV

OCTOBRE 1841. — Italiens : réouverture. — La salle restaurée. — Une innovation heureuse. — La *Sémiramide*. — Négligence de la mise en scène. — Mademoiselle Grisi, madame Albertazzi. — L'héritier présomptif de Rubini. — Opéra : début de Poultier dans *Guillaume Tell*. — Opéra-Comique : reprise de *Richard Cœur-de-Lion*. — Les arrangements de M. Adam.— L'exécution. — Théâtre-Français : *Vallia*, tragédie. — Rentrée de mademoiselle Rachel dans le rôle de Camille, des *Horaces*. —Les bouquets portés à domicile. — Odéon : réouverture. — A quoi tient la mauvaise chance de ce théâtre. — Prologue en vers de MM. Dumersan et Dupin. — Anachronismes littéraires. — *Mathieu Luc*, drame de M. Cordelier-Delanoue. — Italiens : Mario dans *les Puritains*.— Le ténor Ronzi à la recherche de sa voix. — La *Cenerentola*. — Vœux stériles pour la réforme des costumes . . . . . , ... 162

XVI

NOVEMBRE 1841. — Cirque-Olympique : *Murat*, pièce militaire. — L'épopée napoléonienne. — Pif! paf! pan! pan! boum! boum! — Entraînement vers les spectacles oculaires. — Une évocation de l'Orient. — La garde-robe de Murat. — La barque à Caron. — Paradis guerrier. — Opéra-Comique : *la Main de fer*, paroles de MM. Scribe et de Leuven, musique de M. Adam. — Le pédantisme musical. — Opéra : début de Poultier dans *la Juive*. — La claque et le public. — Italiens : *il Turco in Italia*. — Début de Lablache fils. — Théâtre-Français : *Arbogaste*, tragédie de M. Viennet. — Une fausse alarme. 174

XVII

DÉCEMBRE 1841. Opéra : Poultier dans *la Muette de Portici*. — Il pleut des ténors. — Théâtre-Français : *une Chaîne*, comédie de M. Scribe. — La curiosité, seul mobile dramatique. — Les gourmets littéraires d'autrefois. — Ce qu'on appelle une comédie. — Porte-Saint-Martin : *Jeannic le Breton*, drame de M. Eugène Bourgeois. — Bocage. — Avis aux gérants de journaux. — Vaudeville : *Tout pour mon fis*, par M. Bayard. — Variétés : *le Vicomte de Létorières*, encore par M. Bayard, plus M. Dumanoir — Gymnase : *les Trois Fées*, toujours par M. Bayard. — Opéra : *la Reine de Chypre*, paroles de M. de Saint-Georges, musique de M. Halévy. — La pièce et la partition. — Les acteurs 181

XVIII

JANVIER 1842. — Porte-Saint-Martin : *l'An 1841 et l'An 1941*, revue de MM. Cogniard frères. — Réflexions moins gaies que la pièce. — Une fiction qui sera peut-être une réalité. — Italiens : *la Vestale* de Mercadante. — Le *Stabat* de Rossini. — Des différents caractères de la musique d'église. — Exécution de l'œuvre du maître. — Tamburini et Mario, mesdames Grisi et Albertazzi. — Objurgation du critique. — Théâtre-Français : mademoiselle Rachel dans le rôle de Chimène. — Le *Cid* et ses détracteurs. — La littérature à l'espagnole. — Glorification posthume. — Mademoiselle Rachel et son jeu. — Beauvallet dans le rôle du Cid. — Comment doivent être dits les vers lyriques. — Guyon 200

XIX

FÉVRIER 1842. — Vaudeville : *le Grand Palatin*, par MM. Duvert et Lauzanne. — Monseigneur Arnal. — *Le Bas bleu*, par MM. Ferdinand Langlé et de Villeneuve. — Quelques mots en faveur des femmes de lettres. — Un étudiant de dixième année. — Levassor. — Odéon : *les Philanthropes*, comédie en vers de MM. Théodore Muret et Frédéric de Courcy. — Le Tartufe du xixe siècle. — La nouvelle direction de l'Odéon. — Une spécialité pour ce théâtre 215

XX

MARS 1842. — Gymnase : *l'Oncle Baptiste*, par M. Émile Souvestre. — La pièce. — Bouffé. — Considérations sociales à propos de vaudeville. — Théâtre-Français : *Lorenzino*, drame de M. Alexandre Dumas. — Fin du moyen âge. — Beauvallet, mademoiselle Doze. — Odéon : *Cédric le Norvégien*, drame de M. Félix Pyat. — Une soirée orageuse. — Le style poétique au théâtre. — Danger des pièces à contre-partie 221

XXI

AVRIL 1842. — Cirque-Olympique : *le Chien des Pyrénées*, par MM. Ferdinand Laloue et de Combcrousse. — Émile. — Ses talents variés, ses brillantes qualités, ses hauts faits. — Réponse à ceux qui nient l'âme des bêtes. — Le cirque de Gavarnie. — Présomption d'un spectateur. — Théâtre-Français : *Oscar, ou le Mari qui trompe sa femme*, comédie de M. Scribe. — L'auteur chéri des dames et des bourgeois. — Cours de morale au goût du jour. — Le règne de la médiocrité. — Effacement général. — Le Théâtre-Français et sa mission. — Porte-Saint-Martin : *Páris le Bohémien*, par M. Bouchardy. — Poétique de ce dramaturge. — Frédérick Lemaître 229

XXII

MAI 1842. — Théâtre-Allemand : *Jessonda*, opéra de Spohr. — Mesdames Walker et Schumann. — Théâtre-Français : *Ariane*, tragédie de Thomas Corneille. — Le poids d'un grand nom. — La mythologie revue et corrigée. — Ce qu'on entend au théâtre par un beau rôle. — De la diction dans la tragédie. — Mademoiselle Rachel. — Progrès de son talent. — Décadence du théâtre. — Tableau synoptique à l'usage des dramaturges. — Barbarie de la civilisation. — Théâtre-Allemand : le *Fidelio* de Beethoven. — Un opéra sans orchestre, sans chanteurs... et sans public. 241

XXIII

JUIN et JUILLET 1842. — Porte-Saint-Martin : reprise de *Kean*, de M. Alexandre Dumas. — Frédérick Lemaître. — Odéon : clôture d'été. — Espoir de subvention pour la saison prochaine. — Le comité de lecture. — Où se rencontrent des hommes de goût. — Variétés : *la Pipe cassée*, par MM. Rochefort et Bernard Lopez. — Vadé inventeur du peuple au théâtre. — Mademoiselle Boisgontier. — Opéra : *la Jolie Fille de Gand*, ballet de M. de Saint-Georges, musique de M. Adam. — Madame Carlotta Grisi. — Ambigu : *Paris la nuit*. — Où est allée se nicher la vertu. — Matis, mademoiselle Eugénie Prosper. — Porte-Saint-Martin : *les Marocains*, par M. Paul de Kock. — Les hercules arabes 249

XXIV

AOUT 1842. — Théâtre-Français : *le Dernier Marquis*, drame de M. Hippolyte Romand. — De l'avénement du drame. — Difficulté de l'acclimater au Théâtre-Français. — La tentative de M. Romand. — Variétés : *Arlequin*. — Les mimes anglais. — Gymnase : *Talma en congé*, par M. de Biéville. — *Le Premier Chapitre*, par M. Léon Laya. — Un directeur excommunié. — Début de mademoiselle Rose Chéri. — Le boulevard du Temple. — Jadis et aujourd'hui. — Le Gymnase-Maritime. — Les Folies-Dramatiques. — L'aristocratie du Marais. — *Sur la Rivière*, par M. Paul de Kock. — Le peuple et les pièces populaires. — Une vieille connaissance. — Les Délassements-Comiques. — *Le Droit d'aînesse*, par M. Albéric Second. — Mademoiselle Fréncix. — Les Funambules. — *Pierrot en Afrique*, pantomime. — Jean-Gaspard Debureau. — Le Petit-Lazary. — La main chaude et le cheval fondu. — *Camilla, ou la Femme capitaine*. — Curtius.................. 257

XXV

SEPTEMBRE 1842. — Opéra-Comique : *le Conseil des Dix*, paroles de MM. de Leuven et Brunswick, musique de M. Girard. — L'ex-*Gueule du lion*. — *Les Harangueuses* d'Aristophane. — La partition de M. Girard. — Mocker. — Palais-Royal : *la Dot d'Auvergne*, par MM. Dennery et Grangé. — *L'Omelette fantastique*, par MM. Duvert et Royer. — Spectacle pour les enfants et spectacle pour les grandes personnes. — Leménil, mademoiselle Aline Duval, Ravel. — Gymnase : *Céline, ou la Famille de l'absent*, par M. Fournier. — M. Fournier traître à ses frères et infidèle à M. Arnoult. — Tisserant, mademoiselle Rose Chéri 271

XXVI

OCTOBRE 1842. — Porte-Saint-Martin : *Mathilde*, drame tiré du roman d'Eugène Sue, par M. Félix Pyat. — La question du xixe siècle. — Le feuilleton mis en pièce. — Mesdemoiselles Fitzjames et Valérie Klotz. — Clarence, Raucourt, Grailly, Jemma. — Odéon : *l'Héritage du mal*, drame en vers de feu Camille Bernay. — Avis à ceux qui n'ont pas la conscience nette. — *Falstaff*, traduit de Shakspeare, par MM. Auguste Vacquerie et Paul Meurice — Justice distributive. — Louis Monrose. — Italiens : réouverture. — Mademoiselle Grisi, madame Viardot-Garcia. — Opéra-Comique : *le Roi d'Yvetot*, paroles de MM. de Leuven et Brunswick, musique de M. Adam. — La pièce, la partition, les acteurs. — Représentation au bénéfice de madame Dorval. — La bénéficiaire dans le rôle de Phèdre. — La *Phèdre* de Racine et la *Phèdre* de Pradon. — Gymnase : *le Docteur Robin*, par M. Jules de Prémaray. — Bouffé, madame Volnys. 276

XXVII

NOVEMBRE 1842. — Odéon : *Henri VIII*, tragédie de Marie-Joseph Chénier. — La dernière expression du bon goût académique. — *Le Bourgeois grand seigneur*, comédie de MM. Alphonse Royer et Gustave Vaez.

TABLE DES MATIÈRES

— Un compagnon de Bolivar. — Louis Monrose, mademoiselle Berthaud. — *Les Deux Impératrices*, par madame Virginie Ancelot. — Ce qu'une femme peut oser. — Mesdames Dorval et Mathilde Payre. — Opéra : *le Vaisseau fantôme*, paroles de M. Paul Fouché, musique de M. Dietsch. — Le *Hollandais Spectre*, d'Henri Heine. — Marié, madame Dorus. — Odéon : *Venceslas*, tragédie de Rotrou. — De la composition et du style de ce chef-d'œuvre. — Bonne fortune littéraire. — Italiens : *Linda di Chamouni*, opéra de Donizetti. — Réclamation de *la Grâce de Dieu*. — Palais-Royal : *les Ressources de Jonathas*, par MM. Varin et Davrecourt. — Ravel................................. 288

XXVIII

DÉCEMBRE 1842. — Théâtre-Français : *le Fils de Cromwell*, comédie de M. Scribe. — La caricature de l'histoire. — Nouvelle édition de *Cléveland*. — Le Larochefoucauld du théâtre. — Variétés : *Halifax*, par M. Alexandre Dumas. — Un héros bien apparenté. — La comédie romanesque. — Lafont, madame Bressan. — Cirque-Olympique : *Eugène Beauharnais*. — Si nous étions gouvernement ! — La consolation du pauvre. — Le nouveau mimodrame. — Un personnage qui brille par son absence. — Observation au metteur en scène. — Combats et apothéoses. — Vaudeville : *l'Hôtel de Rambouillet*, par madame Virginie Ancelot. — *Le Magasin de la graine de lin*, par MM. Bayard et Regnault. — Le vaudeville s'en va. — Les farces de nos pères. — Arnal... 301

XXIX

JANVIER 1843. — Odéon : *la Main droite et la Main gauche*, drame de M. Léon Gozlan. — Les hommes littéraires au théâtre. — Obstacles qu'ils rencontrent. — Bocage, madame Dorval, Milon. — Italiens : *Don Pasquale*, opéra de M. Donizetti. — Le libretto et la partition. — Lablache, Mario, madame Grisi. — Théâtre-Français : retraite de Monrose. — Mademoiselle Rachel dans le rôle d'Hermione. — Le mouchoir de Thalie et les pleurs de Melpomène. — Monrose-Figaro. — Vaudeville : *Derrière l'alcôve*, monologue pour Arnal. — Abus des pièces à un seul personnage. — Théâtre-Français : mademoiselle Rachel dans *Phèdre*. — Voie nouvelle où est appelé son talent. — Opéra-Comique : *la Part du Diable*, paroles de M. Scribe, musique de M. Auber. — Madame Rossi. — Porte-Saint-Martin : *les Mille et une Nuits*, féerie de MM. Cogniard frères. — Un collaborateur qui n'a pas été nommé. — Mademoiselle Valérie Klotz, Raucourt, Moëssard. — Deux nouveaux virtuoses.......... 316

XXX

FÉVRIER 1843. — Les directeurs de théâtre et la critique. — Escamotage des premières représentations. — Procédés divers. — Les critiques blonds. — Francesco-Abdallah Pergialla, nègre abyssin. — Son opinion sur le mélodrame en général et sur l'Ambigu en particulier. — Erreur profonde de MM. les directeurs. — Les feuilletonistes ne sont pas si noirs... — C'est la faute à Voltaire. — Odéon. — M. Auguste Lireux et son messie littéraire. — Reprise de *Lucrèce Borgia*. — Mesdemoiselles Georges et Émilie Volet. — Lucrèce valait-elle mieux que sa réputation ? . . . 539

FIN DE LA TABLE DES MATIÈRES

TABLE

DES AUTEURS, ACTEURS, ETC., ET DES PIÈCES CITÉS DANS CE VOLUME

A

Abufar, 130.
Achard, 23, 28.
Achille, 181.
Adam (Adolphe), 133, 134, 142, 162, 166, 174, 179, 249, 253, 276, 283.
A la Grâce de Dieu, 90, 96, 254, 273, 288, 297, 298, 299.
Albert, de l'Opéra, 79.
Albert, de l'Ambigu, 116, 133.
Albertazzi (Mme), 103, 162, 165, 173, 208, 209.
Albertine, 25.
Alchimiste (l'), 42.
Alexandre, 181.
Alfiéri, 288.
Altenheym (Mme d'), 109.
Amigo (Mme), 173.
Amours (les) de Psyché, 150.
An (l') 1841 et l'An 1941, 200.
Anaïs (Mlle), 14, 122.

Ancelot, 314.
Ancelot (Virginie), 288, 290, 301, 314.
Andrieux, 46.
Andromaque, 294, 324.
Angelo, 284.
Antony, 117, 284.
Apulée, 151.
Aqueduc (l') de Cozenza, 161.
Arbogaste, 174, 180.
Ariane, 241, 242, 294.
Aristophane, 67, 219, 271.
Aristote, 229, 319, 344.
Arlequin, 257, 258.
Arnal, 100, 102, 146, 215, 216, 313, 314, 315, 316.
Arnault (Lucien), 181.
Arnoult, 271, 275.
Auber, 100, 104, 316, 322.
Aubignac (l'abbé d'), 288.
Aude, 261.
Audinot, 262.

B

Bach (Sébastien), 206.
Bague (la) de la Vierge, 267.
Bains (les) à quatre sous, 133, 144.
Balzac (Honoré de), 6, 33, 39, 247, 333.
Barbier (le) de Séville, 94, 324, 326.
Barbiere (il) di Siviglia, 180.
Bardou, 188.
Barnaba, 206.
Baroilhet, 76, 84, 93, 94, 193, 199, 338.
Barrez, 23, 25, 96.
Bartas (du), 212.
Bas (le) bleu, 215, 216.
Bayard, 5, 19, 23, 50, 181, 188, 189, 190, 239, 261, 301, 314, 315.
Beatrice di Tenda, 100, 102.
Beaumarchais, 59, 281.
Beauvallet, 52, 60, 116, 130, 200, 214, 221, 225.
Beauvoir (Roger de), 23, 28.
Beethoven, 241, 248, 249.
Bellini, 102.
Benvenuto Cellini, 44.
Béranger, 101, 282, 283.
Béraud (Antony), 146, 149, 150, 160.
Berlioz (Hector), 116, 127, 128, 129.
Bernard (Charles de), 113.
Bernardin de Saint-Pierre, 44.
Bernard-Léon, 265.
Bernay (Camille), 276, 279, 280.
Berquin, 221.
Berthaud (Julie), 288, 290.
Biéville (de), 5, 19, 257, 261.
Bizzamano, 206.
Bianchi, 61, 66.
Bobèche, 265.
Bocage, 85, 181, 187, 188, 313, 316, 320, 325, 343.
Boccace, 55.
Boileau, 43.
Boisgontier (Mme), 247, 252.
Boisrobert, 210.
Bolonais (le docteur), 267.
Bonnington, 192.
Borghèse (Mlle), 23, 50.
Bouchardy (Joseph), 61, 62, 183, 229, 238, 239, 240, 287.
Bouché, 199.
Boucher, 25.
Boudin, 21.
Bouffé, 5, 18, 19, 22, 221, 223, 276, 283, 287.

Bourgeois (Anicet), 317.
Bourgeois (Eugène), 181, 188.
Bourgeois (le) de Gand, 258.
Bourgeois (le) gentilhomme, 23.
Bourgeois (le) grand seigneur, 288, 289, 290.
Boursault, 258.
Boutin, 5, 22.
Bressan (Mme), 301, 304.
Brighella, 267.
Brisebarre, 133.
Britannicus, 194.
Brohan (Suzanne), 100, 101, 102, 188, 189.
Brot (Alphonse), 130, 160.
Bruue, 109, 115.
Brunet, 314.
Bruno le fileur, 273.
Brunswick, 55, 57, 133, 271, 276, 283.
Buffon, 256.
Burette (Théodose), 251.
Byron (lord), 44, 115, 124, 309, 344.

C

Cabat, 309.
Cabot (Mme), 20.
Calderon, 219, 220, 295, 306, 515.
Caligula, 42, 114, 117.
Callot, 208.
Calomnie (la), 23, 30.
Camargo (Anne Cupis de), 25.
Camilla, ou la Femme-Capitaine, 257, 270.
Camille, ou le Souterrain, 147.
Campagnuoli, 180.
Canaletti, 192.
Canova, 151, 208.
Capdeville (Mme), 146, 149, 166.
Caravane (la) du Caire, 256.
Carême, 334.
Carline, 33, 57.
Carnavali, 311.
Carter, 86, 229.
Castil Blaze, 127, 182.
Cazotte, 154.
Cédric le Norvégien, 221, 225.
Céline, ou la Famille de l'absent, 271, 274.
Cenerentola (la), 162, 172.
Cervantès, 96.
Chaîne (une), 181, 183, 185, 237.
Charlemagne, 301.
Charles IX, 288.

Charlet, 18, 38, 154.
Chateaubriand, 309, 327.
Chatterton, 33, 41, 247.
Chénier (Marie-Joseph), 288.
Chevalier (le) de Saint-Georges, 23, 28.
Chien (le) des Pyrénées, 229.
Chollet, 283.
Chompré, 178, 242.
Christine à Fontainebleau, 117, 225.
Cicéri, 104, 133, 142.
Cid (le), 200, 210, 219, 295, 297.
Cimarosa, 100, 103.
Citerne (la) d'Alby, 150, 160.
Clapisson, 133, 144.
Clarence, 116, 127, 276, 278.
Clari (l'abbé), 206.
Clarisse (Mlle), 99, 298.
Clary, 298.
Claudine, 298.
Clytemnestre, 115.
Cogniard frères, 85, 200, 201, 316, 333.
Colletet, 210.
Colon (Jenny), 36.
Comberousse (de), 229, 233.
Comédiens (les), 44.
Comte (le) de Mansfeld, 76, 84.
Conseil (le) des Dix, 271.
Conseiller (le) rapporteur, 109, 113.
Coppola, 7.
Corally, 133, 142.
Cordelier-Delanoue, 162, 172.
Corneille (Pierre), 44, 46, 86, 87, 114, 130, 131, 181, 210, 211, 212, 213, 219, 258, 288, 294, 295, 319, 323, 343.
Corneille (Thomas), 241, 242.
Cornu (Francis), 317.
Cosima, 52, 316.
Coudere, 144.
Courcy (Frédéric de), 215, 218.
Crébillon fils, 119.
Curtius, 257, 271.

D

Dalayrac, 51, 146, 149.
Dame (la) blanche, 35.
Damoreau (Mme), 36.
Darcier (Mme), 145, 285.
Daumier, 109, 110.
Davenay (Mlle), 116, 132, 144.
David (d'Angers), 66.
David (Louis), 48, 312.

Davrecourt, 288, 301.
Debureau (Jean-Gaspard), 257, 267, 268.
Decamps, 309, 334.
Delacroix (Eugène), 45, 49, 309.
Delaporte, 150, 152, 153, 154.
Delaroche, 45.
Delavigne (Casimir), 33, 42, 43, 44, 45, 109, 113, 150.
Della Bella, 196.
Delsarte, 245.
Dennery, 10, 96, 153, 271, 298.
Dernier (le) Marquis, 257.
Derrière l'alcôve, 316, 326.
Desaugiers, 261.
Desmousseaux (Mme), 12.
Desnoyers (Charles), 5, 19, 146, 149.
Despléchin, 48, 49, 84, 192.
Deux (les) Gendres, 275.
Deux (les) Impératrices, 288, 290.
Deux (les) Serruriers, 116, 122.
Deux (les) Voleurs, 133, 142, 143.
Devoir, 153.
Diable (le) amoureux, 95, 96.
Diable (le) boiteux, 96.
Diamants (les) de la couronne, 100, 104, 142.
Diderot, 257.
Dieboldt, 163.
Diéterle, 48, 49, 84, 192.
Dietsch, 228, 293.
Dobrée (Mme), 324.
Doche (Eugénie), 316.
Docteur (le) Robin, 276, 286.
Donizetti, 23, 30, 45, 46, 47, 61, 64, 65, 76, 85, 94, 288, 297, 300, 316, 324.
Don Juan, 147.
Don Juan de Marana, 117.
Don Pasquale, 316, 321.
Dormoy, 281.
Dorschwiller, 334.
Dorus-Gras (Mme), 23, 24, 45, 48, 288, 293.
Dorval (Mme), 33, 41, 42, 43, 52, 60, 85, 150, 276, 283, 284, 285, 286, 291, 315, 316, 320, 321, 243.
Dorviguy, 261, 314.
Dot (la) d'Auvergne, 271, 273.
Doze (Mlle), 61, 75, 115, 186, 221, 225.
Drapier (le), 5, 14.
Dreyschock, 337, 338.
Droit (le) d'aînesse, 257, 266.
Dubois, 66.

TABLE DES AUTEURS, ACTEURS, ETC.

Dubois (Mlle), 76, 89.
Ducange (Victor), 184.
Duchesnois (Mlle), 87, 284, 285, 323.
Ducray-Duminil, 148.
Dumanoir, 181.
Dumas (Alexandre) père, 42, 69, 87, 115, 116, 117, 118, 119, 221, 225, 247, 249, 258, 301, 313, 333.
Dumersan, 162, 171.
Dumery, 150, 162.
Dumilâtre (Adèle), 139, 142, 192.
Dumilâtre (Sophie), 192.
Dupeuty, 150, 152, 153, 154, 317.
Dupin, 162, 171.
Dupont (Alexis), 166.
Dupré (Jules), 24, 309.
Duprez, 23, 26, 46, 48, 77, 82, 84, 94, 182, 195, 197, 199, 245, 324.
Dupuis (Mme), 161.
Durer (Albert), 50.
Duval (Aline), 271, 273.
Duvert, 23, 27, 146, 215, 261, 271, 274.

E

Eclair (l'), 16.
Ecole (l') des vieillards, 44.
Ecole (l') du monde, 5, 7.
Ecolier (l') de Cluny, 28.
Edelin (Mme), 19.
Elève (l') de Presbourg, 46, 51.
Elisir (l') d'amore, 65.
Elleviou, 166.
Elssler (Fanny), 23, 25, 26, 27, 103, 142, 165, 255.
Elssler (Thérèse), 23, 25, 26.
Émile, 229.
Emon, 144.
Enfants (les) d'Edouard, 44.
Enfants (les) de troupe, 5, 17.
Epagny (d'), 172.
Eschyle, 89, 239, 319, 343.
Esmeralda, ou la Chèvre acrobate, 263.
Étoile (de l'), 210.
Eugène Beauharnais, 301, 308.
Euripide, 239, 284, 327.

F

Fabio le Novice, 116, 131.
Fagan, 44.
Falcon (Cornélie), 33, 39, 40, 41, 91.

Falstaff, 220, 276, 279, 280.
Famille (la) du fumiste, 23, 27.
Fanchon (la) Vielleuse, 298.
Faussaires (les), 234.
Favorite (la), 76, 103.
Femmes (les) savantes, 224.
Ferme (la) de Montmirail, 33, 57.
Ferri, 299.
Feuchères, 48, 49, 84, 192.
Fiancée (la) de Messine, 220.
Fichet, 125.
Fidelio, 241, 248.
Fille (la) de l'air, 158.
Fille (la) du Cid, 33, 42, 44, 150.
Fille (la) du régiment, 23, 29.
Fils (le) de Cromwell, 301.
Firmin, 121, 130.
Fitzjames (Nathalie), 23, 278.
Fontaine (de la), 151.
Fontan, 38.
Fontana, 33, 35.
Forbin (de), 7.
Forster (Mlle), 23, 25, 142.
Fouché (Paul), 288, 293.
Fourier (Charles), 203.
Fournier, 271, 274, 275.
Francisque, 254.
Franconi, 49, 177.
Frédérick-Lemaitre, 21, 22, 33, 39, 85, 109, 110, 112, 132, 150, 229, 240, 249, 250, 254, 287, 325.
Frénoix (Mlle), 257, 266.
Frénoy, 263.
Frère et Mari, 133, 142, 143.
Fréron, 342.
Freyschutz, 116, 127, 248.
Fuzelier, 261.

G

Gamin de Paris (le), 19.
Gandinot, roi de Rouen, 283.
Garcia, 165.
Garcia (Pauline), 23, 26, 92, 276, 282.
Garrick, 286.
Gaspardo le Pêcheur, 239.
Gautier (Mme), 5, 22.
Gautier (Théophile), 133.
Gavarni, 34, 35.
Genlis (Mme de), 7, 148.
Geoffroy, 52, 60.
Georges (Mlle), 65, 339, 343.
Géraldy, 338.
Gérard (le baron), 151.

Giotto, 92, 206.
Girard, 133, 143, 271, 272.
Giselle, 133, 196.
Gladiateur (le), 109, 113, 114.
Gluck, 147.
Gœthe, 219.
Gougibus, 263.
Gozlan (Léon), 316, 317, 318, 320, 333.
Gozzi, 315.
Grailly, 276, 278.
Grand (le) Palatin, 215.
Grangé (Édouard), 271.
Grard, 283.
Grétry, 166.
Grévedon, 68.
Grisi (Carlotta), 33, 35, 100, 103, 135, 139, 142, 165, 249, 252, 253.
Grisi (Giulia), 36, 61, 65, 66, 90, 103, 162, 165, 200, 205, 208, 209, 248, 276, 282, 316, 324.
Gueule (la) du Lion, 271.
Guilhen de Castro, 214, 219.
Guillaume Tell, 93, 94, 95, 162, 165.
Guiraud (Alexandre), 114.
Gustave, 253.
Guyon, 33, 45, 115, 116, 130, 169, 200, 215.
Guyon (Emilie), 33, 45, 116, 129, 130, 169.

H

Habeneck, 182.
Habitant (l') de la Guadeloupe, 275.
Halévy, 5, 16, 181.
Halifax, 301, 304.
Harangueuses (les), 271.
Harel, 85.
Haydn, 206.
Heine (Henri), 18, 153, 157, 142, 288, 291, 293.
Heinefetter (Catinka), 90, 91, 92, 93, 94.
Hemmeling, 206.
Henri III et sa cour, 117, 304.
Henri IV, 281.
Henri VIII, 288, 289.
Héritage (l') du mat, 276, 279.
Hernani, 116, 129, 202.
Herz (Henri), 217.
Hoffmann, 40, 97, 104, 154.

Hollandais (le) Spectre, 288.
Homère, 153, 224, 244, 343.
Homme (l') gris, 275.
Horace, 68, 224.
Horaces (les), 162, 169.
Hôtel (l') de Rambouillet, 301, 314.
Huet (Paul), 309.
Hugo (Victor), 42, 44, 45, 61, 63, 69, 87, 129, 130, 137, 184, 202, 247, 253, 258, 295, 302, 309, 343.
Huguenots (les), 93, 94, 288.
Humbert, 133, 143.
Huret, 123.
Hyacinthe, 313.

I

Inès de Castro, 5, 7.
Ingres, 68, 309.
Isabey, 309.

J

Janin, des Italiens, 281.
Janin (Jules), 247, 251, 268, 316.
Jazet, 178.
Jeannie le Breton, 181, 187.
Jemma, 278.
Jessonda, 241.
Jolie (la) Fille de Gand, 249, 252.
Joly (Anténor), 42, 109.
Joueur (le), 265.
Jouve (Hortense), 254.
Jouy, 181.
Joyant, 192, 309.
Juive (la), 16, 40, 90, 174, 179, 196.

K

Kalkbrenner, 217.
Karr (Alphonse), 5, 127, 316.
Kastner, 133, 143.
Kean, 249, 286.
Klagmann, 165.
Klein, 5, 17, 18.
Klotz (Valérie), 187, 276, 278, 316, 337.
Kock (Paul de), 249, 252, 256, 257, 264, 265.
Kotzebue, 44.

L

Lablache, 7, 66, 103, 173, 180, 300, 316, 322, 324.
Lablache fils, 174, 180.
Labrousse, 53.
La Chaussée, 257.
Laclos (de), 119.
Lafarge (Mme), 159.
Lafont, 23, 28, 301, 308.
Lafont (Charles), 5, 19, 116, 131.
Laharpe, 46.
Laloue (Ferdinand), 53, 229, 231, 233.
Lamartine (Alph. de), 87, 247, 309, 329.
Lamotte, 7, 257.
Lancret, 25.
Langlé (Ferdinand), 215, 217.
Larochefaucauld (de), 301, 304.
Lauzanne, 23, 27, 146, 215.
Laya (Léon), 257, 261.
Lazare le Pâtre, 61, 259.
Lebrun (Pierre), 76, 89.
Legros (Angélique), 150, 158.
Lekain à Draguignan, 261.
Lelièvre, 50.
Leménil, 23, 27, 271, 273.
Lemoine (Gustave), 90, 96, 150, 162, 298.
Léontine (Mlle), 99.
Lepeintre aîné, 25, 28.
Lepeintre jeune, 100, 102.
Lépicié, 25.
Lesage, 109, 115, 290.
Lescombat (la), 150, 158.
Leuven (de), 53, 57, 133, 174, 179, 271, 276, 283.
Levasseur, 5, 16, 76, 84.
Levassor, 215, 218.
Ligier, 76, 89, 115, 116, 131.
Linda di Chamouni, 288, 297, 321.
Lireux (Auguste), 219, 339, 343.
Listz, 46, 51, 52.
Lope de Vega, 51, 67, 219, 315.
Lopez (Bernard), 249.
Lorenzino, 221, 225.
Lorry (Mlle), 200.
Louis XI, 44.
Luce, 46, 51.
Lucia di Lammermoor, 52.
Lucrèce, 343.
Lucrèce Borgia, 61, 63, 339, 344.
Mocker, 146, 149, 271, 272, 283.
Lulli, 51.

M

Mabille, 23, 34, 196.
Macbeth, 220.
Machiavel, 315.
Mademoiselle de Belle-Isle, 117, 122.
Magasin (le) de la graine de lin, 301, 314.
Main (la) de fer, 174, 179.
Main (la) droite et la Main gauche, 316.
Malbranche, 312.
Malibran (Mme), 165, 245, 282.
Mante (Mlle), 61, 75.
Marcello, 206.
Marchand (le) de Venise, 220.
Marchand (le) d'Habits, 146, 149.
Margheritone, 206.
Maria (Mlle), 196.
Mariage (le) de Figaro, 304.
Mariage (le) de raison, 67, 187.
Mariage (un) sous Louis XV, 116.
Marianne, 298.
Marié, 128, 288, 293.
Marie Stuart, 86, 294.
Marilhat, 309.
Marino Faliero, 44.
Mario, 16, 61, 63, 66, 93, 94, 95, 100, 102, 162, 175, 200, 205, 206, 208, 209, 248, 316, 323, 324.
Marivaux, 100, 101, 122, 290.
Marlowe, 219.
Marocains (les), 249, 255.
Mars (Mlle), 122, 130.
Marsollier, 146, 148.
Martin, 176, 229.
Marty, 161.
Martynn, 309.
Martyrs (les), 46.
Maschera (la), 133, 142, 143.
Masset, 166, 167.
Massol, 5, 16, 199.
Mathieu Luc, 162, 170.
Mathilde, 276.
Matis, 249, 255.
Matrimonio (il) segreto, 100, 102, 103.
Matthews, 260.
Mauzin (Alexandre), 116, 152.
Maywood (Mlle), 23.
Mazagran, ou 123 contre 12,000, 46, 49.
Médecin (le) de son honneur, 220.

TABLE DES AUTEURS, ACTEURS, ETC. 361

Mehul, 147.
Mélesville, 23, 259, 261.
Mélingue, 19, 61, 62.
Ménestrel (le), 280.
Menjaud, 21, 186.
Mercadante, 173, 200, 203.
Mercier, 44, 204, 257.
Mérimée, 306, 316.
Métromanie (la), 44.
Meurice (Paul), 276, 281.
Meyerbeer, 51, 186.
Michel-Ange, 178.
Michel et Christine, 67.
Miéris, 75.
Mille (les) et une Nuits, 316.
Milon, 286, 316, 321.
Milton, 154.
Mirate, 180.
Moëssard, 161, 316, 336, 357.
Molière, 23, 24, 39, 93, 109, 110, 114, 118, 122, 151, 172, 218, 219, 252, 258, 275, 281, 290, 314, 317, 322, 342.
Monrose, 93, 316, 324, 325, 326.
Monrose (Louis), 276, 281, 288.
Monsieur (un) et une Dame, 100, 102.
Monsieur Martin, 266.
Morelli, 203.
Mozart, 147.
Muette (la) de Portici, 181.
Murat, 174.
Muret (Théodore), 46, 51, 215, 218.
Musset (Alfred de), 87, 225, 247, 282, 306, 316, 329.

N

Napoléon, 39.
Nathalie (Mlle), 19.
Nau (Mlle), 5, 16, 129.
Newgate, 254.
Nicolet, 262.
Nicolo, 51.
Nina, ou la Folle par amour, 23, 26, 99.
Noces (les) de Gamache, 94, 95.
Nourrit, 94.
Nouvelle (la) Geneviève de Brabant, 46, 50.
Nuées (les), 219.
Nuit (une) au Sérail, 100.

O

Obéron, 128.
Odry, 31, 146, 258.
Omelette (l') fantastique, 271, 273, 274, 294.
Oncle (l') Baptiste, 221.
Oscar, ou le Mari qui trompe sa femme, 229, 254.
Otello, 26, 220.
Otway, 219.
Ouvrier (l'), 5, 21, 27.

P

Pacini (Emilien), 116, 127, 128.
Paganini, 338.
Pain (Joseph), 261.
Palestrina, 206.
Pantalon, 267.
Parfait (Noël), 116, 131.
Paria (le), 44.
Paris la nuit, 249, 253.
Paris le Bohémien, 229.
Parny, 153.
Part (la) du Diable, 316, 330.
Passé minuit, 102.
Pasta (Mme), 165, 245.
Paul, 265.
Paul et Virginie, 254.
Payre (Mathilde), 288, 291.
Paysanne (la) pervertie, 298.
Peblo, 284.
Pellegrin (l'abbé), 294.
Pergolèse, 206.
Perrier, 121.
Perrot, 33, 54, 103, 142.
Persiani, 5, 7.
Persiani (Mme), 7, 23, 24, 36, 100, 102, 103, 180, 248, 300.
Péruviens (les), 181.
Petitpa, 23, 54, 135, 142, 192.
Phèdre de Pradon, 276, 284, 285.
Phèdre de Racine, 276, 284, 285, 326.
Philanthropes (les), 215, 218.
Philippon, 109, 110.
Picard, 261, 290.
Piccini, 147.
Pierrot en Afrique, 257, 267.
Pilati, 271.
Pillet, 251.
Pipe (la) cassée, 249, 251.
Piron, 44, 261.
Plaideurs (les), 113.

Plaute, 93, 111, 114.
Plessy (Mlle), 10, 14, 61, 75, 121, 186.
Poinsinet, 8.
Poirson, 261.
Polak, 133.
Polyeucte, 46, 114.
Ponchard, 165.
Ponsard, 342, 343.
Postillon (le) de Longjumeau, 271.
Potier (Mme Henri); 33, 35, 144.
Poulaillier, 254.
Poultier, 162, 165, 166, 179, 180, 181, 182.
Pourchet, 153.
Poutret de Mauchamps (Mme), 202.
Pradon, 258, 276, 284, 285.
Preciosa, 128.
Prémaray (Jules de), 276, 287.
Premier (le) Chapitre, 257, 261.
Première (la) Ride, 5.
Princesse (la) Aurélie, 44.
Prise (la) du fort de Dureinstein, 265.
Prosper (Eugénie), 249, 255.
Protectrice (la), 109, 113, 115.
Prudhon, 279.
Puget (Loysa), 96, 97, 98, 298.
Puritains (les), 162, 173.
Pyat (Félix), 58, 116, 122, 221, 225, 228, 276, 277, 279, 313.
Pythagore, 336.

R

Rachel (Mlle), 43, 45, 76, 86, 87, 88, 89, 150, 162, 167, 169, 200, 210, 213, 214, 241, 242, 243, 244, 245, 246, 294, 316, 324, 326, 328, 329, 330.
Racine, 86, 115, 172, 181, 219, 258, 276, 284, 285, 288, 295, 319, 525, 527, 343.
Racine (Louis), 242.
Radcliffe (Anne), 113, 148.
Raffet, 312.
Raphaël, 86, 151, 310.
Raucourt, 19, 116, 127, 276, 278, 316, 357.
Raupach, 219.
Ravel, 271, 274, 288, 300.
Regnard, 265.
Regnault, 301.
Regnier (Mathurin), 314.
Reine (la) de Chypre, 181, 190.

Ressources (les) de Jonathas, 288, 500.
Rétif de la Bretonne, 204.
Révilly (Mlle), 144.
Rey, 186.
Richard Cœur-de-Lion, 162, 166.
Richard Darlington, 117.
Richelieu (le cardinal de). 210.
Robert Macaire, 264.
Robin des Bois, 127.
Rochefort, 249.
Roger, 166, 167, 271.
Roi (le) d'Yvetot, 276, 282.
Roi (le) s'amuse, 38.
Romain (un), 114.
Romand (Hyppolyte), 257, 258.
Roméo et Juliette, 220.
Ronconi, 338.
Ronzi, 162, 165, 173, 248.
Roqueplan (Camille), 309.
Rose Chéri, 257, 262, 271, 275.
Rosier, 109, 110, 112, 113.
Ross (le capitaine), 263.
Rossi (Mme), 316, 332.
Rossini, 7, 45, 51, 63, 95, 173, 180, 186, 200, 206, 207, 208, 209, 210, 309.
Rothschild, 310.
Rotrou, 210, 258, 288.
Rousseau (Jean-Jacques), 229.
Roussel (Mina), 150, 158.
Royer (Alphonse), 76, 288, 290.
Rubini, 7, 26, 103, 162, 165, 172, 173, 195, 248.
Ruines (les) de Babylone, 161.
Ruy Blas, 42, 260.

S

Sainte-Beuve, 251.
Sainte-Foy, 146, 149.
Saint-Ernest, 146, 149, 150.
Saint-Evre, 7.
Saint-Georges (de), 25, 30, 100, 104, 105, 134, 137, 141, 181, 249, 252.
Salvandy (de), 129.
Sand (George), 52, 59, 60, 316.
Sapho, 527.
Sauvage (Eugénie), 23, 28.
Sauvage (T.), 33.
Savetier (le) et le Fils du Militaire, 263.
Scaramouche, 267.
Schiller, 13, 89, 219, 220.
Schlegel (Guillaume), 288.

Schumann (Mme), 241, 242.
Scribe (Eugène), 5, 15, 23, 31, 32, 46, 47, 61, 67, 68, 69, 70, 75, 100, 104, 105, 119, 171, 174, 179, 181, 183, 184, 185, 186, 187, 225, 229, 234, 236, 237, 238, 247, 252, 261, 264, 265, 270, 301, 302, 304, 316, 332.
Scudéri (de), 210, 212, 213.
Séchan, 48, 49, 84, 192.
Second (Albéric), 257, 266.
Sedaine, 257, 290.
Sedlitz, 312.
Semiramide, 162, 164, 282.
Sénèque, 327.
Sévigné (Mme de), 284.
Shakspeare, 44, 67, 75, 87, 117, 118, 134, 219, 220, 237, 259, 276, 280, 281, 295, 306, 317, 343.
Sivori (Camillo), 338.
Six (les) Degrés du crime, 254.
Sœur (la) de Jocrisse, 146.
Songe (le) d'une nuit d'été, 67, 321.
Sonneur (le) de Saint-Paul, 61, 239.
Sophocle, 89, 259.
Soulié (Frédéric), 5, 21.
Soumet (Alexandre), 109, 114, 115.
Sourd (le), ou l'Auberge pleine, 102.
Souvestre (Emile), 109, 115, 221, 223.
Spohr, 241.
Spontini, 205.
Stabat (le) de Rossini, 200, 206.
Stokleit, 254, 263.
Stoltz (Rosine), 76, 84, 129, 190, 199.
Stradella, 192.
Sue (Eugène), 189, 254, 276, 277, 333.
Sur la rivière, 257, 264.
Swift, 69.

T

Tacite, 289.
Tadolini, 206.
Tagliamonte, 267.
Taglioni (Marie), 34, 103, 142, 165, 253.
Talma, 48, 173, 286.
Talma en congé, 257, 261.
Tamburini, 23, 24, 173, 180, 195, 200, 205, 206, 208, 209, 300.
Tancrède, 150.

Tarare, 256.
Tarentule (la), 95, 96.
Tariot, 206.
Tartaglia, 267.
Tartufe, 219.
Tautin, 161.
Teniers, 334.
Terburg, 75.
Térence, 93, 114.
Théodorine (Mlle), 19, 20, 61, 62.
Thillon (Anna), 56, 166, 167, 260.
Thomas (Ambroise), 33, 337.
Tibère, 288, 289.
Tilmant, 206.
Timon d'Athènes, 220.
Tiridate, 286.
Tisserant, 17, 271, 275.
Titien, 111, 310.
Torquato Tasso, 93, 94.
Tour (la) de Nesle, 28, 117, 225.
Tousez (Alcide), 146, 300.
Toussaint Louverture, 247.
Tout pour mon fils, 181, 188.
Tremblement de terre de la Martinique (Gaieté), 5, 22.
Tremblement de terre de la Martinique (Porte-Saint-Martin), 5, 19.
Trente ans, ou la Vie d'un joueur, 284.
Trivelin, 267.
Trois (les) Fées, 181, 188.
Trois (les) Tuteurs, 44.
Turco (il) in Italia, 174, 180.

V

Vacquerie (Auguste), 276, 281.
Vadé, 249, 251, 252.
Vaez (Gustave), 76, 288, 290.
Vaisseau (le) fantôme, 288, 291, 292.
Vallia, 162, 167.
Van Amburg, 19, 39, 86, 176.
Varin, 288, 301.
Varner, 23, 27.
Vatel, 281.
Vaugelas, 224.
Vautrin, 33, 38.
Venceslas, 288, 294.
Vêpres (les) siciliennes, 87.
Vernet, 314.
Véronèse (Paul), 154, 190, 310, 328.
Verre (le) d'eau, 61, 67, 185.
Vestale (la), 173, 200, 204.
Veuve (la) du Malabar, 241.
Vial, 46, 51.

Vicomte (le) de Létorières, 181, 188.
Victorine, ou la Nuit porte conseil, 97, 252.
Viennet, 174, 181.
Vigny (Alfred de), 33, 42, 69, 87, 247, 306, 329.
Villeneuve (de), 215, 217.
Virgile, 153, 224, 244, 343, 544.
Volet (Emilie), 339, 343.
Volnys (Léontine), 67, 276, 287.
Voltaire, 69, 181, 219, 288, 319, 339, 342.
Voyage (le) à Pontoise, 290.

W

Walker (Mme), 241, 242, 249.
Walter Scott, 44, 302.
Watteau, 25.
Weber, 116, 127, 248.

Z

Zacharie, ou l'Avare de Florence, 109.
Zingaro (le), 33, 105.

FIN DE LA TABLE DES NOMS

www.ingramcontent.com/pod-product-compliance
Lightning Source LLC
Chambersburg PA
CBHW070857170426
43202CB00012B/2104